Hans Lieck

Bilanzierung von Umwandlungen nach IFRS

GABLER RESEARCH

Hans Lieck

Bilanzierung von Umwandlungen nach IFRS

Mit einem Geleitwort von Prof. Dr. Rainer Kasperzak

RESEARCH

Bibliografische Information der Deutschen Nationalbibliothek
Die Deutsche Nationalbibliothek verzeichnet diese Publikation in der
Deutschen Nationalbibliografie; detaillierte bibliografische Daten sind im Internet über
<http://dnb.d-nb.de> abrufbar.

Dissertation Technische Universität Berlin, 2010

D 83

1. Auflage 2011

Alle Rechte vorbehalten
© Gabler Verlag | Springer Fachmedien Wiesbaden GmbH 2011

Lektorat: Stefanie Brich | Sabine Schöller

Gabler Verlag ist eine Marke von Springer Fachmedien.
Springer Fachmedien ist Teil der Fachverlagsgruppe Springer Science+Business Media.
www.gabler.de

Das Werk einschließlich aller seiner Teile ist urheberrechtlich geschützt. Jede Verwertung außerhalb der engen Grenzen des Urheberrechtsgesetzes ist ohne Zustimmung des Verlags unzulässig und strafbar. Das gilt insbesondere für Vervielfältigungen, Übersetzungen, Mikroverfilmungen und die Einspeicherung und Verarbeitung in elektronischen Systemen.

Die Wiedergabe von Gebrauchsnamen, Handelsnamen, Warenbezeichnungen usw. in diesem Werk berechtigt auch ohne besondere Kennzeichnung nicht zu der Annahme, dass solche Namen im Sinne der Warenzeichen- und Markenschutz-Gesetzgebung als frei zu betrachten wären und daher von jedermann benutzt werden dürften.

Umschlaggestaltung: KünkelLopka Medienentwicklung, Heidelberg
Gedruckt auf säurefreiem und chlorfrei gebleichtem Papier
Printed in Germany

ISBN 978-3-8349-2758-3

Geleitwort

Mit der Entscheidung in der Europäischen Union (EU) alle kapitalmarktorientierten Unternehmen zu verpflichten, ihre Konzernabschlüsse nach den International Financial Reporting Standards (IFRS) aufzustellen, hat eine verstärkte Ausrichtung der externen Rechnungslegung an den Informationsbedürfnissen der Kapitalmärkte Einzug gehalten. Vor dem Hintergrund, dass in der EU bereits 17 Staaten eine Anwendung der IFRS im Einzelabschluss für Ausschüttungszwecke zulassen oder verbindlich vorschreiben, ist ein Vordringen der IFRS in die Einzelabschlüsse auch in Deutschland nicht auszuschließen.

In diesem Zusammenhang untersucht der Autor die bilanzielle Abbildung von gesellschaftsrechtlichen Umstrukturierungen, für die das Umwandlungsgesetz den rechtlichen Rahmen bereitstellt. Dabei geht er der Frage nach, ob die IFRS geeignet sind die HGB-Rechnungslegungsnormen für den Einzelabschluss börsennotierter Aktiengesellschaften zu ersetzen. Ausgangspunkt der Überlegungen ist das „Konzept der gläsernen, aber verschlossenen Taschen", um Informationsfunktion und Ausschüttungsbemessungsfunktion in einem Abschluss zu vereinen. Dazu werden die Übernahmebilanzierungsmöglichkeiten ausgewählter Verschmelzungen mit Unternehmen außerhalb eines Konzerns (z. B. merger of equals) und innerhalb eines Konzerns (upstream merger, downstream merger, side-step merger) eingehend betrachtet.

Durch seine fundierten theoretischen und praktischen Kenntnisse stellt der Verfasser interessante Bezüge innerhalb der gesamten Bandbreite der IFRS her und verbindet die verschiedenen wissenschaftlichen Teildisziplinen aus der Betriebswirtschaft (u. a. Principal-Agent-Theorie, Konzernbilanztheorien, Tauschgrundsätze, Bilanzierung von Sacheinlagen) und der Rechtswissenschaft (Zivil- und Gesellschaftsrecht).

Die vorliegende Arbeit ist ein gelungenes Beispiel für betriebswirtschaftliche Forschung im Sinne von angewandter Forschung. So werden zunächst die notwendigen rechtlichen und konzeptionellen Grundlagen herausgearbeitet. Darauf aufbauend werden dann anhand von Beurteilungskriterien konkrete Vorschläge zur Fortentwicklung der Rechnungslegung und zur Schließung von bestehenden Regelungslücken im Einzel- und (Teil-)Konzernabschluss unterbreitet.

Hierzu zählen Gestaltungsvorschläge zur:
- Abschaffung des undifferenzierten Bilanzierungswahlrechts in § 24 UmwG,
- Bilanzierung von negativen Unterschiedsbeträgen aus der Kaufpreisallokation und Erfassung von Verschmelzungsdifferenzen,
- Abschaffung der sog. umgekehrten Erwerbsmethode (reverse acquisition method) und Einführung der Fresh-Start-Methode in den IFRS,
- Beibehaltung des Vorsichtsprinzips im IFRS-Rahmenkonzept im Zusammenhang mit einer Bilanzierung oberhalb der Anschaffungskosten,
- Bilanzierung von konzerninternen Verschmelzungen (business combinations under common control) im Einzel- und Teilkonzernabschluss nach dem Separate Reporting Entity Approach.

Die Veröffentlichung richtet sich an in der Forschung und Lehre tätige Personen, die normensetzenden Institutionen sowie an Praktiker aus der Rechnungslegung und Prüfung, die ihr Verständnis für die Bilanzierung von Umstrukturierungen erweitern wollen und nach Anregungen für Problemlösungen Ausschau halten. Der vorliegenden Arbeit wünsche ich viele interessierte Leser, damit sie als Impuls zur Auslösung von innovativen Denkprozessen dienen und die Diskussion zur Fortentwicklung der Rechnungslegung befruchten kann.

Professor Dr. Rainer Kasperzak

Vorwort

Für die wissenschaftliche Betreuung der vorliegenden Arbeit und für seine Begutachtung danke ich Herrn Professor Dr. Rainer Kasperzak herzlichst. Seine jederzeitige Diskussionsbereitschaft, konstruktive Kritik sowie seine wertvollen fachlichen und literarischen Anregungen haben zum Gelingen der Arbeit maßgeblich beigetragen.

Herrn Professor Dr. Dr. Jürgen Ensthaler und Herrn Professor Dr. Hans Hirth danke ich besonders für die weitere Begutachtung und die Bereitschaft am Promotionsverfahren mitzuwirken.

Bedanken möchte ich mich auch bei allen, die mich auf meinem bisherigen Lebensweg in vielfältiger Weise unterstützt und gefördert haben. Erst dadurch wurde diese Arbeit ermöglicht.

Hans Lieck

Inhaltsverzeichnis

Seite

Geleitwort V

Vorwort. VII

Inhaltsverzeichnis IX

Abbildungsverzeichnis XV

Abkürzungsverzeichnis XVII

1 **Einleitung** 1

2 **Rechtliche Grundlagen der Umstrukturierungen** 5
   2.1 Gesetzgeberische Ziele 5
   2.2 Umwandlungsarten im Einzelnen 8
      2.2.1 Verschmelzung 8
         2.2.1.1 Begrifflichkeiten 8
         2.2.1.2 Ablauf von Verschmelzungen 11
      2.2.2 Spaltungen 18
      2.2.3 Vermögensübertragung 20
      2.2.4 Formwechsel 21

3 **Konzeptionelle Grundlagen** 23
   3.1 Funktionen des Rechnungswesens 23
      3.1.1 Informationsfunktion 24
      3.1.2 Ausschüttungsbemessungsfunktion 28
   3.2 Beurteilungskriterien 33
      3.2.1 Relevanz 35
      3.2.2 Verlässlichkeit und glaubwürdige Darstellung 38
         3.2.2.1 Neutralität der Informationen 39
         3.2.2.2 Nachprüfbarkeit 39
         3.2.2.3 Vollständigkeit der Informationen 41

3.2.2.4 Vorsicht 42
3.2.2.5 Wirtschaftliche Betrachtungsweise 43
3.2.3 Verständlichkeit 45
3.2.4 Vergleichbarkeit 45
3.2.5 Interdependenzen der Kriterien 46
3.3 Entscheidungsnützlichkeit von Einzel- und Konzernabschlüssen 48
　3.3.1 Einzel- und Konzernabschlüsse berichterstattender Einheiten 48
　3.3.2 Eigenständige Informationsfunktion des Einzelabschlusses 50
　3.3.3 Kompensationsfunktion des Konzernabschlusses 51
　　3.3.3.1 Konzerntheorien und Konsolidierungskonzepte 53
　　　a) Entity Concept 54
　　　b) Proprietary Concept 55
　　　c) Parent Company Concept 56
　　　d) Parent Company Extension Concept 57
　　3.3.3.2 Würdigung der Konzepte und deren Umsetzung in den IFRS .. 58
　3.3.4 Funktionen des Teilkonzernabschlusses 60
　　3.3.4.1 Primäre Adressaten des Teilkonzernabschlusses 60
　　3.3.4.2 Für Minderheitsgesellschafter relevante berichterstattende
　　　　　　Einheit 63
　　3.3.4.3 Einklang des Abschlusses eines Teilkonzerns als eigenständige
　　　　　　Berichtseinheit mit der Interessen- und Einheitstheorie 65

4 **Ausgewählte externe Umstrukturierungen** 69
　4.1 Bilanzierungsmethoden zur Abbildung von Verschmelzungen 69
　　4.1.1 Unterscheidungsmerkmale für Verschmelzungen 69
　　4.1.2 Grundzüge der Erwerbsmethode 71
　　4.1.3 Grundzüge der Interessenzusammenführungsmethode 73
　　4.1.4 Grundzüge der Fresh-Start-Methode 78
　4.2 Bilanzierung von Verschmelzungen im Einzelnen nach IFRS 3 im Einzel-
　　　und Konzernabschluss 82
　　4.2.1 Anwendungsvoraussetzungen des IFRS 3 82
　　4.2.2 Bestimmung des Erwerbszeitpunkts 83
　　4.2.3 Bilanzierung des erworbenen Vermögens 86
　　4.2.4 Bilanzierung von Unterschiedsbeträgen 90
　　　4.2.4.1 Grundzüge der Berechnung eines positiven
　　　　　　　Unterschiedsbetrags 90

4.2.4.2 Ermittlung der gewährten Gegenleistung 93
  a) Ausgegebene Anteile und Barzahlungen 93
  b) Aufwendungen im Zusammenhang mit der Verschmelzung .. 96
  c) Abgrenzung der Gegenleistung
    für den Unternehmenserwerb von anderen Transaktionen ... 96
4.2.4.3 Bewertungsanpassungen an einer bestehenden
    Minderheitsbeteiligung 102
4.2.4.4 Berücksichtigung negativer Unterschiedsbeträge 103
  a) Sofortiger Ausweis eines Gewinns
    bei einem günstigen Kauf 103
  b) Bedeutung des Reassessment 104
    aa) Anzutreffende Vorgehensweisen in der Praxis 104
    bb) Analyse der Ursachen eines Erwerbs zu einem Preis
      unter dem Marktwert 106
    cc) Überprüfung von Ansatz und Bewertung unter der
      Berücksichtigung des Vorsichtsprinzips 107
  c) Wesentliche Wertänderungen zwischen dem
    Bewertungsstichtag und dem Erwerbszeitpunkt 109

4.3 Besonderheiten bei einem umgekehrten Unternehmenserwerb 114
  4.3.1 Identifizierung des Erwerbers 114
  4.3.2 Grundzüge der umgekehrten Erwerbsmethode 116
  4.3.3 Beispiel eines umgekehrten Unternehmenserwerbs 118
  4.3.4 Würdigung der umgekehrten Erwerbsmethode 121
    4.3.4.1 Formalrechtliche und wirtschaftliche Betrachtungsweise
      eines Unternehmenserwerbs 121
    4.3.4.2 Fehlender Einklang der Kriterien des IFRS 3 mit dem
      Control-Konzept 122
    4.3.4.3 Schlussfolgerungen für die Bilanzierung im Einzelabschluss . 128

5 Konzerninterne Umstrukturierungen 131

5.1 Vorbemerkungen 131
5.2 Überblick über Regelungen anderer Standardsetzer 133
  5.2.1 Gesetzliche Regelungen in Deutschland 133
  5.2.2 Bilanzierung nach US-GAAP 134
  5.2.3 Bilanzierungsvorschriften in Australien 136
  5.2.4 Bilanzierungsvorschriften in Neuseeland 137

5.2.5 Bilanzierungsvorschriften im Vereinigten Königreich 139
5.2.6 Zwischenergebnis 140
5.3 Regelungen für vergleichbare Sachverhalte und deren konzeptionelle Grundlagen 141
    5.3.1 Berücksichtigung des Anschaffungswertprinzips und der Tauschgrundsätze 141
    5.3.2 Bilanzierung von Sacheinlagen 144
    5.3.3 Erstmalige Bilanzierung von Anteilen an Unternehmen 148
    5.3.4 Zwischenergebnis 151
5.4 Abbildung konzerninterner Umstrukturierungen im Einzelabschluss der übernehmenden Gesellschaft 152
    5.4.1 Upstream-Verschmelzung bei vollständigem Anteilsbesitz 152
        5.4.1.1 Vorbemerkungen 152
        5.4.1.2 Bilanzierung der untergehenden Beteiligung zum beizulegenden Zeitwert 154
            a) Auswirkungen auf die Bilanz 154
            b) Auswirkungen auf die Gewinn- und Verlustrechnung 156
        5.4.1.3 Bilanzierung der untergehenden Beteiligung zu Anschaffungskosten 162
            a) Ansatz von Zwischenwerten zur Wahrung des Anschaffungswertprinzips 162
            b) Buchwertfortführung 165
                aa) Bilanzierung von aktiven Verschmelzungsdifferenzen ... 165
                bb) Bilanzierung von passiven Verschmelzungsdifferenzen 167
            c) Bilanzierung des übernommenen Vermögens zum beizulegenden Zeitwert 169
        5.4.1.4 Zwischenergebnis 170
    5.4.2 Upstream-Verschmelzung bei einer Beteiligungsquote unter 100 % . 174
    5.4.3 Side-step-Verschmelzung 177
    5.4.4 Downstream-Verschmelzung 179
    5.4.5 Bereitstellung verlässlicher Informationen und glaubwürdige Darstellung von konzerninternen Verschmelzungen 182
        5.4.5.1 Konzerninterne Verschmelzungen unter der Beteiligung von Minderheitsgesellschaftern 182
        5.4.5.2 Konzerninterne Verschmelzungen ohne eine Beteiligung von Minderheitsgesellschaftern 186

5.5 Abbildung von konzerninternen Verschmelzungen im Konzernabschluss..191
  5.5.1 Anwendung des Entity Concepts 191
  5.5.2 Würdigung der Regelungen des IAS 27.......................................192
5.6 Abbildung von konzerninternen Verschmelzungen im
    Teilkonzernabschluss 194

6 Zusammenfassendes Ergebnis 201

6.1 Grundsätzliche Eignung von IFRS 3 zur Bilanzierung von konzern
    externen Verschmelzungen durch Aufnahme im Einzelabschluss.............201

6.2 Notwendige Weiterentwicklung des IFRS 3 zur Bilanzierung von konzern-
    externen Verschmelzungen durch Neugründung im Einzelabschluss 202

6.3 Anzustrebende Fortentwicklung des IFRS 3 bei einem negativen
    Unterschiedsbetrag und Erhalt des Vorsichtsprinzips im Rahmenkonzept.203

6.4 Explizites Verbot der umgekehrten Erwerbsmethode im Einzelabschluss..204

6.5 Explizite Ausdehnung des Anwendungsbereichs von IFRS 3 auf
    konzerninterne Verschmelzungen im Einzelabschluss 205

6.6 Zwingende Anwendung von IFRS 3 bei Verschmelzungen unter common
    control auf einen börsennotierten Teilkonzern 207

Literaturverzeichnis 209

Rechtsquellenverzeichnis 247

Stichwortverzeichnis 253

Abbildungsverzeichnis

Abbildung 1: Upstream-Verschmelzung bei vollständigem Anteilsbesitz 152

Abbildung 2: Upstream-Verschmelzung bei einer Beteiligungsquote unter 100 % .. 174

Abbildung 3: Side-step-Verschmelzung 177

Abbildung 4: Downstream-Verschmelzung 180

Abkürzungsverzeichnis

a. a. O.	am angegebenen Ort
a. A.	anderer Ansicht
AASB	Australian Accounting Standards Board
Abb.	Abbildung
ABl.	Amtsblatt der EU
Abs.	Absatz
Abschn.	Abschnitt
Abt.	Abteilung
AG	Aktiengesellschaft oder Die Aktiengesellschaft (Zeitschrift)
AktG	Aktiengesetz
a.M.	am Main
Anh.	Anhang
AO	Abgabenordnung
APB	Opinion
Art.	Artikel
ASB	Accounting Standards Board
ASRB	Accounting Standards Review Board
Aufl.	Auflage
BB	Betriebsberater
BC	Basis for Conclusions
Bd.	Band
Ber.	Berichtigung
BewG	Bewertungsgesetz
BFH	Bundesfinanzhof
BFuP	Betriebswirtschaftliche Forschung und Praxis (Zeitschrift)
BGB	Bürgerliches Gesetzbuch
BGBl.	Bundesgesetzblatt
BGH	Bundesgerichtshof
BilMoG	Bilanzrechtsmodernisierungsgesetz
BilReG	Bilanzrechtsreformgesetz
BMJ	Bundesministerium der Justiz
BR-Drucks.	Bundesratsdrucksache
bspw.	beispielsweise

BT-Drucks.	Bundestagsdrucksache
Buchst.	Buchstabe
bzgl.	bezüglich
bzw.	beziehungsweise
ca.	circa
d. h.	das heißt
DB	Der Betrieb (Zeitschrift)
DBW	Die Betriebswirtschaft (Zeitschrift)
ders.	derselbe
dies.	dieselbe(n)
Diss.	Dissertation
DO	Dissenting Opinion
DRÄS	Deutscher Rechnungslegungs Änderungsstandard
DRS	Deutscher Rechnungslegungsstandard
DRSC	Deutsches Rechnungslegungs Standard Committee e. V.
DSR	Deutscher Standardisierungsrat
DStR	Deutsches Steuerrecht (Zeitschrift)
e. V.	eingetragener Verein
ebd.	Ebenda
EBIT	Earnings before interest and taxes
EBITDA	Earnings before interest, taxes, depreciation and amortization
ED	Exposure Draft
EFRAG	European Financial Reporting Advisory Group
EG	Europäische Gemeinschaft
EGV	Vertrag zur Gründung der Europäischen Gemeinschaft
Einl.	Einleitung
EITF	Emerging Issues Task Force
ErgBd.	Ergänzungsband
et al.	et alii
etc.	et cetera
EU	Europäische Union
EuGH	Europäischer Gerichtshof
evtl.	eventuell
EWG	Europäische Wirtschaftsgemeinschaft
EWR	Europäischer Wirtschaftsraum
f.	folgende (Seite)
FASB	Financial Accounting Standards Board

Abkürzungsverzeichnis

FB	Finanz Betrieb (Zeitschrift)
ff.	fortfolgende (Seiten)
FN	Fachnachrichten
Fn.	Fußnote
Forts.	Fortsetzung
FRS	Financial Reporting Standard
FRSB	Financial Reporting Standards Board
FS	Festschrift
FTB	FASB Technical Bulletin
GAAP	Generally Accepted Accounting Principles
GE	Geldeinheiten
gem.	gemäß
ggf.	gegebenenfalls
GmbH	Gesellschaft mit beschränkter Haftung
GmbHR	GmbHRundschau (Zeitschrift)
GuV	Gewinn- und Verlustrechnung
h. M.	herrschende Meinung
Habil.	Habilitationsschrift
HdJ	Handbuch des Jahresabschlusses
HFA	Hauptfachausschuss
HGB	Handelsgesetzbuch
Hrsg.	Herausgeber
i. d. F.	in der Fassung
i. d. R.	in der Regel
i. e. S.	im engeren Sinne
i. w. S.	im weiteren Sinne
IAS	International Accounting Standard
IASB	International Accounting Standards Board
IASC	International Accounting Standards Committee
IDW	Institut der Wirtschaftsprüfer
IE	Illustrative Examples
IFRIC	International Financial Reporting Interpretations Committee
IFRS	International Financial Reporting Standard
inkl.	inklusive
insb.	insbesondere
IPO	Initial Public Offering
IRZ	Zeitschrift für Internationale Rechnungslegung (Zeitschrift)

JbFSt	Jahrbuch der Fachanwälte für Steuerrecht (Zeitschrift)
Jg.	Jahrgang
KG	Kommanditgesellschaft
KonBefrV	Konzernabschlussbefreiungsverordnung
KoR	Zeitschrift für kapitalmarktorientierte Rechnungslegung
KStG	Körperschaftsteuergesetz
m. w. N.	mit weiteren Nachweisen
Mio.	Millionen
NJW	Neue Juristische Wochenschau (Zeitschrift)
No.	Number
Nr.	Nummer
NZ	New Zealand
NZICA	New Zealand Institute of Chartered Accountants
OB	Objective
o. g.	oben genannt
o. J.	ohne Jahresangabe
o. O.	ohne Ortsangabe
o. V.	ohne Verfasserangabe
OHG	Offene Handelsgesellschaft
OLG	Oberlandesgericht
Par.	Paragraph
PersGes	Personenhandelsgesellschaft
PiR	Praxis der internationalen Rechnungslegung (Zeitschrift)
PublG	Publizitätsgesetz
PwC	PricewaterhouseCoopers LLP
RE	Reporting Entity
rev.	revised (überarbeitet)
RH	Rechnungslegungshinweis
RIC	Rechnungslegungs Interpretations Committee
RK	Rahmenkonzept
Rn.	Randnummer
RS	Stellungnahme zur Rechnungslegung
S.	Seite
s.	siehe
S:R	Status:Recht (Zeitschrift)
SAB	Staff Accounting Bulletin
SCE	Europäische Genossenschaft

Abkürzungsverzeichnis

SCEAG	SCE-Ausführungsgesetz
SE	Societas Europaea oder Europäische Aktiengesellschaft
SEAG	SE-Ausführungsgesetz
SEBG	SE-Beteiligungsgesetz
SEEG	Gesetz zur Einführung der Europäischen Gesellschaft
SEStEG	Gesetz über steuerliche Begleitmaßnahmen zur Einführung der Europäischen Gesellschaft und zur Änderung weiterer steuerrechtlicher Vorschriften
SE-VO	Verordnung über das Statut der Europäischen Gemeinschaft
SFAS	Statement of Financial Accounting Standards
SIC	Standing Interpretations Committee
SMEs	Small and Medium-sized Entities
sog.	sogenannt
Sp.	Spalte
SPE	Societas Privata Europaea oder Europäische Privatgesellschaft
SpruchG	Spruchverfahrensgesetz
StB	Steuerberater
StuW	Steuer und Wirtschaft
Tab.	Tabelle
TransPuG	Transparenz- und Publizitätsgesetz
Tz.	Textziffer
u.	und
u. a.	und andere
u. d. T.	unter dem Titel
UIG	Urgent Issues Group
UmwG	Umwandlungsgesetz
UmwStG	Umwandlungssteuergesetz
US	United States
USA	United States of America
US-GAAP	United States Generally Accepted Accounting Principles
v.	von
Verf.	Verfasser
vgl.	vergleiche
VO	Verordnung
Vol.	Volume (Band)
Vorbem.	Vorbemerkung
WiSt	Wirtschaftswissenschaftliches Studium

WP	Wirtschaftsprüfer
WPg	Die Wirtschaftsprüfung (Zeitschrift)
WPH	Wirtschaftsprüfer-Handbuch
WpHG	Gesetz über den Wertpapierhandel (Wertpapierhandelsgesetz)
WpÜG	Wertpapiererwerbs- und Übernahmegesetz
z. B.	zum Beispiel
z. T.	zum Teil
ZCG	Zeitschrift für Corporate Governance
ZfB	Zeitschrift für Betriebswirtschaft
ZfbF	Schmalenbachs Zeitschrift für betriebswirtschaftliche Forschung
ZGR	Zeitschrift für Unternehmens- und Gesellschaftsrecht
ZHR	Zeitschrift für das gesamte Handels- und Wirtschaftsrecht
ZIP	Zeitschrift für Wirtschaftsrecht
zit. nach	zitiert nach
zugl.	Zugleich

1 Einleitung

Die International Financial Reporting Standards (IFRS) etablieren sich weltweit als Standard für die Rechnungslegung und prägen zunehmend das europäische und demzufolge auch das deutsche Bilanzrecht.[1] So sind nach der IAS-Verordnung die kapitalmarktorientierten Gesellschaften in der Europäischen Union (EU) verpflichtet, ihren Konzernabschluss nach den von der EU übernommenen IFRS aufzustellen.[2] Zugleich gewährt die IAS-Verordnung den nationalen Gesetzgebern das Wahlrecht, den kapitalmarktorientierten Gesellschaften zu gestatten oder vorzuschreiben, ihre Einzelabschlüsse nach den von der EU übernommenen IFRS aufzustellen.[3] In Deutschland dürfen in Ausübung der bestehenden Mitgliedstaatenwahlrechte Kapitalgesellschaften unter bestimmten Voraussetzungen anstelle eines Jahresabschlusses nach den Rechnungslegungsnormen des Handelsgesetzbuches (HGB) freiwillig einen Einzelabschluss unter Anwendung der IFRS im Bundesanzeiger offenlegen.[4] Allerdings besteht die Pflicht zur Aufstellung eines Jahresabschlusses nach den Rechnungslegungsnormen des HGB für alle Kapitalgesellschaften weiterhin.

Bilanzierungsvorschriften, die von den IFRS als sich etablierenden Weltstandard abweichen, bedürfen der besonderen Legitimation. Unterschiedliche Bilanzierungs-

---

[1] Nach den Angaben des IASB (2009) ist die Anwendung der IFRS in mehr als 100 Ländern weltweit vorgeschrieben oder erlaubt. Die IFRS sind die vom IASB herausgegebenen Standards, die gem. IAS 1.7 neben den IFRS auch die IAS, IFRIC und SIC umfassen. Der vorliegenden Arbeit liegen die IFRS in den am 1. Juli 2009 vom IASB (2009a) verabschiedeten Fassungen zugrunde, soweit keine andere Kennzeichnung erfolgt.

[2] Vgl. Art. 4 der Verordnung (EG) Nr. 1606/2002, die im Folgenden als IAS-Verordnung zitiert wird. Eine Kapitalgesellschaft ist gem. § 264d HGB kapitalmarktorientiert, wenn sie einen organisierten Markt im Sinne des § 2 Abs. 5 des WpHG durch von ihr ausgegebene Wertpapiere im Sinne des § 2 Abs. 1 Satz 1 des WpHG in Anspruch nimmt oder die Zulassung solcher Wertpapiere zum Handel an einem organisierten Markt beantragt hat. Vgl. zur Definition von Gesellschaften Art. 48 EGV. Vgl. zum Verfahren der Anerkennung der IFRS in der EU Buchheim/Knorr/Schmidt (2008), S. 334 ff. Vgl. zum aktuellen Stand dieses sog. Endorsement-Verfahrens EFRAG (2010), S. 1 ff. Im Juli 2009 wurden zudem vom IASB (2009b) für nicht kapitalmarktorientierte Unternehmen die „IFRS for Small and Medium-sized Entities (SMEs)" herausgegeben. Eine Übernahme der IFRS für SMEs in geltendes EU-Bilanzrecht ist derzeit nicht vorgesehen. Vgl. Winkeljohann/Morich (2009), S. 1633 f.

[3] Vgl. Art. 5 IAS-Verordnung. Dieses Wahlrecht gilt auch für die Einzel- und Konzernabschlüsse von nicht kapitalmarktorientierten Gesellschaften. Gem. § 315a Abs. 3 HGB und § 11 Abs. 6 PublG besteht in Deutschland für die nicht kapitalmarktorientierten Gesellschaften das gesetzliche Wahlrecht, ihren Konzernabschluss nach den IFRS statt nach den Rechnungslegungsnormen des HGB aufzustellen.

[4] Vgl. § 325 Abs. 2a f. HGB und ausführlich Fey/Deubert (2006), S. 92 ff. Vgl. § 9 PublG zu den Offenlegungspflichten von bestimmten Unternehmen, die keine Kapitalgesellschaften sind.

normen für Einzel- und Konzernabschlüsse sowie eine separate Steuerbilanz aufgrund des zunehmend zurückgedrängten Maßgeblichkeitsprinzips scheinen der wirtschaftlichen Vernunft zuwiderzulaufen.[5] Im Sinne einer wirtschaftlichen externen Rechnungslegung ist daher kritisch zu hinterfragen, ob in Deutschland für börsennotierte Aktiengesellschaften, die ihre Konzernabschlüsse verpflichtend nach den IFRS aufstellen müssen, weiterhin in den aufzustellenden Einzelabschlüssen eigenständige HGB-Rechnungslegungsnormen Anwendung finden sollten.[6]

Das Vordringen der IFRS in die Einzel- und Konzernabschlüsse betrifft auch die bilanzielle Abbildung gesellschaftsrechtlicher Umstrukturierungen. Das Umwandlungsgesetz (UmwG) stellt für den Formwechsel und die übertragenden Umwandlungsvorgänge im Wege der Verschmelzung, der Spaltung und der Vermögensübertragung einen Rechtsrahmen bereit. Ziel der Arbeit ist es, zu analysieren, ob die bestehenden IFRS in Bezug auf die Regelungen des UmwG geeignet sind, die HGB-Rechnungslegungsnormen zu ersetzen. Dazu soll die Übernahmebilanzierung ausgewählter Umstrukturierungen des UmwG mit Unternehmen außerhalb und innerhalb eines Konzerns unter Berücksichtigung bestehender Regelungslücken in den IFRS betrachtet werden. In Abhängigkeit des Untersuchungsergebnisses sollen Empfehlungen zur Fortentwicklung und zur Schließung von Regelungslücken der IFRS für die Übernahmebilanzierung in Einzel- und (Teil-)Konzernabschlüssen gegeben werden.[7] Die Auseinandersetzung mit den IFRS ist im Hinblick auf die gesellschaftsrechtlichen Umstrukturierungen von Bedeutung, damit im Standardsetzungsprozess entsprechender Einfluss genommen werden kann.

Um die Kernproblematik der Arbeit vor dem Hintergrund einer Vielzahl möglicher Umstrukturierungstransaktionen herauszuarbeiten, ist eine Beschränkung auf ausgewählte Gestaltungen notwendig. Im Folgenden wird vorausgesetzt, dass die börsennotierten Aktiengesellschaften stets einen organisierten Markt im Sinne des § 2 Abs. 5 WpHG in Anspruch nehmen. Bei den zu betrachtenden Konzernstrukturen wird unterstellt, dass die Beherrschung aufgrund der Mehrheit der Stimmrechte be-

---

[5] Vgl. zu Änderungen der steuerlichen Maßgeblichkeit bei Umwandlungen Teiche (2008), S. 1757 ff.

[6] Vgl. zur Diskussion hinsichtlich der Anwendung der IFRS im Einzelabschluss beispielsweise Arbeitskreis „Externe Unternehmensrechnung" der Schmalenbach-Gesellschaft für Betriebswirtschaft e. V. (2008), S. 994 ff.; ders. (2003), S. 1585 ff.; Lanfermann/Richard (2008), S. 1925 ff; Niehus (2008), S. 1451 ff.; Fülbier/Gassen (2007), S. 2605 ff.; Schulze-Osterloh (2003), S. 93 ff; Kirsch (2003), S. 275 ff.; Herzig/Briesemeister (2009), S. 1 ff.; Herzig (2008), S. 1 ff.; ders. (2001), S. 154 ff.; Zeitler (2003), S. 1529 ff.; Kahle (2003), S. 262 ff.; Böcking (2002), S. 925 ff.; Zabel (2002), S. 919 ff.; Ernst (2001), S. 1440 ff.

[7] Von einer Übernahmebilanzierung wird gesprochen, da für interne Zwecke zur Unterscheidung von sonstigen Geschäftsvorfällen der übernehmenden Gesellschaft eine in den Abschluss aufgehende Übernahmebilanz erstellt werden kann, in der das übernommene Vermögen zunächst gesondert abgebildet wird. Vgl. Thume (2000), S. 42.

Einleitung 3

steht (faktischer Konzern).[8] Unberücksichtigt bleiben Besonderheiten des Konzernrechts, die sich z. B. aus aktienrechtlichen Beherrschungs- und Gewinnabführungsverträgen ergeben können und die eher Auswirkungen auf den Sinn der Verpflichtung zur Aufstellung von (Teil-)Konzernabschlüssen als auf deren Gestaltung haben.[9] Da Umwandlungen steuerrechtlich umfangreich im UmwStG geregelt sind und der Maßgeblichkeitsgrundsatz durch das im Dezember 2006 inkraftgetretene SEStEG bei Umwandlungsfällen weggefallen ist, ist es nicht Gegenstand der vorliegenden Untersuchung die Eignung der IFRS als Grundlage für die Besteuerung zu beurteilen.[10] Diese Arbeit beschränkt sich zudem auf die Erörterung der Übernahmebilanzierung von Umwandlungsvorgängen, d. h. auf die bilanzielle Abbildung des übertragenen Vermögens bei übernehmenden börsennotierten Aktiengesellschaften im Übernahmezeitpunkt. Auswirkungen auf Folgeperioden werden nur insoweit behandelt, wie sie für die Würdigung der Zugangsbilanzierung relevant sind.

In Kapitel 2 werden zunächst die rechtlichen Grundlagen der Umstrukturierungen nach dem UmwG dargestellt und eine erste Eingrenzung auf ausgewählte im Weiteren dargestellte Transaktionen vorgenommen. In Kapitel 3 werden wichtige konzeptionelle Grundlagen der Rechnungslegung, wie die Funktionen von Einzel- und Konzernabschlüssen, dargestellt, Beurteilungskriterien zur Eignung und Fortentwicklung der IFRS herausgearbeitet, Konzerntheorien und Konsolidierungskonzepte vorgestellt sowie deren Bedeutung für den Teilkonzernabschluss einer börsennotierten Aktiengesellschaft analysiert. Im Anschluss daran werden in Kapitel 4 verschiedene Bilanzierungsmethoden für konzernexterne Verschmelzungen erläutert, bevor auf die derzeitig geltenden Bilanzierungsvorschriften zu deren Abbildung im Einzel- und Konzernabschluss im Einzelnen eingegangen und Änderungspotential der bestehenden Regelungen aufgezeigt wird. Im darauf folgenden Kapitel 5 wird der Frage nachgegangen, wie die Rechnungslegung bei Verschmelzungen unter gemeinsamer Beherrschung (common control) in IFRS-Einzel- und (Teil-)Konzernabschlüssen börsennotierter Aktiengesellschaften künftig zur Beseitigung der derzeit bestehenden Regelungslücke gestaltet sein sollte. Dazu werden zunächst ausgewählte nationale

---

[8] Beispiele für börsennotierte faktische Teilkonzerne sind die Celesio AG (2010), S. 50 u. 181, Metro AG (2010), S. 148, Hornbach-Baumarkt-AG (2009), S. 82, TAKKT AG (2010), S. 16 u.117.
[9] Vgl. zur unterschiedlichen Ausprägung des Konzernrechts in Europa Schildbach (2008), S. 16 ff.; Adler/Düring/Schmaltz (1995 ff.), § 290 HGB Rn. 67; Druey (1994), S. 310 ff.
[10] Durch das SEStEG wurde die durch Richtlinie 2005/19/EG geänderte (Fusions-)Richtlinie 90/434/EWG in den deutschen Steuergesetzen (UmwStG etc.) umgesetzt. Vgl. zur Fusionsrichtlinie Thiel (2005), S. 2316 ff. und zur Umsetzung Schulze zur Wiesche (2007), S. 162 ff.; Rödder/Schumacher (2007), S. 369 ff. m. w. N. Vgl. zur Eignung der IFRS als EU-einheitliche Ausgangsbasis einer steuerlichen Bemessungsgrundlage Knüppel (2007), S. 13 ff.; Kahle (2006), S. 1405 ff.; Herzig (2004), S. 14 ff.; Sigloch (2004), S. 331 ff.

Rechnungslegungsvorschriften betrachtet und anschließend deren Vereinbarkeit mit bestehenden IFRS, die vergleichbare Sachverhalte regeln, und dem Rahmenkonzept beurteilt. Im Anschluss daran wird die Abbildung ausgewählter Verschmelzungsgrundtypen unter gemeinsamer Beherrschung im Einzel- und (Teil-) Konzernabschluss eingehender analysiert. Zum Schluss werden in Kapitel 6 die wesentlichen Untersuchungsergebnisse zusammenfassend dargestellt.

2 Rechtliche Grundlagen der Umstrukturierungen

2.1 Gesetzgeberische Ziele

Rechtsgrundlage für die Verordnungen und Richtlinien der EU bildete der Vertrag zur Gründung der Europäischen Gemeinschaften (EGV). Die Schaffung eines „Binnenmarkt[s], der durch die Beseitigung der Hindernisse für den freien Waren-, Personen-, Dienstleistungs- und Kapitalverkehr zwischen den Mitgliedstaaten gekennzeichnet ist" war ein Ziel dieses Vertrags.[11] Die Harmonisierung der Rechnungslegung, wie sie durch die Vierte und Siebente Richtlinie sowie die IAS-Verordnung angestrebt wird, dient der Verwirklichung dieses Vertragsziels. Dazu wurden auf der Basis des Art. 44 Abs. 2 Buchst. g EGV Bestimmungen zum Schutz der Gesellschafter und Dritter in den Mitgliedstaaten koordiniert, um eine Gleichwertigkeit in den Mitgliedstaaten zu erreichen.[12]

Durch den Untergang von Gesellschaften bei Verschmelzungen und die Schmälerung des Vermögens der übertragenden Gesellschaften bei Spaltungen ist ein Mindestschutz der Gesellschafter, Gläubiger und Arbeitnehmer geboten. Entsprechend wurden zu diesem Zweck auf der Grundlage des EGV eine Spaltungsrichtlinie (Sechste Richtlinie), eine Verschmelzungsrichtlinie (Dritte Richtlinie) und eine Richtlinie zu grenzüberschreitenden Verschmelzungen (Zehnte Richtlinie) erlassen. Während zum Schutz der Gesellschafter und Dritter die Informationsvermittlung durch die Umsetzung der Vierten und Siebenten Richtlinie dient, werden die Gläubiger zudem durch die Zweite Richtlinie zur Erhaltung des Kapitals der Aktiengesellschaft geschützt.[13]

Das UmwG setzt die europarechtlichen Vorgaben der Verschmelzungsrichtlinien und der Spaltungsrichtlinie in nationales Recht um.[14] Es soll den Unternehmen eine kostengünstige und praktikable Möglichkeit schaffen, sich den veränderten Gege-

---

[11] Vgl. Art. 3 Abs. 1 Buchst. c EGV. Vgl. zu den angestrebten Rechtsharmonisierungen Ensthaler (1989), S. 9 ff.; ders. (1995), S. 11 ff.

[12] Vgl. den jetzigen Art. 50 Abs. 2 Buchst. g des Vertrags über die Arbeitsweise der Europäischen Union.

[13] Vgl. zu Entwicklungen des europäischen Gesellschaftsrechts Bayer/Schmidt (2008), S. 454 ff.

[14] Vgl. zum Gesetzgebungsverfahren m. w. N. Mayer/Weiler (2007), S. 1235 ff. und S. 1291 ff.; Neye (2007), S. 389 f.; Neye/Timm (2006), S. 488 ff.; Drinhausen (2006), S. 2313 ff.; Drinhausen/Keinath (2006), S. 725 ff.; Maul/Teichmann/Wenz (2003), S. 2633 ff.

benheiten des Wirtschaftslebens anzupassen. Dazu stellt das UmwG abschließend für die übertragenden Umwandlungen der Verschmelzung, der Spaltung und der Vermögensübertragung sowie dem Formwechsel, bei dem nur die Rechtsform geändert wird, einen gesicherten Rechtsrahmen bereit.[15] Zur Umsetzung der praktikablen Umstrukturierung dient bei den übertragenden Umwandlungsvorgängen das Rechtsinstitut der Gesamtrechtsnachfolge.[16] Durch Anwendung des UmwG kann ein aufwendiges Verfahren zur Liquidation der untergehenden Gesellschaft vermieden werden.[17]

Die übertragenden Umwandlungen können in konzerninterne Umstrukturierungen und externe Umstrukturierungen mit einer einhergehenden Veränderung der Grenze eines Konzerns unterteilt werden.[18] Von den verschiedenen Umstrukturierungsmöglichkeiten wird in Abhängigkeit von gewissen Modeerscheinungen Gebrauch gemacht. In den siebziger und achtziger Jahren fand bei vielen Konzernen eine Diversifizierung der Geschäftsfelder statt.[19] Die achtziger Jahre waren zudem von konzerninternen Umstrukturierungen geprägt, mit denen durch Dezentralisierung der Konzernunternehmen unter Schaffung von Holdingstrukturen eine größere Nähe zu den Kundenmärkten innerhalb Europas geschaffen werden sollte.[20] In den neunziger Jahren gewannen externe Umstrukturierungen an Bedeutung, da Konglomerate an der Börse mit Kursabschlägen bestraft wurden. Dem wurde durch eine Konzentration auf Kerngeschäftsfelder begegnet, indem Randaktivitäten abgestoßen wurden.[21] Andererseits sollte das Kerngeschäft durch Fusionen gestärkt werden, um eine kritische Größe und globale Präsenz zur Hebung von Größenvorteilen durch Kosteneinsparungen (economies of scale) zu erreichen, Syner-

---

[15] Vgl. dazu Regierungsbegründung (1994), S. I und S. 71 ff. Vgl. zu den Arten der Umwandlung § 1 Abs. 1 UmwG.

[16] Bei der Universalsukzession gehen die Rechte und Pflichten von Gesetzes wegen über, sodass es im Gegensatz zur Singularsukzession (Einzelrechtsnachfolge) nicht der Einhaltung der jeweiligen gesetzlichen Zustimmungserfordernisse, z. B. von Gläubigern bei einer Schuldübernahme nach §§ 414 f. BGB, oder Formerfordernissen, z. B. bei der Übertragung von Grundstücken und Grundpfandrechten gem. §§ 873, 925 BGB, bedarf. Vgl. zu den Rechtsfolgen der Gesamtrechtsnachfolge Schmidt (2002), S. 338 f.; Heckschen (1989), S. 57 ff.; Tauchert-Nosko (1999), S. 43 ff. Während bei der Verschmelzung das gesamte Vermögen mindestens eines untergehenden Rechtsträgers durch Universalsukzession auf einen anderen Rechtsträger übertragen wird, kommt es bei einer Spaltung nur zu einer partiellen Gesamtrechtsnachfolge, da das Vermögen eines Rechtsträgers auf mehrere Rechtsträger verteilt wird. Vgl. Abschn. 2.2.2; Schmidt (2002), S. 356 ff.; Tauchert-Nosko (1999), S. 45 ff.; Kuhlmann/Ahnis (2007), S. 405.

[17] Vgl. zur Liquidation von Personengesellschaften Ensthaler (1985), S. 4 ff.

[18] Vgl. Herzig (2000), S. 2236; Picot (2004), S. 16 ff.

[19] Vgl. Kleinert/Klodt (2000), S. 18; Ordelheide (1997), S. 571 mit Verweis auf die Strategie der Daimler Benz AG „Vom Automobilkonzern zum Technologiekonzern".

[20] Vgl. zu den Gründen zur Bildung von Holdinggesellschaften Wurm (1997), S. 53 ff.

[21] Vgl. Herzig (2000), S. 2236.

Rechtliche Grundlagen der Umstrukturierungen 7

gieeffekte durch die Zusammenlegung betrieblicher Funktionen zu erzielen und hohe Entwicklungs- und Markteinführungskosten zu erwirtschaften.[22] Im Zuge der Wirtschafts- und Finanzmarktkrise gewinnen Verschmelzungen eine neue Aktualität. Da bei ihnen die Gegenleistung überwiegend in der Gewährung von Anteilen besteht, kann der Erwerb eines anderen Unternehmens auf diese Weise liquiditätsschonend durchgeführt werden. So können Transaktionen in Größenordnungen realisiert werden, für die nicht genügend Eigenmittel aufgebracht werden können oder eine Gefährdung des Fortbestands des Unternehmens durch eine übermäßige Verschuldung infolge der Kaufpreisfremdfinanzierung eintritt. Durch Verschmelzungen von Unternehmen mit unterschiedlichen Geschäftsbereichen und abweichenden Geschäftszyklen kann zudem das Anlagerisiko der Investoren gemindert werden.[23] Aber auch solche zunächst externen Transaktionen ziehen i. d. R. umfangreiche konzerninterne Umstrukturierungen zur Optimierung der Konzernstruktur nach sich. So können konzerninterne Verschmelzungen vorgenommen werden, um bereits wirtschaftlich unselbständige Einheiten auch rechtlich zusammenzufassen.[24] Dadurch können die rechtlichen Einheiten an identifizierte Geschäftsfelder angepasst werden, um interne Reibungsverluste durch eine Zentralisation von Entscheidungskompetenzen zu beseitigen und ggf. bessere steuerliche Verlustausgleichsmöglichkeiten zu schaffen.[25] Eine Verschmelzung kann auch zu einem Delisting (Marktaustritt aller Aktien) benutzt werden, indem eine börsennotierte Aktiengesellschaft als übertragender Rechtsträger mit einer nicht börsennotierten Gesellschaft oder einer anderen börsennotierten Gesellschaft verschmolzen wird.[26] Andererseits kann durch den Formwechsel von einer Gesellschaft mit beschränkter Haftung (GmbH) in eine Aktiengesellschaft beispielsweise ein Börsengang zur Beschaffung zusätzlichen Eigenkapitals vorbereitet werden. Zur Vorbereitung einer Trennung von Geschäftsaktivitäten können Spaltungen und Ausgliederungen von unterschiedlichen Geschäftsbereichen in eigenständige Rechtsträger dienen, deren

---

[22] Vgl. Jansen (2000), S. 62 ff. Vgl. zu Synergieeffekten Paprottka (1996), S. 41. Vgl. zu Beispielen von Verschmelzungen mit deutscher Beteiligung Krawitz/Leukel (2001), S. 98 ff. mit Verweis auf die Zusammenschlüsse Thyssen/Krupp (1998), Daimler/Chrysler (1998), Bayerische Hypotheken- und Wechselbank/Bayerische Vereinsbank (1998), Veba/Viag zu eon (2000), RWE/VEW (2000). Vgl. zu Erfolgen und Misserfolgen von Zusammenschlüssen Anrade/Mitchell/Stafford (2001), S. 103 ff.
[23] Vgl. z. B. die unterschiedlichen Geschäftsbereiche der BASF SE.
[24] Vgl. Lutter/Drygala (2009), § 2 UmwG Rn. 11 f. Bekannte Beispiele für konzerninterne Verschmelzungen sind die Verschmelzung der Dresdner Bank AG auf die Commerzbank AG (2009) und die Verschmelzung der börsennotierten T-Online International AG auf die Deutsche Telekom AG (2005/2006).
[25] Vgl. Lutter (2009), Einl. I Rn. 2 ff.
[26] Vgl. zu dieser Form des Going Private Richard/Weinheimer (1999), S. 1613 f.

Anteile z. B. im Wege eines Börsengangs veräußert, in künftige Gemeinschaftsunternehmen mit anderen Geschäftspartnern eingebracht sowie an die Anteilseigner ausgeschüttet oder übertragen werden können.[27] Durch Abspaltung eines verlustbringenden Geschäftsbereichs kann zudem der Fortbestand der übertragenden Gesellschaft gesichert werden.

Neben dem rechtspolitischen Ziel des UmwG, einen Rechtsrahmen zur Erleichterung wirtschaftlicher Umstrukturierungen zu schaffen, sollen gleichzeitig die eigenverantwortliche Entscheidungsbefugnis der Anteilsinhaber sichergestellt und die Interessen der von einer Umwandlung betroffenen Anteilsinhaber, Gläubiger und Arbeitnehmer entsprechend der europarechtlichen Zweckvorgaben geschützt oder zu einem Ausgleich gebracht werden.[28] Dazu enthält das UmwG umfangreiche Informationspflichten, Zustimmungserfordernisse, Rechtsbehelfe, Abfindungsrechte, Sicherstellungsrechte sowie Haftungs- und Schadensersatzregelungen.[29]

2.2 Umwandlungsarten im Einzelnen

2.2.1 Verschmelzung

2.2.1.1 Begrifflichkeiten

Im UmwG wird nicht von an den Umwandlungsvorgängen beteiligten Unternehmen, sondern von Rechtsträgern gesprochen.[30] Einem Rechtsträger, wie z. B. einer Kapitalgesellschaft, muss jedoch nicht zwingend ein Unternehmen im betriebs-

---

[27] Vgl. zu den Zielen einer Spaltung Regierungsbegründung (1994), S. 74. Vgl. zu Beispielen für Ausgliederungen und den anschließenden Verkauf der Anteile an der Börse, was auch als Carve-out bezeichnet wird, Herzig (2000), S. 2240 mit Verweis auf Siemens/Infineon (2000, IPO), Siemens/Epcos (1999, IPO), Bayer/Agfa (1999, IPO), Daimler-Chrysler/Debitel (1999, IPO), Veba/Stinnes (1998, IPO), Mannesmann/Atecs (2000). Vgl. zu Beispielen für Abspaltungen, die auch als Spin-Off bezeichnet werden, Heine/Lechner (2005), S. 669 mit Verweis auf die „Abspaltung des gewerblichen Immobilienfinanzierungsgeschäfts der Bayerischen Hypo- und Vereinsbank AG auf die Hypo Real Estate Holding AG" (2003), die Abspaltung des industriellen Chemiegeschäftsbereichs der Hoechst AG auf die Celanese AG (1999) und der Abspaltung des Chemikalien- und Polymergeschäfts der Bayer AG auf die Lanxess AG (2005). Vgl. zu einem Beispiel für eine Aufspaltung Heine/Lechner (2005), S. 669 mit Verweis auf die Übertragung des US Lease Portfolios der Credit Suisse First Boston AG an die Credit Suisse Deutschland AG (2003).
[28] Vgl. Regierungsbegründung (1994), S. I., 71 u. 73.
[29] Vgl. Schmidt (2002), S. 348 ff. u. S. 393 f.; Sagasser (2002), C Rn. 7 ff.; Hommelhoff (1993), S. 452 ff.
[30] Vgl. § 1 Abs. 1 UmwG. Vgl. zum Begriff des Rechtsträgers Sagasser (2002), B Rn. 12 ff.

Rechtliche Grundlagen der Umstrukturierungen

wirtschaftlichen Sinn zugeordnet sein.[31] Er kann auch lediglich ein Vermögen halten. Mit der durchgängigen Verwendung des Begriffs Rechtsträger bringt das UmwG somit zum Ausdruck, dass es nicht darauf ankommt, ob die jeweiligen beteiligten übertragenden, übernehmenden oder neuen Rechtsträger ein Unternehmen betreiben.[32] Vielmehr werden im UmwG unabhängig davon, für jede Art der Umwandlung die beteiligungsfähigen Rechtsträger gesondert abschließend aufgezählt.[33]

Im allgemeinen Sprachgebrauch bezeichnen die synonym verwendeten Begriffe Unternehmenszusammenschluss, Fusion oder Merger den Zusammenschluss von mehreren selbständigen Unternehmen zu einer wirtschaftlichen oder rechtlichen Einheit.[34] Bei dem im UmwG verwandten Begriff der Verschmelzung handelt es sich um eine gesetzlich normierte Zusammenschlussform, die zu einer rechtlichen Einheit führt. Bei der Verschmelzung nach dem UmwG (legal merger) wird das gesamte Vermögen mindestens eines Rechtsträgers auf einen anderen, entweder schon bestehenden (Verschmelzung durch Aufnahme) oder neu gegründeten (Verschmelzung durch Neugründung) Rechtsträger übertragen.[35] Dies geschieht im Wege der Gesamtrechtsnachfolge unter Auflösung ohne Abwicklung des übertragenden Rechtsträgers. Dabei werden den Anteilsinhabern des übertragenden Rechtsträgers Anteile des übernehmenden oder neuen Rechtsträgers gewährt.

Wirtschaftlich vergleichbar mit einer Verschmelzung ist auch ein Unternehmenszusammenschluss, bei dem die einzelnen Vermögenswerte und Schulden eines Unternehmens (Asset Deal) auf eine übernehmende Gesellschaft übertragen werden. Dabei wird zwar ebenfalls eine rechtliche Einheit der zusammengeschlossenen Unternehmen geschaffen, jedoch die übertragende Gesellschaft nicht aufgelöst. Sie besteht vielmehr mit der empfangenen Gegenleistung und den verbliebenen Schulden fort. Hingegen führt ein Unternehmenszusammenschluss nur zu einer wirtschaftlichen Einheit und nicht zu einer rechtlichen Einheit, wenn eine Mehrheit von Anteilsrechten erworben wird (Share Deal).[36] Die Gegenleistung kann dabei in Geld oder in der Gewährung von eigenen oder neuen Anteilen der übernehmenden Gesellschaft

---

[31] Vgl. zum Begriff des „Unternehmens" in der Rechnungslegung und der Rechtswissenschaft Abschn. 3.3.1 und Abschn. 4.3.4.1. Vgl. zur Definition eines Geschäftsbetriebs und eines Unternehmenszusammenschlusses gem. IFRS 3 Abschn. 4.2.1.
[32] Vgl. Regierungsbegründung (1994), S. 71.
[33] Vgl. §§ 3 und 122b UmwG zu verschmelzungsfähigen Rechtsträgern, § 124 UmwG zu spaltungsfähigen Rechtsträgern, § 175 zu Vermögensübertragungen und § 191 UmwG zu Rechtsträgern bei Formwechsel.
[34] Vgl. zum Begriff der Fusion Hertlein (1965), S. 196 f.; Schmidsberger (2002), S. 668.
[35] Vgl. § 2 UmwG.
[36] Vgl. zu den unterschiedlichen rechtlichen Implikationen eines Asset Deal und eines Share Deal Ensthaler (2010), § 15 GmbHG Rn. 3 f.; Beck/Klar (2007), S. 2819 ff.; Picot (2008), S. 209 ff.

bestehen. Während bei einer Verschmelzung und einem Asset Deal das erworbene Vermögen in den Einzel- und Konzernabschlüssen der übernehmenden Gesellschaft ausgewiesen wird, werden bei einem Share Deal die erhaltenen Anteile im Einzelabschluss des Erwerbers nach IAS 27.38 bilanziert.

Die Verschmelzung von wirtschaftlich und rechtlich unabhängigen Unternehmen, die nicht zum gleichen Konzern gehören, wird als Konzentrationsverschmelzung bezeichnet.[37] Im Gegensatz zu solchen externen Umstrukturierungen werden Verschmelzungen innerhalb eines bestehenden Konzerns, die zum rechtlichen Untergang einer Konzerngesellschaft führen, als konzerninterne Verschmelzungen tituliert.[38] Dazu gehören die Verschmelzung einer Tochtergesellschaft auf die Muttergesellschaft (Upstream-Verschmelzung)[39] und die Verschmelzung einer Muttergesellschaft auf eine Tochtergesellschaft (Downstream-Verschmelzung)[40], mit denen eine bestehende Beteiligungskette zur Verwirklichung einer gewünschten Zielstruktur vertikal verkürzt werden kann.[41] Zu den konzerninternen Verschmelzungen, mit denen eine horizontale Verschlankung der Beteiligungsstruktur erreicht werden kann, zählt die Verschmelzung von zwei Konzerngesellschaften auf der gleichen Stufe, von sog. Schwestergesellschaften mit identischem Mehrheitsgesellschafter (Side-step-Verschmelzung).[42]

Solche konzerninternen Umstrukturierungen des UmwG, bei denen ein Geschäftsbetrieb übertragen wird, gehören zu den sog. Unternehmenszusammenschlüssen unter gemeinsamer Beherrschung (common control) des IFRS 3. Unternehmenszusammenschlüsse unter gemeinsamer Beherrschung liegen gem. IFRS 3 vor, wenn alle daran beteiligten Unternehmen oder Geschäftsbetriebe letztlich von derselben Partei oder denselben Parteien sowohl vor als auch nach der Transaktion beherrscht werden, wobei die Beherrschung nicht vorübergehender Natur sein darf.[43] Bei kon-

---

[37] Vgl. Fischer (1995), S. 486.

[38] Die Begriffe Konzern, Konzerngesellschaft und Konzernunternehmen werden im Folgenden nicht im aktienrechtlichen Sinn, sondern im Sinne des IAS 27.4 für das Mutterunternehmen und alle seine Tochterunternehmen verwandt. Entsprechend werden als konzerninterne Umwandlungen nur Umwandlungen verstanden, bei denen ausschließlich Unternehmen des Vollkonsolidierungskreises, also Mutter- und Tochterunternehmen im Sinne des IAS 27 beteiligt sind.

[39] Vgl. Abschn. 5.4.1 f.

[40] Vgl. Abschn. 5.4.4.

[41] Vgl. Kahling (1999), S. 12 f.

[42] Vgl. Kahling (1999), S. 13. Vgl. zur Side-step-Verschmelzung Abschn. 5.4.3.

[43] Vgl. IFRS 3 Anhang B1 ff. Der Begriff „gemeinsame Beherrschung" bzw. „common control" des IFRS 3 kann missverständlich sein, da dieser an Gemeinschaftsunternehmen denken lässt. IAS 31.3 spricht bei Gemeinschaftsunternehmen von „gemeinschaftlicher Führung" bzw. von „joint control". Im Folgenden soll dennoch der Begriff der „gemeinsamen Beherrschung" entsprechend

Rechtliche Grundlagen der Umstrukturierungen 11

zerninternen Zusammenschlüssen wird die gemeinsame Beherrschung letztendlich von dem Mutterunternehmen des Gesamtkonzerns (= Konzernobergesellschaft) über die betroffenen Konzernunternehmen ausgeübt. Gemäß IFRS 3 kann aber auch von einer Gruppe von Personen, die nicht den Rechnungslegungspflichten der IFRS unterliegen, aufgrund einer vertraglichen Vereinbarung eine gemeinsame Beherrschung der an einem Unternehmenszusammenschluss beteiligten Unternehmen ausgehen.[44] Die Gesamtheit der Aktionäre eines börsennotierten Unternehmens ohne eine vertragliche Vereinbarung kann damit nicht als eine beherrschende Partei im Sinne des IFRS 3 angesehen werden.[45] Im Folgenden wird bei den konzernexternen Umstrukturierungen davon ausgegangen, dass diese nicht unter gemeinsamer Beherrschung durchgeführt werden.

Unternehmenszusammenschlüsse von gleichberechtigten Partnern werden Mergers of Equals genannt.[46] Kennzeichen hierfür sind die Durchführung der Transaktion im Wege des Aktientauschs, keine Zahlung von Übernahmeprämien, ein ähnlich hoher Anteilsbesitz der Anteilseignergruppen nach dem Zusammenschluss und eine gleichberechtigte Besetzung der Gesellschaftsorgane.[47]

2.2.1.2 Ablauf von Verschmelzungen

Die Rechtsträger die an Verschmelzungen beteiligt sein können, sind gesetzlich abschließend festgelegt.[48] Zu ihnen gehören z. B. inländische Kapitalgesellschaften.[49] Die inländischen Verschmelzungen sind in §§ 2 ff. UmwG geregelt. Das UmwG findet jedoch auch Anwendung auf deutsche Kapitalgesellschaften, die an grenzüberschreitenden Verschmelzungen mit Kapitalgesellschaften aus anderen Mitgliedstaaten der EU oder eines anderen Vertragsstaats des Abkommens über den Europäischen Wirtschaftsraum (EWR) beteiligt sind.[50] Für diese grenzüberschreitenden

---

der amtlichen Übersetzung verwandt werden. Vgl. ausführlich zur Bilanzierung von Unternehmenszusammenschlüssen unter gemeinsamer Beherrschung Kapitel 5.

[44] Vgl. IFRS 3 Anhang B2 f.
[45] Vgl. IFRIC 17 BC13 f.
[46] Vgl. IFRS 3 BC30.
[47] Vgl. Koch/Hofacker (2000), S. 541 f. mit Verweis auf den Zusammenschluss von Daimler und Chrysler sowie weiteren Beispielen. Vgl. zu Einzelheiten Abschn. 4.1.3.
[48] Vgl. §§ 3, 122b UmwG.
[49] Vgl. zur grundsätzlichen Begrenzung der Anwendung des UmwG auf Rechtsträger im Inland § 1 UmwG und Lutter/Drygala (2009), § 1 UmwG Rn. 4 ff.
[50] Vgl. § 122a f. UmwG. Andere grenzüberschreitende Umwandlungsformen, wie die Spaltung und Vermögensübertragung und die Umwandlungen unter Beteiligung von Staaten außerhalb der EU oder des EWR, werden im UmwG hingegen nicht geregelt. Vgl. zu verschiedenen Arten grenzüberschreitender Verschmelzungen Eismayer (2005), S. 39 ff. Mit der Verordnung (EG) Nr.

Verschmelzungen gelten gem. § 122a Abs. 2 UmwG überwiegend die gleichen Vorschriften wie für innerstaatliche Verschmelzungen unter Berücksichtigung der in §§ 122c ff. UmwG aufgeführten Besonderheiten aufgrund der Beteiligung ausländischer Kapitalgesellschaften. Im Folgenden wird daher schwerpunktmäßig der Ablauf von inländischen Verschmelzungen dargestellt.

Bei einer inländischen Verschmelzung muss zwischen den Vertretern der beteiligten Gesellschaften ein notariell beurkundeter Verschmelzungsvertrag abgeschlossen werden.[51] In dem Vertrag müssen gem. § 5 Abs. 1 UmwG insbesondere die Vereinbarung zur Übertragung des Vermögens im Wege der Gesamtrechtsnachfolge gegen Gewährung von Anteilsrechten, das Umtauschverhältnis der Anteile und ggf. die Höhe von baren Zuzahlungen, der Zeitpunkt des Anspruchs auf den Bilanzgewinn der gewährten Anteile sowie Angaben über die Folgen der Verschmelzung für die Arbeitnehmer enthalten sein. Im Verschmelzungsvertrag ist ferner gem. § 5 Abs. 1 Nr. 6 UmwG der Verschmelzungsstichtag, d. h. der Zeitpunkt von dem an die Handlungen der übertragenden Gesellschaft als für Rechnung der übernehmenden Gesellschaft vorgenommen gelten, festzulegen.

Dem Verschmelzungsvertrag oder dessen Entwurf müssen gem. § 13 UmwG die Anteilsinhaber der beteiligten Rechtsträger notariell beurkundet in den jeweiligen Gesellschafterversammlungen zustimmen. Die dazu erforderliche Mehrheit der Stimmen ist abhängig von der Rechtsform und der Satzung oder dem Gesellschaftsvertrag sowie von der Höhe der bereits sich im Besitz des übernehmenden Rechtsträgers befindlichen Anteile.[52] Dem Verschmelzungsvertrag müssen die Gesellschafter der an der Verschmelzung beteiligten Aktiengesellschaften jeweils mit einer ¾-Mehrheit zustimmen.[53] Um die Aktionäre über die Vermögenslage vor der Beschluss-

---

2157/2001 über das Statut der Europäischen Aktiengesellschaft (Societas Europaea; SE) und der Verordnung (EG) Nr. 1435/2003 über das Statut der Europäischen Genossenschaften (SCE) sowie den begleitenden Ausführungsgesetzen SEAG und SCEAG gibt es weitere gesellschaftsrechtliche Instrumentarien für grenzüberschreitende Verschmelzungen außerhalb des UmwG. Die SE kann durch die grenzüberschreitende Verschmelzung von Aktiengesellschaften aus mindestens zwei verschiedenen Mitgliedstaaten gegründet werden (Art. 2 Abs. 1 Verordnung (EG) Nr. 2157/2001). Da die SE gem. Art. 9 Abs. 1 Buchst. c ii und Art. 10 dieser Verordnung wie eine AG ihres Sitzstaates zu behandeln ist, kann sie auch als übertragender Rechtsträger sowie als übernehmender Rechtsträger einer Verschmelzung zur Aufnahme fungieren. Vgl. Regierungsbegründung (2006), S. 14. Vgl. zur Verschmelzung zu einer SE beispielsweise Bayer (2008), Art. 17 SE-VO Rn. 1 ff.; Buchheim, (2001), S. 1 ff; Ebert (2003), S. 1854 ff.; Henckel (2005), S. 1785 ff.; Paefgen (2004), S. 474 ff.; Walden/Meyer-Landrut (2005), S. 2619 ff.

[51] Vgl. §§ 4 Abs. 1 Sätze 1 u. 6 UmwG. Bei einer grenzüberschreitenden Verschmelzung tritt an die Stelle des Verschmelzungsvertrags ein Verschmelzungsplan. Vgl. zu Einzelheiten des Verschmelzungsplans § 122c UmwG.

[52] Vgl. §§ 43, 50, 62, 65, 73 UmwG.

[53] Vgl. §§ 65 und 73 UmwG. Gleiches gilt gem. § 50 UmwG für die Gesellschafter einer GmbH. Ist jedoch eine übernehmende AG mit mindestens 90 % an der übertragenden Gesellschaft beteiligt,

Rechtliche Grundlagen der Umstrukturierungen

fassung über die Verschmelzung zeitnah zu informieren, müssen die an der Verschmelzung beteiligten Aktiengesellschaften eine Zwischenbilanz aufstellen, wenn der letzte Bilanzstichtag mehr als sechs Monate vor dem Abschluss des Verschmelzungsvertrags oder der Aufstellung dessen Entwurfs zurückliegt.[54]

Bei der Verschmelzung mit Gesellschaften unterschiedlicher Rechtsform oder bei der Verschmelzung einer börsennotierten Aktiengesellschaft auf eine nicht börsennotierte Aktiengesellschaft hat die übernehmende Gesellschaft im Verschmelzungsvertrag jedem Anteilseigner, der gegen den Verschmelzungsbeschluss der übertragenden Gesellschaft Widerspruch zur Niederschrift erklärt, eine angemessene Barabfindung anzubieten.[55] Die Barabfindungen müssen gem. § 30 Abs. 1 UmwG die Verhältnisse im Zeitpunkt der Beschlussfassung berücksichtigen.

Gegen die Wirksamkeit des Verschmelzungsbeschlusses kann gem. § 14 Abs. 1 UmwG binnen eines Monats nach der Beschlussfassung Klage erhoben werden. Die Anteilseigner der übertragenden Gesellschaft können die Klage jedoch nicht auf die Unangemessenheit des Umtauschverhältnisses stützen.[56] Zur Verbesserung des Umtauschverhältnisses können diese Anteilsinhaber gem. § 15 Abs. 1 UmwG eine angemessene Barzahlung im sog. Spruchverfahren verlangen.

Grundlage für die Ermittlung eines angemessenen Umtauschverhältnisses und barer Zuzahlungen sowie der Barabfindungen sind Unternehmensbewertungen der an der Verschmelzung beteiligten Gesellschaften, die auf anerkannten Methoden beruhen und den Börsenkurs berücksichtigen.[57] Damit die Gesellschafter eine gesicherte Basis für ihre Entscheidungen haben, muss der Bewertungsstichtag vor dem Beschlussfassungszeitpunkt liegen bzw. mit diesem zusammenfallen.[58] Für die

---

bedarf es gem. § 62 UmwG keines Zustimmungsbeschlusses der Gesellschafter der übernehmenden Gesellschaft, sofern nicht ein Quorum von 5 % die Einberufung der Hauptversammlung verlangt. Vgl. zur Zustimmung bei grenzüberschreitenden Verschmelzungen § 122g UmwG.

[54] Vgl. zu Einzelheiten der Zwischenbilanz § 63 Abs. 1 Nr. 3 und Abs. 2 UmwG.

[55] Vgl. §§ 29 und 36 UmwG. Gleiches gilt gem. § 122i UmwG bei grenzüberschreitenden Verschmelzungen, wenn die übernehmende oder neue Gesellschaft nicht dem deutschen Recht unterliegt.

[56] Vgl. § 14 Abs. 2 UmwG. Vgl. zu Besonderheiten bei grenzüberschreitenden Verschmelzungen § 122h UmwG.

[57] Vgl. zu anerkannten Bewertungsmethoden exemplarisch Krag/Kasperzak (2000), S. 1 ff.; IDW (2008a), S 1 Rn. 1 ff.; Moxter (1983), S. 1 ff.; Ballwieser (2007), S. 1 ff. Vgl. zu rechtlichen Implikationen der Unternehmensbewertung Lutter/Drygala (2009), § 5 UmwG Rn. 25 ff.; Hüttemann (2007), S. 812 ff.; Kuhner (2007), S. 825 ff.; Jonas (2007), S. 835 ff. Vgl. zur Berücksichtigung von Börsenkursen bei der Ermittlung von Umtauschverhältnissen OLG Frankfurt a. M., Beschluss vom 3.9.2010 (5 W 57/09), der die Verschmelzung der T-Online International AG auf die Deutsche Telekom AG betrifft.

[58] Vgl. Lutter/Drygala (2009), § 5 UmwG Rn. 24. Nach der Auffassung von Pfitzer (2007), Rn. 43 ff. ist die Bewertung auf den Zeitpunkt der Gesellschafterversammlung der übertragenden Gesellschaft

Angemessenheit des Umtauschverhältnisses ist die Plausibilität der darin getroffenen Annahmen über die künftige Entwicklung der beteiligten Gesellschaften von entscheidender Bedeutung. Zur Angemessenheit gehört, dass keiner der an der Verschmelzung beteiligten Gesellschafter nach der Verschmelzung schlechter gestellt wird als vorher. Die Umtauschverhältnisse, bei denen sich kein Gesellschafter der beteiligten Gesellschaften nach der Verschmelzung schlechter stellt als vorher, stellen die Grenzumtauschverhältnisse dar, d. h. die Mindest- und Höchstumtauschverhältnisse. Da die Gesellschafter divergierende Interessen haben, liegt der Einigungsbereich zur Zustimmung einer Verschmelzung innerhalb dieser Grenzen.

Letztlich hängt das Umtauschverhältnis einschließlich der zu verteilenden Synergieeffekte von dem Informationsstand, dem Verhandlungsgeschick und der Stärke der Verhandlungsposition des beteiligten Managements und der dahinterstehenden Gesellschafter ab. Von Bedeutung dabei ist, inwieweit sie ihre jeweiligen Vorstellungen bei den Planungsprämissen und der Verteilung der Verbundeffekte durchsetzen können, ohne dass es zu einem Scheitern der Verschmelzung kommt. Dies gilt zumindest dann, wenn die übernehmende Gesellschaft nicht die erforderliche Mehrheit zur Beschlussfassung an der übertragenden Gesellschaft besitzt.[59]

Die Vertretungsorgane der beteiligten Gesellschaften haben in einem Verschmelzungsbericht sämtliche für die Zustimmungsentscheidung der Anteilsinhaber erforderlichen Sachverhalte zu erläutern und zu begründen.[60] Dies gilt jedoch nicht für bestehende Tatsachen, deren Bekanntgabe zu einem erheblichen Nachteil einer der beteiligten Gesellschaften gereichen würde. In diesem Falle sind allerdings die Gründe der Nichtaufnahme der Tatsachen darzulegen.[61] Ein Verschmelzungsbericht ist nicht erforderlich, wenn alle Anteilsinhaber der beteiligten Gesellschaften in einer notariellen Beurkundung darauf verzichten oder sich alle Anteile der übertragenden Gesellschaft in der Hand der übernehmenden Gesellschaft befinden.[62] Soweit die Vorstände und der Aufsichtsrat der übertragenden Gesellschaft ihre Sorgfaltspflich-

---

abzustellen, auch wenn der Verschmelzungsvertrag oder sein Entwurf bereits spätestens einen Monat vor dem Tag der Versammlung der Anteilsinhaber vorliegen muss und ggf. außergewöhnliche Entwicklungen noch zu berücksichtigen sind. Für diesen Stichtag spricht § 30 Abs. 1 UmwG. Vgl. zum Vorlagezeitpunkt § 5 Abs. 3 UmwG. Vgl. zum Referenzzeitraum für die Abfindung nach dem Börsenwert vor der Bekanntmachung einer Strukturmaßnahme und eine ggf. notwendige Hochrechnung bis zum Tag der Hauptversammlung BGH, Beschluss vom 19.7.2010 (II ZB 18/09, DStR 2010, S.1635).

[59] Vgl. zur Berücksichtigung von Synergieeffekten bei der Festlegung von Umtauschverhältnissen Busse von Colbe (1994), S. 595 ff.; Franke (2009), S. 27 ff.; Fischer-Böhnlein (2004), S. 118 ff.

[60] Vgl. § 8 Abs. 1 UmwG. Bei einer grenzüberschreitenden Verschmelzung sind gem. § 122e UmwG auch die Auswirkungen auf die Gläubiger und Arbeitnehmer zu erläutern.

[61] Vgl. § 8 Abs. 2 UmwG.

[62] Vgl. § 8 Abs. 3 UmwG.

Rechtliche Grundlagen der Umstrukturierungen 15

ten verletzen, haften sie als Gesamtschuldner für Schäden, die Gesellschafter oder Gläubiger durch die Verschmelzung erleiden und durch einen besonderen Vertreter geltend gemacht werden.[63] Zum präventiven Schutz der Anteilseigner verlangt das UmwG, dass unter bestimmten Voraussetzungen der Verschmelzungsvertrag von einem vom Gericht bestellten Verschmelzungsprüfer geprüft wird und dass der Bericht über diese Prüfung den Anteilseignern zugänglich zu machen ist.[64] Dadurch sollen den Gesellschaftern Informationen zur Verfügung gestellt werden, die ihnen eine sachgemäße Entscheidung bei der Ausübung ihrer Rechte ermöglicht.[65] So finden bei Verschmelzungen unter der Beteiligung von Aktiengesellschaften grundsätzlich Verschmelzungsprüfungen statt.[66] Befinden sich alle Anteile einer übertragenden Gesellschaft in der Hand der übernehmenden Gesellschaft, so ist eine Verschmelzungsprüfung nicht erforderlich, soweit sie die Aufnahme dieser Gesellschaft betrifft.[67] Eine Verschmelzungsprüfung ist zudem immer dann nicht erforderlich, wenn alle Anteilsinhaber aller beteiligten Gesellschaften in einer notariellen Beurkundung darauf verzichten.[68]

Die Verschmelzungsprüfung erstreckt sich auf die Vollständigkeit des Verschmelzungsvertrags, die Richtigkeit der darin getroffenen Aussagen und die Angemessenheit des Umtauschverhältnisses.[69] Dabei unterliegt dem Verschmelzungsprüfer eine Warn- und Hinweispflicht.[70] Über die Prüfung hat der Verschmelzungsprüfer einen schriftlichen Bericht zu erstatten, der mit einer Erklärung über die Angemessenheit des vorgeschlagenen Umtauschverhältnisses und der baren Zuzahlungen abschließt. Dabei sind die Methoden zur Ermittlung des Umtauschverhältnisses und eine Begründung über die Angemessenheit der Methoden anzugeben. Zugleich ist darzulegen, welche besonderen Schwierigkeiten bei der Bewertung der Gesell-

---

[63] Vgl. § 25 f. UmwG. Vgl. zur Schadensersatzpflicht der Organe der übernehmenden Gesellschaft § 27 UmwG und zu den Strafvorschriften § 313 UmwG. Vgl. zu Einzelheiten Clemm/Dürrschmidt (2000), S. 5 ff.

[64] Vgl. § 9 Abs. 1, § 10 Abs. 1, § 36 Abs. 1 UmwG.

[65] Vgl. Regierungsbegründung (1994), S. 84.

[66] Vgl. §§ 60, 73 UmwG. Bei inländischen Verschmelzungen unter der Beteiligung von GmbH setzt gem. §§ 48, 56 UmwG die Verschmelzungsprüfung hingegen einen Antrag eines Gesellschafters voraus. Auch der Verschmelzungsplan einer grenzüberschreitenden Verschmelzung unterliegt gem. § 122f UmwG der Pflicht zur Prüfung durch einen Verschmelzungsprüfer. Diese ist jedoch nach § 122f UmwG unabhängig von dem Verlangen eines Gesellschafters durchzuführen.

[67] Vgl. § 9 Abs. 2 UmwG.

[68] Vgl. § 9 Abs. 3 i. V. m. § 8 Abs. 3 UmwG. Die Angemessenheit einer Barabfindung ist stets durch einen Verschmelzungsprüfer zu prüfen, wobei gem. § 30 Abs. 2 UmwG die Berechtigten eine Verzichtsmöglichkeit haben. Vgl. Grunewald (2009), § 30 UmwG Rn. 5.

[69] Vgl. Müller (2006), § 9 UmwG Rn. 16 ff.; Ganske (1994), S. 160 f.

[70] Vgl. Müller (2006), § 9 UmwG Rn. 19, 21. Vgl. zu den Strafvorschriften bei Verletzung der Berichtspflichten § 314 UmwG.

schaften aufgetreten sind.[71] Dazu können bestehende Bewertungsunsicherheiten, z. B. in Bezug auf schwebende Rechtsstreitigkeiten oder entschiedene, noch nicht begonnene Sanierungsmaßnahmen gehören.[72] Müssen Barabfindungen angeboten werden, hat der Prüfungsbericht auch auf die Angemessenheit des Barabfindungsangebots einzugehen.[73] Grundlage für die Prüfung der Angemessenheit des Umtauschverhältnisses und der baren Zuzahlungen sowie der Barabfindungen des Verschmelzungsprüfers sind die bereits von den an der Verschmelzung beteiligten Gesellschaften vorzulegenden Unternehmensbewertungen und Berechnungen.[74]

Während die Verschmelzungsprüfung dem Präventivschutz der Anteilseigner dient, wird der individuelle Schutz der Gläubiger durch das Recht Sicherheitsleistungen zu verlangen und durch die institutionellen Kapitalaufbringungs- und Kapitalerhaltungsvorschriften gewährleistet.[75]

Bei einer Verschmelzung durch Aufnahme muss die übernehmende Gesellschaft grundsätzlich zur Gewährung von Anteilen an die Gesellschafter der übertragenden Gesellschaft eine Kapitalerhöhung durchführen.[76] Eine Kapitalerhöhung braucht nicht durchgeführt werden, soweit die übernehmende Gesellschaft eigene Anteile innehat oder wenn alle Gesellschafter einer übertragenden Gesellschaft unter notarieller Beurkundung auf die Gewährung von Anteilen verzichten.[77] Eine Kapitalerhöhung darf nicht vorgenommen werden, soweit die übernehmende Gesellschaft Anteile an der übertragenden Gesellschaft besitzt, wie dies bei einer Upstream-Verschmelzung der Fall ist.[78]

Soweit eine Aktiengesellschaft bei einer Verschmelzung durch Aufnahme ihr Grundkapital erhöht, findet bei einer Neubewertung des übernommenen Vermögens eine Sacheinlagenprüfung nach den Vorschriften des AktG statt, um sicherzustellen, dass der Wert des übernommenen Vermögens den geringsten Ausgabebetrag der dafür

---

[71] Vgl. § 12 UmwG.
[72] Vgl. Pfitzer (2007), Rn. 75.
[73] Vgl. § 30 Abs. 2 UmwG.
[74] Vgl. Pfitzer (2007), Rn. 24.
[75] Vgl. zu den Sicherheitsleistungen §§ 22 und 122j UmwG. Vgl. zum Gläubigerschutz Schmidt (2002), S. 349.
[76] Vgl. § 2 UmwG. Vgl. zu Einzelheiten Sagasser/Ködderitzsch (2002), J Rn. 127 ff.
[77] Vgl. § 68 Abs. 1 Satz 2 f. UmwG. Gleiches gilt, wenn die übertragende Gesellschaft voll geleistete Anteile an der übernehmenden Gesellschaft besitzt.
[78] Vgl. § 68 Abs. 1 Satz 1 UmwG. Gleiches gilt, wenn die übertragende Gesellschaft eigene Anteile innehat oder die übertragende Gesellschaft Anteile der übernehmenden Gesellschaft besitzt, die noch nicht in voller Höhe geleistet wurden. Vgl. zu Upstream-Verschmelzungen Abschn. 5.4.1 u. 5.4.2.

Rechtliche Grundlagen der Umstrukturierungen 17

zu gewährenden Aktien deckt.[79] Bei einer Verschmelzung durch Neugründung sind grundsätzlich auf die Gründung der neuen Gesellschaft die für dessen Rechtsform geltenden Vorschriften anzuwenden.[80] Eine Gründungsprüfung ist jedoch nicht erforderlich, wenn die übertragenden Rechtsträger Kapitalgesellschaften oder eingetragene Genossenschaften sind.[81]

Die Gewährung von Anteilen kann bei einer Verschmelzung nicht durch Barzahlungen oder der Gewährung von anderen Vermögenswerten ersetzt werden.[82] So sind die im Verschmelzungsvertrag festzulegenden baren Zuzahlungen auf maximal 10 % des Nennbetrags der gewährten Anteile der übernehmenden Gesellschaft begrenzt.[83]

Die Verschmelzung ist beim Handelsregister des Sitzes der beteiligten Rechtsträger anzumelden.[84] Der Anmeldung sind der Verschmelzungsvertrag, die Niederschriften der Verschmelzungsbeschlüsse, der Verschmelzungs- und Prüfungsbericht oder die entsprechenden Verzichtserklärungen, die sonstigen ggf. erforderlichen Zustimmungserklärungen, der Nachweis über die rechtzeitige Information des Betriebsrats sowie ggf. die staatlichen Genehmigungsurkunden beizufügen.[85]

Zudem ist bei inländischen Verschmelzungen eine Schlussbilanz der übertragenden Rechtsträger beizufügen, wobei der Schlussbilanzstichtag nicht mehr als acht Monate vor der Anmeldung liegen darf.[86] Die Vorlage eines vollständigen Abschlusses ist nicht erforderlich. Für diese Bilanz gelten die Vorschriften über die Jahresbilanz nach den Rechnungslegungsvorschriften des HGB und deren Prüfung entsprechend.

---

[79] Vgl. § 69 Abs. 1 UmwG i. V. m. § 183 Abs. 3 und § 34 Abs. 1 Nr. 2 AktG. Der geringste Ausgabebetrag ist gem. § 9 Abs. 1 AktG der Nennbetrag einer Aktie oder der auf eine Stückaktie entfallende Anteil am Grundkapital. Der Ausgabebetrag kann darüber hinaus gem. § 9 Abs. 2 AktG auch ein festgesetztes Aufgeld umfassen, das gem. § 272 Abs. 2 Nr. 1 HGB in der Kapitalrücklage zu erfassen ist. Bei einer solchen Ausgabe oberhalb des Nennbetrags wird von einer Überpari-Emission gesprochen. Vgl. Angermayer (1994), S. 215. Schließt eine übernehmende AG in den ersten zwei Jahren seit ihrer Eintragung in das Handelsregister einen Verschmelzungsvertrag ab und übersteigt der Gesamtnennbetrag der zu gewährenden Aktien 10 % des Grundkapitals, so sind gem. § 67 UmwG grundsätzlich die Nachgründungsvorschriften mit der Nachgründungsprüfung des AktG zu beachten.

[80] Vgl. § 36 UmwG.

[81] Vgl. § 75 Abs. 2 UmwG.

[82] Vgl. Kallmeyer (2006), § 54 UmwG Rn. 12 f.; Stratz (2009), § 2 UmwG Rn. 15.

[83] Vgl. § 68 Abs. 3 UmwG. Diese Begrenzung von 10 % gilt nur für die baren Zuzahlungen, die im Verschmelzungsvertrag festgelegt werden. Sie gilt gem. § 15 UmwG nicht für spätere von den Gesellschaftern der übertragenden Gesellschaft verlangten Erhöhungen aufgrund eines nicht angemessenen Umtauschverhältnisses.

[84] Vgl. § 16 Abs. 1, § 122k Abs. 1 UmwG.

[85] Vgl. § 17 Abs. 1 UmwG. Vgl. zu Besonderheiten bei grenzüberschreitenden Verschmelzungen § 122l Abs. 1 UmwG.

[86] Vgl. § 17 Abs. 2 UmwG.

Die Verschmelzung wird in die Register der beteiligten Rechtsträger eingetragen und bekannt gemacht.[87] Erst durch die konstitutive Eintragung in das Handelsregister des übernehmenden Rechtsträgers wird die Verschmelzung im Außenverhältnis wirksam.[88] Der Zeitpunkt der Eintragung ist jedoch ungewiss und nicht durch die Vertragsparteien der Verschmelzung beeinflussbar. Daher ist nach § 5 Abs. 1 Nr. 6 UmwG im Verschmelzungsvertrag der Verschmelzungsstichtag festzulegen, ab dem die Handlungen der übertragenden Rechtsträger als für Rechnung des übernehmenden Rechtsträgers im Innenverhältnis vorgenommen gelten.[89] Eine Aussage zu dem Verhältnis zwischen Verschmelzungsstichtag und Stichtag der Schlussbilanz ist im UmwG nicht enthalten. Da der im UmwG benutzte Begriff „Schlussbilanz" eine Bilanzierung auf das Ende der wirtschaftlichen Tätigkeit der übertragenden Rechtsträger auf eigene Rechnung nahelegt, ist nach überwiegender Meinung die Schlussbilanz auf den Ablauf des Tages vor dem Verschmelzungsstichtag aufzustellen.[90] Aus diesem Zusammenwirken von Verschmelzungsstichtag und Schlussbilanz sowie der Vorlagepflicht einer Schlussbilanz bei der Anmeldung zum Handelsregister des übertragenden Rechtsträgers folgt nach dieser Auffassung, dass ein Verschmelzungsstichtag nicht nach der Anmeldung zum Handelsregister des übertragenden Rechtsträgers gewählt werden kann und dass er zugleich nicht mehr als acht Monate vor dieser Anmeldung liegen darf.[91] Der bilanzielle Übergang des Vermögens auf den Erwerber richtet sich nach dem wirtschaftlichen Eigentum aufgrund der Beherrschungsmöglichkeit (Erwerbszeitpunkt).[92]

2.2.2 Spaltung

Die Spaltung kann nach § 123 UmwG in der Form der Aufspaltung, der Abspaltung und der Ausgliederung erfolgen. Sie kann auf bestehende und/oder auf neu zu gründende Rechtsträger durchgeführt werden.

Bei der Aufspaltung teilt der übertragende Rechtsträger sein gesamtes Vermögen auf und überträgt dieses auf mindestens zwei andere schon bestehende (Aufspaltung zur Aufnahme) oder neu gegründete (Aufspaltung zur Neugründung) Rechtsträ-

---

[87] Vgl. § 19 UmwG.
[88] Vgl. § 20 Abs. 1 UmwG; Budde/Zerwas (2008), H Rn. 37.
[89] Vgl. Lutter/Drygala (2009), § 5 UmwG Rn. 46.
[90] Vgl. Budde/Zerwas (2008), H Rn. 39 ff.; Simon (2009); § 5 UmwG Rn. 78 ff.; a. A. Müller (2006), § 5 UmwG Rn. 34. Auch wird von einem Tag des Wechsels der Rechnungslegung gesprochen. Vgl. Lutter/Drygala (2009), § 5 UmwG Rn. 46; Schröer (2007), § 5 UmwG Rn. 51 ff.
[91] Vgl. Budde/Zerwas (2008), H Rn. 45 ff.
[92] Vgl. Abschn. 4.2.2.

ger. Dabei werden, wie bei der Verschmelzung, den Anteilsinhabern des übertragenden Rechtsträgers Anteile der übernehmenden oder neuen Rechtsträger gewährt.[93]

Bei der Abspaltung bleibt im Gegensatz zur Verschmelzung der übertragende Rechtsträger bestehen, und es wird nur ein Teil seines Vermögens auf mindestens einen anderen schon bestehenden (Abspaltung zur Aufnahme) oder neu gegründeten (Abspaltung zur Neugründung) Rechtsträger übertragen. Dabei werden wie bei einer Verschmelzung den Anteilsinhabern des übertragenden Rechtsträgers Anteile der übernehmenden oder neuen Rechtsträger gewährt.[94]

Wie bei der Abspaltung geht bei der Ausgliederung nur ein Teil des Vermögens auf einen anderen schon bestehenden (Ausgliederung zur Aufnahme) oder neu gegründeten (Ausgliederung zur Neugründung) Rechtsträger über. Jedoch werden nicht den Anteilsinhabern des übertragenden Rechtsträgers, sondern dem übertragenden Rechtsträger Anteile der übernehmenden oder neuen Rechtsträger gewährt.[95]

Bei Spaltungen kann wie bei Verschmelzungen zwischen externen und konzerninternen Umstrukturierungen unterschieden werden. Spaltungen von Tochterunternehmen sind konzerninterne Umstrukturierungen, die die wirtschaftliche Einheit des Konzerns unverändert lassen. So kann durch eine Abspaltung von Tochterunternehmen zur Neugründung oder durch eine Ausgliederung konzernintern die Beteiligungskette verlängert werden und eine Dekonzentration beispielsweise zur Vorbereitung eines Börsengangs einer Teileinheit zur Konzentration auf das Kerngeschäft vorgenommen werden.[96] Durch Auf- und Abspaltungen kann aber auch die horizontale Konzernstruktur verbreitert werden. In einem mehrstufigen Konzern kann mittels einer Aufspaltung nach oben hingegen, wie bei einer Upstream- und Downstream-Verschmelzung, die Beteiligungskette vertikal verkürzt werden. Eine Abspaltung vom Mutterunternehmen ist hingegen eine externe Umstrukturierung, bei der das Konzernvermögen zur Konzentration auf Kerngeschäftsfelder verringert wird. Fungiert das Konzernmutterunternehmen bei einer externen Spaltung als aufnehmender Rechtsträger, wird das Konzernvermögen gemehrt.

Die Spaltung unterscheidet sich von der Verschmelzung dadurch, dass nicht das gesamte Vermögen eines Rechtsträgers auf einen anderen Rechtsträger übertragen wird. Hinsichtlich des übertragenen Vermögens und der zu gewährenden Anteile stellt die Spaltung zur Aufnahme für den übernehmenden Rechtsträger einen ver-

---

[93] Vgl. § 123 Abs. 1 UmwG.
[94] Vgl. § 123 Abs. 2 UmwG.
[95] Vgl. § 123 Abs. 3 UmwG.
[96] Vgl. auch Abschn. 2.1.

schmelzungsähnlichen Vorgang dar, sodass die rechtlichen Vorschriften in weiten Teilen auf die Verschmelzung verweisen.[97] Aufgrund der Ähnlichkeit der Spaltung zur Verschmelzung können die Überlegungen zur Übernahmebilanzierung bei einer Verschmelzung ohne größere Schwierigkeiten auf Spaltungen übertragen werden,[98] sodass im Folgenden bei der Analyse der Rechnungslegungsvorschriften lediglich der Grundtypus der Verschmelzung als Umstrukturierungsmaßnahme betrachtet wird.[99]

2.2.3 Vermögensübertragung

Bei der Vermögensübertragung nach § 174 UmwG wird ähnlich der Verschmelzung und Spaltung Vermögen voll oder nur z. T. auf andere bereits bestehende Rechtsträger übertragen. Jedoch besteht die Gegenleistung nicht in Anteilen, sondern in anderer Form, z. B. Geld. Eine solche Vermögensübertragung im Sinne des UmwG ist möglich von einer Kapitalgesellschaft auf Gebietskörperschaften. Eine solche Vermögensübertragung ist zudem als ein Sonderfall für Umwandlungen innerhalb der Versicherungswirtschaft unter der Beteiligung von Versicherungsvereinen auf Gegenseitigkeit, Versicherungsaktiengesellschaften und öffentlich-rechtlichen Versicherungsunternehmen zulässig.[100] Bei Vollübertragungen sind weitgehend die Vorschriften für Verschmelzungen und bei Teilübertragungen die Vorschriften für Spaltungen anzuwenden.[101] Da diese Umwandlungsfälle sehr selten auftreten, eine Übertragung von Vermögen im Rahmen einer Verschmelzung und Spaltung überwiegend entsprechen und Versicherungsvereine auf Gegenseitigkeit im Anwendungsbereich des IFRS 3 enthalten sind, wird die umwandlungsrechtliche Vermögensübertragung der §§ 174 ff. UmwG in dieser Arbeit nicht gesondert problematisiert.[102] Im Folgenden wird vielmehr der allgemeine Begriff „Vermögensübertragung" in Bezug auf die übertragenden Umwandlungen im Wege der Verschmelzung verwandt.

---

[97] Vgl. § 125 UmwG.
[98] Vgl. Moszka (2007), § 24 UmwG Rn. 83 f.; IDW (1998), HFA 1/1998, Abschn. 3.
[99] Vgl. zur Bilanzierung von Spaltungen Epstein/Nach/Bragg (2008), S. 688 ff.; Epstein/Jermakowicz (2008), S. 458 f.; Fenske (1997), S. 1247 ff.; Linßen (2002), S. 49 ff.
[100] Vgl. § 175 UmwG; Schwarz (1994), S. 1700.
[101] Vgl. zu Einzelheiten und Besonderheiten §§ 176 ff. UmwG.
[102] Vgl. zur Bilanzierung von sog. Mutual Entities nach IFRS 3 Fuchs/Stibi (2004), S. 1012 ff.

2.2.4 Formwechsel

Durch Formwechsel kann ein Rechtträger eine andere Rechtsform erhalten.[103] Beispielsweise kann mittels eines Formwechsels von einer GmbH zu einer AG ein Börsengang vorbereitet werden. Bei einem Formwechsel bleiben die rechtliche Identität und die bisherigen Mitgliedschaftsrechte gewahrt.[104] Jedoch sind die für die neue Rechtsform geltenden Gründungsvorschriften zu beachten.[105] Da bei dem Formwechsel neben der rechtlichen Identität auch eine wirtschaftliche Identität besteht, wird weder ein neuer Rechtsträger gegründet, noch findet eine Vermögensübertragung statt. Eine solche Umwandlung stellt keine Geschäftstransaktion dar, die in der Finanzberichterstattung unmittelbar zu berücksichtigen ist. Auswirkungen auf die Rechnungslegung können sich jedoch mittelbar bei der Umwandlung einer Personenhandelsgesellschaft in eine Kapitalgesellschaft hinsichtlich der Bezeichnung und Aufgliederung der einzelnen Eigenkapitalposten ergeben.[106] Aufgrund eines fehlenden Vermögensübergangs und wirtschaftlichen Gehalts, wird nachfolgend auf den Formwechsel nicht weiter eingegangen.

---

[103] Vgl. § 190 Abs. 1 UmwG.
[104] Vgl. § 202 Abs. 1 UmwG.
[105] Vgl. § 197 UmwG. Vgl. zur Umwandlung einer AG in eine SE Seibt/Reinhard (2005), S. 407 ff.
[106] Vgl. Förschle/Hoffmann (2006), § 272 HGB Rn. 141 ff.; IDW (1996), HFA 1/1996, Abschn. 2.2. Vgl. zur Bilanzierung des gesellschaftsrechtlichen Eigenkapitals von Nicht-Kapitalgesellschaften nach der Änderung des IAS 32 im Jahr 2008 Schmidt (2008), S. 434 ff.; Baetge/Winkeljohann/Haenelt (2008), S. 1518 ff.; Petersen/Zwirner (2008), S. 1060 ff.; Kraft (2008), S. 324 ff.; DRSC (2000 ff.), RIC 3. Vgl. zum Änderungsentwurf des IAS 32 KPMG (2006a), S. 175 ff.

3 Konzeptionelle Grundlagen

3.1 Funktionen des Rechnungswesens

Mittels des Rechnungswesens versuchen Unternehmen die Ergebnisse ihrer wirtschaftlichen Tätigkeit und deren Ursachen zahlenmäßig transparent aufzubereiten.[107] Die Rechnungslegung erfolgt beim externen Rechnungswesen durch die Herausgabe sog. Abschlüsse (financial statements), die die Vermögens-, Finanz- und Ertragslage eines Unternehmens strukturiert darstellen sollen.[108] Ein IFRS-Abschluss besteht aus einer Bilanz, einer Gesamtergebnisrechnung, einer Eigenkapitalveränderungsrechnung, einer Kapitalflussrechnung und einem Anhang mit zusätzlichen Erläuterungen einschließlich einer Segmentberichterstattung bei kapitalmarktorientierten Unternehmen.[109] Die Gesamtergebnisrechnung ist unterteilt in eine Gewinn- und Verlustrechnung (GuV) und eine Darstellung des sonstigen Ergebnisses (other comprehensive income). Sie kann in zwei Teilrechenwerken im Abschluss präsentiert werden.[110] In dem sonstigen Ergebnis werden die GuV-neutral im Eigenkapital vorgenommenen Verrechnungen, wie z. B. Veränderungen aus einer Neubewertung von Sachanlagen, immateriellen Vermögenswerten oder von zur Veräußerung verfügbaren finanziellen Vermögenswerten (Wertpapiere), erfasst.[111] Außerhalb der IFRS kann über die Abschlussbestandteile hinaus die Unternehmensleitung verpflichtet sein, einen Bericht über die Lage des Unternehmens mit weiteren Informationen zu veröffentlichen.[112]

---

[107] Vgl. zur Unterscheidung zwischen dem internen Rechnungswesen (management accounting) und dem externen Rechnungswesen Wöhe/Döring (2008), S. 687 ff.; Anthony/Reece (1983), S. 3 ff. u. S. 347 ff.

[108] Vgl. IAS 1.9 Satz 1.

[109] Vgl. IAS 1.10, IFRS 8.2. Vgl. zur Notwendigkeit der Fortentwicklung der traditionellen Berichterstattung Kasperzak (2003), S. 13 ff.

[110] Vgl. IAS 1.81.

[111] Vgl. IAS 1.7, IAS 1.81 ff., IAS 16.39 f., IAS 38.85 f., IAS 39.55b. Zum sonstigen Ergebnis gehören zudem nach IAS 1.82 das Ergebnis aus dem effektiven Teil von Geschäften zur Absicherung von Cashflows (IAS 29.95a), versicherungsmathematische Gewinne und Verluste aus der Bilanzierung von Pensionsrückstellungen (IAS 19.93A ff.), bestimmte Währungsumrechnungsdifferenzen (IAS 21.30 ff.), Eigenkapitalbeschaffungskosten (IAS 32.37 ff.) oder latente Steuern aus GuV-neutral erfassten Sachverhalten. Vgl. zu geplanten weiteren Änderungen des IASB hinsichtlich der Darstellung im Abschluss Fülbier/Maier/Sellhorn (2009), S. 405 ff.

[112] Vgl. §§ 289, 315, 315a HGB; IAS 1.13 f. Vgl. zum Management Commentary-Projekt des IASB Kasperzak/Beiersdorf (2009), S. 543 ff.; dies. (2007), S. 121 ff.

3.1.1 Informationsfunktion

Abschlüsse haben nach der Eigner-Theorie (proprietary theory) die Aufgabe den Eigentümer über seine unternehmerische Vermögens-, Finanz- und Ertragslage zu informieren.[113] Dabei wird im engeren Sinn ein eigentümergeführtes Unternehmen unterstellt. Die Vermögenswerte und Schulden des Unternehmens sind unmittelbar die des Eigentümers.[114]

Hingegen wird nach der Einheitstheorie (entity theory) das Unternehmen als eine von den Eignern losgelöste, eigenständige Wirtschaftseinheit betrachtet.[115] Die Abschlüsse sollen über die Vermögenswerte und Schulden des Unternehmens und nicht über das den Anteilseignern zustehende Vermögen berichten.[116] Die Anteilseigner haben ihrerseits lediglich Ansprüche an das Unternehmen. Dadurch vermeidet die Einheitstheorie eine einseitige Ausrichtung der Informationsgewährung an einzelne Adressaten oder eine bestimmte Adressatengruppe.[117]

Unter Zugrundelegung der Stockholder- oder Shareholder-Theorie sind wie bei der Eigner-Theorie die Abschlüsse primär an den Informationsbedürfnissen der Eigentümer auszurichten. Dabei wird aber von einem personellen Auseinanderfallen des Eigentums an dem Unternehmen und der Unternehmensleitung ausgegangen, wie dies bei Publikumsaktiengesellschaften mit hohem Streubesitz anzutreffen ist. An die Stelle des einzelnen Eigentümers treten die Aktionäre.[118] Die von den Eigentümern berufene Unternehmensleitung hat die Aufgabe, im Interesse der Shareholder zu handeln. Als ökonomische Zielsetzung gehört dazu die (langfristige) Maximierung des Shareholder Value (Aktionärsnutzen).[119]

Zwischen den Aktionären (Prinzipale) und den Vorständen (Agenten), denen das Kapital zur Verwaltung anvertraut wird, besteht jedoch eine Informationsasymmetrie und Interessendivergenz. Nach der Principal-Agent-Theorie kann die Unternehmensleitung gewillt sein, eingegangene Risiken und Handlungen zur Verfolgung von

---

[113] Vgl. IASB (2008), BC1.13 f.
[114] Vgl. Gynther (1967), S. 275 f. Vgl. zu den Zielen der Eigentümer bei eigentümergeführten Unternehmen Jensen/Meckling (1976), S. 312.
[115] Vgl. IASB (2008), BC1.12.
[116] Vgl. Li (1963), S. 52; Gynther (1967), S. 276.
[117] Diese Unternehmensperspektive bildet die Grundlage für das sich in Erarbeitung befindliche gemeinsame Rahmenkonzept des IASB und des FASB. Vgl. IASB (2008), OB5.
[118] Vgl. Gynther (1967), S. 279; Sunder (1997), S. 13.
[119] Vgl. Kasperzak (2003), S. 19 f.; Hill (1996), S. 413 ff.; Janisch (1993), S. 61 ff.

den Anteilseignern abweichender Ziele zum Zwecke der Einkommensmaximierung, der Verbesserung des eigenen Ansehens und Machtzuwachses zu verbergen (hidden action).[120] Solches Verhalten und schlechte Leistungen des Managements können zum Schaden der Anteilseigner und der Gesellschaft gereichen und den Fortbestand der Gesellschaft gefährden. Durch komprimierte Informationen in den Abschlüssen soll die Informationsasymmetrie zwischen den Adressaten und dem Management als verantwortlichem Rechnungsleger reduziert werden.[121] Der Prinzipal soll mittels geeigneter Informationen in die Lage versetzt werden, das Verhalten des Agenten zu kontrollieren,[122] um beispielsweise Entscheidungen hinsichtlich der Angemessenheit der Vergütung und deren Ausrichtung an die Ziele der Anteilseigner sowie der Bestätigung oder Ersetzung der Unternehmensleitung treffen zu können. Entsprechend wird die Ablegung von Rechenschaft über die Handlungen des Managements und die Verwendung des anvertrauten Kapitals im abgelaufenen Geschäftsjahr als Funktion der Abschlüsse eigens in IAS 1.9 genannt.[123] Daher sind an die Vollständigkeit, die Verständlichkeit und die Objektivierbarkeit der von dem Management bereitzustellenden Informationen besondere Anforderungen zu stellen.

Darüber hinaus benötigen gegenwärtige und potentielle Eigenkapitalgeber Informationen für ihre Entscheidungen zum Kauf, Verkauf oder Halten von Wertpapieren. Entscheidungsnützlich sind daher insbesondere solche Informationen, die den Adressaten helfen, Höhe, Zeitpunkte und Unsicherheiten der künftigen Cashflows zu beurteilen.[124] Dazu wären Prognoserechnungen von Bedeutung, die gegenwärtig nicht Bestandteil der Abschlüsse sind. Derzeit sollen solche Informationen aus den Abschlussbestandteilen vermittelt werden.[125] Auch wenn vom Management freiwillig ausgewählte Informationen bereits vorab von den Unternehmen veröffentlicht werden, sind Jahresabschlüsse relevant, da solche Vorabinformationen letztlich in

---

[120] Vgl. zur Principal-Agent-Theorie Richter/Furubotn (2003), S. 173 ff.; Stiglitz (2000), S. 1441 ff.; Jensen/Meckling (1976), S. 308 ff.; Scott (2009), S. 313 ff; Holmström (1979), S. 74 ff.; Schroeder/Clark/Cathey (2009), S. 124 ff.

[121] Vgl. Scott (2009), S. 13 f.; Kasperzak (2003), S. 31; Pellens et al. (2008), S. 3.

[122] Vgl. Kasperzak (2003), S. 30; Ronen/Yaari (2008), S. 7.

[123] Vgl. auch die Nennung in dem vom IASB herausgegebenen Rahmenkonzept für die Aufstellung und Darstellung von Abschlüssen, Par. 14, das im Folgenden mit „RK" abgekürzt wird. Vgl. zur Rechenschaftsfunktion Gjesdal (1981), S. 208 ff.; Leffson (1987), S. 63 ff.; Kropff (1997), S. 84 f. Vgl. zur Diskussion der Rechenschaftslegung im Rahmen der Überarbeitung des Rahmenkonzepts durch den FASB und IASB Coenenberg/Straub (2008), S. 17 ff.; Kampmann/Schwedler (2006), S. 524 f. m. w. N. sowie nunmehr auch IASB (2008), OB12.

[124] Vgl. IAS 1.9 und IASB (2008), OB10.

[125] Vgl. zur Entscheidungsrelevanz der Rechnungslegung Lindemann (2006), S. 968 ff.; Mölls/Strauß (2007), S. 955 ff.; Brinkmann (2007), S. 269 ff. jeweils m. w. N.

einem Jahresabschluss mit seiner Rechenschafts- und Dokumentationsfunktion münden. Durchzuführende Abschlussprüfungen entfalten eine disziplinierende Wirkung hinsichtlich der Richtigkeit der bereits vorher vom Management gegebenen Informationen. Mittels gesetzlich vorgeschriebener Angaben wird zudem den Adressaten ein Informationsanspruch über die freiwilligen Angaben des Managements hinaus gewährt, damit sie sich ein eigenes Bild über die Lage des Unternehmens verschaffen können.

Nach der Stakeholder-Theorie wird ein Unternehmen als ein sozialer Verbund, oder anders ausgedrückt, als eine Koalition verschiedener Personen, wie der Eigen- und Fremdkapitalgeber, Arbeitnehmer, Unternehmensleitung, Lieferanten, Kunden, staatlichen Behörden und breiteren Öffentlichkeit gesehen.[126] Das Fortbestehen eines Unternehmens ist danach nur gesichert, wenn diesen sog. Stakeholdern für ihre bereitgestellten Leistungen eine angemessene Beteiligung am Unternehmenserfolg und das Erreichen ihrer nichtfinanziellen Ziele ermöglicht werden.[127] Entsprechend kann den Abschlüssen zunächst allgemein die Aufgabe zugewiesen werden, einer breiten Adressatengruppe nützliche Informationen für ihre Entscheidungen zu vermitteln.[128]

So benötigen Gläubiger als Fremdkapitalgeber bei Entscheidungen über die Gewährung, Prolongation oder Kündigung von Krediten Informationen darüber, ob termingerechte Zins- und Tilgungszahlungen durch eine drohende Zahlungsunfähigkeit gefährdet sein könnten.[129] Da erfolgreiche Unternehmen selten in Zahlungsschwierigkeiten geraten, ist eine Veränderung der Ertragslage ein wichtiger Hinweis. Für Gläubiger ist ferner das Schuldendeckungspotential für den Fall der Insolvenz interessant.[130] Sie sind an Informationen über die abgelaufene Periode interessiert, um ggf. rechtliche Ansprüche bei Nichterfüllung vertraglicher Pflichten (z. B. bei der Nichteinhaltung vereinbarter finanzieller Kennzahlen, sog. financial covenants) geltend machen zu können. Werden Schuldtitel einer Aktiengesellschaft börsengehandelt, kann deren Kurs bei abnehmender Bonität aufgrund schlechter Ertragsaussichten sinken. Gläubiger der börsennotierten Schuldtitel haben dann vergleichbare Informationsinteressen wie die gegenwärtigen Eigenkapitalgeber an der künftigen Entwicklung des Unternehmens.

---

[126] Vgl. Kasperzak (2003), S. 20 ff.; Phillips (2003), S. 1 ff.; Hill (1996), S. 415 ff.; Freeman (1984), S. 24 ff.; Gynther (1967), S. 278 f.; Ogan/Ziebart (1991), S. 387 ff.
[127] Vgl. Kasperzak (2003), S. 20; Coenenberg/Haller/Schultze (2009), S. 1225.
[128] Vgl. IAS 1.9 Satz 2.
[129] Vgl. Kasperzak (2003), S. 105; IASB (2008), OB10.
[130] Vgl. Wöhe/Döring (2008), S. 737.

Konzeptionelle Grundlagen

Lieferanten sind an Informationen über die Zahlungsfähigkeit des Unternehmens und bei größeren Investitionsentscheidungen zum Kapazitätsaufbau auch an Informationen zur mittelfristigen Fortführungsfähigkeit interessiert. Arbeitnehmer brauchen Informationen anhand derer sie die Fähigkeit eines Unternehmens beurteilen können, die Arbeitnehmer zu bezahlen, um so Entscheidungen zu treffen, ob sie in ein Unternehmen eintreten oder dieses Unternehmen verlassen sowie um über die Vergütung zu verhandeln. Kunden sind ebenso wie Lieferanten insbesondere bei Entscheidungen über das Eingehen von längerfristigen Geschäftsbeziehungen unter dem Aspekt der Liefersicherheit an Informationen über die Fortführungsfähigkeit eines Unternehmens interessiert. Einer breiteren Öffentlichkeit können Abschlüsse einen Überblick über die wirtschaftliche Bedeutung des Unternehmens für die Region, z. B. hinsichtlich der wirtschaftlichen Lage des Unternehmens und der Anzahl der Beschäftigten oder die gewährten Vorstandsvergütungen, geben. Staatliche Behörden können z. B. Informationen aus den Abschlüssen für Regulierungsmaßnahmen oder die Festlegung der Steuer- und Subventionspolitik gewinnen.[131]

Abschlüsse dienen jedoch nicht nur zur Information Dritter sondern neben weiteren internen Informations- und Risikomanagementsystemen zugleich der Selbstinformation der Unternehmensleitung und des Aufsichtsrats als Kontrollorgan.[132] Durch die damit verbundene Selbstkontrolle können wirtschaftliche Schwierigkeiten rechtzeitig erkannt, geeignete Maßnahmen ergriffen und damit Gläubiger geschützt werden.[133]

Obwohl als Adressaten der Abschlüsse eine Vielzahl von Nutzergruppen in Betracht kommt, werden bei einer kapitalmarktorientierten Rechnungslegung als primäre Adressaten die gegenwärtigen und potentiellen Eigenkapitalgeber und die Fremdkapitalgeber verstanden.[134] Begründet wird dies vom IASB und FASB damit, dass die übrigen Adressaten ebenfalls ein direktes oder indirektes Interesse an der Fähigkeit des Unternehmens, Zahlungsmittelüberschüsse zu erzielen, haben.[135] Letztlich haben alle externen Adressaten ein Interesse an möglichst präzisen und transparenten Informationen über den tatsächlichen Zustand der Unternehmen. Eine auf

---

[131] Vgl. zu den Informationsbedürfnissen der verschiedenen Adressaten RK.9.

[132] Vgl. Moxter (2003), S. 4 f.; Schmidt (2010), § 41 GmbHG Rn. 1 mit Verweis auf das BGH-Urteil vom 13.4.1994 (II ZR 16/93). Diese Selbstinformationsfunktion steht jedoch nicht im Fokus des IASB. Vgl. RK.11; IASB (2008), OB8.

[133] Da in Abschlüssen die Daten der Buchführung gebündelt und gegen nachträgliche Änderungen gesichert werden, erfüllen sie verbunden mit der Buchführungspflicht im Rahmen der Informationsfunktion auch eine Dokumentationsfunktion, auf die bei Rechtsstreitigkeiten als Beweismittel zurückgegriffen werden kann. Vgl. Hinz (2003), B 100 Rn. 9 ff.

[134] Vgl. IASB (2008), OB7. Das derzeitige IASB-Rahmenkonzept stellt in RK.10 primär auf die Eigenkapitalgeber ab.

[135] Vgl. IASB (2008), OB11; v. Werder (2009), S. 15.

Zahlungsmittelüberschüsse und Informationsvermittlung bezogene angenommene Interessenharmonie schließt aber nicht aus, dass für verschiedene Adressaten unterschiedliche sonstige Interessen gegeben sein können und dementsprechend nutzerspezifische Informationen in den Abschlüssen notwendig sind.[136] Diese hängen von den jeweiligen zu treffenden Entscheidungen der Adressaten ab. Eine Fokussierung auf bestimmte Adressaten und Klarheit über deren Informations- und Schutzbedürfnis ist indes notwendig, damit die Standardsetzung nicht nur vagen Zielvorstellungen folgt und auf willkürlichen Begründungen basiert.[137] Damit aus den schutzbedürftigen Informationsinteressen in Abgrenzung zu Geheimhaltungserfordernissen von Unternehmensplänen, Betriebs- und Geschäftsgeheimnissen auch rechtlich durchsetzbare Informationsansprüche erwachsen, sind in einem Rechtsstaat vom Gesetzgeber Interessensabwägungen vorzunehmen und die Informationspflichten hinreichend konkret vorzugeben.[138]

3.1.2 Ausschüttungsbemessungsfunktion

Neben dem Zweck der Abschlüsse, Informationen zur Abschätzung künftiger Zahlungsmittelströme bereitzustellen, können sie die Grundlage für die Bemessung von Ausschüttungen sein (Ausschüttungsbemessungsfunktion).[139] Mithilfe der Bestandteile der Abschlüsse können erwirtschaftete Gewinne oder Mittelzuflüsse ermittelt werden, die anschließend den Kapitalgebern zugewiesen werden und ggf. von ihnen entnommen werden können.[140] Aufgrund der bestehenden Interessendivergenz und der Informationsasymmetrie zwischen der Unternehmensleitung und den übrigen Stakeholdern muss die Ermittlung der Bemessungsgrundlage für eine Ausschüttung objektivierbar, d. h. nachprüfbar sein.[141]

Zum Gesellschafterschutz sind Regelungen notwendig, die eine Mindestausschüttung vorsehen oder einen Mindestbestandteil des Vermögens in die Disposition der Gesellschafter stellen.[142] Knüpft die Ausschüttung an die Gewinnermittlung in

---

[136] Vgl. in Bezug auf die Eigenkapitalgeber IASB (2008), BC1.21.

[137] Vgl. zur Notwendigkeit der Adressatenorientierung der Standardsetzung Ballwieser (2002), S. 115 f.; Moxter (2003), S. 223 f.

[138] Vgl. Moxter (2000), S. 2148 mit Kritik an „privaten Rechnungslegungsgremien". Vgl. zum Anerkennungsverfahren die vom IASB, als privates Gremium herausgegebenen IFRS in der EU Buchheim/Knorr/Schmidt (2008), S. 334 ff.

[139] Vgl. zur Ausschüttungsbemessungsfunktion von Abschlüssen nach HGB und US-GAAP Hinz (2003), B 100 Rn. 30 ff. und Rn. 79 ff.

[140] Vgl. z. B. § 58 Abs. 2 AktG.

[141] Vgl. Coenenberg/Haller/Schultze (2009), S. 1228.

[142] Vgl. zur Diskussion über die Entscheidungskompetenz zur Gewinnausschüttung Pfaff (1989), S. 11 ff.

Konzeptionelle Grundlagen

den Abschlüssen an, haben zum Schutz der Berechtigten vor Ausschüttungsverkürzungen die Rechnungslegungsvorschriften sicherzustellen, dass durch eine Ausnutzung von Ermessensspielräumen eine Gewinnverschiebung zwischen den Perioden stark eingeschränkt wird.[143] Ferner sind Informationen bereitzustellen, die eine Verlagerung von Vermögen und Gewinnen auf verbundene oder nahestehende Unternehmen und Personen erkennen lassen.

Andererseits sind Kapitalerhaltungsvorschriften notwendig, da bei Aktiengesellschaften die Haftung der Aktionäre auf ihre Einlage beschränkt ist und bereits bezogene Gewinne auch bei Verlusten in späteren Jahren nicht zurückgezahlt werden müssen.[144] So können überhöhte Ausschüttungen den Fortbestand der Gesellschaft gefährden. Dies kann den Interessen langfristig orientierter Investoren und den Interessen anderer Stakeholder zuwiderlaufen. Betroffen sind z. B. Gläubiger, die keine eigenen Vereinbarungen zur Ausschüttungsbegrenzung oder eine ausreichende Sicherheitenbestellung durchsetzen können und die dann bei einer Insolvenz benachteiligt werden.[145] Zu denken ist zudem an die Interessen der Arbeitnehmer hinsichtlich des Arbeitsplatzerhalts oder die Interessen der Steuerzahler bei staatlichen Rettungsaktionen in Anbetracht der sich daraus ergebenden Belastungen. Durch Gesetze können an die unterschiedlichen Posten und Eigenkapitalbestandteile in der Bilanz, die Posten in der Gesamtergebnisrechnung oder an die in der Kapitalflussrechnung dargestellten Zahlungsströme rechtliche Bedingungen zur Begrenzung der maximal zulässigen Ausschüttung geknüpft werden.[146]

In der EU wurde zum Schutz der Gläubiger von Aktiengesellschaften die Zweite Richtlinie zur Kapitalerhaltung erlassen.[147] Dies soll durch die Bildung eines Haftungsfonds durch den Erhalt des Grundkapitals und einer Ausschüttungsbegrenzung erreicht werden.[148] Nach der Zweiten Richtlinie dürfen Ausschüttungen an die

---

[143] Beispiele für Regelungen die diesen Ansprüchen nicht genügen sind die Sondervorschriften zur Gewinnermittlung für Kreditinstitute in §§ 340f und 340g HGB.

[144] Vgl. Adler/Düring/Schmaltz (1995 ff.), Vorbemerkungen zu §§ 252–256 Rn. 15. m. w. N.; Richard (2007), S. 13.

[145] Vgl. Ensthaler (2010), Anh. zu § 13 GmbHG Rn. 5; Euler (2002), S. 879; Schön (2001), S. 78; Siegel (1997), S. 122.

[146] Vgl. zur Diskussion alternativer Ausschüttungsbemessungskonzepte, z. B. in Form eines Solvenztests Jungmann (2006), S. 645 ff.; Kuhner (2005a), S. 776 ff.; Schildbach (2007), S. 93; Rammert (2008), S. 429 ff.; Köhler/Marten/Schlereth (2007), S. 2729 ff; Hennrichs (2008), S. 366 ff.; Pellens/Jödicke/Richard (2005), S. 1393 ff.; Kahle (2002), S. 697 ff.; Strobl (1996), S. 389 ff.; Wüstemann/Bischof/Kierzek (2007), S. 13 ff.; Fuchs/Stibi (2007), S. 19 ff.; Lanfermann/Röhricht (2007), S. 8 ff.; Linau (2008), S. 79 ff.

[147] Vgl. die Erwägungsgründe in der Zweiten Richtlinie sowie Niehues (2001), S. 1212 ff.

[148] Für die Aktiengesellschaft ist nach Art. 6 Zweite Richtlinie ein gezeichnetes Kapital von mindestens 25.000 Euro vorgeschrieben. Für eine SE ist nach Art. 4 Verordnung (EG) Nr. 2157/2001 ein gezeichnetes Kapital von 120.000 Euro vorgeschrieben, wobei die Mitgliedstaaten ein höheres

Aktionäre nur vorgenommen werden, soweit das Nettovermögen des Jahresabschlusses durch die Ausschüttung nicht das gezeichnete Kapital zuzüglich der Rücklagen, deren Ausschüttung das Gesetz oder die Satzung nicht gestattet, nicht unterschreitet.[149] Die Ausschüttung ist nach der Zweiten Richtlinie begrenzt auf das Ergebnis „des letzten Geschäftsjahres, zuzüglich des Gewinnvortrags und der Entnahmen aus hierfür verfügbaren Rücklagen, jedoch vermindert um die Verluste aus früheren Geschäftsjahren sowie um die Beträge, die nach Gesetz oder Satzung in Rücklagen eingestellt worden sind"[150].

Zur Ermittlung eines ausschüttungsfähigen Bilanzgewinns ist mangels eigener Bilanzierungsvorschriften in der Zweiten Richtlinie auf die jeweiligen nationalen Normen zurückzugreifen. Diese ergeben sich in der EU grundsätzlich aus der Umsetzung der Vierten Richtlinie unter Ausübung der darin enthaltenen Mitgliedstaatenwahlrechte in nationales Recht.[151] Durch die IAS-Verordnung können die Mitgliedstaaten jedoch auch stattdessen den Unternehmen gestatten, ihre Einzelabschlüsse nach den von der EU übernommenen IFRS aufzustellen.[152]

In Ausübung der Mitgliedstaatenwahlrechte kann für die Ausschüttungsbemessung eine „moderat vorsichtige Gewinnermittlung" vorgeschrieben werden, die sich bei unterschiedlichen Interessen, z. B. zwischen Gläubigern (möglichst geringe Ausschüttung) und Anteilseignern (möglichst flexible Ausschüttung), durch ihre Typisierung streitvermeidend auswirken kann.[153] So konzipiert das HGB mit seinen Rechnungslegungsvorschriften den Jahresüberschuss eher vor dem Hintergrund der Unternehmenssicherung als vorsichtig ermittelten ausschüttbaren Gewinn, bei dem das Vorsichtsprinzip des § 252 Abs. 1 Nr. 4 HGB mit den darauf aufbauenden

---

Mindestkapital für Gesellschaften mit bestimmten Tätigkeiten vorschreiben können. Vgl. hierzu mit Beispielen KPMG (2008), S. 144 f. Hingegen sieht der Entwurf für eine Europäische Privatgesellschaft (SPE) lediglich ein Mindeststammkapital von 1 Euro vor. Vgl. hierzu Lanfermann/Richard (2008), S. 1610. Nach Art. 7 der Zweiten Richtlinie darf das gezeichnete Kapital einer AG nur aus Vermögensgegenständen bestehen, deren wirtschaftlicher Wert feststellbar ist. Verpflichtungen zu Arbeits- oder Dienstleistungen gehören nicht dazu.

[149] Vgl. Art. 15 Abs. 1 Buchst. a Zweite Richtlinie. Während im Vereinigten Königreich die Ausschüttung eines Agios verboten ist, ist sie in Deutschland und Polen hingegen unter bestimmten Voraussetzungen möglich und ist in Schweden und Frankreich generell erlaubt. Vgl. KPMG (2008), S. 146 f. Vgl. zur Möglichkeit der Auflösung von Rücklagen bei einer GmbH Ensthaler/Hannewald (2010), § 29 GmbHG Rn. 5.

[150] Art. 15 Abs. 1 Buchst. c Zweite Richtlinie.

[151] Vgl. zu Ausnahmen für den Jahresabschluss und den konsolidierten Abschluss von Versicherungsunternehmen und Banken die Richtlinie 91/674/EWG und die Richtlinie 86/635/EWG.

[152] Vgl. Art. 5 IAS-Verordnung.

[153] Vgl. Moxter (2003), S. 4.

Konzeptionelle Grundlagen 31

Realisations- und Imparitätsprinzip eine bedeutende Rolle zufällt.[154] Dabei beruht die Erfolgsermittlung weitgehend auf dem nominalen Geldkapitalerhaltungskonzept.[155] Hingegen stellen die IFRS allein auf einen erzielten Gewinn ab, der mit einer anderen Prinzipiengewichtung ermittelt wird.[156] Wie im HGB gehört bei den IFRS der Grundsatz der Periodenabgrenzung (accrual principle) neben dem Grundsatz der Unternehmensfortführung zu den Grundannahmen der Rechnungslegung.[157] Durch den Grundsatz der Periodenabgrenzung ist die wirtschaftliche Zugehörigkeit und nicht der zeitliche Anfall von Ein- und Auszahlungen für den Zeitpunkt der Erfassung in einzelnen Berichtsperioden zur Gewinnermittlung maßgeblich.[158] Konkretisiert wird der Grundsatz zur Periodenabgrenzung durch das Realisationsprinzip (realisation principle) und den Grundsatz der sachlichen und zeitlichen Abgrenzung (matching principle), sofern jeweils die Ansatzvoraussetzungen für einen Vermögenswert oder eine Schuld gegeben sind.[159] Da in den IFRS das Realisationsprinzip jedoch kein Folgeprinzip des Vorsichtsprinzips ist, erfolgt in den IFRS der Ausweis nicht nur realisierter Gewinne, sondern auch sog. unrealisierter Gewinne, sofern die in den IFRS vorgegebenen Kriterien erfüllt sind. Gewinne gelten als realisiert, wenn sie aus einer Veräußerung von Produkten oder Anlagevermögen zu Preisen entstehen, die über ihren Kosten liegen. Hingegen entstehen unrealisierte Gewinne, wenn bei noch

---

[154] Vgl. Moxter (2003), S. 19 ff.; ders. (2009), S. 10 m. w. N.; Beisse (1993), S. 77 ff.

[155] Dieses Konzept wird erkennbar an dem Anschaffungswertprinzip, bei dem die geleisteten Anschaffungs- und Herstellungskosten als Bewertungsobergrenze aktiviert und planmäßig abgeschrieben werden. Die ursprünglich geleisteten Ausgaben werden auf diese Weise durch die Erfassung eines zahlungsunwirksamen Aufwands für eine Ausschüttung gesperrt, sodass am Ende der Nutzungsdauer dieser Betrag wieder für eine Investition zur Verfügung steht. Da zwischenzeitliche Preissteigerungen für eine notwendige Wiederbeschaffung unberücksichtigt bleiben, wird von nominaler Kapitalerhaltung gesprochen. Werden hingegen die Abschreibungen nicht von den historischen Anschaffungskosten, sondern auf der Basis von aktuellen Wiederbeschaffungskosten berechnet, hat dies eine reale Substanzerhaltung zum Ziel. Vgl. zu den unterschiedlichen Kapitalerhaltungskonzepten Coenenberg/Haller/Schultze (2009), S. 1229 ff. Vgl. zur Umsetzung der realen Substanzerhaltung in IAS 16 bei einer Ausübung des Wahlrechts zur Neubewertung von Sachanlagen Schmidt/Seidel (2006), S. 596 ff.

[156] Vgl. Moxter (1995), S. 32.

[157] Vgl. § 252 Abs. 1 Nr. 2 und 5 HGB sowie RK.22 f., IAS 1.27 und IAS 1.25 f.

[158] Vgl. RK.22. Dem Accrual accounting wird im Vergleich zum Cash accounting eine höhere Eignung als Erfolgsmaßstab zugeschrieben, da Zahlungszeitpunkte leichter durch vertragliche, sachverhaltsgestaltende Maßnahmen gesteuert werden können als eine Orientierung der Rechnungslegung an der wirtschaftlichen Verursachung. Vgl. zur Entscheidungsnützlichkeit der Bilanzierung nach dem Grundsatz der Periodenabgrenzung Dechow (1994), S. 3 ff.; Coenenberg/Straub (2008), S. 21 m. w. N.

[159] Vgl. IAS 1.28. Vgl. zur Umsatzrealisation IAS 11 und IAS 18. Vgl. zur periodengerechten Aufwandserfassung IAS 37.19 bzgl. der Konkretisierung von IAS 37.14 und des Matching principle in RK.95 ff. Vgl. zur imparitätischen Bilanzierung von Verlusten IFRS 37.66 und IAS 11.36. Vgl. zu einem Überblick der Prinzipien zwischen IFRS, HGB und US-GAAP Küting/Weber (2006), S. 17 ff. Vgl. zur Umsatzrealisation nach IAS 11 Lieck (2009a), S. 213 ff. Vgl. ausführlich zum Realisationsprinzip Davidson (1966), S. 99 ff.; Devine (1985), S. 57 ff.

gehaltenen Vermögenswerten eine Aufwertung über die historischen Anschaffungs- oder Herstellungskosten erfolgt. Solche unrealisierten Gewinne können z. B. durch die Bilanzierung von Vermögenswerten zum beizulegenden Zeitwert entstehen. So ist z. B. bei gestiegenen Marktpreisen von Wertpapieren eine Realisation durch einen Verkauf möglich. Entsprechend werden unrealisierte Gewinne in der anlegerorientierten Rechnungslegung berücksichtigt, zumindest dann, wenn informationseffiziente Märkte bestehen und eine Realisation wahrscheinlich möglich ist. Unrealisierte Gewinne können sich allerdings auch wieder bei sinkenden Marktpreisen verflüchtigen. Wurden diese Gewinne zuvor ausgeschüttet und ist ein Zahlungsmittelabfluss erfolgt, kann dieser später möglicherweise nicht wieder durch einen tatsächlichen Verkauf hereingeholt werden.[160]

Die Anknüpfung der Ausschüttung an eine generelle „moderat vorsichtige Gewinnermittlung" ist umstritten, da sie bei der Legung von stillen Reserven zu einer, wenn auch vom Gesetzgeber gewollten, Ausschüttungsverkürzung führt und unzutreffende Informationen über die tatsächliche Lage liefert.[161] Während in guten Zeiten die Legung von stillen Reserven zu einer Unterschätzung der Ertragskraft des Unternehmens führt, kann die Auflösung von stillen Reserven in schlechten Zeiten eine entsprechende Überschätzung zur Folge haben und eine schlechte Performance oder gar eine Krisensituation des Unternehmens verschleiern.[162]

Zur Vereinigung der Informationsvermittlung und den Gläubiger schützenden Gewinnermittlung zur Ausschüttungsbemessung in einem Rechenwerk kann eine Zweispaltenbilanz und -erfolgsrechnung in Erwägung gezogen werden, bei der in einer Spalte zu fortgeführten Anschaffungs- und Herstellungskosten bilanziert wird und in einer Vergleichsspalte die beizulegenden Zeitwerte angegeben werden. Durch ein Nebeneinander von verschiedenen Rechnungen wird jedoch die Finanzmarktkommunikation erschwert und die Akzeptanz der Rechnungslegungsvorschriften verringert.[163]

Auch das Konzept „der gläsernen, aber verschlossenen Taschen"[164] versucht die Informationsvermittlungsfunktion und die Ausschüttungsbemessungsfunktion im Sinne des Gläubigerschutzes mittels Ausschüttungssperren in einem Rechenwerk zu

---

[160] Vgl. zur Ausschüttung von unrealisierten Gewinnen aus der Fair-Value-Bilanzierung nach dem Aktienrecht von 1884 Schön (1997), S. 140 f.
[161] Vgl. zur kontroversen Diskussion Moxter (2003), S. 4; Kübler (1995), S. 373 ff.
[162] Vgl. z. B. die besonderen Vorschriften für Kreditinstitute in §§ 340c ff. HGB, die teilweise eine Rechnungslegung mit mangelnder Transparenz ermöglichen.
[163] Vgl. Schmidt (2007), S. 157.
[164] Vgl. Kronstein/Claussen (1960), S. 136.

vereinen.[165] Solche Ausschüttungssperren bestehen in der Vierten Richtlinie z. B. für unrealisierte Gewinne aus der Neubewertung des Anlagevermögens, für aktivierte Aufwendungen aus der Errichtung und Erweiterung des Unternehmens und für aktivierte Entwicklungskosten.[166] Regeln zu Ausschüttungssperren, wie sie in der Vierten Richtlinie enthalten sind, können getrennt von Rechnungslegungsnormen separat im HGB oder AktG unter Berücksichtigung von nationalen Besonderheiten verankert werden. Eine solche Vorgehensweise ermöglicht einerseits die Anwendung der IFRS in einem Einzelabschluss zur Informationsvermittlung und gleichzeitig dessen Heranziehung zur Bemessung einer den Gläubiger schützenden Ausschüttung, auch wenn die IFRS nicht mit dieser Zielsetzung entwickelt wurden. In der EU lassen bereits 17 Staaten eine Anwendung der IFRS im Einzelabschluss für Ausschüttungszwecke zu oder schreiben eine solche verbindlich vor.[167] Dabei sind an den nach IFRS ermittelten Gewinn zur Ausschüttungsbemessung von Land zu Land in unterschiedlichem Maße Modifikationen vorzunehmen, um unter anderem die Ausschüttung von unrealisierten Gewinnen zu vermeiden. Ausschüttungssperren können z. B. für aktivierte, selbst erstellte immaterielle Vermögenswerte, latente Steuern aus Verlustvorträgen, unrealisierte Gewinne aus der Anwendung der „Percentage of Completion"-Methode bei der Auftragsfertigung oder bei der Bilanzierung von Finanzinstrumenten zum beizulegenden Zeitwert installiert werden.[168]

3.2 Beurteilungskriterien

Zur Beantwortung der Frage, ob Rechnungslegungsvorschriften den Adressaten der Informationsvermittlung dienen und ob sie für eine den Gesellschafter und den Gläubiger schützende Gewinnermittlung zum Zwecke der Ausschüttungsbemessung geeignet sind, sind Beurteilungskriterien notwendig.

Nach der IAS-Verordnung dürfen nur solche internationalen Rechnungslegungsstandards zur Anwendung in der EU übernommen werden, die dazu führen, dass die Abschlüsse ein den tatsächlichen Verhältnissen entsprechendes Bild der Vermögens-, Finanz- und Ertragslage der Gesellschaft und des Konzerns vermitteln, was

---

[165] Vgl. Fülbier/Gassen (2007), S. 2608.
[166] Vgl. Art. 33, 34 und 37 Vierte Richtlinie.
[167] Vgl. KPMG (2008), S. 332 ff.
[168] Vgl. z. B. die durch das BilMoG eingeführten Ausschüttungssperren in § 268 Abs. 8 HGB bezüglich selbst geschaffener immaterieller Vermögensgegenstände des Anlagevermögens und aktiver latenter Steuern.

im Englischen als „true and fair view" bezeichnet wird.[169] Zugleich müssen die zu übernehmenden Standards dem europäischen öffentlichen Interesse entsprechen und die Kriterien der Relevanz (Erheblichkeit), Verlässlichkeit, Verständlichkeit und Vergleichbarkeit erfüllen, um wirtschaftliche Entscheidungen treffen zu können und eine Bewertung der Leistung einer Unternehmensleitung zu ermöglichen.

Die in der IAS-Verordnung aufgeführten und beim Komotologieverfahren zu berücksichtigenden Kriterien sind gleichlautend mit den im derzeitigen IASB-Rahmenkonzept (conceptual framework) genannten vier wichtigsten qualitativen Anforderungen an die Rechnungslegung, um den Adressaten nützliche Informationen bereitzustellen.[170] Daneben sind eine zeitnahe Berichterstattung und die Verhältnismäßigkeit von Kosten und Nutzen bei der Abschlusserstellung von Bedeutung.[171] Das Erfordernis der IAS-Verordnung an eine den tatsächlichen Verhältnissen entsprechenden Darstellung der Vermögens-, Finanz- und Ertragslage findet sich auch in IAS 1.15 wieder. Dabei wird in IAS 1.15 und IAS 1.17 unterstellt, dass die Anwendung der IFRS unter nahezu allen Umständen, ggf. um zusätzliche Angaben ergänzt, zu einer den tatsächlichen Verhältnissen entsprechenden Darstellung führt.

Zur Schließung von Regelungslücken und der dazu notwendigen Auswahl von Bilanzierungs- und Bewertungsmethoden durch das Management hebt IAS 8.10 explizit die Rahmengrundsätze der Relevanz und Verlässlichkeit hervor. IAS 8.10 Buchst. b konkretisiert den Begriff der Verlässlichkeit durch die Grundsätze einer den tatsächlichen Verhältnissen entsprechenden Darstellung der Berücksichtigung des wirtschaftlichen Gehalts von Transaktionen, der Neutralität zur Vermeidung von verzerrenden Einflüssen, der Vorsicht und der Vollständigkeit.

Zur Beantwortung der Frage, ob bestimmte Rechnungslegungsvorschriften den Investoren und Gläubigern entscheidungsnützliche Informationen vermitteln, können die Anforderungen der IAS-Verordnung für das Endorsementverfahren der EU als Beurteilungskriterien herangezogen werden. Zusätzlich ist bei einer Verwendung der IFRS als Ausschüttungsbemessungsgrundlage zu fragen, wie sich die konkreten Regelungen auf die Kapital- und damit die Unternehmenserhaltung auswirken.

---

[169] Vgl. Art. 3 Abs. 2 IAS-Verordnung i. V. m. Art. 2 Abs. 3 Vierte Richtlinie und Art. 16 Abs. 3 Siebente Richtlinie in der englischen Fassung. Vgl. zur Bedeutung dieses Grundsatzes im europäischen Bilanzrecht Hulle (1995), S. 313 ff.; Claussen (1987), S. 98 f.; Moxter (1997a), S. 99 ff.; Hüttemann (2002), § 264 HGB Rn. 13 ff.
[170] Vgl. RK.24.
[171] Vgl. RK.43 f.; IASB (2008), QC 29 ff. und BC2.60 ff.

Konzeptionelle Grundlagen 35

3.2.1 Relevanz

Informationen gelten als relevant, wenn sie die wirtschaftlichen Entscheidungen der Adressaten beeinflussen.[172] Dies ist gegeben, wenn sie den Adressaten bei der Beurteilung der vergangenen und gegenwärtigen Begebenheiten sowie der Prognose künftiger Ereignisse helfen oder ihre vergangenen Beurteilungen bestätigen oder korrigieren.[173] Dabei sind Informationen relevant, die helfen, die Höhe, den zeitlichen Anfall und die Unsicherheit der künftigen Zahlungsmittelüberschüsse zu beurteilen.[174]

Für ihre Anlageentscheidungen versuchen Investoren Erkenntnisse über die Erfolgspotentiale verschiedener Unternehmen zu erlangen und vergleichen diese mit den jeweiligen Marktwerten der Unternehmen. Die Rechnungslegung liefert umso relevantere Informationen, je mehr sie die Investoren bei der Bewertung unmittelbar unterstützt und je geeignetere Informationen sie zur Prognose künftiger Cashflows bereitstellt. Dazu notwendige Prognosen könnten mittels Finanzplänen bereitgestellt werden.[175] Allein zukunftsorientierte Rechnungslegungsinformationen werden aber aufgrund einer mangelnden Verlässlichkeit abgelehnt.[176]

Derzeit sollen relevante Informationen aus der Kapitalflussrechnung, der Eigenkapitalveränderungsrechnung und der Bilanz mit einer Darstellung der vorhandenen Ressourcen eines Unternehmens und der Gegenüberstellung mit den eingegangenen Verpflichtungen sowie deren Veränderung im Zeitablauf unter Aufgliederung der Erträge und Aufwendungen in der Gesamtergebnisrechnung vermittelt werden.[177]

---

[172] Vgl. RK.26 Satz 1. Relevante Informationen sind gem. RK 29 f. und IAS 1.31 zugleich wesentliche Informationen im quantitativen und qualitativen Sinn. Nach IAS 1.7 gelten Informationen nicht erst dann als wesentlich, wenn sie Entscheidungen tatsächlich verändern, sondern wenn sie wirtschaftliche Entscheidungen der Adressaten beeinflussen könnten. Die in IAS 1.7 weitergehende Fassung des Begriffs der Wesentlichkeit und damit der Relevanz ist hinsichtlich einer gerichtlichen Durchsetzbarkeit der Einhaltung der IFRS zur Informationsbereitstellung zu begrüßen.

[173] Vgl. RK.26 Satz 2 und RK.27. In diesem Zusammenhang kann auch von einem Predictive value und Confirmatory value gesprochen werden. Vgl. IASB (2008), QC3 ff. und BC2.7 ff.

[174] Vgl. IAS 1.9.

[175] Vgl. zur finanzplanorientierten Rechnungslegung Moxter (2003), S. 251 ff.

[176] Vgl. zur Verlässlichkeit Abschn. 3.2.2.

[177] Vgl. IAS 1.9, RK 15 ff. Vgl. zum Rechnungswesen als Informationssystem Christensen/Demski (2003), S. 121 ff. Vgl. zur schwerpunktmäßigen Umsetzung der statischen Bilanztheorie, dem angelsächsischen Asset-liability approach entspricht, wonach Gewinn die Änderung des Vermögens darstellt im Gegensatz zur dynamischen Bilanztheorie, die dem Revenue-expense approach entspricht, Wüstemann/Kierzek (2005), S. 429 f.; Kasperzak (2003), S. 23 f.; Küting (2006), S. 1442 ff.

Zusätzlich wird in Deutschland eine Prognoseberichterstattung im Lagebericht vorgeschrieben.[178] Relevante Informationen für ihre Kapitalanlageentscheidungen würden die Investoren erhalten, wenn der Unternehmenswert in der Bilanz abgebildet wird. Dies setzt eine vollumfängliche Bilanzierung der Vermögenswerte und Schulden zum beizulegenden Zeitwert unter Ansatz eines originären Goodwill voraus.[179] Die Bilanzierung zu beizulegenden Zeitwerten (Fair Values) haben entsprechend der Auffassung des IASB eine höhere Aussagekraft über die erwarteten Cashflows als historische Buchwerte.[180] Dies resultiert daraus, dass der beizulegende Zeitwert den Barwert der künftigen Zahlungsströme eines Bilanzpostens abbildet und damit zu einer Annäherung des bilanzierten Vermögens an das Effektivvermögen beiträgt.[181] Eine Bilanzierung zu beizulegenden Zeitwerten ist einer Fortführung der historischen Anschaffungskosten vor allem dann vorzuziehen, wenn dadurch die Informationsbeschaffungskosten der Investoren gesenkt werden können und die Prognosegüte durch die Veröffentlichung des in die Bewertung einfließenden Wissens des Managements erhöht wird.[182] Dies kann insbesondere für solche Vermögenswerte eines Unternehmens gelten, die keine wesentlichen Synergien mit zur Generierung von künftigen Cashflows notwendigen Produktionsfaktoren haben, wie z. B. nicht betriebsnotwendige Wertpapiere, die an informationseffizienten Märkten gehandelt werden. Solche Vermögenswerte können mit ihrem beizulegenden Zeitwert bei der Bewertung dem übrigen Unternehmenswert zugeschlagen werden, wodurch eine Schätzung des Beitrags solcher Vermögenswerte zum Cashflow des Unternehmens vermieden werden kann. Während die Bilanzierung auf Basis beobachtbarer Marktpreise kostengünstige entscheidungsnützliche und objektivierbare Informationen bereitstellt, ist aufgrund des Principal-Agent-Konflikts die Verlässlichkeit bei

---

[178] Vgl. § 289 HGB. Vgl. zu Problemen bei der Prognoseprüfung Arbeitskreis „Externe und Interne Überwachung der Unternehmung" der Schmalenbach-Gesellschaft für Betriebswirtschaft e. V. (2003), S. 105 ff. Vgl. zur Prognosepublizität im Prospekt über öffentlich angebotene Kapitalanlagen und deren Beurteilung nach IDW S 4 Drobeck (2001), S. 1223 ff.
[179] Vgl. Coenenberg (2003), S. 167; Haaker (2007), S. 332 ff.; Mujkanovic (2002), S. 265 ff.; ders. (2001), S. 822; Bieker (2002), S. 219 ff.
[180] Vgl. IFRS 3 BC37. Vgl. ausführlich zur Entscheidungsrelevanz von Fair Values Hitz (2005) S. 251 f. Vgl. zur Kritik am Fair-Value-Konzept Ballwieser/Küting/Schildbach (2004), S. 529 ff.; Schildbach (2007), S. 14 f.
[181] Vgl. Coenenberg/Straub (2008), S. 21.
[182] Vgl. Scott (2009), S. 209 f. Vgl. zur Entwicklung des Anschaffungskostenprinzips und der Fair-Value-Bilanzierung Evans (2003), S. 313 ff.

Bewertungsmodellen aufgrund der Modellauswahl und der darin einfließenden Annahmen eingeschränkt.[183]

Nach den geltenden IFRS besteht für bestimmte Finanzinstrumente die Pflicht zur Bilanzierung mit dem beizulegenden Zeitwert und für als Finanzinvestition gehaltene Immobilien sowie für Sachanlagen und bestimmte immaterielle Vermögenswerte ein diesbezügliches Wahlrecht.[184] Eine generelle regelmäßige Neubewertung eines Unternehmens, die sich insbesondere in der Zeitwertbilanzierung für selbstgeschaffene immaterielle Vermögenswerte und einen originären Goodwill niederschlagen würde, wird jedoch als nicht hinreichend verlässlich angesehen und daher abgelehnt.[185] Daher erfolgt eine vollständige Neubewertung des Vermögens eines Unternehmens für Zwecke der Rechnungslegung nur bei einem bedeutenden wirtschaftlichen Ereignis, wie bei Erlangung der Beherrschung im Rahmen eines Unternehmenszusammenschlusses.

Relevant sind zudem Informationen, die einmalige Effekte erkennen lassen.[186] Gleiches gilt für bilanzpolitische Maßnahmen, die z. B. in der Ausübung von Wahlrechten und Ermessensspielräumen sowie in der Durchführung von den Sachverhalt gestaltenden Maßnahmen bestehen können, durch die das Management versucht, die Entscheidungen der Adressaten in ihrem Sinn zu beeinflussen. Ferner sind Informationen über Transaktionen zwischen dem Unternehmen und nahestehenden Personen und deren Marktüblichkeit relevant.[187]

---

[183] Vgl. Ballwieser (2006), S. 130; Schildbach (2009), S. 589 ff. Vgl. zum Principal-Agent-Konflikt Abschn. 3.1.1.

[184] Vgl. IAS 40, IAS 39. Vgl. zur Möglichkeit der Neubewertung von Sachanlagen und immateriellen Vermögenswerten IAS 16 und IAS 38.

[185] Vgl. Küting (2006), S. 1444.

[186] Vgl. Arbeitskreis DVFA/Schmalenbach-Gesellschaft e. V. (2003), S. 1913 ff.; Moxter (1996), S. 676 f.; ders. (1997), S. 513. Dies kann durch einen entsprechenden Ausweis in der Gesamtergebnisrechnung oder im Anhang vorgenommen werden. In Abhängigkeit von dem Umfang der in der GuV einbezogenen Aufwendungen und Erträge kann zwischen dem „clean surplus concept" und dem „dirty surplus concept" unterschieden werden. Vgl. Ballwieser (2006), S. 131 ff.; Ordelheide (1998), S. 515 ff.; Zimmermann/Prokop (2003), S. 134 ff.; Coenenberg/Haller/Schultze (2009), S. 498 f. Gemäß dem „clean surplus concept" werden alle nicht eigentümerbezogenen Eigenkapitalveränderungen unabhängig von dem Entstehungsgrund und ihrer Regelmäßigkeit in der GuV erfasst. Damit wird das Kongruenzprinzip mit seiner disziplinierenden Wirkung eingehalten, nach dem die Summe aller Periodenerfolge über die Totalperiode der Gesamtsumme aller nicht eigentümerbezogenen Einzahlungen und Auszahlungen des Unternehmens entspricht. Bei dem „dirty surplus concept" fließen hingegen in die GuV alle betriebsuntypischen und bezüglich der Höhe und des Eintritts unregelmäßig anfallenden Erträge und Aufwendungen nicht ein. Damit fließen in die GuV nur nachhaltige Aufwendungen und Erträge ein, die für die Prognose von künftigen Erträgen und Investitionsentscheidungen nützlich sein können, was aber mit Zuordnungsschwierigkeiten und Manipulationsmöglichkeiten verbunden ist.

[187] Vgl. Küting/Weber/Gattung (2003), S. 53 ff.

Sollen die IFRS die handelsrechtlichen Rechnungslegungsvorschriften ersetzen, sind Informationen über unterschiedliche Verwendungsmöglichkeiten des bestehenden Eigenkapitals relevant. Bereits nach RK.65 ist das Eigenkapital unter Beachtung des Grundsatzes der Entscheidungsnützlichkeit zu untergliedern. Dabei ist auf die gesellschaftsrechtlichen Bestimmungen zum Eigenkapital aufgrund der daran anknüpfenden Rechtsfolgen zurückzugreifen, um relevante Informationen über das das Ausschüttungspotential und ausschüttungsgesperrte Beträge bereitzustellen.

3.2.2 Verlässlichkeit und glaubwürdige Darstellung

Informationen sind nur dann nützlich, wenn sie für die wirtschaftliche Entscheidungsfindung nicht nur relevant, sondern auch verlässlich sind. Verlässlichkeit ist bei der Abbildung von Geschäftsvorfällen in Abschlüssen in dem Sinn zu verstehen, dass die Darstellung keine unzutreffende Vorstellung weckt, den wirtschaftlichen Gehalt von Geschäftsvorfällen widerspiegelt und den Bezug auf die zugrunde liegenden Sachverhalte erkennen lässt. Eine solche Darstellung kann als glaubwürdige Darstellung bezeichnet werden.[188] Im Entwurf des IASB zur Überarbeitung des Rahmenkonzepts wird der Begriff der Verlässlichkeit durch den Oberbegriff einer glaubwürdigen Darstellung (faithful representation) ersetzt.[189] Eine glaubwürdige Darstellung bedeutet dem Wortsinn nach, dass die Darstellung nicht im Widerspruch zu den tatsächlichen Verhältnissen steht. Positiv formuliert, bedeutet eine glaubwürdige Darstellung eine den tatsächlichen Verhältnissen entsprechende Darstellung.[190]

Für eine verlässliche oder glaubwürdige Darstellung müssen die Informationen neutral, d. h. frei von verzerrenden Einflüssen und Manipulationen, nachprüfbar und vollständig sein.[191] Dazu gehört derzeit auch ein sachgerechtes Maß an Vorsicht bei der Ausfüllung von Ermessensspielräumen.[192] Entsprechend konkretisiert derzeit IAS 8.10 Buchst. b den Begriff der Verlässlichkeit mit den Eigenschaften einer den tatsächlichen Verhältnissen entsprechenden Darstellung, der Berücksichtigung des

---

[188] Vgl. RK.33 f.
[189] Vgl. IASB (2008), QC 2, QC7 ff., QC7, BC2.11 ff. Vgl. zur Bedeutung des Rahmenkonzepts für den Standardsetzungsprozess Bullen/Crook (2005), S. 1 ff.; Pelger (2009), S. 156 ff.
[190] Vgl. die unterschiedliche Übersetzung von faithful representation in RK.33 und IAS 8.10 Buchst. b und i: einmal als glaubwürdige Darstellung und einmal als eine den tatsächlichen Verhältnissen entsprechende Darstellung. Nach RK.46 wird der „true and fair view"-Grundsatz nicht mit einer „faithful representation" gleichgesetzt, ohne dass erläutert wird, worin der Unterschied besteht. Vgl. zur Diskussion der Begrifflichkeit Lorson/Gattung (2008), S. 556 ff.; dieselben (2007), S. 657 ff.
[191] Vgl. RK.31 ff.; IASB (2008), QC7 ff.
[192] Vgl. RK.37.

wirtschaftlichen Gehalts von Transaktionen, der Neutralität zur Vermeidung von verzerrenden Einflüssen, der Vorsicht und der Vollständigkeit.[193]

3.2.2.1 Neutralität der Informationen

Informationen sind dann neutral, wenn sie frei von verzerrenden Einflüssen sind. Abschlüsse sind nicht neutral, wenn durch Auswahl oder Darstellung der Informationen ein bestimmtes vorher festgelegtes Ergebnis erzielt werden soll oder ein bestimmtes Verhalten bei Entscheidungen herbeigeführt werden soll.[194] Mit dem Erfordernis der Neutralität ist es nicht vereinbar durch eine Unterbewertung der Vermögenswerte und eine Überbewertung der Schulden stille Reserven zu legen. Dies würde in einer Berichtsperiode den Erfolg des Unternehmens oder des Konzerns zu schlecht und in späteren Perioden zu gut darstellen und damit die tatsächliche Lage verschleiern.[195] Dies ist auch nicht durch das Vorsichtsprinzip nach dem Verständnis in der internationalen Rechnungslegung gedeckt.

3.2.2.2 Nachprüfbarkeit

Glaubwürdig wird eine Darstellung im Abschluss erst dann, wenn eine Überprüfung, oder anders ausgedrückt, eine hinreichende Objektivierung möglich ist. Nachprüfbarkeit bedeutet, dass verschiedene sachverständige, unabhängige Dritte ein allgemeines Einvernehmen darüber erhalten, ob die Darstellung der Ereignisse frei von wesentlichen Fehlern und Verzerrungen ist (intersubjektive Nachprüfbarkeit). Die Nachprüfung kann mittels direkter Nachweise (z. B. Börsenkurse) oder indirekt über den Nachweis der sachgerechten Anwendung von Bewertungsmethoden (z. B. Überprüfung der Eingabeparameter in Bewertungsmodellen) erfolgen.[196]

Bei einer modelltheoretischen Bestimmung von beizulegenden Zeitwerten wird von homogenen Gütern ausgegangen, die auf liquiden Märkten mit vielen Anbietern und Nachfragern ohne Transaktionskosten gehandelt werden und deren Preise den Marktteilnehmern jederzeit bekannt sind.[197] Unter diesen Annahmen findet eine Marktbewertung statt, die objektiv nachprüfbar ist. Dem steht nicht entgegen, dass die individuellen Wertvorstellungen der Marktteilnehmer von diesen Marktwerten

---

[193] Vgl. zu beabsichtigten Änderungen des IAS 8 den Entwurf des IASB (2009c) zum jährlichen Projekt zur Verbesserung der Standards, durch den der Wortlaut an das überarbeitete Rahmenkonzept angepasst werden soll.

[194] Vgl. RK36; IASB (2008), QC10 f.

[195] Vgl. IASB (2008), BC2.20 f.

[196] Vgl. IASB (2008), QC20 f.

[197] Vgl. Franke (2009), S. 193 f. m .w. N.

abweichen, da sie abgesehen von Liquiditätsgründen die Transaktion nicht durchführen würden.[198] Diese individuellen Wertvorstellungen sind jedoch nicht repräsentativ und nicht intersubjektiv nachprüfbar, sodass sie für die Bilanzierung und im Einklang mit dem Vorsichtsprinzip ohne Bedeutung bleiben müssen.[199] Bei nicht beobachtbaren Preisen auf liquiden Märkten ist der beizulegende Zeitwert ein hypothetischer Preis, der unter idealisierten Bedingungen anhand von Bewertungsmodellen mit einem weitgehenden Rückgriff auf Marktparameter ermittelt wird.[200] Aufgrund der zugrunde zulegenden Markterwartungen treten die individuellen subjektiven Erwartungen des Managements in den Hintergrund.[201]

Dennoch kann bei den Prognosen des Managements Unsicherheit hinsichtlich der Höhe und des zeitlichen Anfalls künftiger Cashflows bestehen. Das Ausmaß ist z. B. abhängig von den Rahmenbedingungen der Branche, den zur Verfügung stehenden Marktinformationen und der Komplexität von Annahmen über bestehende Wirkungszusammenhänge. Die Verwendung vernünftiger Schätzungen unter Berücksichtigung der zur Verfügung stehenden Informationen und Erfahrungen ist jedoch ein notwendiger Bestandteil der Aufstellung von Abschlüssen.[202] Gewissheit besteht letztlich erst dann, wenn Ereignisse eingetreten sind. Damit Informationen als verlässlich gelten können, ist es entsprechend der Bilanzierungskriterien aber ausreichend, wenn die mit den Werten verbundenen Annahmen und Wahrscheinlichkeiten in einer Bandbreite durch sachverständige Dritte plausibel nachgeprüft werden können.[203] Daher ist die in der Realität bestehende Unsicherheit als Grund ungeeignet, auf eine Bilanzierung zu verzichten. Eine glaubwürdige Darstellung soll bei Bewertungsunsicherheiten dadurch erreicht werden, dass diese im Anhang anzugeben sind.[204] Erst wenn eine vernünftige Schätzung nicht mehr möglich ist, scheidet die Berücksichtigung von Transaktionen und die Erfassung von Vermögenswerten und Schul-

---

[198] Vgl. Ballwieser (2006), S. 127; Fassbender (2003), S. 92 f. m. w. N.
[199] Vgl. Ordelheide (1988), S. 280. Vgl. zum Objektivierungsprinzip Moxter (2003), S. 16 f. und S. 228 f.
[200] Vgl. Hitz (2005), S. 94 ff.
[201] Vgl. IASB (2009d), Par. 12 u. 15; IAS 39 AG76A.
[202] Vgl. IAS 8.33 f. Als Beispiele können Wertberichtigungen von Forderungen, die Ermittlung von Rückstellungen, die Festlegung von Nutzungsdauern, die Wertminderungstests von Sachanlagen oder Goodwill, die verlustfreie Bewertung von Vorräten, die Beurteilung der Wahrscheinlichkeit des künftigen wirtschaftlichen Nutzenzuflusses von selbst erstellten immateriellen Vermögenswerten oder die Schätzung der bis zur Fertigstellung eines Auftrags noch anfallenden Kosten als Voraussetzung der Umsatzrealisation entsprechend des Fertigungsfortschritts genannt werden.
[203] Vgl. zu Schwankungsbreiten bei der Bewertung von Eigenkapitalinstrumenten IAS 39 AG80 f.
[204] Vgl. RK.34, IAS 1.17 Buchst. c, IAS 1.125.

Konzeptionelle Grundlagen 41

den oder eine Bilanzierung zu beizulegenden Zeitwerten statt zu Anschaffungskosten im Abschluss aus.[205]

Damit die Verlässlichkeit und Objektivierung nicht allein auf die Vertrauenswürdigkeit des Managements gestützt wird, bedarf es aufgrund des Principal-Agent-Konflikts des Einsatzes von sachverständigen und unabhängigen Aufsichtsräten, Abschlussprüfern und Regulatoren.[206]

3.2.2.3 Vollständigkeit der Informationen

Damit ein Abschluss verlässlich ist, müssen die enthaltenen Informationen unter Beachtung des Wesentlichkeitsgrundsatzes, d. h. der Entscheidungserheblichkeit und der Wirtschaftlichkeit im Rahmen einer Kosten- und Nutzenabwägung, vollständig sein.[207] Ein Weglassen von Informationen kann eine falsche oder irreführende Darstellung zur Folge haben. Zum Vollständigkeitsgrundsatz gehört, dass alle Geschäftsvorfälle erfasst und damit sämtliche Vermögenswerte und Schulden angesetzt werden, soweit die Ansatzkriterien erfüllt sind. Die Vollständigkeit bezieht sich auch auf die in die Bewertungsmodelle einfließenden ökonomischen Faktoren und damit auf die Bewertung von Vermögenswerten und Schulden.

Zum Vollständigkeitsgrundsatz gehört auch, dass zum Verständnis der Auswirkungen von einzelnen Geschäftsvorfällen oder Ereignissen notwendige Anhangangaben gemacht werden. So wird in IAS 1.17 Buchst. c die Bereitstellung zusätzlicher Angaben verlangt, wenn die Anforderungen in den IFRS unzureichend sind, damit die Adressaten die Auswirkungen von einzelnen Geschäftsvorfällen oder Ereignissen auf die Vermögens-, Finanz-, und Ertragslage verstehen. Dazu könnten ergänzende Angaben zu den bei der Wertermittlung zugrunde liegenden Annahmen, Unsicherheiten, Sensitivitätsanalysen und zur Marktüblichkeit der Transaktionen gehören, wodurch eine glaubwürdige Darstellung erreicht werden kann. Durch die Offenlegung solcher Angaben sollte der Investor die Plausibilität der bei der Schätzung des Managements verwendeten Annahmen und die daraus resultierenden möglichen Risiken und Chancen erkennen können.[208]

---

[205] Vgl. RK.32.
[206] Vgl. zur eigenen Prüfungspflicht des Aufsichtsrats § 171 Abs. 1 AktG.
[207] Vgl. RK.38.
[208] Vgl. z. B. die Angabepflichten nach IAS 36.134 Buchst. d und e zu den wesentlichen Bewertungsparametern bei durchzuführenden Wertminderungstests. Vgl. zur Bedeutung von zusätzlichen Angaben Lev (1992), S. 9 ff.

3.2.2.4 Vorsicht

Um nicht im Konflikt mit der Anforderung an eine neutrale Berichterstattung zu stehen, wird das Vorsichtsprinzip in der internationalen Rechnungslegung so verstanden, dass die Rechnungsleger sich unter Wahrung einer gebührenden Sorgfalt mit den Ungewissheiten bei der Wertermittlung auseinandersetzen und diese bei der Ermessensausübung der Schätzungen berücksichtigen müssen, sodass Vermögenswerte oder Erträge nicht zu hoch und Schulden oder Aufwendungen nicht zu niedrig angesetzt werden.[209] Dazu gehört, dass ggf. weitere Informationen beschafft werden müssen, um Unsicherheiten bei der Wertermittlung und den ausgewiesenen Erfolgsgrößen zu reduzieren. Damit ist der Grundsatz der Vorsicht weniger ein Prinzip, denn eine Vorgehensweise zur Berücksichtigung von Unsicherheiten bei der Bilanzierung.[210] Bestehende Ungewissheiten sind zudem in ihrer Art und in ihrem Umfang im Abschluss anzugeben.[211] Um nicht mit dem Neutralitätsgrundsatz in Konflikt zu geraten, gestattet eine vorsichtige Vorgehensweise jedoch nicht, bewusst bei der Bewertung stille Reserven zu legen oder Rückstellungen zu hoch zu dotieren.[212] Eine solche Vorgehensweise durch ein Zuviel an Vorsicht würde gegen den „true and fair view"-Grundsatz verstoßen.[213]

Während das Vorsichtsprinzip (prudence / accounting conservatism) im bisherigen Rahmenkonzept der IFRS und in IAS 8.10 bei der Schließung von Regelungslücken explizit aufgeführt wird, ist eine entsprechende Berücksichtigung in den überarbeiteten Fassungen des Rahmenkonzepts und des IAS 8 nicht mehr vorgesehen.[214] Begründet wird dies vom IASB damit, dass das bisherige Verständnis des Vorsichtsprinzips falsch interpretiert werden und dadurch in Konflikt mit dem Neutralitätsgrundsatz geraten könne.[215] Der Grundsatz der Vorsicht kann aber bei der Ausübung von Ermessensspielräumen bei der Bilanzierung von Vermögenswerten zu beizulegenden Zeitwerten oberhalb der Anschaffungskosten dazu beitragen, dass Management selbst vor einer zu optimistischen Einschätzung der Lage und einer zu riskan-

---

[209] Vgl. RK.37 Satz 3.
[210] Vgl. Baetge et al. (2007), Kapitel II Rn. 58. Vgl. zur theoretischen Erklärung und empirischen Evidenz einer vorsichtigen Rechnungslegung Fülbier/Gassen/Sellhorn (2008), S. 1317 ff.; Watts (2003), S. 207 ff.; ders. (2003a), S. 287 ff.
[211] Vgl. RK.37 Satz 2.
[212] Vgl. RK.37 Satz 4.
[213] Vgl. Kropff (1997), S. 78 und S. 87.
[214] Vgl. zu den Änderungen von IAS 8 IASB (2009c).
[215] Vgl. IASB (2008), BC2.20 f. Vgl. zur Unbeachtlichkeit des Vorsichtsprinzips bei der Informationsvermittlung Brinkmann (2007), S. 232; Ballwieser (2002), S. 117 f. Vgl. zur Berücksichtigung des Vorsichtsprinzips bei der Ausübung von Ermessensspielräumen Abschn. 4.2.4.4 b).3.

Konzeptionelle Grundlagen 43

ten Geschäftsführung zu schützen.[216] Ebenso kann der Grundsatz, mit vorsichtig bemessenen realistischen Wertansätzen zu bilanzieren, dazu beitragen, dass sich das Unternehmen gegenüber den externen Adressaten nicht reicher zeigt als es ist.[217]

3.2.2.5 Wirtschaftliche Betrachtungsweise

Nach dem Grundsatz der wirtschaftlichen Betrachtungsweise (substance over form) sind Geschäftsvorfälle im Abschluss so abzubilden, dass ihr wirtschaftlicher Gehalt und nicht allein die formalrechtliche Gestaltung widergespiegelt wird.[218] „Die wirtschaftliche Betrachtungsweise [...als] allgemein anerkannte juristische Interpretationsmethode [...] besteht zunächst darin, Rechtsnormen, gesetzliche Tatbestände und die in ihnen verwendeten Begriffe nach ihrem wirtschaftlichen Sinn, nach ihrer auf die wirtschaftliche Wirklichkeit gerichteten Bedeutung zu verstehen und fortzuentwickeln."[219] Sie dient dann dazu, die Einhaltung des Normzwecks der Abschlüsse durch eine geeignete Abbildung von Transaktionen sicherzustellen.[220] Zu diesen gesetzlichen Zwecken der Abschlüsse können die Bereitstellung entscheidungsnützlicher Informationen (Informationsfunktion) und die Ermittlung eines ausschüttbaren Gewinns (Ausschüttungsbemessungsfunktion) gehören.

Im Zusammenhang mit der Sachverhaltswürdigung bedeutet die wirtschaftliche Betrachtungsweise, dass für die Bilanzierung auf den wahren wirtschaftlichen Gehalt und Zweck einer Sachverhalts- oder Vertragsgestaltung abzustellen ist und nicht die äußere Erscheinungsform des Sachverhalts maßgebend ist.[221] Eine Bilanzierung, die sich allein an formalrechtlichen Gestaltungen orientieren würde, würde die Abschlusszwecke verfehlen.[222] Andererseits können die rechtlichen Strukturen nicht gänzlich unberücksichtigt bleiben, da diese den wirtschaftlichen Gehalt einer Transaktion prägen.

Zum Ausdruck kommt die Lösung von der formaljuristischen Gestaltung hin zur wirtschaftlichen Betrachtung unter anderem dadurch, dass im Bilanzrecht vom Zivilrecht abweichende eigenständige Begriffe geprägt werden, wie z. B. der des Vermögenswerts. Bedeutung erlangt der Grundsatz der wirtschaftlichen Betrachtungsweise,

---

[216] Vgl. in Bezug auf das Vorsichtsprinzip im HGB Kropff (1997), S. 76.
[217] Vgl. ders. (1997), S. 75.
[218] Vgl. RK.35 und IAS 8.10 Buchst. b ii.
[219] Beisse (1981), S. 1.
[220] Vgl. Moxter (2003), S. 15 f.; Breidert/Moxter (2009), S. 913; Döllerer (1979/1980), S. 201 ff.
[221] Vgl. Beisse (1981), S. 2.
[222] Vgl. Moxter (1989), S. 237.

wenn der wirtschaftliche Gehalt einer Transaktion und die formaljuristische Gestaltung auseinanderfallen. So ist z. B. für die Bilanzierung das wirtschaftliche Eigentum ausschlaggebend, das aufgrund der tatsächlichen Chancen- und Risikoverteilung vom rechtlichen Eigentum abweichen kann.[223]

Die wirtschaftliche Betrachtungsweise wird durch das Zusammenwirken mit anderen Grundsätzen konkretisiert.[224] So beeinflusst der Periodisierungsgrundsatz und das Realisationsprinzip den Zeitpunkt der Erfassung bestimmter Posten.[225] Auf diese Weise sollen Informationen über die tatsächliche wirtschaftliche Situation bereitgestellt werden. Durch die Erfassung ungewisser Verbindlichkeiten vor ihrer rechtlichen Entstehung wird sichergestellt, dass die wirtschaftliche Reinvermögensbelastung nicht nur dargestellt wird, sondern bei einer zweckdualen Rechnungslegung auch zum Schutz der Gläubiger für Gewinnausschüttungen nicht verwendet werden kann.[226] Auch für die Bilanzierung eines Tauschs ist nach dem wirtschaftlichen Gehalt zu fragen. Fehlt ein solcher Gehalt, sind die erhaltenen Vermögenswerte mit den Buchwerten der hingegebenen Vermögenswerte anzusetzen, sodass eine Ertragsrealisation aus dem Abgang nicht zulässig ist, im Gegensatz zu einem Tausch mit wirtschaftlicher Substanz, der eine zwingende Realisation bei verlässlicher Bewertbarkeit nach sich zieht.[227]

Die wirtschaftliche Betrachtungsweise hat auch beim Konzernabschluss eine erhebliche Bedeutung. Diese kommt bei der Negierung der rechtlichen Selbständigkeit der Konzernunternehmen bei den Konsolidierungsbuchungen oder der Bestimmung des Konsolidierungskreises durch die Einbeziehung von Zweckgesellschaften mit einer Nutzen- und Risikobetrachtung nach SIC 12 zum Ausdruck.[228] Nach IFRS 3 wird der Grundsatz der wirtschaftlichen Betrachtungsweise auch bei der Bestimmung des Erwerbers bei Unternehmenszusammenschlüssen herangezogen, der damit nach

---

[223] Vgl. dazu RK 35 Satz 3. Vgl. IAS 17.7 ff. zur Bilanzierung eines Vermögenswerts beim Leasingnehmer bei einem Finanzierungsleasingverhältnis, IAS 18.14 ff. zum Abgangszeitpunkt beim Verkauf von Gütern bei Eigentumsvorbehalten und Rückgaberechten und IAS 18.18 zum Nichtansatz einer rechtlich entstandenen Forderung, bei der der Zahlungseingang nicht überwiegend wahrscheinlich ist. Vgl. zur bilanziellen Vermögenszurechnung nach IFRS Matena (2004), S. 54 ff.

[224] Vgl. Moxter (2003), S. 15.

[225] Von Bedeutung ist der Grundsatz zudem für die Frage des Zeitpunkts der Erfassung bestimmter Posten in der Gesamtergebnisrechnung. Vgl. z. B. zum Umsatzrealisationszeitpunkt bei Mehrkomponentenverträgen IAS 18.13 und IAS 11.8 f.

[226] Vgl. Moxter (2003), S. 97. Vgl. zum Erfassungszeitpunkt von Schulden IAS 37.14 ff.

[227] Vgl. IAS 16.24 und ausführlich Abschn. 5.3.1.

[228] Vgl. Lüdenbach/Hoffmann (2003), S. 395.

Ansicht des IASB für bilanzielle Zwecke von der rechtlich erwerbenden Gesellschaft abweichen könne.[229]

Im überarbeiteten gemeinsamen Rahmenkonzept wird der Grundsatz der wirtschaftlichen Betrachtungsweise nicht mehr gesondert aufgeführt, sondern als Bestandteil des Begriffs einer glaubwürdigen Darstellung gesehen.[230]

3.2.3 Verständlichkeit

Informationen im Abschluss erfüllen das Kriterium der Verständlichkeit, wenn sie so aufbereitet sind, dass deren Bedeutung von einem sachkundigen Leser erfasst werden kann.[231] Dazu müssen die Informationen im wahrsten Sinne des Wortes unmissverständlich, also eindeutig, und übersichtlich dargestellt sein.[232] Im Gegensatz zu einer prägnanten Darstellung erfüllen die Überfrachtung der Berichterstattung mit tautologischen Aussagen, die Verwendung mehrdeutiger Begriffe sowie die Gewährung von zu vielen und desaggregierten Informationen (information overload) nicht das Kriterium der Verständlichkeit.[233] Eine solche Darstellung dient eher der Informationsverschleierung.

3.2.4 Vergleichbarkeit

Für Investitionsentscheidungen ist es erforderlich, verschiedene Unternehmen miteinander vergleichen zu können. Dazu ist die Anwendung gleicher Bilanzierungsmethoden auf ökonomisch vergleichbare Sachverhalte erforderlich.[234] So ist eine vergleichbare Darstellung von internem Unternehmenswachstum und externem Wachstum durch Unternehmenszukäufe in der Ergebnisrechnung anzustreben. Gleiches gilt für die Abbildung eines Unternehmenserwerbs in Form eines Asset Deal

---

[229] Vgl. Abschn. 4.3.
[230] Vgl. IASB (2008), QC7 f. und BC2.18 f.
[231] Vgl. RK.25 und IASB (2008), QC23 f.
[232] Vgl. Moxter (2003), S. 231 f.
[233] Ballwieser (2002), S. 117 verweist als Beispiel auf in Geschäftsberichten zu lesende Selbstverständlichkeiten wie „Abnutzbares Anlagevermögen wurde [...] planmäßig abgeschrieben". Wer solche Informationen über den Einklang mit dem Gesetz als entscheidungsrelevant ansehe, mache „sich einen untätigen und/oder gar korrupten Abschlussprüfer und [...] Aufsichtsrat zum Maßstab".
[234] Vgl. RK.39; IASB (2008), QC16 f.

oder einer Verschmelzung.[235] Der Grundsatz der Vergleichbarkeit bedeutet aber nicht, dass Unterschiede in den Geschäftsvorfällen verdeckt werden dürfen.[236] Veränderungen in der wirtschaftlichen Entwicklung eines Unternehmens lassen sich im Zeitverlauf nur dann erkennen, wenn Vergleichsinformationen für Vorperioden vorhanden sind. Damit ein zeitlicher Vergleich aussagefähig ist, müssen nicht nur die gleichen Bilanzierungsgrundsätze auf gleichartige Sachverhalte angewandt werden (sachliche Stetigkeit), sondern auch die in der vorangegangenen Periode angewandten Bilanzierungsmethoden beibehalten werden (zeitliche Stetigkeit).[237] Bilanzierungswahlrechte und eine fehlende Bilanzierungsstetigkeit sind daher der Entscheidungsnützlichkeit der Rechnungslegung abträglich.[238]

3.2.5 Interdependenzen der Kriterien

Die o. g. Kriterien bedingen sich teilweise gegenseitig. So werden z. B. durch eine vergleichbare Darstellung wirtschaftliche Zusammenhänge erst verständlich. Andererseits besteht zwischen den verschiedenen Beurteilungskriterien ein Spannungsverhältnis. Ein solches besteht insbesondere zwischen den Kriterien der Relevanz und Verlässlichkeit. In Abhängigkeit davon, ob in den Abschlüssen die zukunftsorientierte Informationsvermittlung (predictive value) oder die Rechenschaftslegung über Vergangenes (confirmatory value) und die Ausschüttungsbemessung mit daran anknüpfenden rechtlichen Konsequenzen im Vordergrund steht, können sich Unterschiede hinsichtlich der Ausgestaltung von Rechnungsregeln ergeben.[239] Für die Rechenschaftslegung, die Ausschüttungsbemessung und eine gerichtliche Verwertbarkeit sind eher vergangenheitsorientierte Wertansätze von Bedeutung, die durch geleistete Ausgaben oder beobachtbare Marktpreise objektiviert werden können. Für zukunftsorientierte Entscheidungen hinsichtlich des Kaufs oder des Verkaufs von Aktien sind Informationen mit Zukunftsbezug relevanter. Ein Mehr an Relevanz geht häufig mit einem Weniger an Verlässlichkeit einher. So sind z. B. bei einem Wohnungsunternehmen Informationen über einen erzielbaren Verkaufserlös eines bebauten Grundstücks relevanter als historische Anschaffungskosten; sie sind gleichzeitig aber weniger verlässlich ermittelbar. Informationen, die

---

[235] Vgl. IFRS 3 BC39 f., wonach alle Unternehmenszusammenschlüsse wirtschaftlich vergleichbar seien und deshalb zu deren Abbildung die gleiche Bilanzierungsmethode anzuwenden sei.
[236] Vgl. IASB (2008), QC18.
[237] Vgl. zur Definition der Stetigkeit auch DRS 13.
[238] In einem Vorstandswechsel sieht z. B. Ballwieser (2002), S. 119, keinen Grund für eine Rechtfertigung der Durchbrechung der Stetigkeit.
[239] Vgl. Coenenberg/Straub (2008), S. 17 ff.; Barton (1995), S. 427 ff.

Konzeptionelle Grundlagen 47

zwar verlässlich, aber nicht für wirtschaftliche Entscheidungen relevant sind, sind andererseits wenig nützlich.[240]

Bei der Fortentwicklung der IFRS ist eine zunehmende Hinwendung zur Bilanzierung mit beizulegenden Zeitwerten unter Zurückdrängung vergangenheitsorientierter Anschaffungskosten erfolgt.[241] Dabei ist die Bilanzierung mit dem beizulegenden Zeitwert nicht grundsätzlich auf homogene Vermögenswerte beschränkt, bei denen in einem aktiven Markt jederzeit Käufer und Verkäufer gefunden werden können und die Preise öffentlich an einer Börse zur Verfügung stehen. Vielmehr genügt eine Zeitbewertung auf investitionstheoretischer Basis, wie z. B. bei der Bilanzierung von als Finanzinvestition gehaltenen Immobilien zum beizulegenden Zeitwert (IAS 40). Zukunftsorientierte Wertansätze, die überwiegend auf den Einschätzungen des Managements basieren, haben allerdings, wie bereits erwähnt, einen geringeren Objektivierungsgrad.[242] Dabei ist einschränkend anzumerken, dass ermessensbehaftete Schätzungen über künftige Zahlungsströme nicht nur bei der Fair-Value-Bilanzierung, sondern in die Bewertung nahezu aller Vermögenswerte und Schulden einfließen und damit der Abschlusserstellung immanent sind.[243] Dies gilt z. B. bei der Bestimmung der Werthaltigkeit von Finanzinstrumenten der Banken in der Finanzmarktkrise. Eine Bilanzierung zu historischen Anschaffungskosten bietet zwar eine Begrenzung des Optimismus des Managements nach oben, aber nicht unbedingt verlässliche Informationen über einen niedrigeren beizulegenden Wert.

Die Bilanzierungsvorschriften können Prognosespielräume durch die Vorgabe von bestimmten Kriterien begrenzen, die erfüllt sein müssen, um zu einer Aktivierung zu gelangen oder einen von den historischen Anschaffungskosten abweichenden Wertansatz zu rechtfertigen.[244] Die missbräuchliche Anwendung von Prognosen im Zusammenhang mit der Ausübung von Ermessensspielräumen kann zudem durch die Offenlegung der wesentlichen zugrunde liegenden Annahmen und Bewertungs-

---

[240] Vgl. IASB (2008), BC2.62 ff. Eine weitere Komponente des Spannungsverhältnisses zwischen Relevanz und Verlässlichkeit ist die Zeitnähe der Informationsbereitstellung. Erfordert z. B. eine verlässliche Ermittlung mehr Zeit, verliert die zu gewährende Information im Zeitablauf an Relevanz. Vgl. RK.43 und IASB (2008), QC22. Deshalb ermöglicht IFRS 3.45 z. B. eine Kaufpreisallokation im Rahmen der Abschlusserstellung vorläufig vorzunehmen.

[241] Vgl. zum Prioritätenwandel in der Rechnungslegung Böcking/Lopatta/Rausch (2005), S. 85 ff. Vgl. zur Kritik an der zunehmenden Fair-Value-Bilanzierung Schildbach (2009), S. 581 ff.; ders. (2006), S. 8 ff.

[242] Vgl. Abschn. 3.2.2.2.

[243] Vgl. zu Beispielen Abschn. 3.2.2.2.

[244] So können z. B. gem. IAS 12.35 überzeugende substanzielle Hinweise bei der Aktivierung latenter Steuern aus Verlustvorträgen bei einer Verlusthistorie oder gem. IAS 38.57 f. Dokumentationen über die technische Realisierbarkeit bei der Aktivierung selbst entwickelter immaterieller Vermögenswerte gefordert werden.

methoden begrenzt werden. Damit werden den Investoren eine Abschätzung des anhaftenden Risikos und die Ausübung von Ermessensspielräumen ermöglicht. Das Management kann auf diese Weise gezwungen werden, Rechenschaft über die Erreichung von Prognosen abzulegen. Hierzu müssen die offenzulegenden Angaben hinreichend konkret vom Standardsetzer vorgegeben werden. Letztlich sind bei der Festlegung von Rechnungslegungsvorschriften zweckabhängige Wertungsentscheidungen erforderlich, unter welchen Umständen relevante Informationen nicht mehr hinreichend objektivierbar bzw. verlässlich sind.[245]

3.3 Entscheidungsnützlichkeit von Einzel- und Konzernabschlüssen

3.3.1 Einzel- und Konzernabschlüsse berichterstattender Einheiten

Die Abgrenzung eines Unternehmens von anderen Unternehmen und von Privatvermögen sowie die damit verbundene Festlegung der berichterstattenden Einheit ist von Bedeutung dafür, welche Ressourcen und Geschäftstransaktionen in dem betreffenden Abschluss abgebildet werden. Der Begriff „Unternehmen" (entity) ist bislang nicht in den IFRS definiert.[246] Der vorliegende Entwurf des IASB zum Abschnitt „reporting entity" des in Überarbeitung befindlichen Rahmenkonzepts enthält lediglich eine Umschreibung für diesen Begriff, der mit berichterstattendes Unternehmen oder berichterstattender Einheit übersetzt werden kann.[247] Danach handelt es sich bei einer berichterstattenden Einheit um einen abgegrenzten Bereich von Geschäftsaktivitäten, die für gegenwärtige und künftige Eigenkapitalgeber, Fremdkapitalgeber u. a. Gläubiger von Interesse sind.[248] Um eine rechtliche Einheit

---

[245] Vgl. RK.45.
[246] Dies gilt gleichermaßen für das HGB, die Vierte und Siebente Richtlinie. „Einen allgemeinen Rechtsbegriff ‚Unternehmen' gibt es nicht." Schmidt (1999), S. 63. Dem Begriff des „Unternehmens" kann daher in den Rechtsgebieten, wie des Handelsrechts, des Gesellschaftsrechts oder des Kartellrechts, eine unterschiedliche Bedeutung beigelegt werden. Vgl. Enthaler (2007), vor §§ 1–7 HGB Rn. 11. Was ein „Unternehmen" in Bezug auf die Rechnungslegungsvorschriften ist, ist aus dem jeweiligen Rechtskontext abzuleiten. Dabei sind nicht nur die IFRS zur Ausgestaltung der Bilanzierung, sondern auch die nationalen Normen, die erst die Aufstellungspflicht von Abschlüssen begründen und damit einen Zweck verfolgen, zu berücksichtigen. Vgl. zum Unternehmensbegriff in Bezug auf das HGB Enthaler (2007), vor §§ 1–7 HGB Rn. 10 ff.; Adler/Düring/Schmaltz (1995 ff.), § 271 HGB Rn. 11 ff.; Petersen/Zwirner (2008a), S. 481 ff. Vgl. zur Abgrenzung von Unternehmen und Rechtsträgern Abschn. 4.3.4.1.
[247] Vgl. IASB (2010a), RE1 ff.; Gassen/Fischkin/Hill (2008), S. 879.
[248] Vgl. IASB (2010a), RE2.

Konzeptionelle Grundlagen 49

muss es sich dabei notwendigerweise nicht handeln.[249] So kommen z. B. auch Einzelunternehmen, rechtlich unselbständige ausländische Zweigniederlassungen und Betriebsstätten als berichterstattende Einheiten in Betracht.[250] Dabei wird das berichterstattende Unternehmen als eine von den Anteilseignern unabhängige und eigenständige Einheit betrachtet (entity perspective).[251]

In der EU sind Kapitalgesellschaften als Rechtssubjekte zur Aufstellung von Einzelabschlüssen grundsätzlich verpflichtet und bilden daher eine berichterstattende Einheit.[252] Daher werden in einem Einzelabschluss das Vermögen der Kapitalgesellschaft und die Geschäftsvorfälle erfasst, die sich zwischen der Kapitalgesellschaft als berichterstattender Einheit und anderen Personen ereignen.

Als berichterstattende Einheit kommt nicht nur ein Einzelunternehmen oder eine Kapitalgesellschaft, sondern auch eine Gruppe von Unternehmen in Betracht (berichterstattende Unternehmensgruppe). In Abgrenzung zu einem Einzelabschluss werden in einem Gruppenabschluss mehrere rechtlich selbständige Unternehmen zu einer Einheit zusammengefasst.[253] So sind in der EU nach der Siebenten Richtlinie kapitalmarktorientierte Mutterunternehmen stets verpflichtet, auf ihrer Stufe einen Konzernabschluss aufzustellen.[254] Damit bildet der jeweilige Konzern und Teilkonzern eine gesetzliche berichterstattende Einheit.

---

[249] Vgl. IASB (2010a), RE4.

[250] Vgl. IASB (2010a), BC10.

[251] Vgl. IASB (2008), OB 5 f. und BC1.12 Satz 1; IASB (2008a), Rn. 6 und Rn. 24 Satz 2.

[252] Vgl. Art. 1 ff. Vierte Richtlinie und zur Umsetzung in das nationale Recht §§ 242, 264 ff. HGB. In der Vierten Richtlinie und im HGB werden solche Einzelabschlüsse, sofern sie sich auf das Ende eines Geschäftsjahres beziehen, als Jahresabschlüsse bezeichnet; vgl. § 242 HGB. Die Rechnungslegungspflicht für bestimmte Unternehmen und Konzerne in Deutschland ab einer bestimmten Größenordnung, die nicht in der Rechtsform einer Kapitalgesellschaft oder Personengesellschaft ohne haftender natürlicher Person bestehen, ergibt sich aus den §§ 1 ff. und 11 ff. PublG. Dabei bilden gem. § 1 Abs. 5 PublG mehrere Handelsgeschäfte eines Einzelkaufmanns, auch wenn er sie nicht unter der gleichen Firma betreibt, nur ein Unternehmen und damit eine berichterstattende Einheit.

[253] Vgl. IASB (2008a), Rn. 29. Zu den Gruppenabschlüssen gehören nicht nur Konzernabschlüsse, sondern auch sog. kombinierte Abschlüsse. Als kombinierte Abschlüsse werden Abschlüsse bezeichnet, in denen mindestens zwei Unternehmen zusammengefasst werden, die von einem einzigen Investor oder einer Familie gemeinsam beherrscht werden. Dabei wird die beherrschende Partei nicht in den Abschluss einbezogen. Vgl. IASB (2010a), RE12. Vgl. zur Konzernrechnungslegungspflicht von Privatpersonen nach dem PublG Schruff (2006a), Rn. 9 und 12; Petersen/Zwirner (2008b), S. 1777 ff. Vgl. zur Notwendigkeit der Fortentwicklung von Gruppenabschlüssen und der Publizität von Netzwerken Kasperzak (2003), S. 75 ff.; ders. (2004), S. 312 ff.

[254] Vgl. Art. 1 ff. Siebente Richtlinie und zur Umsetzung in das deutsche Recht und die Ausdehnung auf den Europäischen Wirtschaftsraum §§ 290-293 HGB; § 1 f. KonBefrV. Eine größenabhängige Befreiung von der Pflicht zur Aufstellung eines Teilkonzernabschlusses besteht nach Art. 6 Abs. 4 Siebente Richtlinie und nach § 293 Abs. 5 HGB nicht, wenn das Teilkonzernmutterunternehmen oder eines seiner zu konsolidierenden Tochterunternehmen kapitalmarktorientiert ist. Vgl. auch

Die in den Konzernabschlüssen kapitalmarktorientierter Gesellschaften mit Sitz in der EU einzubeziehenden Unternehmen bestimmen sich nach den von der EU übernommenen IFRS.[255] Bei der Frage, wie sich die berichterstattende Unternehmensgruppe, d. h. der Konzern, zusammensetzt, lässt sich der IASB von dem „controlling entity model" leiten.[256] Danach setzt sich die berichterstattende Einheit des Konzerns aus dem beherrschenden Unternehmen (Mutterunternehmen) und den beherrschten Unternehmen (Tochterunternehmen) zusammen. Das „controlling entity model" wird vom IASB als geeignetes Konzept im Hinblick auf die Zielsetzung der Finanzberichterstattung zur Bereitstellung entscheidungsnützlicher Informationen angesehen. Aufgrund der Beherrschungsmöglichkeit des Mutterunternehmens kann die Geschäfts- und Finanzpolitik der Tochterunternehmen in einer Weise gesteuert werden, dass der daraus resultierende Nutzen dem Mutterunternehmen unter Partizipation der Minderheitsgesellschafter der Tochterunternehmen zufließt.[257] Während in einem IFRS-Einzelabschluss die Anteile an einem Tochterunternehmen auf der Grundlage der unmittelbaren Kapitalbeteiligung wahlweise zu Anschaffungskosten oder im Einklang mit IAS 39 zum beizulegenden Zeitwert ausgewiesen werden, wird in Konzernabschlüssen das Vermögen der Tochterunternehmen unmittelbar dargestellt.[258]

3.3.2 Eigenständige Informationsfunktion des Einzelabschlusses

Dem Einzelabschluss eines wirtschaftlich selbständigen Unternehmens, das also keinem Konzernverbund angehört, fällt die alleinige Informationsfunktion zu. Aber auch Einzelabschlüsse von Konzernunternehmen haben neben dem Konzernabschluss eine eigene wichtige Informationsfunktion, insbesondere in den Ländern, in denen sich die Ansprüche der Gläubiger und die Gewinnansprüche der Gesellschafter an das einzelne Unternehmen und nicht an den Konzern richten. So kann eine in einem Konzernabschluss abgebildete gute wirtschaftliche Lage darüber hinwegtäuschen, dass sich einzelne Konzernunternehmen in einer Krise befinden.

Knorr/Buchheim/Schmidt (2005), S. 2399 ff. Vgl. zum Control-Konzept und zum Konzept der einheitlichen Leitung des HGB Korth/Kasperzak (1999), S. 19 ff.

[255] Vgl. Kommission der Europäischen Gemeinschaften (2003), Abschn. „2.2.2 Definition der konsolidierten Abschlüsse".

[256] Vgl. IASB (2010a), RE7 ff. Vgl. zur Diskussion dieses und alternativer Konzepte, wie des „risks and rewards model" und „common control model", IASB (2010a), BC15; IASB (2008a), Rn. 33 ff.; Kirsch (2008), S. 254 ff.

[257] Vgl. IASB (2010a), RE7.

[258] Vgl. IAS 27.4, IAS 27.38. Vgl. zu möglichen Bilanzierungsmethoden von Beteiligungen Schurbohm-Ebneth/Lieck (2003), S. 237.

Für die Gesellschafter des obersten Mutterunternehmens hat der Einzelabschluss eines Tochterunternehmens eine untergeordnete Bedeutung, da die für sie relevanten Informationen im Gesamtkonzernabschluss enthalten sind. Für die Minderheitsgesellschafter, die potentiellen Investoren und die Gläubiger eines kapitalmarktorientierten Tochterunternehmens, das seinerseits keinen eigenen Teilkonzernabschluss aufstellt, hat der Einzelabschluss die Funktion, entscheidungsnützliche Informationen, die in einem übergeordneten Konzernabschluss verloren gehen, auf der für sie relevanten Ebene bereitzustellen. Denn ihre Anlageentscheidungen sind von der wirtschaftlichen Entwicklung des Tochterunternehmens abhängig.

Die finanziellen Interessen der Minderheitsgesellschafter eines börsennotierten Tochterunternehmens bestehen primär in der Werterhaltung bzw. Wertsteigerung der Anteile sowie der Aufrechterhaltung ihrer Fungibilität. Die finanziellen Interessen der Minderheitsgesellschafter sind insoweit schutzwürdig, als die Funktionsfähigkeit des Kapitalmarkts für die Anteile an dem Tochterunternehmen aufrechterhalten bleibt und eine Übervorteilung durch den Mehrheitsgesellschafter ausgeschlossen wird.[259] Ihr wesentliches schutzwürdiges Interesse konkretisiert sich somit darin, dass Informationen über die Vermögens-, Finanz- und Ertragslage der Kapitalgesellschaft bereitgestellt werden und die Transaktionen mit dem übergeordneten Mutterunternehmen und den Schwestergesellschaften zu marktüblichen Bedingungen durchgeführt werden, damit dem Tochterunternehmen nicht durch nachteilige Geschäfte Vermögen entzogen wird. Denn ohne Finanzinformationen auf der relevanten Ebene und Benachteiligungen aufgrund des bestehenden Beherrschungsverhältnisses antizipierend, wären Minderheitsgesellschafter und Gläubiger nicht bereit, der Gesellschaft Kapital bereitzustellen.[260] Nützlich sind daher Informationen, die den Minderheitsgesellschaftern und Gläubigern eine Beurteilung über die Marktüblichkeit der Transaktionen unter gemeinsamer Beherrschung ermöglichen und deren Auswirkungen auf die Vermögens-, Finanz- und Ertragslage der für sie relevanten kleineren Einheit im Einzelabschluss erkennen lassen. Erst dadurch wird den Minderheitsgesellschaftern ermöglicht, ihre Rechte auszuüben, z. B. in der Durchsetzung von Schadensersatzansprüchen oder der Geltendmachung von Vetorechten.

3.3.3 Kompensationsfunktion des Konzernabschlusses

In Einzelabschlüssen werden Gewinne aus Veräußerungen an andere Konzernunternehmen ausgewiesen, die bei fehlender Weiterveräußerung an fremde Dritte

---

[259] Vgl. Gross (1976), S. 214.
[260] Vgl. in Bezug auf den Teilkonzernabschluss Kasperzak/Lieck (2008), S. 772.

aus Konzernsicht aufgrund des verbliebenen Absatzrisikos noch nicht realisiert sind. Aber auch die Verlässlichkeit der in den Einzelabschlüssen von Konzernunternehmen gegebenen Informationen über die tatsächliche Vermögens-, Finanz- und Ertragslage kann bei konzerninternen Transaktionen eingeschränkt sein. So fehlt bei nicht vorhandenen beobachtbaren Marktpreisen den vereinbarten Preisen eine Marktbestätigung, da die Gegenleistung nicht von unabhängigen Dritten ausgehandelt wurde. Vermögen, Ergebnisse und wirtschaftliche Potentiale können durch Ausnutzung der Beherrschung zwischen den Konzernunternehmen, z. B. mittels nicht marktgerechter Verrechnungspreise, verlagert werden. Allerdings sind derartige Verlagerungsmöglichkeiten durch Rechtsvorschriften begrenzt. So ist z. B. gem. §§ 311 ff. AktG im faktischen Konzern ein Nachteilsausgleich vorgesehen und der Anspruch darauf ggf. zu bilanzieren.[261]

Die Aufgabe eines Konzernabschlusses kann darin gesehen werden, die Informationsmängel der Einzelabschlüsse durch die Eliminierung der konzerninternen Verflechtungen zu kompensieren. Im Konzernabschluss treten durch die Konsolidierungsbuchungen an die Stelle der Beteiligungen die dahinterstehenden Vermögenswerte und Schulden der Tochterunternehmen. Auf diese Weise sollen die Adressaten ein den tatsächlichen Verhältnissen entsprechendes Bild von den im Konzern vorhandenen Vermögenswerten und Schulden sowie den erwirtschafteten Ergebnissen und Cashflows erhalten.[262]

Da die wirtschaftliche Lage des Mutterunternehmens durch die Lage der konzernzugehörigen Gesellschaften beeinflusst wird, eignet sich der Konzernabschluss für die Gesellschafter des Mutterunternehmens für ihre Entscheidungen über den Kauf- und Verkauf von Anteilen an dem Mutterunternehmen sowie für die Beurteilung der Angemessenheit von Gewinnausschüttungen besser als der Einzelabschluss.[263] Entsprechend fordert der IASB lediglich die Aufstellung eines Konzernabschlusses und nicht die eines Einzelabschlusses.[264] Die Regelungen in den IFRS zum Einzelabschluss sind für die Fälle gedacht, in denen ein Gesetzgeber die Aufstellung

---

[261] Vgl. zu konzerninternen Lieferungen und Leistungen Scheffler (2005), S. 6 ff., 15 f. und 193 ff. Vgl. z. B. zu den Schutzvorschriften im Vertragskonzern und im faktischen Konzern der §§ 300 ff. AktG Schildbach (2008), S. 18 ff..

[262] Vgl. Baetge/Kirsch/Thiele (2009), S. 46 ff; Ballwieser (2006), S. 163 ff.

[263] Vgl. hinsichtlich der Informationsfunktion IAS 27 BC15.

[264] Ist ein Mutterunternehmen aufgrund des Verzichts der Anteilseigner, der fehlenden Kapitalmarktorientierung und des Einbezugs in einen veröffentlichten, übergeordneten Konzernabschluss von der Aufstellung eines Konzernabschlusses befreit, schreiben die IFRS nicht vor, dass ein Einzelabschluss aufzustellen ist. Vgl. IAS 27.9 ff., IAS 27.39, IAS 28.36, IAS 31.47.

Konzeptionelle Grundlagen

verbindlich vorschreibt oder ein Unternehmen freiwillig einen solchen Abschluss aufstellt.[265] Auch wenn der Konzernabschluss nicht unmittelbar einer Ausschüttungsbemessung dient, liefert er den Gesellschaftern des Mutterunternehmens aber wertvolle Informationen, um den Vorstand zu einer angemessenen Gewinnausschüttung anzuhalten.[266] Er gerät in Begründungszwang, wenn die Ausschüttung nicht zum Konzernergebnis passt.

Durch den Konzernabschluss des Mutterunternehmens erhalten auch die Gesellschafter und Gläubiger von Tochterunternehmen Informationen darüber, ob der Konzern in seinem Fortbestand insgesamt gefährdet ist, was aufgrund der finanziellen und leistungswirtschaftlichen Konzernverflechtungen Auswirkungen für einzelne Konzernunternehmen haben kann, deren Einzelabschluss nicht auf eine Gefährdung hindeutet. Denn bei Zahlungsschwierigkeiten in einem Konzernunternehmen werden häufig auch die übrigen Unternehmen im Konzernverbund betroffen, z. B. wenn das krisenbehaftete Unternehmen wesentliche wirtschaftliche Bedeutung für die übrigen Konzernunternehmen hat oder durch eine Insolvenz eines Konzernunternehmens die Reputation der übrigen Konzernunternehmen am Kapitalmarkt und bei den Lieferanten sowie Kunden leidet.[267]

3.3.3.1 Konzerntheorien und Konsolidierungskonzepte

Die im Konzernabschluss bereitgestellten Informationen sind abhängig von den zugrunde liegenden Konsolidierungskonzepten und den dahinter stehenden Konzerntheorien. Die Interessentheorie unterstellt einen Interessengegensatz zwischen den Gesellschaftern des Mutterunternehmens und den Minderheitsgesellschaftern der Tochterunternehmen.[268] Nach dieser Theorie soll der Konzernabschluss vorrangig dem Informationsbedürfnis der Gesellschafter des Mutterunternehmens dienen und daher aus deren Perspektive als erweiterter Abschluss des Mutterunternehmens aufgestellt werden.[269] Nach der Einheitstheorie soll der Konzernabschluss aus Sicht der wirtschaftlichen Einheit der Konzernunternehmen aufgestellt werden, sodass er einen „Quasi-Einzelabschluss"[270] dieser Einheit

---

[265] Vgl. IAS 27.3.
[266] Vgl. Kropff (1965), S. 437. Vgl. zur Diskussion über den Konzernabschluss als Ausschüttungsbemessungsgrundlage Busse von Colbe et al. (2006), S. 31 f.; Hinz (2002), S. 12 ff.; Pellens (1994), S. 101 ff.
[267] Vgl. Pawelzik (2004), S. 678.
[268] Vgl. Bores (1935), S. 130.
[269] Vgl. Ebeling/Gaßmann/Rothenstein (2005), S. 1028.
[270] Klein (1989), S. 415.

darstellt. Dabei werden sämtliche Gesellschafter der Konzernunternehmen als gleichberechtigte Eigenkapitalgeber des Konzerns angesehen.[271] Diesen unterschiedlichen Sichtweisen können verschiedene Konsolidierungskonzepte zugeordnet werden. Zunächst wird zwischen dem Proprietary Concept und dem konkurrierenden Entity Concept unterschieden. In der deutschsprachigen Literatur findet das Entity Concept die theoretische Entsprechung in der Einheitstheorie und das Proprietary Concept in der Interessentheorie. Eine Mischform aus diesen beiden Konzepten ist das Parent Company Concept und das Parent Company Extension Concept, die im deutschen Sprachraum der Interessentheorie zugeordnet werden.[272]

Die Konsolidierungskonzepte gehen darauf ein, wie vorhandene Minderheitsgesellschafter der Tochterunternehmen im Konzernabschluss zu berücksichtigen sind. Sie unterscheiden sich hinsichtlich des Anteils des anzusetzenden Vermögens der Tochterunternehmen, der Höhe der aufzudeckenden stillen Reserven und Lasten bei der Erstkonsolidierung, des Umfangs der Eliminierungen von konzerninternen Lieferungen und Leistungen und der Abbildung des Hinzuerwerbs von weiteren Anteilen.

a) Entity Concept

Bei dem auf der Einheitstheorie (entity theory) aufbauenden Entity Concept steht die rechnungslegende wirtschaftliche Einheit, d. h. der Konzern, im Mittelpunkt der Betrachtung unter Ausblendung der rechtlichen Selbständigkeit der Konzernunternehmen.[273] Die Vermögenswerte und Schulden sowie die Aufwendungen und Erträge sind die der rechnungslegenden Einheit und werden aus ihrer Perspektive betrachtet.[274] Dabei wird unterstellt, dass die Gesellschafter des Mutterunternehmens ihre Interessen im Konzern gegenüber den Minderheitsgesellschaftern der Tochterunternehmen unter deren angemessener Partizipation aufgrund der Beherrschung durchsetzen können.[275] Da beide Gesellschaftergruppen als Eigenkapitalgeber der rechnungslegenden Einheit gelten, werden deren Anteile innerhalb des Eigenkapitals abgebildet. Eine Unterscheidung zwischen den Anteilen der Gesellschafter des Mutterunternehmens und denen der Minderheitsgesellschafter der Tochterunternehmen ist im Eigenkapital dementsprechend nicht vorzunehmen. Nach

---

[271] Vgl. Dreger (1969), S. 41.
[272] Vgl. Hendler/Zülch (2005), S. 1156.
[273] Vgl. Wentland (1979), S. 54. Daher wird in diesem Zusammenhang auch von der „Fiktion der rechtlichen Einheit des Konzerns" gesprochen. Vgl. Busse von Colbe et al. (2006), S. 38.
[274] Vgl. Gynther (1967), S. 276.
[275] Vgl. Bores (1935), S. 136 und 138.

Konzeptionelle Grundlagen

dem Entity Concept wird der auf die Gesellschafter des Mutterunternehmens als auch der auf die verbleibenden Minderheitsgesellschafter eines Tochterunternehmens entfallende Teil des Vermögens in den Konzernabschluss einbezogen und bei der Erstkonsolidierung vollständig neu bewertet. Die Aufwendungen und Erträge der Tochterunternehmen werden vollständig in den Konzernabschluss übernommen. Das Konzernergebnis umfasst damit auch den Anteil der Minderheitsgesellschafter. Die Geschäftstransaktionen zwischen den Konzernunternehmen gelten als mit sich selbst abgeschlossen und sind vollständig zu eliminieren, sodass von einer Vollkonsolidierung gesprochen wird.[276] Bei konsequenter Anwendung des Entity Concepts ist der bei einem Erwerb entstehende Goodwill auf die Minderheitsgesellschafter der Tochterunternehmen entfallende Anteil hochzurechnen.[277] Der Kauf oder Verkauf von Anteilen zwischen dem Mutterunternehmen und den Minderheitsgesellschaftern bei Fortbestehen des Beherrschungsverhältnisses stellt einen Kapitaltransfer zwischen Gesellschaftern der wirtschaftlichen Einheit dar. Solche Transaktionen wirken sich bei einer getrennten Angabe des Minderheitenanteils innerhalb des Konzerneigenkapitals auf dessen Zusammensetzung aus.[278] So hat der Kauf von Anteilen der Minderheitsgesellschafter als Kapitalrückzahlung an Gesellschafter des Konzerns mit Ausnahme der Veränderung der liquiden Mittel keine weiteren Auswirkungen auf die Bilanzierung des bereits bei der erstmaligen Konsolidierung zum beizulegenden Zeitwert angesetzten Vermögens und auf einen hochgerechneten Goodwill.

b) Proprietary Concept

Bei dem auf der Eigner-Theorie basierenden Proprietary Concept stehen die Interessen der Gesellschafter des Mutterunternehmens im Vordergrund, sodass die Vermögens-, Finanz- und Ertragslage des Konzerns aus ihrem Blickwinkel dargestellt werden soll.[279] Dabei wird unterstellt, dass die Minderheitsgesellschafter der Tochterunternehmen kein Interesse am Konzernabschluss, sondern nur am Einzelabschluss des Tochterunternehmens haben.[280] Die Minderheitsgesellschafter werden im Gegensatz zum Entity Concept nicht als Eigenkapitalgeber des Konzerns,

---

[276] Vgl. Baxter/Spinney (1975), S. 35 f.

[277] Vgl. Dreger (1969), S. 42; Pellens/Basche/Sellhorn (2003), S. 1 ff. Einen Verzicht auf die Hochrechnung als mit der Einheitstheorie vereinbar ansehend Küting/Weber/Wirth (2008), S. 142 mit Verweis auf das FASB Discussion Memorandum: Consolidation Policy and Procedures, September 1991, Par. 83.

[278] Vgl. Ebeling (1995), S. 249 ff.

[279] Vgl. zur Eigner-Theorie Abschn. 3.1.1.

[280] Vgl. Wöhe (1997), S. 908.

sondern als Konzernfremde gesehen. Nach diesem Konzept wird in dem Konzernabschluss nur der Teil des Vermögens sowie der Erträge und Aufwendungen eines Tochterunternehmens ausgewiesen, der auf den Anteil des Mutterunternehmens und damit auf dessen Gesellschafter entfällt.[281] Daher wird dieses Konzept der Interessentheorie mit partieller Konsolidierung zugeordnet.[282] Da das Vermögen nur anteilig im Konzernabschluss erfasst wird, ist ein Ausgleichsposten für die Minderheitsgesellschafter der Tochterunternehmen in der Konzernbilanz nicht erforderlich. Goodwill wird nur in Höhe der Differenz zwischen den Anschaffungskosten und dem anteiligen beizulegenden Zeitwert des Vermögens des Tochterunternehmens zum Erwerbszeitpunkt bilanziert. Auch das Konzernergebnis enthält keinen Anteil der Minderheitsgesellschafter. Konzerninterne Transaktionen gelten in Höhe des auf die Minderheitsgesellschafter der Tochterunternehmen entfallenden Anteils als realisiert, sodass nur eine Zwischenergebnis- bzw. Aufwands- und Ertragseliminierung in Höhe des Konzernanteils des Mutterunternehmens vorzunehmen ist. Der Kauf oder Verkauf von Anteilen an einem Tochterunternehmen wird als eine Transaktion mit fremden Dritten abgebildet.[283] Bei einem Anteilszukauf erhöht sich daher zu dem jeweiligen Erwerbszeitpunkt die im Konzernabschluss zu berücksichtigende Quote entsprechend des hinzuerworbenen Anteils zum beizulegenden Zeitwert. Bei einem Anteilsverkauf unter Fortbestehen des Beherrschungsverhältnisses ist ein anteiliger Abgang zu berücksichtigen.[284]

c) Parent Company Concept

Da die Gesellschafter des Mutterunternehmens keinen Anspruch auf Bruchteile von Vermögenswerten haben und zudem das Mutterunternehmen aufgrund der Beherrschungsmöglichkeit über das gesamte Vermögen der Tochterunternehmen verfügen kann, soll aufbauend auf dem Proprietary Concept nach dem Parent Company Concept der Konzernabschluss die Gesellschafter des Mutterunternehmens über das gesamte ihnen wirtschaftlich zur Verfügung stehende Vermögen und dessen Erfolge informieren.[285] Die Vermögenswerte und Schulden sowie die Aufwendungen und Erträge der Tochterunternehmen werden vollständig in den Konzernabschluss übernommen. Es werden jedoch bei dem Parent Company Concept nur die anteilig auf das Mutterunternehmen entfallenden stillen Reserven und Lasten des Tochter-

---

[281] Vgl. Baxter/Spinney (1975), S. 32.
[282] Vgl. Baetge/Kirsch/Thiele (2009), S. 18 f.
[283] Vgl. Baxter/Spinney (1975), S. 32.
[284] Vgl. Hendler/Zülch (2005), S. 1159.
[285] Vgl. Baxter/Spinney (1975), S. 32.

unternehmens bei der Erstkonsolidierung aufgedeckt. Der auf die Minderheitsgesellschafter entfallende Anteil an den fortgeführten Buchwerten wird als Fremdkapital ausgewiesen. Goodwill wird in Höhe der Differenz zwischen den Anschaffungskosten und dem anteiligen beizulegenden Zeitwert des Vermögens des Tochterunternehmens zum Erwerbszeitpunkt bilanziert. Konzerninterne Transaktionen werden in Höhe des auf das Mutterunternehmen entfallenden Anteils eliminiert, da der übrige Teil als mit Konzernfremden realisiert gilt. In der Ergebnisrechnung ist der auf die Minderheitsgesellschafter der Tochterunternehmen entfallende Erfolg in Abzug zu bringen, sodass als Konzernergebnis nur der auf die Gesellschafter des Mutterunternehmens entfallende Teil gezeigt wird.[286] Da bei diesem Konzept bereits die Bilanzposten von nicht im vollständigen Besitz des Mutterunternehmens befindlichen Tochterunternehmen vollständig angesetzt werden, erhöhen sich bei einem Anteilszukauf im Konzernabschluss die anteilig zu berücksichtigenden stillen Reserven. Dabei reduziert sich der auszuweisende Anteil der Minderheitsgesellschafter aufgrund der Verringerung der Anteilsquote am Buchwert. Bei einem Anteilsverkauf ist nach diesem Konzept ein anteiliger Abgang stiller Reserven und des Goodwill zu berücksichtigen.

d) Parent Company Extension Concept

Das Parent Company Extension Concept unterscheidet sich von dem Parent Company Concept dadurch, dass das Vermögen eines Tochterunternehmens bei Erwerb vollständig zum beizulegenden Zeitwert anzusetzen ist. Darüber hinaus wird eine vollständige Eliminierung konzerninterner Transaktionen vorgenommen, da diese möglicherweise einem Drittvergleich nicht standhalten könnten.[287] In der deutschsprachigen Literatur wird daher dieses Konzept der Interessentheorie mit Vollkonsolidierung zugeordnet.[288] Nach dem Parent Company Extension Concept erfolgt der Ausweis des Anteils der Minderheitsgesellschafter als separater Posten zwischen dem Eigen- und Fremdkapital, da einerseits nach der Interessentheorie die Minderheitsgesellschafter Konzernfremde sind, andererseits aufgrund der nicht vorhandenen Rückzahlungspflicht jedoch auch nicht als Schulden zu qualifizieren ist. Der auf die Minderheitsgesellschafter der Tochterunternehmen entfallende Erfolg wird ebenso wie beim Parent Company Concept in der Ergebnisrechnung in Abzug gebracht, sodass ebenfalls als Konzernergebnis nur der auf die Gesellschafter des

---

[286] Vgl. Baxter/Spinney (1975), S. 34.
[287] Vgl. ebenda.
[288] Vgl. Baetge/Kirsch/Thiele (2009), S. 19 f.

Mutterunternehmens entfallende Teil gezeigt wird.[289] Nach der älteren Literatur ist nach diesem Konzept der Goodwill in Höhe der Differenz zwischen den Anschaffungskosten und dem anteiligen beizulegenden Zeitwert des Vermögens des Tochterunternehmens zum Erwerbszeitpunkt zu bilanzieren.[290] Die neuere Literatur sieht auch die Bilanzierung des Goodwill-Anteils für die Minderheitsgesellschafter als mit diesem Konzept vereinbar an.[291] Wird bei dem Parent Company Extension Concept die interessentheoretische Herleitung betont, so liegt bei einem Anteilszukauf und zugleich bereits vorhandener Beherrschung ein zusätzlicher Anteilserwerb von Konzernfremden vor.[292] Da das Vermögen bereits bei der Erstkonsolidierung vorher zum beizulegenden Zeitwert im Konzernabschluss angesetzt wurde, ist eine anteilige Zuschreibung der seit diesem Zeitpunkt entstandenen stillen Reserven vorzunehmen.[293] Bei einem Anteilsverkauf unter Fortbestand des Beherrschungsverhältnisses ist eine erfolgswirksame Endkonsolidierung vorzunehmen, wobei kein Abgang an vorhandenen stillen Reserven stattfindet, sich jedoch die Minderheitenanteile in Höhe des zum Veräußerungszeitpunkt vorhandenen Nettovermögens erhöhen.[294]

3.3.3.2 Würdigung der Konzepte und deren Umsetzung in den IFRS

Ob das Informationsbedürfnis der verschiedenen Adressaten divergieren kann, wird nach der Einheits- und der Interessentheorie bezüglich der Anteilseigner unterschiedlich beantwortet. Die Einheitstheorie vermeidet durch die Abstraktion von den Gesellschaftern und die Fokussierung auf die rechnungslegende Einheit eine Festlegung auf eine bestimmte Adressatengruppe.

Das Parent Company Extension Concept ist in der Gestaltung mit dem Entity Concept vergleichbar, mit der Ausnahme, dass Minderheitsanteile unterschiedlich ausgewiesen und Anteilskäufe und -verkäufe zwischen dem Mutterunternehmen und den Minderheitsgesellschaftern der Tochterunternehmenanders behandelt werden. Der IASB hat sich bislang nicht grundlegend mit den Konsolidierungskonzepten befasst. Dennoch bieten die Konsolidierungskonzepte die Basis für die Ableitung konsistenter Bilanzierungsmethoden bei der Standardsetzung und zur Schließung von Regelungslücken in der Konzernrechnungslegung. Eine besondere Bedeutung

---

[289] Vgl. Baxter/Spinney (1975), S. 34 f.
[290] Vgl. ebenda, S. 34.
[291] Vgl. Haaker (2006), S. 454.
[292] Vgl. Busse von Colbe (2004), S. 52 f.
[293] Vgl. Förschle/Deubert (2006), § 301 Rn. 191 ff.; Hendler (2002), S. 165 ff.
[294] Vgl. Küting/Wirth (2005), S. 417; Förschle/Hoffmann (2006), § 307 Rn. 49 f.

hat dabei der unverändert in IAS 27 formulierte Einheitsgrundsatz.[295] Danach hat der Konzernabschluss „die Konzernunternehmen so darzustellen, als ob es sich bei ihnen um ein einziges Unternehmen handelt"[296]. Dabei wird der Einheitsgrundsatz sowohl als Gedankengut der Einheits- als auch der Interessentheorie in der Ausprägung des Parent Company Extension Concept angesehen.[297]

IAS 22 (rev. 1998) und IAS 27 (rev. 2000) war durch Elemente des Parent Company und des Parent Company Extension Concepts geprägt. So wurde der Ausweis des Anteils der Minderheitsgesellschafter zwischen dem Eigen- und Fremdkapital, die Begrenzung des Goodwill auf den erworbenen Anteil, die Aufdeckung der auf den Mehrheitsgesellschafter entfallenden stillen Reserven und Lasten bei Anwendung der Erwerbsmethode und die vollständige Eliminierung der konzerninternen Transaktionen vorgeschrieben.[298] Ein Wahlrecht wurde hingegen zur Aufdeckung der auf die Minderheitsgesellschafter entfallenden stillen Reserven und Lasten eingeräumt.[299]

Im Dezember 2003 wurde der IAS 27 überarbeitet und im März 2004 wurde der IAS 22 durch den IFRS 3 ersetzt. Durch diese neuen Vorschriften erfolgte eine Hinwendung zum Entity Concept.[300] So sind im Rahmen eines Unternehmenszusammenschlusses erworbene Vermögenswerte und Schulden unabhängig von dem erworbenen Anteil vollständig zum beizulegenden Zeitwert anzusetzen, die Anteile der Minderheitsgesellschafter innerhalb des Konzerneigenkapitals auszuweisen und ihr Anteil am Ergebnis innerhalb der Ergebnisverwendung darzustellen.[301] Der Ausweis des Anteils der Minderheitsgesellschafter innerhalb des Eigenkapitals wurde jedoch nicht mit einem bestimmten zugrunde zulegenden Konsolidierungskonzept, sondern mit der Definition von Eigenkapital des IAS 32 begründet.[302] Als zusätzliche nutzerspezifische Information wird der Anteil der Minderheitsgesellschafter am Eigenkapital und am Ergebnis getrennt ausgewiesen.[303] Der auszuweisende Goodwill war aber weiterhin auf den Anteil des Mehrheitsgesellschafters beschränkt.[304]

---

[295] Vgl. zum Begriff des „Einheitsgrundsatzes" Warmbold (1995), S. 118 ff.
[296] IAS 27.4. Vgl. auch bereits IAS 27.6 i. d. F. 2000.
[297] Vgl. Wirth (2005), S. 96 f.; Griesar (1998), S. 34 ff. m. w. N.
[298] Vgl. IAS 27.15, IAS 27.17, IAS 27.26 (jeweils rev. 2000) und IAS 22.41 (rev. 1998).
[299] Vgl. IAS 22.32 f. (rev. 1998).
[300] Vgl. IFRS 3 BC123 ff. (i. d. F. 2004); Küting/Elprana/Wirth (2003), S. 477; Hayn/Hayn (2006), S. 74.
[301] Vgl. IFRS 3.36 (i. d. F. 2004), IAS 27.33 (rev. 2003) und IAS 1.81 f. (i. d. F. 2004).
[302] Vgl. IAS 27 BC29–32, BC42, BC51.
[303] Vgl. IAS 1.68 o), IAS 1.81 f. (jeweils i. d. F. 2004).
[304] Vgl. IFRS 3.51 (i. d. F. 2004).

Im Januar 2008 wurden überarbeitete Fassungen des IAS 27 und des IFRS 3 vom IASB herausgegeben. Mit den darin enthaltenen Änderungen, die einhergehen mit der Überarbeitung des Rahmenkonzepts und der darin zum Ausdruck kommenden entity perspective, wurde das Entity Concept nahezu umfassend umgesetzt.[305] So wurden in den überarbeiteten IFRS erstmalig Zu- und Verkäufe von Anteilen an Tochterunternehmen, bei denen die Beherrschungsmöglichkeit nicht tangiert wird, explizit geregelt.[306] Nach IAS 27.30 f. i. d. F. 2008 sind solche Vorgänge als Eigenkapitaltransaktion ergebnisneutral abzubilden, ohne dass z. B. bei einem Kauf von Anteilen der Minderheitsgesellschafter weitere stille Reserven und Lasten aufgedeckt werden.[307] Bei der Bilanzierung des Goodwill im Rahmen der Erstkonsolidierung besteht allerdings ein Wahlrecht, diesen letztlich vollumfänglich mit dem beizulegenden Zeitwert oder entsprechend des erworbenen Anteils anzusetzen.[308]

3.3.4 Funktionen des Teilkonzernabschlusses

3.3.4.1 Primäre Adressaten des Teilkonzernabschlusses

Ein Teilkonzernabschluss kann als Auszug aus dem Gesamtkonzernabschluss der größeren wirtschaftlichen Einheit oder als eigenständiger, vom Konzernabschluss des übergeordneten Mutterunternehmens losgelöster Abschluss einer abgegrenzten berichterstattenden Einheit (Separate Reporting Entity) gesehen werden.[309] In Abhängigkeit von der Betrachtungsweise können die Bilanzierungsregeln für Transaktionen zwischen einem Teilkonzern und anderen Unternehmen des Gesamtkonzerns unterschiedlich ausgestaltet werden. Für die Festlegung von relevanten und verlässlichen Bilanzierungsmethoden ist daher von Bedeutung, wer die primären Adressaten der gesetzlich vorgeschriebenen Teilkonzernabschlüsse sind. Daran schließt sich die Frage an, ob diesen Adressaten das Konzept des Teilkonzernabschlusses als Auszug aus dem Gesamtkonzernabschluss oder als eigenständiger

---

[305] Vgl. IASB (2008), OB5 ff. und BC1.12 ff.; Schwedler (2006), S. 411.

[306] Vgl. Lüdenbach/Hoffmann (2005), S. 1809 f.

[307] Dass die Minderheitsgesellschafter in dem überarbeiteten IFRS 3 als gleichberechtigte Eigenkapitalgeber entsprechend des Entity Concepts im Konzern gesehen werden, wird auch an deren unbegrenzter Verlustzuweisung deutlich, durch die ein negativer Minderheitsanteil entstehen kann. Vgl. IAS 27.28 und IAS 27 BC37 f., während in IAS 27.35 i. d. F. 2003 die Verlustzuweisung auf den Buchwert des Minderheitsanteils beschränkt war. Vgl. zur Diskussion zum Ausweis negativer Minderheitsanteile in HGB-Abschlüssen Lührmann/Schruff (1996), S. 261 ff.

[308] Vgl. IFRS 3.32, IFRS 3.19 und IFRS 3.B44 f. Vgl. zur Einführung des Wahlrechts IFRS 3 BC205 ff.; Ströher (2008), S.110 ff. Vgl. zu Bedenken hinsichtlich der Full-Goodwill-Methode Pawelzik (2004), S. 682 ff.

[309] Vgl. zum Begriff des Teilkonzerns Boemle (1999), S. 283 ff.

Konzeptionelle Grundlagen

Abschluss entscheidungsnützliche Informationen liefert.[310] Außen vor bleiben die von den gesetzlich vorgeschriebenen Abschlüssen zu unterscheidenden internen Teilkonzernabschlüsse, die lediglich aus technischen Gründen zur Vorbereitung der Konsolidierung im Gesamtkonzernabschluss aufgestellt werden.[311]

Da nur in einem Gesamtkonzernabschluss durch die Einbeziehung sämtlicher Konzernunternehmen alle konzerninternen Verflechtungen eliminiert werden, gelten die Kritikpunkte für den Einzelabschluss auch für den Teilkonzernabschluss in Bezug auf Transaktionen zwischen dem Teilkonzernmutterunternehmen und den Konzernunternehmen des übergeordneten Mutterunternehmens außerhalb des Teilkonzerns.[312] Folglich ist fraglich, für welche Adressaten der Teilkonzernabschluss entscheidungsrelevante Informationen liefern kann. In der Einleitung zur Siebenten Richtlinie wird ausgeführt, dass eine Befreiung von der Pflicht zur Aufstellung eines Teilkonzernabschlusses gewährt werden kann bzw. muss, sofern die Interessen der Gesellschafter des Teilkonzernmutterunternehmens und Dritter hinreichend geschützt sind. Wird dabei zunächst auf die Gesellschafter des Teilkonzernmutterunternehmens abgestellt, so kann zwischen einem Mehrheitsgesellschafter, der die Interessen der Gesellschafter des übergeordneten Mutterunternehmens vertritt, und den gegenwärtigen und künftigen Minderheitsgesellschaftern des Teilkonzernmutterunternehmens unterschieden werden.[313]

Durch die Beherrschungsmöglichkeit sind die Gesellschafter des obersten Mutterunternehmens in der Lage, den ihnen zustehenden Gewinnanteil durch entsprechende Beschlüsse zu vereinnahmen.[314] Der Gesamtkonzernabschluss ist damit für die Gesellschafter des obersten Mutterunternehmens neben dem Einzelabschluss das geeignete Informationsinstrument für ihre Entscheidungen. Die in einem Teilkonzernabschluss zusätzlich gewährten Informationen haben für diese Gruppe eine stark eingeschränkte Bedeutung, da sie keine unmittelbaren Anteile an einem Teilkonzernmutterunternehmen halten. Teilkonzernabschlüsse können den Gesellschaftern des obersten Mutterunternehmens zusätzliche Informationen liefern, wenn der Teilkonzern die wirtschaftlichen Verhältnisse eines Geschäftsbereichs oder

---

[310] Vgl. zu den Funktionen und Adressaten eines Teilkonzernabschlusses Kasperzak/Lieck (2008), S. 769 ff.

[311] Vgl. Ebeling (1995), S. 324 ff.

[312] Vgl. Kirchner (1975), S. 1613; siehe Müller (1977), S. 55.

[313] Im Folgenden sollen auch nur diese Minderheitsgesellschafter betrachtet werden. Minderheitsgesellschafter von anderen Tochterunternehmen bleiben unberücksichtigt.

[314] Zuvor ist ggf. ein entsprechender Betrag durch sachverhaltsgestaltende Maßnahmen oder Gewinnausschüttungsbeschlüsse für die untergeordneten Tochterunternehmen den Gesellschaftern des obersten Mutterunternehmens zur Beschlussfassung über die Gewinnverwendung zur Verfügung zu stellen.

einer Region abbildet.[315] Bei einer entsprechenden Aufgliederung in einer Segmentberichterstattung im Gesamtkonzernabschluss und ggf. zusätzlicher Informationen im Gesamtkonzernlagebericht bedarf es für diese Adressatengruppe jedoch nicht der Aufstellung von Teilkonzernabschlüssen.[316] Damit verbleiben für den Teilkonzernabschluss als primäre Adressaten die gegenwärtigen und künftigen Minderheitsgesellschafter des Teilkonzernmutterunternehmens.[317]

Entsprechend sind zum Schutz der Minderheitsgesellschafter die in der EU geltenden Vorschriften zur Aufstellungspflicht von Teilkonzernabschlüssen ausgestaltet. So sind nicht kapitalmarktorientierte Mutterunternehmen für die Inanspruchnahme der Befreiungsmöglichkeit durch einen übergeordneten Konzernabschluss vom Einverständnis der Minderheitsgesellschafter abhängig.[318] Da bei kapitalmarktorientierten Teilkonzernmutterunternehmen das Informationsbedürfnis der Adressaten höher gewertet wird als die mit der Aufstellung verbundenen Kosten, sind sie in der EU stets verpflichtet, auf ihrer Stufe einen (Teil-)Konzernabschluss aufzustellen.[319] Zwar haben die in den IFRS enthaltenen Regelungen über die Pflicht zur Aufstellung von Konzernabschlüssen in der EU keine Bedeutung, aus ihnen ist jedoch gleichfalls erkennbar, dass die Minderheitsgesellschafter primäre Adressaten der Teilkonzernabschlüsse sind. So besteht nach IAS 27.9 f. von der grundsätzlichen Pflicht zur Aufstellung eines Konzernabschlusses auf jeder Stufe eines mehrstufigen Konzerns die Befreiungsmöglichkeit durch einen übergeordneten Konzernabschluss. Sie gilt jedoch nicht, wenn es sich bei dem befreiten Unternehmen um ein Teilkonzernmutterunternehmen handelt, dessen Wertpapiere an einer Börse gehandelt werden oder das die Zulassung anstrebt.

---

[315] Vgl. Adler/Düring/Schmaltz (1995 ff.), § 290 HGB Rn. 67.

[316] Sind die Teilkonzerne nicht entsprechend der Geschäftsbereiche und Regionen gegliedert, können sie den Gesellschaftern des obersten Mutterunternehmens keine geeigneten Informationen bereitstellen. Diese Aufgabe fällt dann allein der Segmentberichterstattung zu. Vgl. zur Segmentberichterstattung auch Abschn. 3.3.4.2.

[317] Als Adressaten des Teilkonzernabschlusses kommen auch Fremdkapitalgeber in Betracht, die an Informationen über die Fähigkeit eines Unternehmens zur fristgerechten Bedienung ihrer Festbetragsansprüche sowie an einer Werterhaltung börsengehandelter Schuldtitel interessiert sind. Die Rückzahlungsfähigkeit und die Bonität des Unternehmens bzw. der Wert börsengehandelter Schuldtitel kann durch die Entziehung von Vermögen des emittierenden Unternehmens durch das beherrschende Unternehmen beeinflusst werden. Da die Möglichkeit der Befreiung ebenfalls nicht für Unternehmen besteht, deren Schuldtitel zum Handel an einem geregelten Markt zugelassen sind, stellen Teilkonzernabschlüsse neben den Anteilseignern auch den Schuldtitelinhabern Informationen zur Verfügung und schützen damit deren Interessen in besonderem Maße.

[318] Vgl. Art. 7 Abs. 1 Siebente Richtlinie und zum Mitgliedstaatenwahlrecht bei der Festlegung eines Mindestprozentsatzes des gezeichneten Kapitals Art. 8 Abs. 1 Siebente Richtlinie. Vgl. zur Umsetzung in nationales Recht § 291 Abs. 3 HGB.

[319] Vgl. Abschn. 3.3.1.

Konzeptionelle Grundlagen 63

3.3.4.2 Für Minderheitsgesellschafter relevante berichterstattende Einheit

Um die Funktionsfähigkeit des Kapitalmarktes für das Teilkonzernmutterunternehmen zu gewährleisten, benötigen die gegenwärtigen und künftigen Minderheitsgesellschafter des Teilkonzernmutterunternehmens Informationen, die zur Beurteilung der vergangenen und künftigen Wertentwicklung der Anteile an dem Teilkonzernmutterunternehmen geeignet sind.[320] Da ein Konzernabschluss entscheidungsnützlichere Informationen als ein Einzelabschluss liefert,[321] erlangt der Teilkonzernabschluss für die Minderheitsgesellschafter eine eigenständige Informations- und Rechenschaftsfunktion. Er verdrängt den Einzelabschluss des Teilkonzernmutterunternehmens als primäres Informationsinstrument.[322]

Durch die Pflichtbestandteile eines solchen Abschlusses sollen dem Investor zusätzliche Detailinformationen über eine kleinere für ihn relevante wirtschaftliche Einheit, d. h. den Teilkonzern, zur Verfügung gestellt werden, die in einem übergeordneten Gesamtkonzernabschluss verloren gehen, aber für die Beurteilung künftiger Zahlungsströme bezogen auf den Teilkonzern notwendig sind. Dazu gehören nicht nur Informationen über die Ertragslage, die Vermögenswerte, die Schulden und die Eigenkapitalausstattung des Teilkonzerns. Von Interesse sind auch Angaben über die leistungs- und finanzwirtschaftlichen Verflechtungen zwischen dem Teilkonzern und dem Gesamtkonzern (Lieferungen und Leistungen, Finanzierungen mittels Darlehensgewährungen oder Cash Pooling, Haftungsbeziehungen) und zu Verflechtungen organisatorischer Art hinsichtlich der Einbindung in die Führungs- und Überwachungsstruktur des Gesamtkonzerns.[323]

---

[320] Vgl. ausführlich in Bezug auf den Einzelabschluss Abschn. 3.3.2.
[321] Vgl. Abschn. 3.3.3.
[322] Vgl. in Bezug auf die Heranziehung von (Teil-)Konzernabschlüssen bei Planzahlen zur Ermittlung von Unternehmenswerten Hentzen (2005), S. 1891.
[323] Vgl. zu Arten der konzerninternen Finanzierung Scheffler (2005), S. 210 ff. Eine Segmentberichterstattung im Gesamtkonzernabschluss kann den Minderheitsgesellschaftern des Teilkonzernmutterunternehmens entscheidungsnützliche Informationen über den sie betreffenden Teilkonzern ermöglichen, wenn die Teilkonzerne eigenständige berichtspflichtige Segmente darstellen, nach Regionen oder Geschäftsbereichen gegliedert sind und die Segmentberichterstattung zur Objektivierung und Vergleichbarkeit in Übereinstimmung mit den in einem Abschluss anzuwendenden Bilanzansatz- und Bewertungsmethoden erfolgt. Eine entsprechend tief gegliederte Segmentberichterstattung im Gesamtkonzernabschluss kann unter diesen Voraussetzungen die gleichen Informationen wie Teilkonzernbilanzen- und -GuV zur Verfügung stellen. Dies könnte z. B. in einer Matrixdarstellung von Geschäftsbereichen und Regionen sowie Konsolidierungsspalten und -zeilen erfolgen. Zusätzliche Angaben für verschiedene Teilkonzerne in einem Gesamtkonzernabschluss und Gesamtkonzernlagebericht könnten aber leicht ein Maß an überschaubaren Informationen übersteigen und aufgrund ihrer Komplexität dem Bedürfnis der Gesellschafter des obersten Mutterunternehmens nach verständlichen und aggregierten Informationen im Gesamtkonzernabschluss zuwiderlaufen. In dieser Ausführlichkeit werden nach IFRS 8 Informationen nicht verlangt. Zudem ist die für

Bei Geschäftsvorfällen im Gesamtkonzern kann zwischen Transaktionen des Teilkonzernmutterunternehmens mit seinen eigenen Tochterunternehmen und Geschäftstransaktionen mit dem übergeordneten Mutterunternehmen bzw. Schwestergesellschaften des Teilkonzernmutterunternehmens unterschieden werden. Lieferungen und Leistungen des Teilkonzernmutterunternehmens mit seinen eigenen Tochterunternehmen stellen konzerninterne Transaktionen dar, die entsprechend IAS 27.20 zur Bereitstellung relevanter Informationen zu eliminieren sind. Der Ausweis solcher aus Sicht des Teilkonzerns nicht realisierter Gewinne oder noch nicht entstandener Verluste soll so vermieden werden. Die Ergebnisse aus Lieferungen und Leistungen an das übergeordnete Mutterunternehmen (Upstream-Lieferungen) sind aus dessen Sicht bzw. aus der Perspektive der Gesellschafter des übergeordneten Mutterunternehmens ebenfalls konzerninterne Transaktionen. In konsequenter Umsetzung des Konzepts eines Teilkonzernabschlusses als Ausschnitt aus dem Gesamtkonzernabschluss wären solche Ergebnisse im Teilkonzernabschluss zu eliminieren, da das Absatzrisiko noch im Gesamtkonzern auf der Ebene des Mutterunternehmens verblieben ist. Bei Upstream-Lieferungen wäre denkbar, den Zwischengewinn in einem passiven Rechnungsabgrenzungsposten bis zur Realisation im Teilkonzernabschluss zu speichern. Bei der Lieferung von zum Weiterverkauf bestimmte Waren von dem übergeordneten Mutterunternehmen an das Teilkonzernmutterunternehmen (Downstream-Lieferung) ist das Absatzrisiko noch im Teilkonzern verblieben. Wurden die Waren von dem übergeordnetem Mutterunternehmen mit Gewinn an das Teilkonzernmutterunternehmen veräußert, wären die bilanzierten Vorräte bei Befolgung des vorhin genannten Konzepts im Teilkonzernabschluss unter entsprechender Anpassung des Eigenkapitals zu mindern. Solche Eliminierungen sind jedoch in IAS 27 nicht vorgesehen. Sie sind auch nicht notwendig, da nicht das oberste Mutterunternehmen oder dessen Gesellschafter, sondern die Minderheitsgesellschafter des Teilkonzernmutterunternehmens primäre Adressaten des Teilkonzernabschlusses sind. Damit ist nicht nur aus den Vorschriften zur Aufstellung eines Teilkonzernabschlusses, sondern auch aus den Konsolidierungsvorschriften des IAS 27 erkennbar, dass der Teilkonzernabschluss für die Minderheitsgesellschafter als primäre Adressaten ein zusätzliches und vom übergeordneten Mutterunternehmen losgelöstes Rechnungslegungsinstrument (Separate Reporting Entity Approach) sein soll.

Minderheitsgesellschafter relevante Objektivierung und Vergleichbarkeit der Informationen in der Segmentberichterstattung aufgrund des in IFRS 8 implementierten Managementansatzes zur Bestimmung der Segmente und der Bewertung, die auf der Basis der internen Berichterstattung und nicht in Übereinstimmung mit den in einem Abschluss anzuwendenden IFRS-Bilanzierungsnormen erfolgen, nicht gegeben.

Aus Sicht der Minderheitsgesellschafter des Teilkonzernmutterunternehmens stellen Lieferungen und Leistungen mit dem übergeordneten Mutterunternehmen oder mit Schwestergesellschaften reale Geschäftstransaktionen dar, die die Vermögens-, Finanz- und Ertragslage des Teilkonzernmutterunternehmens verändern und deshalb aus ihrer Sicht nicht zu eliminieren sind. Dies gilt zunächst unabhängig davon, ob die Transaktionen zu marktüblichen Bedingungen zustande gekommen sind[324] und ob eine Weiterveräußerung durch das übergeordnete Mutterunternehmen an fremde Dritte bereits stattgefunden hat. Wurden jedoch Waren zu einem überhöhten Preis von dem Teilkonzernmutterunternehmen gekauft, sind diese mit dem beizulegenden Zeitwert anzusetzen und eine Ausgleichsforderung zu aktivieren. Kann in einem Rechtskreis keine Ausgleichsforderung geltend gemacht werden, handelt es sich bei einer Überzahlung um eine verdeckte Entnahme des Mehrheitsgesellschafters, die als solche zu bilanzieren ist.[325] Bei einer auf die gegenwärtigen und künftigen Minderheitsgesellschafter des Teilkonzernmutterunternehmens bezogenen adressatengerechten Darstellung kann jedenfalls auch bei unüblichen Lieferbedingungen mit dem übergeordneten Mutterunternehmen keine vollständige Eliminierung der Transaktion im Teilkonzernabschluss nach sich ziehen.

Angaben im Teilkonzernanhang über Transaktionen unter gemeinsamer Beherrschung können die Abbildung der tatsächlichen Geschäftsvorfälle in der Gewinn- und Verlustrechnung nicht ersetzen, da diese Informationen nicht unmittelbar in kapitalmarktrelevante Kennzahlen eingehen.[326] Andererseits sind ergänzende Informationen relevant, die es erlauben, die Marktüblichkeit der Transaktionen mit dem übergeordneten Mutterunternehmen zu beurteilen, um mögliche Übervorteilungen durch den Mehrheitsgesellschafter erkennen zu können.[327]

3.3.4.3 Einklang des Abschlusses eines Teilkonzerns als eigenständige Berichteinheit mit der Interessen- und Einheitstheorie

Nach der Einheitstheorie steht die berichterstattende Einheit im Mittelpunkt der Betrachtung und die Minderheitsgesellschafter der Tochterunternehmen gelten als gleichberechtigte Eigenkapitalgeber des Gesamtkonzerns. Aus der Perspektive des Gesamtkonzerns sind daher nach der Einheitstheorie sämtliche konzerninternen

---

[324] Vgl. Krag/Müller (1985), S. 309.

[325] Vgl. zu einer entsprechenden Bilanzierung der verdeckten Entnahme mit dem beizulegenden Zeitwert IFRIC 17 in Bezug auf Sachdividenden.

[326] Vgl. zum Unterschied zwischen Ansatz von Transaktionen im Abschluss und Anhangangaben Barth/Clinch/Shibano (2003), S. 581 ff.; IFRS 2 BC291; IFRS 3 BC44 f.

[327] So schreibt z. B. § 314 Abs. 1 Nr. 13 HGB in HGB-Konzernabschlüssen Angaben zur Marktüblichkeit von Transaktionen mit nahestehenden Unternehmen und Personen vor.

Transaktionen zu eliminieren.[328] Die Einheitstheorie setzt sich allerdings lediglich damit auseinander, wie in einem bereits definierten Konzernkreis die Vermögenswerte und Schulden bilanziert, wie Aufwendungen und Erträge innerhalb dieser berichterstattenden Einheit eliminiert und wie die Minderheitenanteile dieser Einheit ausgewiesen werden. Sie bietet keine Hilfe bei der Beantwortung der Frage, wie eine berichterstattende Einheit abgegrenzt werden soll, d. h., ob ein Teilkonzernabschluss als Ausschnitt aus dem Gesamtkonzern oder als eigenständige berichterstattende Einheit darzustellen ist. Die Einheitstheorie setzt vielmehr voraus, dass diese Frage bereits vorab geklärt wurde. Auch der Einheitsgrundsatz des IAS 27.4, nach dem der Konzernabschluss „die Konzernunternehmen so darzustellen hat, als ob es sich bei ihnen um ein einziges Unternehmen handelt", kann zur Beantwortung dieser Frage nicht herangezogen werden. Dies ergibt sich bereits daraus, dass er Bestandteil der Definition eines Konzernabschlusses ist. Denn Konzernunternehmen im Sinne des IAS 27.4 sind nur solche, die auch in den Konzernabschluss aufgenommen werden. Bestimmte Konsolidierungskonzepte und der Einheitsgrundsatz können daher erst Anwendung finden, wenn der Konsolidierungskreis festgelegt wurde.

Im Gegensatz zur Einheitstheorie wird der Konzernabschluss nach der Interessentheorie aus dem Blickwinkel der Gesellschafter des Mutterunternehmens aufgestellt. Er zeigt das hinter ihrer Beteiligung stehende Vermögen (Proprietary Concept) bzw. das Vermögen, über das die Gesellschafter aufgrund ihrer Beherrschung verfügen können (Parent Company Extension Concept). Aufgrund dieser Perspektive wird nach der Interessentheorie, den Minderheitsgesellschaftern der Tochterunternehmen ein Interesse am Konzern abgesprochen und nur eines am Einzelunternehmen des jeweiligen Tochterunternehmens zuerkannt.[329] Damit haben die Minderheitsgesellschafter eines Teilkonzernmutterunternehmens ein Interesse an einem Teilkonzernabschluss als ein den Einzelabschluss ergänzendes oder verdrängendes Informationsinstrument einer kleineren für sie relevanten Einheit.[330] Da nach der Interessentheorie die Minderheitsgesellschafter kein primäres Interesse am Gesamtkonzern haben, ist für sie ein Teilkonzernabschluss nur als eigenständiger abgegrenzter Abschluss und nicht als Ausschnitt aus dem Gesamtkonzern relevant. Ein solcher Teilkonzernabschluss als eigenständige Berichteinheit ist wiederum für die Gesellschafter des obersten Mutterunternehmens ohne Bedeutung, da der Gesamtkonzernabschluss die für sie relevanten Informationen enthält.

---

[328] Vgl. Abschn. 3.3.3.1 und 3.3.3.1. Buchst. a).
[329] Vgl. Abschn. 3.3.3.1 und 3.3.3.1. Buchst. b ff.
[330] Vgl. zur besseren Informationsgewährung eines Konzernabschlusses statt eines Einzelabschlusses Abschn. 3.3.3.

Damit lässt sich zusammenfassend festhalten, dass mit einer auf die Interessentheorie gestützte Fokussierung auf die Informationsbedürfnisse der Minderheitsgesellschafter als primäre Adressaten ein Teilkonzernabschluss nicht als Ausschnitt aus dem Gesamtkonzern, sondern als eigenständige berichterstattende Einheit auszugestalten ist. Da nach der Einheitstheorie die berichterstattende Einheit im Mittelpunkt der Betrachtung steht, ist es mit der Herleitung der Aufstellung eines Teilkonzernabschlusses aus der Interessentheorie als eigenständigem Abschluss vereinbar, wenn der eigenständige Teilkonzernabschluss selbst wieder nach dem Entity Concept aufgestellt wird.

4 Ausgewählte externe Umstrukturierungen

4.1 Bilanzierungsmethoden zur Abbildung von Verschmelzungen

4.1.1 Unterscheidungsmerkmale für Verschmelzungen

Für die Auswahl einer Bilanzierungsmethode können Unternehmenszusammenschlüsse nach der rechtlichen Transaktionsgestaltung unter Berücksichtigung von Veränderungen auf der Gesellschafterebene oder nach der ökonomischen Substanz der beteiligten Unternehmen unterschieden werden. Bei rechtlicher Betrachtung kann ein Unternehmenszusammenschluss einen entgeltlichen Erwerbsvorgang oder einen tauschähnlichen Erwerbs- oder Einlagevorgang von Anteilen, wie bei einer Verschmelzung, darstellen.[331]

Aus der Perspektive der Gesellschafter können Unternehmenszusammenschlüsse zunächst danach unterschieden werden, ob sich durch die Transaktion die Beteiligungsverhältnisse verändern.[332] Während bei einem entgeltlichen Erwerb die Eigentümerstruktur unverändert bleibt, treten bei einer Verschmelzung durch die Gewährung von Anteilen neue Gesellschafter hinzu. Im Anschluss daran kann bei einer Veränderung der Anteilseignerstruktur zwischen einer Gleichberechtigung oder der Dominanz der alten Anteilseigner gegenüber den neuen Anteilseignern differenziert werden.[333]

Verschmelzungen von Gesellschaften, die nicht zum gleichen Konzern gehören, können hinsichtlich der Bedeutung der daran beteiligten Unternehmen vor der Transaktion und der erkennbaren ökonomischen Substanz nach dem Zusammenschluss unterschieden werden.[334] So sind Unternehmenszusammenschlüsse zu beobachten, bei denen ein Unternehmen vor dem Zusammenschluss eindeutig dominiert und im Wesentlichen nach der Transaktion fortbesteht, während das andere beteiligte Unternehmen darin aufgeht.[335] Ein solcher

---

[331] Vgl. zu Abgrenzungskriterien von Verschmelzungen Taylor (1987), S. 54 ff.
[332] Vgl. Muff (2002), S. 86; Dewhirst (1972), S. 38.
[333] Vgl. Muff (2002), S. 87.
[334] Vgl. Dewhirst (1972), S. 36.
[335] Vgl. FASB (1998), par. 132.

Unternehmenszusammenschluss kann ohne Weiteres als ein Erwerbsvorgang angesehen werden, bei der die Gegenleistung bei einer Verschmelzung in der Gewährung von eigenen oder neuen Anteilen der übernehmenden Gesellschaft besteht.

Die zusammengeschlossenen Unternehmen können innerhalb der berichterstattenden Einheit aber auch getrennte Geschäftssegmente darstellen, die eine geringe Integration und Verflechtung untereinander aufweisen. In einem solchen Fall wird deutlich, dass die Transaktion lediglich in der Zusammenführung von Unternehmen in eine rechtliche Einheit mit einer einheitlichen Verantwortung und Leitung durch die gesetzlichen Vertreter bestehen kann. Die vorherigen Unternehmen setzen dann ihre wirtschaftliche Tätigkeit unverändert in einer einheitlichen rechtlichen Konstitution mit einer veränderten Anteilseignerstruktur fort.

Bei anderen Transaktionen kann hingegen keines der an dem Zusammenschluss beteiligten Unternehmen wirtschaftlich das andere vor dem Zusammenschluss deutlich dominieren, auch wenn eines der beteiligten Unternehmen als Erwerber anhand von bestimmten Kriterien identifiziert werden könnte.[336] Ist nach dem Zusammenschluss die jeweilige unterschiedliche ökonomische Substanz der zusammengeschlossenen Unternehmen nicht mehr erkennbar, können beide an dem Zusammenschluss beteiligten Unternehmen als untergehend und das zusammengeschlossene Unternehmen als ein neues betrachtet werden.[337]

Für unterschiedliche Unternehmenszusammenschlüsse werden zur Abbildung in der Rechnungslegung die Erwerbsmethode (purchase oder acquisition method), die Interessenzusammenführungsmethode (uniting of interests oder pooling of interests method) und die Fresh-Start-Methode näher diskutiert.[338] Diese Methoden sind bei einem Asset Deal und bei einer Verschmelzung für die Übernahmebilanzierung im Konzernabschluss und unmittelbar bei der Bewertung im Einzelabschluss von Bedeutung.[339] Bei einem Share Deal finden sie nur im Konzernabschluss im Rahmen der Kapitalkonsolidierung Anwendung, da im Konzernabschluss die Übernahme einzelner Vermögenswerte und Schulden anstelle von Anteilen fingiert wird.[340]

---

[336] Als Beispiel kann der Zusammenschluss von Daimler und Chrysler genannt werden. Vgl. Koch/Hofacker (2000), S. 541 f. mit weiteren Beispielen. Vgl. zu Einzelheiten Abschnitt 4.1.3 und 4.3.

[337] Vgl. FASB (1998), par. 134.

[338] Vgl. IFRS 3 BC22 ff.; Busse von Colbe et al. (2006), S. 198 ff.

[339] Vgl. zur Kritik an dieser international üblichen Vermengung von Methoden zur Kapitalkonsolidierung und Bewertungsprinzipien im Konzernabschluss Peffekoven (2001), S. 187 ff.

[340] Vgl. Ordelheide (1986), S. 493.

4.1.2 Grundzüge der Erwerbsmethode

Nach der Erwerbsmethode wird ein Unternehmenszusammenschluss als Anschaffungsvorgang betrachtet.[341] Demzufolge ist das erworbene Unternehmen (Akquisitionsobjekt) beim Erwerber mit dem Zeitwert zu aktivieren und in der Folgezeit grundsätzlich der Werteverzehr über Abschreibungen ergebniswirksam zu erfassen. Den Abschreibungen stehen die Umsätze und Erfolgsbeiträge des erworbenen Unternehmens gegenüber. Dadurch kann die GuV Rechenschaft darüber ablegen, ob die Investition in das erworbene Unternehmen erfolgreich war. Die Vorteilhaftigkeit zeigt sich in einem Gewinnanstieg in der GuV des übernehmenden Unternehmens, ceteribus paribus, nur dann, wenn mit dem erworbenen Unternehmen höhere Erträge als der Wertverzehr des zum beizulegenden Zeitwert bewerteten Vermögens, einschließlich eines Goodwill, erwirtschaftet werden. Bei Anwendung der Erwerbsmethode sind beim erwerbenden Unternehmen dagegen keine Bewertungsanpassungen des bereits vorhandenen Vermögens vorzunehmen, da es nicht Gegenstand der Transaktion ist.[342]

In IFRS 3 wird für alle Arten von Unternehmenszusammenschlüssen die Anwendung der Erwerbsmethode im Einzel- und Konzernabschluss verbindlich vorgeschrieben.[343] Entsprechend sind nach der Erwerbsmethode in der Ausprägung des IFRS 3.5:

a) ein an dem Unternehmenszusammenschluss beteiligtes, zuvor bestehendes Unternehmen als Erwerber zu identifizieren;[344]

b) der Erwerbszeitpunkt zu bestimmen;[345]

c) die erworbenen identifizierbaren Vermögenswerte und übernommenen Schulden grundsätzlich zum beizulegenden Zeitwert erstmalig anzusetzen[346] und

d) ein Geschäfts- oder Firmenwert (Goodwill) als Residualgröße oder ein Gewinn aus einem Erwerb zu einem Preis unter dem Marktwert auszuweisen.[347]

---

[341] Vgl. FASB (1998), par. 40.
[342] Vgl. IFRS 3 BC44 i. d. F. 2004; FASB (1998), par. 49.
[343] Vgl. IFRS 3.4.
[344] Vgl. Abschn. 4.3.1.
[345] Vgl. Abschn. 4.2.2.
[346] Vgl. Abschn. 4.2.3.
[347] Vgl. zur Ermittlung dieser Unterschiedsbeträge im Einzelnen unter Berücksichtigung einer zuvor bestehenden Minderheitsbeteiligung an der übertragenden Gesellschaft und von Minderheitsgesellschaftern Abschn. 4.2.4. Vgl. zur Ausprägung der Erwerbsmethode des IFRS i. d. F. 2004 Watrin/Strohm/Struffert, (2004), S. 1450 ff.

An der Erwerbsmethode wird kritisiert, dass sie bei der Ermittlung der beizulegenden Zeitwerte der zu bilanzierenden Vermögenswerte und Schulden sowie einer in Anteilen bestehenden Gegenleistung erhebliche Ermessensspielräume und Manipulationsmöglichkeiten eröffnet.[348] Für das Management besteht der Anreiz, bisher nicht angesetzte immaterielle Vermögenswerte weiterhin nicht zu bilanzieren, um durch geringere Abschreibungen die GuV künftiger Perioden zu entlasten. Zudem besteht die Gefahr, dass Rückstellungen im Erwerbszeitpunkt zu hoch dotiert werden, um durch deren Auflösung oder vermeintlichen Verbrauch die künftige Ertragslage besser darzustellen.[349] Bei einer solchen Vorgehensweise wird ein zu hoher Betrag dem Goodwill als Residualgröße zugewiesen, der in Folgeperioden gem. IAS 36 nicht planmäßig abgeschrieben, sondern lediglich auf Wertminderung getestet wird (impairment only approach).[350] Auch wenn bei der Aufteilung eines Kaufpreises auf einzelne Vermögenswerte und Schulden erhebliche Ermessensspielräume bestehen, wird dadurch der Einblick in die erworbenen Werttreiber und die Vermögenslage erhöht. Die Attraktivität zu deren missbräuchlicher Ausnutzung kann durch eine Wiedereinführung einer planmäßigen Abschreibung des Goodwill und der verpflichtenden Offenlegung der konkreten Planannahmen zum Wertminderungstest eingedämmt werden.[351]

---

[348] Vgl. FASB (1998), Par. 93; Pfeil/Vater (2002), S. 69; Rammert (1999), S. 625.

[349] Vgl. FASB (1998), Par. 96; Levitt (1998), S. 4.

[350] Dadurch wird nicht mehr gezeigt, ob die Investition in das Unternehmen auch tatsächlich verdient wurde. Externes Wachstum durch Unternehmenszukäufe wird in der GuV im Vergleich zu internem Wachstum besser dargestellt, da bei der Schaffung eines originären Goodwill, z. B. durch Werbung, Aufwand zu erfassen ist. Begründet wird diese Folgebilanzierung damit, dass zum Erhalt des Goodwill Investitionen in wertbildende Komponenten notwendig seien, die anders als Reinvestitionen in Sachanlagen nicht aktiviert werden. Unterbleibt eine solche Reinvestition, so soll der Aufwand im Rahmen des Wertminderungstests des Goodwill erfasst werden. Vgl. Hitz/Kuhner (2002), S. 273 ff.; Kühnberger (2005), S. 679; Kuhner (2005), S. 17 ff. Ob aber auch eine solche Wertminderung tatsächlich festgestellt werden kann, hängt von den konkreten Vorschriften zur Zuordnung des Goodwill und zur Durchführung eines Wertminderungstests ab. So ist gem. IAS 36.80 ff. der Test nicht zwingend auf der Ebene des erworbenen Unternehmens, sondern häufig auf einer größeren Ebene, einer sog. firmenwerttragenden zahlungsmittelgenerierenden Einheit, durchzuführen. Vgl. Braun (2009), S. 82 ff.; Küting (2009), S. 1864. Vgl. zur Kritik an den damit verbundenen Gestaltungsmöglichkeiten Hommel (2001), S. 1946; Pellens/Sellhorn (2001), S. 1685 f.; Lüdenbach/Schulz (2002), S. 491; Streim et al. (2007), S. 27; Küting/Weber/Wirth (2001), S. 196 ff.; Ordelheide (1997), S. 583 ff. Vgl. zum impairment only approach nach US-GAAP ausführlich Esser (2005), S. 166 ff.; Richter (2004), S. 101 ff. Vgl. ausführlich zu Folgebewertungsprinzipien eines Goodwill Duhr (2006), S. 165 ff.; Franke (2009), S. 159 ff. Vgl. zum Goodwill-Controlling nach IAS 36 Kasperzak/Wassermann (2009), S. 119 ff.

[351] Vgl. zum Vorschlag einer pauschalen 10-jährigen Nutzungsdauer Lachnit/Müller (2003), S. 545 ff. Vgl zu den unzureichenden konkreten Angabepflichten hinsichtlich der wesentlichen quantitativen Planannahmen beim Impairment-Test IAS 36.134 ff. Vgl. zur Notwendigkeit der Konkretisierung der Wertminderungsvorschriften hinsichtlich der Marktkapitalisierung Frowein/Lüdenbach (2003), S. 261 ff. Vgl. zu Dokumentationserfordernissen beim Impairment-Test Lieck (2009), S. 61 f.

4.1.3 Grundzüge der Interessenzusammenführungsmethode

Bei der Interessenzusammenführungsmethode wird in einem Unternehmenszusammenschluss eine Zusammenlegung von Vermögensmassen gesehen, die lediglich die Ebene der Gesellschafter betrifft.[352] Ein Anschaffungsvorgang der übernehmenden Gesellschaft wird damit nach dieser Methode verneint.[353]

Die von 1998 bis 2004 nach IAS 22 zugelassene Interessenzusammenführungsmethode bildete allerdings kein Wahlrecht zur Erwerbsmethode. Sie war vielmehr nur für die seltenen Fälle gedacht, in denen kein Erwerber identifiziert werden konnte.[354] Nach IAS 22 war eine Interessenzusammenführung dann gegeben, wenn gleichberechtigte unabhängige Anteilseigner unter Wahrung ihres bisherigen Einflusses die Vermögen ihrer Unternehmen zusammenführten und sich das Management der sich zusammenschließenden Unternehmen die Führung der zusammengeschlossenen Einheit teilt.[355] Voraussetzung war zudem, dass die Unternehmen einen annähernd gleichen Wert besitzen, der Zusammenschluss im Wesentlichen im Wege des Anteilstauschs durchgeführt wird und die Anteilseigner im Verhältnis zueinander im Wesentlichen die gleichen Stimmrechte und Anteile an der neuen wirtschaftlichen Einheit wie vor dem Zusammenschluss behalten.[356]

Unter diesen Voraussetzungen wurde eine Zusammenführung der Interessen der beteiligten Anteilseigner zur Verfolgung gemeinsamer Ziele unter gleichberechtigter Teilung der Chancen und Risiken angenommen. Dazu tauschen sie ihre jeweilige

---

[352] Vgl. IFRS 3 BC29; FASB (1998), Par. 39.
[353] Vgl. FASB (1998), Par. 45.
[354] Vgl. IAS 22.8 und IAS 22.13 Satz 1.
[355] Vgl. IAS 22.8 und IAS 22.13 ff.
[356] Die weiteren Voraussetzungen zur Anwendung dieser inzwischen in den IFRS, in den US-GAAP und im HGB für die Kapitalkonsolidierung abgeschafften Methode waren in den Rechnungslegungsvorschriften unterschiedlich. Für US-GAAP regelte bis 2002 APB Opinion No. 16, Par. 45-48 die Anwendung der Interessenzusammenführungsmethode. Dabei mussten zu deren Anwendung 12 Kriterien erfüllt sein, wobei eine Mindestbeteiligungsquote von 90 % auf das stimmberechtigte Kapital, die Abwicklung der Transaktion in Aktien, die Unabhängigkeit der beteiligten Parteien im Transaktionszeitpunkt und der Ausschluss bestimmter Vereinbarungen für eine gewisse Zeit gefordert wurde. Ein bestimmtes Wertverhältnis der an einem Unternehmenszusammenschluss beteiligten Gesellschaften zueinander war nach US-GAAP keine Anwendungsvoraussetzung der Interessenzusammenführungsmethode. Vgl. im Einzelnen Niehus (1983), S. 441 ff.; FASB (1998), Par. 62. Weniger restriktiv im Anwendungsbereich war dagegen § 302 Abs. 1 HGB a. F. Danach konnte die Interessenzusammenführungsmethode im Konzernabschluss angewendet werden, wenn mindestens 90 % der Anteile eines Unternehmens im Wege der Ausgabe von Anteilen übergingen und die Barzahlungen nicht mehr als 10 % des Nennbetrags der ausgegebenen Anteile betrugen. Vgl. Korth/Kasperzak (1999), S. 118 ff. Für den HGB-Einzelabschluss enthält § 24 UmwG ein uneingeschränktes Wahlrecht zwischen der Buchwertfortführung und der Übernahmebilanzierung zu Zeitwerten. Vgl. Abschn. 5.2.1. Vgl. zur Entwicklung des angelsächsischen Pooling-Gedankens und zur Umsetzung in deutsches Recht Heinrich (1993), S. 8 ff.

bisherige unmittelbare Beteiligung an einem Unternehmen gegen eine Beteiligung an dem zusammengeschlossenen Unternehmen, sodass im Ergebnis für alle Anteilseigner die gleichberechtigte Partizipation der Chancen und Risiken an dieser zusammengeführten Einheit erreicht wird.[357] Durch die unabdingbare Voraussetzung der Durchführung des Zusammenschlusses mittels Ausgabe von Anteilen ist gewährleistet, dass mit dem Unternehmenszusammenschluss kein Abfluss von Ressourcen verbunden ist.[358]

Bilanziell trägt die Interessenzusammenführungsmethode dem Gedanken eines fehlenden Erwerbsvorgangs durch die Fortführung der Buchwerte der zusammengeführten Einheiten Rechnung. Ein Unterschied zwischen den übernommenen Buchwerten und dem Nennbetrag der ausgegebenen Anteile ist erfolgsneutral im Eigenkapital zu verrechnen.[359] Da stille Reserven und Lasten nicht aufgedeckt werden und ein Goodwill nicht angesetzt wird, sind auch die Folgeperioden, anders als bei der Erwerbsmethode, nicht mit Abschreibungen auf aufgedeckte stille Reserven oder einem Goodwill belastet.[360] Während bei der Erwerbsmethode die Erträge und Aufwendungen des erworbenen Unternehmens ab dem Erwerbszeitpunkt in der GuV gezeigt werden, werden bei der Interessenzusammenführungsmethode die Erfolgsrechnungen für die gesamte Periode und der anzugebenden Vergleichsperioden so zusammengefügt, als hätte der Unternehmenszusammenschluss schon immer bestanden.[361]

Bei einer Verschmelzung gewähren die Anteilseigner der übernehmenden Gesellschaft nicht unmittelbar eigene Anteile den Gesellschaftern der übertragenden Gesellschaft. Vielmehr gewährt die übernehmende Gesellschaft eigene oder neue Anteile. Damit liegt aus der Perspektive der übernehmenden Gesellschaft als einer berichterstattenden Einheit durch die Einbringung ein tauschähnlicher Anschaffungsvorgang vor.[362] Für die Gesellschafter ändert sich die Anteilsquote und die Struktur des Unternehmens, an dem sie beteiligt sind. Aus Sicht der Inferenten liegt ein Tausch der unmittelbar gehaltenen Anteile an einer Gesellschaft gegen die Anteile der aufnehmenden Gesellschaft mit den zusammengeschlossenen Unternehmen vor. Von einer Fortführung der eigentümerbezogenen Chancen und Risiken der vor

---

[357] Vgl. FASB (1998), Par. 43.
[358] Vgl. Simon (1997), S. 47; Rammert (1999), S. 622. Dies gilt allerdings nur dann, wenn die im Zuge der Transaktion auszugebenden Aktien nicht am Kapitalmarkt erworben werden müssen.
[359] Vgl. IAS 22.79 Satz 1.
[360] Vgl. IAS 22.78 ff.
[361] Vgl. IAS 22.79 Satz 1.
[362] Vgl. IFRS 3 BC34; Mujkanovic (1999), S. 538 f. Vgl. zur Charakterisierung eines Einlagevorgangs als Anschaffungsvorgang Abschn. 5.3.1 f.

dem Unternehmenszusammenschluss existierenden Eigentümergruppen und einer wirtschaftlichen Identität der Anteile kann nicht ausgegangen werden. Vielmehr wird der zuvor gehaltene Anteil einer Eigentümergruppe an einem Unternehmen zugunsten eines geringeren Anteils dieser Gruppe an dem zusammengeschlossenen Unternehmen aufgegeben. Dadurch verändern sich zum einen die Einflussnahmemöglichkeiten der Anteilseigner. Zum anderen erhält der einzelne Anteilseigner nach der Transaktion andere Chancen, und er trägt andere Risiken als zuvor, da sich die Chancen und Risiken des zusammengeschlossenen Unternehmens von dem der einzelnen Unternehmen unterscheiden.[363]

Letztlich stellen alle Unternehmenszusammenschlüsse, bei denen die Gegenleistung in Anteilen besteht, eine Zusammenführung von unternehmerischen Interessen dar, sodass die Absicht zu einer Interessenzusammenführung kein geeignetes Abgrenzungskriterium zu einem Unternehmenserwerb ist.[364] Zudem muss eine mögliche Absicht der Anteilseigner, ihre Interessen lediglich zusammenzuführen und keinen Unternehmenskauf durch eine Gesellschaft tätigen zu wollen, mangels einer Nachprüfbarkeit von Zielen und Motiven für die Rechnungslegung vernachlässigt werden.[365]

Die der Interessenzusammenführungsmethode zugrunde liegende Annahme, dass ein Unternehmenszusammenschluss primär eine Transaktion auf der Ebene der Anteilseigner statt zwischen den beteiligten Unternehmen darstellt, kann bei einer stark ausgeprägten aktiven Herbeiführung und Gestaltung der Transaktion durch das Management der beteiligten Unternehmen angezweifelt werden.[366] So können Unternehmenszusammenschlüsse unter Beteiligung börsennotierter Gesellschaften allein von deren Management initiiert, mittels Bieterverfahren vorangetrieben und letztlich ausgehandelt werden. Die Aktionäre werden in den Prozess häufig erst dann eingebunden, wenn ein ausgehandelter Vertrag vorliegt und die Zustimmung der Hauptversammlung dazu erforderlich ist.[367] Das Interesse der Anteilsinhaber besteht an Informationen, ob der Unternehmenszusammenschluss zu einer Wertsteigerung ihrer Anteile im Verhältnis zu Alternativinvestitionen beiträgt oder Werte vernichtet werden. Das Management kann insbesondere dann zur Zahlung zu hoher Kaufpreise bereit sein, d. h. ein unangemessenes Umtauschverhältnis im Rahmen einer Verschmel-

---

[363] Vgl. FASB (1998), Par. 170; IFRS 3 BC32. Dies kann zur Anpassung des Portfolios der Anteilseigner durch Verkäufe von Anteilen nach einem Unternehmenszusammenschluss führen.
[364] Vgl. IFRS 3 BC33.
[365] Vgl. zum Grundsatz der Nachprüfbarkeit Abschn. 3.2.2.2.
[366] Vgl. IFRS 3 BC31.
[367] Vgl. FASB (1998), Par. 88.

zung zu gewähren, wenn eine Fehlakquisitionen ohne Auswirkung auf die Erfolgsrechnung bleibt.[368] Dies wird erleichtert durch die Informationsasymmetrie zwischen Management und Aktionären über den Wert der beteiligten Unternehmen. Zur Ablegung der Rechenschaft und der damit verbundenen disziplinierenden Wirkung des Managements zur Vereinbarung angemessener Umtauschverhältnisse ist es zur Erfüllung der Rechenschaftsfunktion der Abschlüsse notwendig, dass unangemessene Gegenleistungen sich auch in den Erfolgsrechnungen mindernd niederschlagen.[369] Die Interessenzusammenführungsmethode ermöglicht dies aufgrund der Fortführung der Buchwerte nicht.[370] Denn bei einer Buchwertfortführung werden die Werte, in die investiert wurde, wie z. B. in bislang nicht bilanzierte selbstgeschaffene immaterielle Vermögenswerte, einen Auftragsbestand oder in Vermögenswerte mit stillen Reserven infolge von zwischenzeitlichen Preissteigerungen bei einer vorherigen Bilanzierung zu fortgeführten Anschaffungs- und Herstellungskosten, in der Bilanz unvollständig abgebildet. Erwirtschaftet das zusammengeschlossene Unternehmen die gleichen Gewinne wie die vorherigen getrennten Unternehmen, schlägt sich in der GuV nicht erfolgsmindernd nieder, dass der Wert der hingegebenen Anteile nicht erwirtschaftet wird und die erwarteten der Gegenleistung zugrunde liegenden Synergieeffekte nicht realisiert werden konnten.[371] Negative Hinweise finden sich in der Erfolgsrechung erst dann, wenn der ausgewiesene Gewinn unter denjenigen vor dem Zusammenschluss sinkt.

Darüber hinaus sind bei der Interessenzusammenführungsmethode aufgrund der einfachen Addition die in der Gewinnrücklage ausgewiesenen Gewinne der an dem Unternehmenszusammenschluss beteiligten Gesellschaften höher als bei der Erwerbsmethode, bei der der eine Nennkapitalerhöhung übersteigende Betrag in die Kapitalrücklage eingestellt wird. Knüpft die Ausschüttung an die in den Gewinnrücklagen ausgewiesenen erwirtschafteten Gewinne an, werden die Gläubiger durch die Erwerbsmethode umfassender als durch die Interessenzusammenführungsmethode geschützt.

Aufgrund der unterschiedlichen Auswirkungen der Erwerbsmethode und der Interessenzusammenführungsmethode auf das im Abschluss auszuweisende Eigen-

---

[368] Vgl. IFRS 3 BC36. Vgl. zur Auswirkung unterschiedlicher Bilanzierungsmethoden auf den Kaufpreis im Verhältnis zur Börsenkapitalisierung (bid premium) Robinson/Shane (1994), S. 25 ff.; Choi/Lee (1991), S. 219 ff.; Lee/Choi (1992), S. 220 ff.; American Accounting Association (2004), S. 62 m. w. N.

[369] Vgl. Rammert (1999), S. 627; Frank (1993), S. 137.

[370] Vgl. IFRS 3 BC41; FASB (1998), Par. 78 ff. Hinsichtlich der zu erwartenden Cashflows wird zudem in einer Bilanzierung des übernommenen Vermögens zum beizulegenden Zeitwert eine höhere Prognoseeignung zugeschrieben. Vgl. IFRS 3 BC37; FASB (1998), Par. 81.

kapital und den resultierenden Gewinn sowie die daran anknüpfenden Kennzahlen, wie Eigenkapitalrendite, Eigenkapitalquote oder Gewinn je Aktie, wurden häufig sachverhaltsgestaltende Maßnahmen (grooming transactions) vom Management ergriffen, um in den Anwendungsbereich der Interessenzusammenführungsmethode zu gelangen.[372] Dazu kann der Kauf oder Verkauf von Geschäftszweigen gehören, um zu einem bestimmten Größenverhältnis der beteiligten Gesellschaften zueinander zu gelangen.[373] Auch kann ein verbessertes Umtauschverhältnis angeboten werden, wenn dadurch eine bestimmte Einbringungsschwelle zur Anwendung der Interessenzusammenführungsmethode erreicht wird.[374]

Vor dem Hintergrund bilanzpolitisch motivierter Transaktionsstrukturierungen wurde mit IFRS 3 die Erwerbsmethode als geeignete und einzige Methode zur Bilanzierung von Unternehmenszusammenschlüssen vorgeschrieben und die noch nach IAS 22 zulässige Interessenzusammenführungsmethode abgeschafft. Dabei ließ sich der IASB zudem davon leiten, dass in nahezu allen Fällen ein Erwerber identifiziert werden kann, die Buchwertfortführung unter keinen Umständen bessere Informationen als die Erwerbsmethode liefert und bei ihr der Vollständigkeitsgrundsatz unzureichend beachtet werden würde sowie davon, dass ein Nebeneinander von

---

[371] Vgl. Krawitz/Klotzbach (2000), S. 1179.

[372] Vgl. FASB (1998), Par. 60 ff. Damit dient die Rechnungslegung nicht mehr der Abbildung eines Sachverhalts nach dem ökonomischen Gehalt, sondern sie dirigiert die Ausgestaltung einer Transaktion. Vgl. Lüdenbach/Hoffmann (2002), S. 1169. Vgl. zu den Kapitalmarktreaktionen auf unterschiedliche Bilanzierungsmethoden Davis (1990), S. 696 ff. Vgl. zu den Auswirkungen auf die Vermögens- und Ertragslage der Interessenzusammenführungsmethode und auf bedeutende Kennzahlen Niehus (1983), S. 439; Lachnit et al. (1999), S. 683 ff.; Pellens/Sellhorn (1999), S. 2126 ff.

[373] Dabei wurden erhebliche Aufwendungen die zu einer Minderung des Shareholder Value führen, bei den Gestaltungen billigend vom Management in Kauf genommen. Vgl. Hirschey/Richardson (2003), S. 76; Stanke (2003), S. 140 f.

[374] Ein bekanntes Beispiel hierfür ist der als Merger of Equals bezeichnete Zusammenschluss von Daimler und Chrysler. Dabei brachten zunächst die Aktionäre der Daimler-Benz AG und der Chrysler Corporation ihre Anteile in die DaimlerChrysler AG gegen Anteile aus einer Kapitalerhöhung ein. Anschließend wurden die Daimler-Benz AG und die Chrysler Corporation auf die DaimlerChrysler AG verschmolzen. Die Attraktivität zur Anwendung der Interessenzusammenführungsmethode für das Management kam von Daimler Benz bei der Übernahme von Chrysler dadurch zum Ausdruck, dass bei Überschreitung der Einbringung von 90 % der Daimler Benz-Aktien in die DaimlerChrysler AG ein verbessertes Umtauschangebot den Aktionären gewährt wurde. Durch die Anwendung der Interessenzusammenführungsmethode bei dem Zusammenschluss von Daimler und Chrysler konnte auf den Ausweis eines Goodwill in Höhe von 28 Mrd. Euro in der Konzernbilanz und ergebnisbelastende Auswirkungen in Folgeperioden vermieden werden. So wurde in den Abschlüssen durch Anwendung der Interessenzusammenführungsmethode keine Rechenschaft darüber abgelegt, ob die vom Management für 1999 vorhergesagte Synergieeffekte von 1,3 Mrd. Euro und ab 2001 von 3,3 Mrd. Euro eingetreten sind, auf Basis derer die Anteilseigner ihre Entscheidungen getroffen haben. Vgl. zur DaimlerChrysler-Transaktion Fleischmann (1998), S. 1884; Appel/Hein (1998), S. 194 f.; Lachnit et al. (1999), S. 677; Rammert (1999), S. 623; Pellens/Sellhorn (1999), S. 2131 f.; Fockenbrock, Dieter/Herz, Carsten (2007), S. 2.

verschiedenen Bilanzierungsmethoden mit dem Grundsatz der Vergleichbarkeit nicht vereinbar ist.[375]

4.1.4 Grundzüge der Fresh-Start-Methode

Nach der Fresh-Start-Methode entsteht aus den an einem Unternehmenszusammenschluss beteiligten Unternehmen ein neues Unternehmen, während die ursprünglichen Unternehmen untergehen. Da das neue Unternehmen als Erwerber gilt, wird in konsequenter Anwendung der Erwerbsmethode das gesamte Vermögen, einschließlich selbst geschaffener immaterieller Vermögenswerte und originärer Geschäfts- oder Firmenwerte, aller an einem Unternehmenszusammenschluss beteiligten Unternehmen zum Zeitwert angesetzt.[376]

Voraussetzung für die Anwendung der Fresh-Start-Methode ist, dass sich das neue Unternehmen wirtschaftlich hinreichend von den vorherigen Unternehmen unterscheidet, damit diese als nicht mehr existent betrachtet werden können. Die Unterscheidung kann beispielsweise durch die Hebung von bedeutenden Synergien, die Änderung der Geschäftstätigkeit, die Erschließung neuer geographischer Märkte oder eine verbesserte Wettbewerbsstellung gegeben sein.[377] Bei einer solchen Betrachtung in Bezug auf das ökonomische Unternehmen wird eine vollständige Neubewertung nach der Fresh-Start-Methode vorgenommen, unabhängig davon, ob tatsächlich im Rahmen der Umstrukturierung eine neue Gesellschaft gegründet wird oder ob eine bereits bestehende Gesellschaft als Trägerin eines neuen Unternehmens fungiert. Sie könnte daher prinzipiell sowohl bei einer Verschmelzung durch Neugründung als auch bei einer Verschmelzung durch Aufnahme angewandt werden.

Die Anwendung der Fresh-Start-Methode wird insbesondere für die Fälle diskutiert, in denen nach IAS 22 statt der Erwerbsmethode bei einem Anteilstausch die Interessenzusammenführungsmethode anzuwenden war.[378] Zwar ist der Auffassung des IASB zuzustimmen, dass bei genügend scharf abgegrenzten Kriterien stets, wenn auch mit Schwierigkeiten, ein Erwerber identifiziert werden kann.[379] Bei dem

---

[375] Vgl. IFRS 3 BC28, BC23 f., BC35, BC38 ff. Vgl. zu den Gründen auch FASB (1998), Par. 172 ff.
[376] Vgl. IFRS 3 BC55. Vgl. zur Fresh-Start-Methode FASB (1998), Par. 18 ff.; Mujkanovic (1999), S. 536 ff.; Pellens/Sellhorn (1999), S. 2125 ff.; Krawitz/Klotzbach (2000), S. 1164 ff.; Telkamp/Bruns (2000), S. 1164 ff.; Muff (2002), S. 18 ff.; Siegel (2004), S. 321 ff.; Smigic (2006), S. 191 ff.
[377] Vgl. FASB (1998), Par. 51 f. Vgl. zu weiteren Abgrenzungskriterien Dewhrist (1972), S. 35; Wyatt (1963), S. 57, 82, 85 und 107; Parker (1966), S. 154.
[378] Vgl. IFRS 3 BC35 und BC57.
[379] Vgl. IFRS 3 BC28 und BC35.

Zusammenschluss von gleichwertigen Unternehmen führt die Anwendung der Erwerbsmethode jedoch unter Aufdeckung der stillen Reserven nur bei einem der beteiligten Unternehmen zu verzerrten Abschlussinformationen.[380] Bei Anwendung der Erwerbsmethode kommt der ökonomische Charakter eines neuen, größeren und andersartigen Unternehmens nicht zum Ausdruck. Durch eine Neubewertung des vorhandenen Vermögens der übernehmenden Gesellschaft und der übertragenden Gesellschaft würde ein Nebeneinander der Bilanzierung zu beizulegenden Zeitwerten des Vermögens der übertragenden Gesellschaft und Fortführung der Buchwerte der übernehmenden Gesellschaft vermieden. Zudem würde dabei dem Vollständigkeitsgrundsatz umfänglich Rechnung getragen.

Eine laufende periodische vollständige Neubewertung unter Ansatz eines originären Goodwill wird aufgrund der bewertungsimmanenten Unsicherheiten und Ermessensspielräume mit Blick auf die Verlässlichkeit der Rechnungslegung und Kostenaspekten abgelehnt.[381] Bei einem Unternehmenszusammenschluss, der im Wege eines Anteilstauschs, z. B. im Wege der Verschmelzung durchgeführt wird, werden zur Festlegung der Umtauschverhältnisse notwendigerweise Unternehmenswerte ermittelt. Bei einer verpflichtenden Anwendung der Fresh-Start-Methode würde das Management lediglich dazu gezwungen, die für Zwecke einer realen Transaktion ermittelten Wertverhältnisse auch tatsächlich zum Zeitpunkt des Unternehmenszusammenschlusses in der Rechungslegung abzubilden. Ist bei einer Verschmelzung die Zustimmung unabhängiger Vertragspartner Voraussetzung, hat die Festlegung der damit verbundenen Gesellschafterrechte einen Markttest erfahren, durch den eine Objektivierung der beizulegenden Zeitwerte gegeben ist. Damit wird letztlich der Auffassung des IASB folgend der Prognosegehalt von künftigen Cashflows zu einem bestimmten Zeitpunkt gegenüber den anderen Methoden erhöht.[382]

Durch die Objektivierung der Unternehmenswerte anhand der festgelegten Umtauschverhältnisse bei einem Merger of Equals verlieren die historischen Wertansätze ihre Informationsrelevanz. Bei der Fresh-Start-Methode ist die Vergleichbarkeit mit Vorperioden zum Zwecke einer Trendanalyse auf der Basis der GuV allerdings eingeschränkt,[383] nicht aber unter Heranziehung der in der Kapitalflussrechnung ausgewiesenen Cashflows. Entsteht ein neues Unternehmen mit veränderter Risiko- und Chancenstruktur unter der Hebung von bedeutenden Synergien, tritt die inter-

---

[380] Vgl. FASB (1998), Par. 82 ff, 94 und 98.
[381] Vgl. Abschn. 3.2.1.
[382] Vgl. IFRS 3 BC25 und BC37 f.
[383] Vgl. FASB (1998), Par. 112.

temporale Vergleichbarkeit in den Hintergrund.[384] Daher kann nach dieser Sichtweise das Anschaffungswertprinzip, der Stetigkeitsgrundsatz und die Bilanzkontinuität hinsichtlich der Vermögenswerte und Schulden der übernehmenden Gesellschaft durchbrochen werden.

Da bei der Fresh-Start-Methode der vollständige Unternehmenswert der zusammengeschlossenen Einheit unter Ausweis eines Goodwill bilanziert wird, hat dies eine disziplinierende Wirkung für die Ermittlung zu hoher Unternehmenswerte zur Festlegung der Umtauschverhältnisse. Rechenschaft darüber, ob der Unternehmenszusammenschluss erfolgreich war, wird dadurch abgelegt, dass Gewinne erst dann ausgewiesen werden, wenn die Abschreibungen auf die Bilanzansätze unter Aufdeckung sämtlicher stiller Reserven durch die erzielten Erträge übertroffen werden. Die disziplinierende Wirkung ist bei der Erwerbsmethode geringer, da das übernehmende Unternehmen den eigenen originären Goodwill nicht aufdecken muss. Während die GuV als Instrument der Erfolgsquellenanalyse und zur Rechenschaftsablegung vergangener Ereignisse genutzt werden kann (confirmatory value), erlangen die in der Kapitalflussrechung ausgewiesenen Cashflows und darauf aufbauende Kennzahlen für künftige Entscheidungen (predictive value) eine höhere Bedeutung. Dazu ist ein verändertes Kommunikationsverhalten der Unternehmen und Analysten sowie eine Aufwertung der Kapitalflussrechnung in den IFRS erforderlich.[385]

Gegen eine Neubewertung des gesamten Vermögens des Erwerbers anlässlich eines Unternehmenszusammenschlusses könnte sprechen, dass ein Zusammenschluss mit unbedeutenden Gesellschaften zu beliebigen Zeitpunkten herbeigeführt werden kann, um außerhalb der Bilanzierungsstetigkeit beim Erwerber stille Reserven zu heben und einen originären Goodwill auszuweisen.[386] Dieses Problem ist jedoch bei einer Anknüpfung an die Voraussetzungen des IAS 22 für die Interessenzusammenführungsmethode zur Anwendung der Fresh-Start-Methode ausgeschlossen, da sich Mergers of Equals nicht ohne Weiteres jederzeit herbeiführen

---

[384] Vgl. zur beschränkten Extrapolationseignung vergangener Erträge und Aufwendungen im Allgemeinen Moxter (2000), S. 2147. Vgl. zu Schwierigkeiten bei der Kennzahlenanalyse Baetge/Maresch/Schulz (2008), 417 ff.

[385] So wird z. B. zwar die Angabe des Ergebnisses je Aktie, nicht aber eines Cashflows aus operativer Tätigkeit je Aktie in den IFRS verlangt.

[386] Die Aufdeckung von stillen Reserven ist zwar durch Anwendung der Neubewertungsmethode nach IAS 16.31 und nach IAS 38.75 bei bestimmten Vermögenswerten zulässig, jedoch ist z. B. die Bilanzierung eines Auftragsbestands oder günstiger schwebender Dauerschuldverhältnisses (Mietverträge) zum beizulegenden Zeitwert, der Ansatz eigener Entwicklungsprojekte, die die Ansatzkriterien des IAS 38.57 nicht erfüllen, oder der Ansatz eines originären Goodwill gem. IAS 38.48 nicht erlaubt. Zudem handelt es sich bei der Neubewertungsmethode um eine Methode, die stetig anzuwenden ist (IAS 8.13, IAS 16.31 Satz 2, IAS 38.75 Satz 3).

lassen. Eine weitere Hürde kann zudem ggf.eine notwendige Zustimmung der Gesellschafter zu einem solchen Zusammenschluss sein.[387] Weitere Anwendungsvoraussetzungen können zur Vermeidung von grooming transactions, z. B. durch die Einhaltung bestimmter Größenkriterien für eine bestimmte Zeit vor dem Vertragsabschluss, vorgesehen werden.

Festzuhalten bleibt, dass der Auffassung des IASB folgend die Bilanzierung aller übernommenen Vermögenswerte und Schulden zu beizulegenden Zeitwerten unter Einschluss eines Goodwill bei Unternehmenszusammenschlüssen die entscheidungsnützlicheren Informationen als eine Bilanzierung der fortgeführten Buchwerte liefert.[388] Daher ist die Abschaffung der Interessenzusammenführungsmethode mit Inkrafttreten des IFRS 3 die entsprechende Konsequenz. Bei einem Merger of Equals und der damit verbundenen Schaffung eines neuen Unternehmens bildet die Fresh-Start-Methode die Investition der Anteilseigner in dieses neue Unternehmen entscheidungsrelevanter ab als die Erwerbsmethode.[389] Deshalb sollte die Anwendung der Fresh-Start-Methode für Merger of Equals, z. B. mittels einer Verschmelzung durch Aufnahme, in den IFRS künftig angestrebt werden. Eine formalrechtliche Begrenzung der Fresh-Start-Methode auf die Verschmelzung durch Neugründung würde zu einer Verletzung des Grundsatzes der Vergleichbarkeit führen, da ein Merger of Equals durch Aufnahme bilanziell anders dargestellt wird als durch Neugründung.

Eine Erweiterung des Anwendungsbereichs der Fresh-Start-Methode neben einem Merger of Equals generell auf Verschmelzungen durch Neugründungen, die von der Zustimmung der Gesellschafter abhängig sind, ist wie noch gezeigt wird, konsistent mit den Grundsätzen zur Bilanzierung von Sacheinlagen nach IFRS 2, wenn der übernehmende Rechtsträger als Erwerber angesehen wird.[390] Eine Verletzung des Anschaffungswertprinzips durch die Fresh-Start-Methode wäre dabei nicht gegeben, da die Methode als eine Umsetzung der Erwerbsmethode angesehen werden kann. Eine Verschmelzung durch Neugründung ist zudem eine bewusste gesellschaftsrechtliche Strukturierung unter der Zustimmung der Gesellschafter, die eine entsprechende vollständige Neubewertung des übernommenen Vermögens als Bilanzierungskonsequenz nach sich ziehen kann. Ist die Anwendung der Fresh-Start-

---

[387] Vgl. Krawitz/Klotzbach (2000), S. 1179 f.
[388] Vgl. IFRS 3 BC25, BC37 f.
[389] Vgl. zur Kritik an der Nichtaufnahme der Fresh-Start-Methode in IFRS 3 DO 5 f. i. d. F. 2004.
[390] Vgl. zu den Grundsätzen der Bilanzierung von Sacheinlagen Abschn. 5.3.2. Vgl. zur Ausrichtung der Bilanzierung de lege ferenda an den rechtlichen Erwerber Abschn. 4.3.

Methode außerhalb eines Merger of Equals nicht erwünscht, kann eine Verschmelzung durch Aufnahme unter Anwendung der Erwerbsmethode gewählt werden. Die Anwendung der Fresh-Start-Methode nur bei einer Verschmelzung durch Neugründung verletzt zwar den Grundsatz der Vergleichbarkeit von wirtschaftlich vergleichbaren Unternehmenszusammenschlüssen mit einer anderen rechtlichen Transaktionsstruktur, dies kann jedoch mit dem Einblicksgebot des IAS 1.15 in die Kapitalstruktur begründet werden. Das ist möglich, wenn z. B. durch die Fortführung der Buchwerte einer untergehenden Gesellschaft eine bilanzielle Unterpari-Emission bei der neu gegründeten Gesellschaft entsteht. Im Gegensatz zur internationalen Rechnungslegung besteht bei einer Verschmelzung durch Neugründung gem. § 24 UmwG im vorsichtsgeprägten HGB-Einzelabschluss bereits derzeit die Möglichkeit, die Fresh-Start-Methode uneingeschränkt anzuwenden.[391]

4.2 Bilanzierung von Verschmelzungen im Einzelnen nach IFRS 3 im Einzel- und Konzernabschluss

4.2.1 Anwendungsvoraussetzungen des IFRS 3

In IFRS 3 (Unternehmenszusammenschlüsse) wird für die Abbildung von Unternehmenszusammenschlüssen grundsätzlich die Erwerbsmethode vorgeschrieben.[392] Ausgenommen von der Anwendung des IFRS 3 sind Unternehmenszusammenschlüsse, die zur Entstehung eines Gemeinschaftsunternehmens führen oder die unter gemeinsamer Beherrschung (common control) stattfinden.[393] Eine Begrenzung des Anwendungsbereichs auf Konzernabschlüsse ist dem IFRS 3 nicht zu entnehmen. Allerdings kann IFRS 3 im Einzelabschluss keine Anwendung für die Abbildung eines Unternehmenszusammenschlusses durch einen Share Deal finden. Denn gem. IAS 27.38 werden im Einzelabschluss nur die Anteile eines Tochterunternehmens und nicht die dahinter stehenden Vermögenswerte und Schulden bilanziert.

Ein Unternehmenszusammenschluss entsprechend der Definition des IFRS 3 liegt vor, wenn ein Unternehmen im Rahmen einer Transaktion die Beherrschung über

---

[391] Vgl. zu den Überlegungen des IASB zur Einführung der Fresh-Start-Methode IFRS 3 BC35, BC56 f.
[392] Vgl. IFRS 3.2 Satz 1 i. V. m. IFRS 3.4.
[393] Vgl. IFRS 3.2 Buchst. a und b. Vgl. zur Definition von Gemeinschaftsunternehmen IAS 31.3. In Bezug auf Gemeinschaftsunternehmen wäre bei Abstellung auf das Kriterium der Erlangung der Beherrschung ein expliziter Verweis auf den Ausschluss von deren Gründung aus dem Anwendungsbereich des IFRS 3 nicht notwendig. Vgl. Schwedler (2008) S. 130 ff. sowie die unklaren Erläuterungen in IFRS 3 BC11 und BC59 ff. im Hinblick auf IFRS 3.2 Buchst. a.

mindestens einen Geschäftsbetrieb erlangt.[394] Als Geschäftsbetrieb gilt nach IFRS 3 eine Kombination von Aktivitäten und Vermögenswerten, die geeignet ist, durch deren Management ökonomische Vorteile, wie z. B. Dividenden oder Kostensenkungen, zu erzielen.[395]

Die Erwerbsmethode des IFRS 3 findet daher bei Verschmelzungen nur dann Anwendung, wenn ein solcher Geschäftsbetrieb übertragen wird. Werden bei einer Verschmelzung nach dem UmwG kein Geschäftsbetrieb, sondern nur einzelne Vermögenswerte und Schulden übertragen, sind die Anschaffungskosten auf die erworbenen Vermögenswerte und Schulden im Verhältnis ihrer beizulegenden Zeitwerte zu verteilen.[396] Dies ist z. B. erforderlich, wenn ein verschmolzener untergehender Rechtsträger lediglich Eigentümer unbebauter Grundstücke ist. Ein Goodwill entsteht bei einer solchen Transaktion nicht.[397] Im Folgenden wird unterstellt, dass bei den Verschmelzungen Geschäftsbetriebe übertragen werden und zunächst davon ausgegangen, dass der übernehmende Rechtsträger zugleich als Erwerber gem. IFRS 3 zu identifizieren ist.[398]

4.2.2 Bestimmung des Erwerbszeitpunkts

Nach IFRS 3.8 gilt als Erwerbszeitpunkt der Zeitpunkt, zu dem der Erwerber die Beherrschung über das erworbene Unternehmen erlangt. Ab dem Erwerbszeitpunkt werden die im Rahmen eines Unternehmenszusammenschlusses erworbenen Vermögenswerte in der Bilanz angesetzt und die Aufwendungen und Erträge des erworbenen Geschäftsbetriebs in der GuV sowie die Zahlungsmittelzuflüsse und -abflüsse in der Kapitalflussrechnung erfasst.[399] Die Bewertung der anzusetzenden Vermögenswerte und Schulden sowie der gewährten Gegenleistung zur Ermittlung des Goodwill erfolgt ebenfalls auf den Erwerbszeitpunkt.[400]

Als Erwerbszeitpunkt gilt üblicherweise der Zeitpunkt, zu dem der Erwerber rechtlich die Gegenleistung erbringt, die Vermögenswerte erwirbt und die Schulden übernimmt (closing date).[401] Die Beherrschung kann aber auch in Abhängigkeit von den

---

[394] Vgl. IFRS 3 Anhang A und Anhang B5 f.
[395] Vgl. IFRS 3 Anhang A und Anhang B7 ff. Vgl. zu Gemeinsamkeiten und Unterschieden zum steuerlichen Teilbetriebsbegriffs im Sinne der Fusionsrichtlinie Blumers (2008), S. 2041 ff.
[396] Vgl. IFRS 3.3, IFRS 3.2 b) und IFRS 3.4 Satz 2.
[397] Vgl. IFRS 3.2 Buchst. b Satz 4.
[398] Vgl. zur Identifizierung des Erwerbers Abschn. 4.3.1.
[399] Vgl. IFRS 3.10, IFRS 3.15, IAS 27.26.
[400] Vgl. IFRS 3.18 und IFRS 3.32.
[401] Vgl. IFRS 3.9 Satz 1. Die amtliche Übersetzung des Begriffs „closing date" mit „Tag des Abschlusses" erscheint im deutschen Sprachgebrauch irreführend, da damit der Tag der

getroffenen Vereinbarungen zu einem früheren oder späteren Zeitpunkt erlangt werden.[402] Dabei sind die Gesamtumstände des Einzelfalles zu berücksichtigen.[403] Bei einer Verschmelzung sind für die Bestimmung des Erwerbszeitpunkts die Zeitpunkte des Abschlusses des Verschmelzungsvertrags und der darin vereinbarte Verschmelzungsstichtag sowie die weiteren Vereinbarungen zum Geschäftsfortgang bei schwebenden Verschmelzungen von Bedeutung. Zudem sind aufschiebende oder auflösende Bedingungen, wie die Zustimmung der Gesellschafter und der Behörden, z. B. des Kartellamts, und die Eintragung in das Handelsregister zu würdigen.

Bei der Bestimmung des Erwerbszeitpunkts ist zu berücksichtigen, dass die Definition von Beherrschung das Element der Bestimmung der Finanz- und Geschäftspolitik und das Element der Nutzenziehung umfasst.[404] So kann bei einer Verschmelzung der Erwerbszeitpunkt nicht vor dem Verschmelzungsstichtag liegen, da erst ab diesem Zeitpunkt die Handlungen der übertragenden Rechtsträger als für Rechnung des übernehmenden Rechtsträgers vorgenommen gelten und somit erst die Möglichkeit der Nutzenziehung als Definitionsbestandteil von Beherrschung erfüllt ist.

Zudem kann der Erwerbszeitpunkt bei einer Verschmelzung frühestens auf den Zeitpunkt des Vertragsabschlusses fallen, der dem Verschmelzungsstichtag zeitlich vor oder nachgelagert sein kann.[405] Denn der Verschmelzungsstichtag kann zwar zwischen den beteiligten Gesellschaften rückwirkend vereinbart werden, nicht jedoch die Kontrollerlangung zur Bestimmung der Finanz- und Geschäftspolitik. Dies stellt eine zeitpunktbezogene Tatsachenfrage dar.[406]

Bei einer Verschmelzung sind ferner zur Erlangung der Beherrschung die dazugehörigen Verschmelzungs- und Zustimmungsbeschlüsse der Gesellschafter erforder-

---

vertraglichen Vereinbarung verstanden werden kann und nicht der Tag, an dem die Leistungen Zug um Zug ausgetauscht werden.

[402] Vgl. IFRS 3.9 Satz 2.

[403] IFRS 3.39 i. d. F. 2004 enthielt noch den klarstellenden Hinweis, dass eine rechtliche Transaktion nicht abgeschlossen sein muss, bevor die Beherrschung vom Erwerber erlangt wird. Abgeschlossen ist rechtlich eine Verschmelzung erst mit der Eintragung in das Handelsregister. Vgl. Abschn. 2.2.1.2.

[404] Vgl. zur Definition von „Beherrschung" IFRS 3 Anhang A. Der Erwerbszeitpunkt kann auch als der Zeitpunkt des Übergangs des wirtschaftlichen Eigentums von dem übertragenden auf den übernehmenden Rechtsträger bezeichnet werden. Vgl. in Bezug auf die HGB-Rechnungslegung Tischer (1996), S. 745 ff. Vgl. zu den zu erfüllenden Kriterien als Voraussetzung für einen wirtschaftlichen Übergang bei Verschmelzungen IDW (1997), HFA 2/1997 Abschn. 21.

[405] Vgl. zum Verschmelzungsstichtag Abschn. 2.2.1.2.

[406] Vgl. Köster/Mißler (2008), IFRS 3 Rn. 205; Kallmeyer (2006), § 17 UmwG Rn. 21.

lich.[407] Nur im Ausnahmefall kann der Zustimmungsbeschluss zur Bestimmung des Erwerbszeitpunkts an Bedeutung verlieren.[408]

Werden bei der Verschmelzung behördliche Genehmigungen benötigt, ist bei der Bestimmung des Erwerbszeitpunkts zu unterscheiden, ob die Genehmigung lediglich eine Formalität darstellt und eine auflagenfreie Genehmigung zu erwarten ist oder ob ein behördliches Prüfverfahren ansteht.[409] Nur wenn im ersteren Fall mit an Sicherheit grenzender Wahrscheinlichkeit erwartet werden kann, dass die auflagenfreie Behördengenehmigung erteilt wird, ist diese Restriktion bei der Bestimmung des Erwerbszeitpunkts vernachlässigbar. Beherrschung liegt i. d. R. damit nicht vor, solange kartellrechtliche Genehmigungen ausstehen.[410]

Eine ausstehende Handelsregistereintragung der Verschmelzung ist für die Erlangung der Beherrschung nicht von Bedeutung, wenn sie nur noch eine Formalie darstellt und mit an Sicherheit grenzender Wahrscheinlichkeit von einer Eintragung in absehbarer Zeit ausgegangen werden kann. Bestehen hingegen Zweifel an der Eintragung, z. B. aufgrund einer eventuellen fehlenden Deckung des gezeichneten Kapitals, ist die Beherrschung noch nicht erlangt.

Bei der Würdigung der Gesamtumstände zur Bestimmung des Erwerbszeitpunkts sind auch die im Verschmelzungsvertrag vereinbarten konkreten Regelungen zwischen den beteiligten Gesellschaften für den Zeitraum zwischen Vertragsabschluss und Handelsregistereintragung hinsichtlich der Besetzung der Organe, der Zustimmungsvorbehalte und der Weisungsbefugnisse der übernehmenden Gesellschaft zu berücksichtigen. Üblicherweise wird für diesen Zeitraum der schwebenden Verschmelzung vereinbart, dass die übertragende Gesellschaft für Verfügungen außerhalb des gewöhnlichen ordnungsgemäßen Geschäftsganges, die Zustimmung der übernehmenden Gesellschaft einholen muss. Dies können z. B. neue strategische Entscheidungen hinsichtlich der Investitions-, Devestitions- oder Personalpolitik sein. Dadurch sichert die übernehmende Gesellschaft wesentliche Vermögensbestandteile bis zur Beendigung des Schwebezustands. Allein durch eine solche Vereinbarung ist die Erlangung der Beherrschung, z. B. die Möglichkeit zur

---

[407] Vgl. zu Einzelheiten Abschn. 2.2.1.2.
[408] Vgl. Andrejewski/Kühn (2005), S. 227. Als Beispiel könnte an eine Identität zwischen handelnden Personen bei Vertragsunterzeichnung und den Gesellschaftern gedacht werden, bei dem die Zustimmung lediglich einen formalen Akt darstellt und dieser mit an Sicherheit grenzender Wahrscheinlichkeit aufgrund der vertraglichen Bindung in absehbarer Zeit erfolgt. Vgl. Köster/Mißler (2008), IFRS 3 Rn. 207.
[409] Vgl. zu kartellrechtlichen Genehmigungen Lutter/Drygala (2009), § 2 Rn. 15 ff., § 5 Rn. 98; Köster/Mißler (2008), IFRS 3 Rn. 207; Andrejewski/Kühn (2005), S. 227 f.
[410] Vgl. Baetge/Hayn/Ströher (2009), IFRS 3 Rn. 124.

Bestellung von Organen und zur Neuausrichtung der Geschäftspolitik zur Hebung von Synergien, nicht verbunden.[411]

4.2.3 Bilanzierung des erworbenen Vermögens

Zum Erwerbszeitpunkt hat der Erwerber die erworbenen identifizierbaren Vermögenswerte und übernommenen Schulden erstmalig anzusetzen und zum beizulegenden Zeitwert zu bewerten.[412] Dabei sind grundsätzlich die Vermögenswerte und Schulden anzusetzen, die die Definitionen des Rahmenkonzepts zum Erwerbszeitpunkt erfüllen.[413]

Bei der Übernahmebilanzierung werden nicht nur Vermögenswerte und Schulden angesetzt, die bereits bei der übertragenden Gesellschaft bilanziert wurden. So werden z. B. auch die von der übertragenden Gesellschaft selbst geschaffenen immateriellen Vermögenswerte beim Erwerber angesetzt, wenn sie identifizierbar sind.[414] Identifizierbarkeit gilt als gegeben, wenn ein immaterieller Vermögenswert separierbar ist, d. h., wenn er einzeln veräußert oder verwertet werden kann oder durch ein vertragliches oder sonstiges Recht entsteht.[415] Beispiele für identifizierbare Vermögenswerte, die beim erworbenen Unternehmen zuvor nicht bilanziert wurden, aber bei der Übernahmebilanzierung zu berücksichtigen sind, können z. B. selbst geschaffene Patente, Marken und Kundenbeziehungen sowie ein Auftragsbestand sein.[416] Mangels eines Verweises in IFRS 3 auf IAS 38.51 für selbst geschaffene immaterielle Vermögenswerte des erworbenen Unternehmens, müssen die dort genannten weiteren Ansatzkriterien nicht erfüllt sein.[417] Die geringeren Ansatzvoraussetzungen können damit begründet werden, dass es sich aus Sicht der über-

---

[411] Vgl. Küting/Wirth (2004), S. 169. Im Steuerrecht wird nach § 39 AO zur klaren Grenzziehung dem rechtlichen Eigentümer ein Wirtschaftsgut solange zugerechnet, wie er einen nicht bedeutungslosen Einfluss auf dieses hat. Zur Zurechnung eines Wirtschaftsguts auf einen vom rechtlichen Eigentümer abweichenden wirtschaftlichen Eigentümer ist hingegen eine ausschließliche und bis auf Weiteres dauerhafte Herrschaftsmacht Voraussetzung. Vgl. Mayer (2009), S. 677. Bei Treuhandverhältnissen sind gem. § 39 Abs. 2 AO Nr. 1 Satz 2 die Wirtschaftgüter dem Treugeber zuzurechnen.

[412] Vgl. IFRS 3.10, IFRS 3.18, IFRS 3 Anhang B46 ff. Vgl. zum Ansatz des Vermögens nach IFRS 3 i. d. F. 2004 Heidemann (2005), S. 57 ff.

[413] Vgl. IFRS 3.11. Vgl. zur Definition von Vermögenswerten und Schulden RK.53 ff.

[414] Vgl. IFRS 3.13.

[415] Vgl. IFRS 3 Anhang A und Anhang B31 ff.

[416] Vgl. IFRS 3.13, Anhang B32 ff, IE16 ff. Vgl. zu Rechten an Marken und Patenten Ensthaler (2009), S. 115 ff. und S. 319 ff. Vgl. zur Begriffsbestimmung von Patenten zudem Ensthaler/Strübbe (2006), S. 29 ff.

[417] Vgl. zur Annahme, dass die Ansatzkriterien des IAS 38.21 der Wahrscheinlichkeit des künftigen Nutzenzuflusses und der verlässlichen Bewertbarkeit bei einem Unternehmenserwerb erfüllt sind IAS 38.33.

nehmenden Gesellschaft um entgeltlich erworbene Vermögenswerte handelt. Dadurch sollen bei einem Unternehmenszusammenschluss möglichst viele immaterielle Vermögenswerte separat vom Goodwill ausgewiesen und damit der Einblick in die Vermögenslage erweitert werden.[418] Unsicherheiten hinsichtlich künftiger Zahlungsströme fließen ausschließlich in die Bewertung ein und lassen damit den Ansatz unberührt.[419]

Der Grundsatz zur Bilanzierung des übernommenen Vermögens zum beizulegenden Zeitwert gilt auch dann, wenn die übernehmende Gesellschaft einen übernommenen Vermögenswert, z. B. eine Marke oder ein begonnenes Entwicklungsprojekt, nicht nutzen oder fortführen will. Gleiches gilt, wenn ein Vermögenswert in einer Weise verwendet wird, die von dem Gebrauch anderer Marktteilnehmer abweicht.[420]

Zu bilanzieren sind ebenfalls im Vergleich zu aktuellen Marktkonditionen günstige oder ungünstige übernommene Verträge des erworbenen Unternehmens.[421] Belastende Verträge, d. h. Verträge, bei denen die unvermeidbaren Kosten die erwarteten Erlöse übersteigen, sind ebenfalls zum beizulegenden Zeitwert als Schuld anzusetzen.[422]

Kosten einer geplanten Restrukturierungsmaßnahme nach einem Unternehmenszusammenschluss, für die keine Verpflichtung des erworbenen Unternehmens zum Erwerbszeitpunkt besteht, erfüllen nicht die Ansatzkriterien für eine Rückstellung im Rahmen der Kaufpreisallokation.[423] Vielmehr sind für beabsichtigte Restrukturierungen Rückstellungen erst dann aufwandswirksam zu bilden, wenn die Ansatzkriterien des IAS 37.70 ff. erfüllt sind.

Von diesen Bilanzierungsprinzipien und den Bilanzierungsanforderungen anderer Standards enthält IFRS 3 Ausnahmen. So sind nach IAS 37 Eventualverbindlichkei-

---

[418] Vgl. IFRS 3 BC157 ff. Vgl. zur wachsenden Bedeutung von immateriellen Vermögenswerten für wirtschaftliche Entscheidungen ausführlich Kasperzak/Nestler (2010), S. 21 ff.; Kasperzak (2004), S. 307 ff. Vgl. zur Diskussion über die Aktivierbarkeit von exemplarischen immateriellen Vermögenswerten Kasperzak (2003), S. 118 ff.

[419] Vgl. IAS 38.35. Vgl. zur Bewertung von immateriellen Vermögenswerten Kasperzak/Nestler (2010), S. 47 ff.

[420] Vgl. IFRS 3 Anhang B43.

[421] Vgl. IFRS 3 IE34 und zu günstigen Arbeitsverträgen IFRS 3 IE37. Der Vorteil oder Nachteil bei einem Operating-Leasingverhältnis, bei dem das erworbene Unternehmen Leasingnehmer ist, ist als entsprechender Vermögenswert oder Schuld zu bilanzieren. Bei Operating-Leasingverträgen, bei denen das erworbene Unternehmen der Leasinggeber ist, kommt es jedoch gem. IFRS 3 Anhang B42 nicht zu einem gesonderten Ansatz eines separaten Vermögenswerts oder einer Schuld aufgrund des Marktvergleichs. In diesem Fall fließen Abweichungen von aktuellen Marktkonditionen in den beizulegenden Zeitwert des anzusetzenden Leasinggegenstands ein.

[422] Vgl. IFRS 3 Anhang B52, IAS 37.66 ff.

[423] Vgl. IFRS 3.11 Satz 2 ff. Vgl. zu möglichen Restrukturierungsmaßnahmen Krystek (2007), S. 209 ff.

ten, die gegenwärtige Verpflichtungen sind und auf vergangenen Ereignissen beruhen, nicht anzusetzen, wenn der Abfluss der Ressourcen nicht wahrscheinlich ist.[424] Nach IFRS 3 sind jedoch diese Eventualverbindlichkeiten zu bilanzieren, wenn sie verlässlich bewertet werden können.[425] Bei dem Ansatz zum Erwerbszeitpunkt fließt die Wahrscheinlichkeit des Mittelabflusses in die Bewertung ein.[426] Die in IFRS 3.22 Buchst. a definierten Eventualschulden, die mögliche Verpflichtungen sind, die aus vergangenen Ereignissen resultieren und deren Existenz durch das Eintreten oder Nichteintreten von künftigen Ereignissen erst noch bestätigt werden müssen, die nicht unter der Kontrolle des Unternehmens stehen, werden hingegen nicht bei der Übernahmebilanzierung nach IFRS 3 angesetzt. Ebenso erfüllen Eventualforderungen, als mögliche Vermögenswerte, nicht die Ansatzkriterien des Rahmenkonzepts und sind daher nicht bei der Übernahmebilanzierung anzusetzen.[427]

Abweichend von den allgemeinen Ansatzgrundsätzen und dem Grundsatz der Bewertung zum beizulegenden Zeitwert erfolgt die Bilanzierung der Schulden aus Leistungen an Arbeitnehmer nach IAS 19.[428] Ausnahmen gelten auch für Ansprüche aus Freistellungserklärungen, die der Veräußerer (Gesellschafter der untergehenden Gesellschaft) gegenüber dem Erwerber (übernehmende Gesellschaft) z. B. für Steuernachzahlungen oder Prozessrisiken abgegeben hat. Sie sind zum gleichen Zeitpunkt und in gleicher Höhe wie die zugrunde liegenden zu passivierenden Verpflichtungen zu bilanzieren. Ausfallrisiken hinsichtlich der Gesellschafter sind jedoch zusätzlich bei der Bewertung zu berücksichtigen.[429]

Aktienbasierte Vergütungssysteme werden im Erwerbszeitpunkt nach den in IFRS 2 enthaltenen Methoden bewertet.[430] Die zur Veräußerung gehaltenen Vermögenswerte, die in den Anwendungsbereich des IFRS 5 fallen, sind zum beizulegenden Zeitwert abzüglich der Veräußerungskosten zu bewerten.[431]

Rechte, z. B. Lizenzen zur Nutzung von Technologien, die vor dem Zusammenschluss von dem Erwerber dem erworbenen Unternehmen gewährt wurden und nun im Rahmen des Zusammenschlusses zurückerworben werden, sind auf Basis der vertraglichen Restlaufzeit zum beizulegenden Zeitwert als immaterieller Vermögens-

---

[424] Vgl. IFRS 3.22 Buchst. b.
[425] Vgl. IFRS 3.23, BC222 ff., BC265 ff. Vgl. zur Folgebilanzierung von Eventualschulden IFRS 3.56.
[426] Vgl. zur Überarbeitung des derzeitigen IAS 37 IASB (2010), ED/2010/1 S. 9 ff.
[427] Vgl. IFRS 3 BC276 und zur Definition von Eventualforderungen IAS 37.10.
[428] Vgl. IFRS 3.26, BC296 ff.
[429] Vgl. IFRS 3.27 f. Vgl. zur Folgebilanzierung IFRS 3.57.
[430] Vgl. IFRS 3.30.
[431] Vgl. IFRS 3.31.

wert in der Übernahmebilanz anzusetzen.[432] Ist eine solche Vereinbarung im Vergleich zu den aktuellen Marktkonditionen im Erwerbszeitpunkt vorteilhaft oder nachteilig, ist beim Erwerber ein Gewinn oder Verlust zu erfassen.[433] Die im Rahmen eines Unternehmenszusammenschlusses erworbenen Finanzinstrumente hat der Erwerber für Zwecke der Folgebilanzierung entsprechend ihrer Eigenschaften und den Absichten und Bilanzierungsmethoden des Erwerbers zum Erwerbszeitpunkt neu zu klassifizieren und zu designieren.[434] Die bei dem erworbenen Unternehmen zu Beginn eines Vertragsverhältnisses vorgenommene Klassifizierung von Leasingverträgen im Anwendungsbereich des IAS 17 und von Versicherungsverträgen nach IFRS 4 bleibt bei der Übernahmebilanzierung jedoch unverändert, sofern die Vertragsbedingungen nicht im Zuge des Zusammenschlusses in einer Weise geändert werden, die zu einer Änderung der Klassifikation der Verträge führt.[435]

Die Bilanzierung der latenten Steuern richtet sich nach IAS 12.[436] In Höhe der temporären Differenzen zwischen den im Rahmen eines Unternehmenszusammenschlusses erworbenen und bilanzierten Vermögenswerten und Schulden einerseits und den dazugehörigen Steuerwerten andererseits sind latente Steuern erfolgsneutral zu erfassen.[437] Solche Differenzen können bei einer Verschmelzung zweier Kapitalgesellschaften z. B. daraus resultieren, dass die übertragende Kapitalgesellschaft in ihrer steuerlichen Schlussbilanz für die übergehenden Wirtschaftsgüter, einschließlich nicht entgeltlich erworbener oder selbst geschaffener Wirtschaftsgüter, nicht mit dem gemeinen Werten ansetzt, sondern die Buchwerte fortführt, an die die übernehmende Kapitalgesellschaft zwingend gebunden ist.[438] Auf eine Differenz zwischen dem Geschäfts- und Firmenwert nach IFRS und nach Steuerrecht sind beim erstmaligen Ansatz jedoch keine latenten Steuern anzu-

---

[432] Vgl. IFRS 3 Anhang B35. Dies gilt gem. IFRS 3.29 unabhängig davon, ob Marktteilnehmer bei der Bestimmung des beizulegenden Zeitwerts eine mögliche Vertragsverlängerung berücksichtigen würden. Vgl. auch IFRS 3 BC308 ff. Vgl. zur Folgebilanzierung IFRS 3.55.
[433] Vgl. IFRS 3 Anhang B36 und B52.
[434] Vgl. IFRS 3.15 f.
[435] Vgl. IFRS 3.17. Vgl. zur Begründung IFRS 3 BC185 ff.
[436] Vgl. IFRS 3.24 f. Vgl. ausführlich zur Bilanzierung latenter Steuern v. Eitzen/Dahlke (2008), S. 46 ff.
[437] Vgl. IAS 12.18 ff.; IAS 12.58 Buchst. b. Vgl. zur Berücksichtigung des Tax Amortisation Benefit bei der Fair-Value-Ermittlung immaterieller Vermögenswerte nach IFRS 3 Kasperzak/Nestler (2007), S. 473 ff.
[438] Vgl. §§ 11 und 12 Abs. 1 UmwStG. Das steuerliche Wahlrecht zwischen Buchwertfortführung und Ansatz mit den gemeinen Werten liegt nicht bei der übernehmenden, sondern bei der übertragenden Gesellschaft. Der gemeine Wert wird gem. § 9 Abs. 2 BewG durch den Preis bestimmt, der im gewöhnlichen Geschäftsverkehr zu erzielen wäre. Vgl. zum steuerlichen Teilwertbegriff Franke (2009), S. 74 ff.

setzen.[439] Bei einem Unternehmenszusammenschluss kann auch die Aktivierung von latenten Steuern aus steuerlichen Verlustvorträgen des erworbenen Unternehmens zum Erwerbszeitpunkt geboten sein.[440]

Für eine verlässliche Identifizierung und Bewertung des erworbenen Vermögens, der Wertermittlung der zu gewährenden Gegenleistung und des Goodwill steht oftmals in der Berichtsperiode des Erwerbs keine ausreichende Zeit zur Verfügung. Deshalb wird der bilanzierenden Gesellschaft ein Zeitraum gewährt, in der die vorläufige Bilanzierung rückwirkend anzupassen ist, um die neuen Informationen über die zum Erwerbszeitpunkt bereits bestehenden Tatsachen und Umstände zu berücksichtigen. Die Bewertungsanpassungsperiode endet, sobald die erwerbende Gesellschaft die benötigten Informationen erlangt hat, spätestens jedoch in einem Jahr nach dem Erwerbszeitpunkt.[441] Bei einer solchen vorläufigen Bilanzierung eines Unternehmenszusammenschlusses sind die Gründe und die einzelnen betroffenen Posten im Anhang zu erläutern.[442]

4.2.4 Bilanzierung von Unterschiedsbeträgen

4.2.4.1 Grundzüge der Berechnung eines positiven Unterschiedsbetrags

Bei Unternehmenszusammenschlüssen wird nach IFRS 3.32 der Geschäfts- oder Firmenwert (Goodwill) als positiver Unterschiedsbetrag aus der Differenz zwischen dem beizulegenden Zeitwert der gewährten Gegenleistung und dem im Einklang mit IFRS 3 bilanzierten erworbenen Vermögen ermittelt.[443]

Sind nach einem Unternehmenszusammenschluss weiterhin Minderheitsgesellschafter an dem übernommenen Unternehmen beteiligt, ist für den Konzernabschluss zur Ermittlung des Unterschiedsbetrags dem beizulegenden Zeitwert der

---

[439] Vgl. IAS 12.15 Buchst. a, 12.21, 12.66. Bei der Folgebewertung sind allerdings gem. IAS 12.21B passive latente Steuern auf die Differenzen anzusetzen, die aufgrund der steuerlichen Abschreibung des Geschäfts- oder Firmenwertes entstehen. Differenzen aufgrund einer Wertminderung nach IAS 36 sind hingegen gem. IAS 12.21A nicht zu berücksichtigen. Vgl. zur Berücksichtigung von latenten Steuern bei Unternehmenserwerben von Eitzen/Dahlke/Kromer (2005), S. 509 ff.

[440] Vgl. IAS 12.24 und IAS 12.68. Bei Verschmelzungen von Kapitalgesellschaften geht jedoch ein Verlustvortrag der übertragenden Kapitalgesellschaft nicht auf die übernehmende Kapitalgesellschaft über. Vgl. § 12 Abs. 3 UmwStG i. V. m. § 4 Abs. 2 Satz 2 UmwStG.

[441] Vgl. IFRS 3.45 ff. und IFRS 3 BC390 ff.

[442] Vgl. IFRS 3 Anhang B67 Buchst. a i. V. m. IFRS 3.61.

[443] So beeinflussen gem. IAS 12.66 z. B. die anzusetzenden latenten Steuern die Höhe eines auszuweisenden Goodwill als Residualgröße. Werden allerdings durch eine Verschmelzung latente Steueransprüche aus Verlustvorträgen nutzbar, die beim Erwerber bislang nicht bilanziert waren, bleibt die daraus resultierende Erfassung gem. IAS 12.67 ohne Auswirkung auf den Goodwill.

Gegenleistung der Wert der Anteile der Minderheitsgesellschafter hinzuzuaddieren.[444] Dabei kann die Bewertung der Anteile der Minderheitsgesellschafter wahlweise zum beizulegenden Zeitwert oder mit dem entsprechenden Anteil am bilanzierten übernommenen Nettovermögen erfolgen. Wird der Minderheitenanteil mit dem beizulegenden Zeitwert angesetzt, wird von der Full-Goodwill-Methode gesprochen.[445] Wird hingegen der Minderheitenanteil nur mit dem entsprechenden Anteil am neubewerteten Nettovermögen angesetzt, ist der positive Unterschiedsbetrag nur ein beteiligungsproportionaler Goodwill, wie er bereits nach der alten Fassung des IFRS 3 ermittelt wurde.[446] Da bei einer Verschmelzung die Gesellschafter der untergehenden Gesellschaft Anteile der übernehmenden Gesellschaft erhalten oder gegen Barabfindungen ausscheiden, entspricht die Verschmelzung dem vollständigen Erwerb eines Unternehmens, sodass Anteile von Minderheitsgesellschaftern des untergehenden Rechtsträgers nach der Verschmelzung im Konzernabschluss nicht zu berücksichtigen sind. Wenn allerdings ein Teilkonzernmutterunternehmen übertragender Rechtsträger ist und an dessen Tochterunternehmen Minderheitsgesellschafter beteiligt sind, sind diese Anteile der Minderheitsgesellschafter im Konzernabschluss anzusetzen.[447] Während im Konzernabschluss des Erwerbers Minderheitenanteile auszuweisen sind, ist im Einzelabschluss nach einer Verschmelzung des Teilkonzernmutterunternehmens lediglich die Beteiligung an einem erworbenen Teilkonzerntochterunternehmen gem. IAS 27.38 zu bilanzieren.

Bestand bereits vor der Erlangung der Beherrschung eine Minderheitsbeteiligung an dem erworbenen Unternehmen, wird der Wert der Gegenleistung zusätzlich um den beizulegenden Zeitwert der zuvor bestehenden Beteiligung erhöht. Die Ermittlung

---

[444] IFRS 3.32 Buchst. a ii spricht nicht von Anteilen der Minderheitsgesellschafter, sondern von nicht beherrschenden Anteilen, die in IFRS 3 Anhang A als das Eigenkapital eines Tochterunternehmens definiert werden, das nicht einem Mutterunternehmen zugeordnet wird. Vgl. zur geänderten Begrifflichkeit in IFRS 3 Schwedtler (2008), S. 131. Da auf die damit verbundenen Besonderheiten hier nicht eingegangen wird, werden zur besseren Verständlichkeit die Begriffe Anteile der Minderheitsgesellschafter oder Minderheitenanteile verwandt.

[445] Vgl. IFRS 3 BC205; Pellens/Basche/Sellhorn (2003), S. 1 ff.; Hahn (2007), S. 408 ff.; Haaker (2008), S. 188 ff.; ders. (2006), S. 451 ff.; Busse von Colbe (2004), S. 47 ff. Vgl. zur Berechnung des Minderheitenanteils und zur Berücksichtigung von Kontrollprämien Lüdenbach (2009), § 31 Rn. 122 ff.

[446] Nach US-GAAP ist lediglich die Full-Goodwill-Methode zulässig. Vgl. das im Dezember 2007 geänderte Statement FAS 141 Par. 34. Vgl. zu Beispielen hinsichtlich der unterschiedlichen Bilanzierung Berndt/Gutsche (2009), IFRS 3 Rn. 102.

[447] Vgl. zum Erwerb eines Teilkonzerns und zur Konsolidierung mehrstufiger Konzerne unter der Beteiligung von Minderheitsgesellschaftern Ebeling/Baumann (2000), S. 1667 ff.; Eisele/Kratz (1997), S. 291 ff.; Mandl/Königsmaier (1997), S. 241 ff; Ewert/Schenk (1993), S. 1 ff.; Fröhlich (2004), S. 65 ff.; Küting/Leinen (2004), S. 70 ff., dieselben (2002), S. 1201 ff.; Römgens (2005), S. 19 f.; Mühlberger (2001), S. 1321 ff.

des Unterschiedsbetrags zum Erwerbszeitpunkt lässt sich zusammenfassend wie folgt darstellen:[448]

	Beizulegender Zeitwert der gewährten Gegenleistung[449]
+	Wert der Anteile der Minderheitsgesellschafter
+	Beizulegender Zeitwert einer ggf. vor der Kontrollerlangung bestehenden Beteiligung[450]
−	Wertansätze der im Einklang mit IFRS 3 neubewerteten erworbenen Vermögenswerte und übernommenen Schulden[451]
=	Positiver oder negativer Unterschiedsbetrag[452]

Mit der Bilanzierung eines positiven Unterschiedsbetrags als Goodwill ist die Erfolgsneutralität von Unternehmenszusammenschlüssen als Anschaffungsvorgänge im Erwerbszeitpunkt gewährleistet. Dabei repräsentiert der Goodwill als Residualgröße beim erstmaligen Ansatz das Ertragspotential aus der Fortführung des erworbenen Unternehmens, das über das bilanzierte übernommene Vermögen hinausgeht. Der Goodwill enthält die erwarteten Synergieeffekte, die sich durch den konkreten Zusammenschluss der beteiligten Unternehmen ergeben sollen.[453] Er erfüllt nach der Auffassung des IASB grundsätzlich die Definition eines Vermögenswertes.[454] Dies gilt jedoch nicht für einen Betrag, der aus einer Überzahlung des Erwerbers resultieren könnte.[455] Da nach Auffassung des IASB zwar Überzahlungen möglich sind, aber üblicherweise keine wissentlichen Überzahlungen getätigt werden und solche im Erwerbszeitpunkt kaum aufzudecken und zu quantifizieren sind, hat der IASB diesbezüglich keine eigenständige Regelung für die Bilanzierung erlassen.[456] In einem solchen Fall sind die allgemeinen Vorschriften des IAS 36 anzuwenden, sobald sich die Anhaltspunkte für eine Wertminderung konkretisieren. Dabei wird implizit unter-

---

[448] Vgl. zur Ermittlung von Unterschiedsbeträgen nach IFRS 3 Küting/Weber/Wirth (2008), S. 142 ff.; Hendler/Zülch (2008), S. 484 ff.; Schultze/Kafadar/Thiericke (2008), S. 1348 ff.

[449] Vgl. Abschnitt 4.2.4.1.

[450] Vgl. Abschn. 4.2.4.3.

[451] Vgl. Abschn. 4.2.3.

[452] Ein negativer Unterschiedsbetrag kann bei einem Unternehmenszusammenschluss nicht gleichzeitig mit einem Goodwill entstehen. Vgl. IFRS 3 BC376. Vgl. zu negativen Unterschiedsbeträgen Abschn. 4.2.4.4.

[453] Vgl. IFRS 3 BC316 i. V. m. BC313. Vgl. zur Relevanz von Informationen über den Goodwill IFRS 3 BC324 ff.

[454] Vgl. IFRS 3 BC319 ff.; IFRS 3 Anhang A. Vgl. zur Frage der Vermögenseigenschaft des Goodwill Johnson/Petrone (1998), S. 293 ff.; Wüstemann/Duhr (2003), S. 249.

[455] Vgl. IFRS BC315 i. V. m. BC313.

[456] Vgl. IFRS 3 BC382. Vgl. zur Berücksichtigung von Überzahlungen im Goodwill Esser (2005), S. 155 ff.; Franke (2009), S. 93 f. Vgl. zum Ausschluss greifbarer überhöhter Kosten beim erstmaligen Ansatz als Ausprägung des Vorsichtsprinzips des HGB Wohlgemuth (1999), I/9 Rn. 13 f.; Moxter (2007), S. 185 f.; Adler/Düring/Schmaltz (1995 ff.), § 255 HGB Rn. 18.

stellt, dass zwischen dem Vertragsabschluss und dem Erwerbszeitpunkt keine wesentlichen Wertänderungen eingetreten sind oder entsprechende Anpassungen an die zu gewährende Gegenleistung zwischen den Vertragsparteien vereinbart wurden.

4.2.4.2 Ermittlung der gewährten Gegenleistung

a) Ausgegebene Anteile und Barzahlungen

Die gewährte Gegenleistung kann bei einem Unternehmenszusammenschluss in der Gewährung von Anteilen der übernehmenden Gesellschaft, Zahlungsmitteln und anderen Vermögenswerten sowie in der Übernahme von Schulden der Anteilseigner der untergehenden Gesellschaft bestehen.[457] Eine Verschmelzung ist durch die Gewährung von Anteilen der übernehmenden Gesellschaft an die Gesellschafter der übertragenden Gesellschaft und von baren Zuzahlungen geprägt.[458] Bei einer Verschmelzung durch Aufnahme können statt neuer Aktien auch bestehende eigene Aktien der übernehmenden Aktiengesellschaft als Gegenleistung gewährt werden.[459] IFRS 3.37 unterscheidet nicht zwischen diesen Arten der Anteilsgewährung, da bei wirtschaftlicher Betrachtung zwischen ihnen kein Unterschied besteht.[460] Zur Ermittlung des Goodwill ist der beizulegende Zeitwert für die gewährte Gegenleistung zum Erwerbszeitpunkt zu ermitteln.[461]

Während sich bei einer Bartransaktion der Wert der Gegenleistung unmittelbar ergibt, bedarf es bei aktienbasierten Transaktionen einer Bewertung der ausgegebenen Anteile. Bewertungsverfahren sind zur Ermittlung von Werten für börsennotierte Unternehmen von Bedeutung, da Marktpreise für ganze Unternehmen sehr selten zu beobachten sind. Die Werte börsennotierter Unternehmen anhand der Marktkapitalisierung (Anzahl der Aktien mal Börsenkurs) zu bestimmen, lässt empirisch beobachtbare Paketzuschläge und Kontrollprämien außer Betracht.[462] Liquide Märkte sind gekennzeichnet durch geringe Transaktionskosten und ein hohes Trans-

---

[457] Vgl. IFRS 3.37.
[458] Vgl. Abschn. 2.2.1.2.
[459] Vgl. § 68 Abs. 1 Satz 2 Nr. 1 UmwG.
[460] So werden gem. IAS 32.33 eigene Anteile unmittelbar vom Eigenkapital abgezogen. Weder der Kauf, der Verkauf, die Einziehung oder die Ausgabe von eigenen Anteilen berührt die GuV. Vgl. IAS 32 BC32. Auch Änderungen des beizulegenden Zeitwerts eigener Anteile werden gem. IAS 32.36 nicht im Abschluss erfasst.
[461] Vgl. IFRS 3.32 Buchst. a i und IFRS 3.37.
[462] Vgl. Ballwieser (2007), S. 200. Die Robert Bosch GmbH zahlte z. B. bei dem Erwerb einer Mehrheitsbeteiligung an der ersol Solar Energy AG einen Aufpreis von 63 % auf den Aktienkurs. Vgl. Bosch Solar Energy AG (2008), S. 1.

aktionsvolumen, wodurch große Pakete ohne Kursausschläge gekauft und verkauft werden können.[463] Während der Börsenkurs den Marktpreis für den Kauf- und Verkauf einzelner Wertpapiere durchaus widerspiegelt, kann dies für Mehrheitsbeteiligungen nicht unbedingt gelten.[464]

Nach IFRS 3.27 i. d. F. 2004 stellte der veröffentlichte Börsenkurs eines notierten Eigenkapitalinstruments den besten Nachweis (best evidence) für den beizulegenden Zeitwert dar. Zudem war klargestellt, dass nur in äußerst seltenen Fällen, wie bei einer Marktenge, andere Anhaltspunkte und Bewertungsmethoden herangezogen werden konnten. Dabei war der Erwerber verpflichtet, deren größere Verlässlichkeit und die Unzuverlässigkeit des Börsenkurses nachzuweisen. Solche konkreten Leitlinien zur Ermittlung des beizulegenden Zeitwerts der gewährten Anteile sind in der aktuellen Fassung des IFRS 3 nicht enthalten.[465]

Nach IFRS 3.33 ist bei einem Unternehmenszusammenschluss durch Anteilstausch derzeit bei der Ermittlung des beizulegenden Zeitwerts der gewährten Gegenleistung zur Berechnung des Goodwill auf den beizulegenden Zeitwert der Anteile zurückzugreifen, der verlässlicher bestimmt werden kann. Damit ist üblicherweise bei einem Erwerb eines nicht börsennotierten Unternehmens durch ein börsennotiertes Unternehmen auf den Wert der hingegebenen Anteile abzustellen. Erwirbt andererseits z. B. ein nicht börsennotiertes Unternehmen ein Unternehmen mit einem notierten und verlässlichen Marktpreis, kann zur Bestimmung des Werts der Gegenleistung auf den beizulegenden Zeitwert des erworbenen Unternehmens zurückzugreifen sein.[466] Dem in IFRS 3.33 vorgeschriebenen Rückgriff auf den Wert der Anteile, die verlässlicher bestimmt werden können, liegt die Ausgeglichenheitsvermutung von Leistung und Gegenleistung zugrunde.[467]

Bei Verschmelzungen von Aktiengesellschaften dürfen gem. § 68 Abs. 3 UmwG bare Zuzahlungen bis zu 10 % des auf die gewährten Aktien der übernehmenden Gesellschaft entfallenden anteiligen Betrags ihres Grundkapitals gewährt werden. Solche Zuzahlungen sind Teil der Gegenleistung und bei der Goodwillermittlung zu berücksichtigen.

---

[463] Vgl. grundlegend zur Aktienkursbildung Kasperzak (1997), S. 21 ff.

[464] Vgl. zum Vorrang eines verlässlichen Börsenkurses vor einer Unternehmensbewertung und zu Kontrollprämien und Minderheitenabschlägen bei der Bestimmung des beizulegenden Zeitwerts der Anteile der Minderheitsgesellschafter IFRS 3 Anhang B44 f.

[465] Diesbezüglich verweist der IASB auf das zurzeit laufende „Fair Value Measurement"-Projekt. Vgl. IFRS 3 BC335; IASB (2009d), S. 13 ff. Vgl. zur Unternehmenswertermittlung nach dem Entwurf zum IFRS 3 Pellens/Sellhorn/Amshoff (2005), S. 1752 ff.

[466] Vgl. PwC (2008), S. 25A069.

[467] Vgl. IFRS 3 BC331. Vgl. zu Ausnahmen von der Ausgeglichenheitsvermutung Abschn. 4.2.4.4 b).2.

Von diesen baren Zuzahlungen sind Barabfindungen zu unterscheiden, die bei einer Verschmelzung mit Gesellschaften unterschiedlicher Rechtsform oder bei der Verschmelzung einer börsennotierten Aktiengesellschaft auf eine nicht börsennotierte Aktiengesellschaft von der übernehmenden Gesellschaft angeboten werden müssen.[468] Die Inanspruchnahme der Barabfindung und das damit verbundene Ausscheiden aus der Gesellschaft setzt den Widerspruch zur Niederschrift der Gesellschafter gegen den Verschmelzungsbeschluss der übertragenden Gesellschaft voraus.[469] Allerdings ist die Annahme des Angebots innerhalb von zwei Monaten nach der Bekanntmachung der Eintragung der Verschmelzung im Handelsregister des übernehmenden Rechtsträgers möglich.[470] Damit ist zwar der Widerspruch zum Erwerbszeitpunkt bekannt, die Annahme des Barabfindungsangebots kann jedoch nach diesem Zeitpunkt und dem Tag der Aufstellung des Abschlusses liegen. Dennoch ist bei der Goodwillermittlung der Barabfindungsanspruch als Bestandteil der gewährten Gegenleistung zu berücksichtigen und im Erwerbszeitpunkt als Kaufpreisverbindlichkeit zu passivieren.[471]

Halten Anteilsinhaber das Umtauschverhältnis oder die angebotene Barabfindung für nicht angemessen, können sie im Spruchverfahren weitere bare Zuzahlungen erstreiten.[472] Die Entscheidung im Spruchstellenverfahren wirkt inter omnes, sodass auch die nicht am Gerichtsverfahren beteiligten Anteilsinhaber einen Zuzahlungsanspruch erhalten können.[473] Da das Management von der Angemessenheit des im Verschmelzungsvertrag festgelegten Umtauschverhältnisses und des Barabfindungsangebots ausgeht, die auch vom Verschmelzungsprüfer zu bestätigen ist, können ggf. durch das Gericht festgesetzte Anpassungen der zu gewährenden Zahlungen nicht im Erwerbszeitpunkt, sondern erst in späteren Berichtsperioden im Abschluss Berücksichtigung finden.[474]

---

[468] Vgl. Abschn. 2.2.1.2.
[469] Vgl. §§ 29 und 36 UmwG. Gleiches gilt gem. § 122i UmwG bei grenzüberschreitenden Verschmelzungen, wenn die übernehmende oder neue Gesellschaft nicht dem deutschen Recht unterliegt.
[470] Vgl. § 31 UmwG.
[471] Vgl. zur Klassifizierung als Fremdkapital IFRS 3.40 i. V. m. IAS 32.11. Vgl. zur Bilanzierung der Barabfindung als antizipierten Erwerb KPMG (2006), S. 117.
[472] Vgl. § 15 Abs. 1 UmwG und § 34 UmwG; zum Ermessensspielraum der Gerichte vgl. Puszkajler (2008), S. 45 ff.
[473] Vgl. § 13 Satz 2 SpruchG.
[474] Vgl. IFRS 3.39 und zu Änderungen der zu gewährenden Gegenleistung nach dem Erwerbszeitpunkt IFRS 3.58.

b) Aufwendungen im Zusammenhang mit der Verschmelzung

Bei einer Verschmelzung entstehen dem Erwerber Kosten, z. B. für die Rechtsberatung, die Bewertungsgutachten, für eine Due Diligence, für die Beurkundung des Verschmelzungsvertrags, des Verschmelzungsbeschlusses und der Zustimmung der Anteilsinhaber, für die Registereintragung, die allgemeine Verwaltung einschließlich einer internen Akquisitionsabteilung und für die Börsenzulassung der neuen Aktien. Solche Kosten sind nicht bei der Ermittlung des Goodwill als Teil der Gegenleistung zu berücksichtigen, sondern grundsätzlich unmittelbar bei Anfall und Erhalt der Leistung als Aufwand zu erfassen. Als einzige Ausnahme von diesem Grundsatz zur Aufwandserfassung sind Kosten für die Emission von Schuldtiteln und Aktien nach IAS 32 und IAS 39 zu bilanzieren.[475] So sind nach IAS 32 Eigenkapitaltransaktionskosten als Abzug vom Eigenkapital, gemindert um alle damit verbundenen (latenten) Ertragsteuervorteile, zu erfassen.[476] Dies gilt aber nur für die Kosten, die der Eigenkapitaltransaktion direkt zurechenbar sind und die anderenfalls vermieden worden wären.[477]

c) Abgrenzung der Gegenleistung für den Unternehmenserwerb von anderen Transaktionen

Bei der Ermittlung der gewährten Gegenleistung zur Berechnung des Goodwill sind bei der Anwendung der Erwerbsmethode nur die Bestandteile zu berücksichtigen, die auch tatsächlich auf den Unternehmenserwerb entfallen. Mit der im Rahmen eines Unternehmenszusammenschlusses vereinbarten Gegenleistung können zugleich zuvor bestehende rechtliche Beziehungen abgegolten werden. Diese Komponenten sind nicht in die Anwendung der Erwerbsmethode einzubeziehen, sondern mit den für sie einschlägigen IFRS zu bilanzieren.[478] Als Beispiele für separat zu berücksichtigende Komponenten werden in IFRS 3 die Abgeltung von vertraglichen Lieferanten-Kundenbeziehungen oder von Gerichtsstreitigkeiten zwischen den beteiligten Unternehmen, die Entlohnung von Angestellten und früheren Anteilseignern für künftige Leistungen oder die Übernahme von Kosten des erworbenen Unternehmens oder deren Anteilseigener durch den Erwerber genannt.[479]

---

[475] Vgl. IFRS 3.53 Satz 3 und IFRS 3 BC365 ff.
[476] Vgl. IAS 32.35 Satz 3.
[477] Vgl. IAS 32.37 Satz 3. Vgl. zur Abgrenzung von Eigenkapitaltransaktionskosten DRSC (2008), S. 2.
[478] Vgl. IFRS 3.51. Vgl. zur Abgrenzung IFRS 3 Anhang B50; IFRS 3 BC115 ff.
[479] Vgl. IFRS 3.52; IFRS 3 Anhang B51 ff.

Ausgewählte externe Umstrukturierungen 97

Nach IFRS 3 hat der Erwerber bei einer für ihn bestehenden im Vergleich zu aktuellen Marktkonditionen günstigen schwebenden vertraglichen Beziehung im Erwerbszeitpunkt einen Gewinn und bei einem ungünstigen Vertrag einen Verlust zu erfassen.[480] Liegt der zu zahlende Betrag aufgrund einer vertraglichen Ausstiegsmöglichkeit einer der beiden Parteien unter dem im Vergleich zu Marktkonditionen nachteiligen Betrag, ist der geringere Betrag zur Berechung des Verlusts oder des Gewinns heranzuziehen.[481] Bei nicht vertraglichen Beziehungen, wie z. B. Rechtsstreitigkeiten zwischen dem Erwerber und dem erworbenen Unternehmen, wird der abzugeltende Betrag auf der Basis des beizulegenden Zeitwerts ermittelt.[482] Der jeweils zu erfassende Gewinn oder Verlust ist allerdings abhängig von bereits im Abschluss berücksichtigten Beträgen.[483]

Bei der Kaufpreisallokation ist zudem zu beachten, dass bei einer Verschmelzung vor der Transaktion bestehende Forderungen und Verbindlichkeiten aus Geschäftsbeziehungen zwischen den beteiligten Gesellschaften durch rechtliche Konfusion untergehen, d. h., dass sie durch Vereinigung in einer Hand entfallen.[484] Steht einer Forderung der übernehmenden Gesellschaft eine gleichwertige Verbindlichkeit der übertragenden Gesellschaft gegenüber, bleibt die Konfusion bei der Verschmelzung erfolgsneutral. Entsprechen sich die Werte der gegenüberstehenden Forderungen und Verbindlichkeiten hingegen nicht, entsteht bei einer Verschmelzung ein Konfusionsgewinn oder ein Konfusionsverlust. Dies kann auf vorgenommene Wertberichtigungen, auf Rückstellungen, denen keine Forderungen gegenüberstehen oder auf andere nicht spiegelbildliche Bilanzierungen zurückzuführen sein.

Die Auswirkungen der Abgrenzung von Transaktionen von denen des Unternehmenserwerbs und die Konfusion von Forderungen und Verbindlichkeiten auf die Ermittlung des Goodwill sollen im Folgenden anhand von Beispielen veranschaulicht werden.[485] Dabei wird jeweils als Ausgangssachverhalt die Verschmelzung einer B AG auf die A AG angenommen. Als Gegenleistung werden den Aktionären der B AG Aktien mit einem beizulegenden Zeitwert von 200 Mio. Euro gewährt. Der beizule-

---

[480] Ein ungünstiger Vertrag bedeutet dabei nicht, dass es sich um einen belastenden Vertrag im Sinne des IAS 37.66 handelt.
[481] Vgl. IFRS 3 Anhang B52 Buchst. b. Vgl. zur entsprechenden Berücksichtigung eines zurückerworbenen Rechts IFRS 3 Anhang B53.
[482] Vgl. IFRS 3 Anhang B52 Buchst. a; IFRS 3 BC122; Lüdenbach (2009), § 31 Rn. 104.
[483] Vgl. IFRS 3 Anhang B52 letzter Satz.
[484] Vgl. zur Konfusion Thume (2000), S. 45 m. w. N.
[485] Vgl. zu Beispielen auch IFRS 3 IE54 ff.; Ernst & Young (2009), S. 701 ff., PwC (2008), S. 25A095 ff.; Lüdenbach (2009), § 31 Rn. 101 ff.; Andrejewski/Fladung/Kühn (2006), S. 85; Beyhs/Wagner (2008), S. 80.

gende Zeitwert des Vermögens der B AG ohne Berücksichtigung von Geschäftsvorfällen mit der übernehmenden A AG beträgt 100 Mio. Euro.

Beispiel 1:

Vor der Verschmelzung wurde die A AG von der B AG wegen Patentrechtsverletzungen auf Schadensersatz verklagt wird. Der beizulegende Zeitwert zur Beilegung der Klage beträgt 30 Mio. Euro. Die A AG hatte bereits eine Rückstellung von 10 Mio. Euro gebildet. Die B AG hat noch keine Forderung gegen die A AG gebucht.

Durch die Verschmelzung gehen die geltend gemachten Forderungen und damit die verbundenen Verbindlichkeiten durch Konfusion unter. Zuvor hat die A AG noch einen zusätzlichen Aufwand von 20 Mio. Euro als Konfusionsverlust zu erfassen, da eine Rückstellung lediglich in Höhe von 10 Mio. Euro gebildet wurde. Der Goodwill errechnet sich wie folgt:

	in Mio. Euro
Beizulegender Zeitwert der vereinbarten Gegenleistung	200
- Beizulegender Zeitwert der nicht zu berücksichtigenden Komponente	30
= Beizulegender Zeitwert der zu berücksichtigenden Gegenleistung für den Unternehmenserwerb	170
- Wertansätze der im Einklang mit IFRS 3 neubewerteten erworbenen Vermögenswerte und übernommenen Schulden	100
= Goodwill	70

Im Eigenkapital ist zunächst im Einklang mit IFRS 3 der Wert des eingelegten Unternehmens ohne Berücksichtigung des Prozesses in Höhe von 170 Mio. Euro zu erfassen. Die weiteren ausgegebenen Aktien mit einem beizulegenden Zeitwert von 30 Mio. Euro zur Abgeltung der (rechtswidrigen) Patentnutzung sind gem. IFRS 2 ebenfalls im Eigenkapital zu berücksichtigen.[486] Die Buchungssätze für die Erfassung des Verlusts und der Übernahmebilanzierung lauten anlässlich der Verschmelzung wie folgt:

---

[486] Vgl. IFRS 2.2, IFRS 2.7 f.

Ausgewählte externe Umstrukturierungen 99

Aufwand Patentklage	20 Mio. Euro		
Rückstellung Patentklage	10 Mio. Euro		
Übernommenes Vermögen	100 Mio. Euro		
Goodwill	70 Mio. Euro		
	an	Eigenkapital (aus Kapitalerhöhung)	200 Mio. Euro

Beispiel 2:

Vor der Verschmelzung war die A AG für eine bestimmte Dauer zu vereinbarten Dienstleistungen mit einem festen Preis gegenüber der B AG verpflichtet.[487] Bei Vertragskündigung durch eine der beiden Parteien war zudem eine Vertragsstrafe in Höhe von 15 Mio. Euro zu zahlen. Seit Vertragsbeginn haben sich die Marktpreise für die angebotene Dienstleistung erhöht, sodass aus Sicht der A AG ein ungünstiger Vertrag mit einem beizulegenden Zeitwert von 20 Mio. Euro vorliegt.

Da die zu zahlende Vertragsstrafe in Höhe von 15 Mio. Euro unter dem im Vergleich zu Marktkonditionen nachteiligen Betrag in Höhe von 20 Mio. Euro liegt, ist in diesem Beispiel ein Verlust in Höhe von 15 Mio. Euro zu erfassen. Dieser Betrag ist folglich zur Berechnung des Goodwill von der gewährten Gegenleistung abzuziehen. Die verbleibende Differenz von 5 Mio. Euro zwischen der Vertragsstrafe und dem beizulegenden Zeitwert des ungünstigen Vertrags ist Bestandteil des Unternehmenszusammenschlusses und aufgrund des Wegfalls der Vertragsbeziehungen Teil des Goodwill. Der Goodwill errechnet sich daher wie folgt:

	in Mio. Euro
Beizulegender Zeitwert der vereinbarten Gegenleistung	200
- Beizulegender Zeitwert der zur Beendigung notwendigen Komponente	15
= Beizulegender Zeitwert der zu berücksichtigenden Gegenleistung für den Unternehmenserwerb	185
- Wertansätze der im Einklang mit IFRS 3 neubewerteten erworbenen Vermögenswerte und übernommenen Schulden	100
= Goodwill	85

Die Buchungssätze für die Erfassung des Verlusts und der Übernahmebilanzierung lauten anlässlich der Verschmelzung wie folgt:

---

[487] Das Beispiel ist an IFRS 3 IE54-56 angelehnt.

Aufwand aus Vertragsbeendigung	15 Mio. Euro
Übernommenes Vermögen	100 Mio. Euro
Goodwill	85 Mio. Euro
an	Eigenkapital 200 Mio. Euro (aus Kapitalerhöhung)

Beispiel 3:

Die A AG weist eine Forderung gegen die B AG in Höhe von 60 Mio. Euro aus, die von der B AG spiegelbildlich bilanziert wird. Der Buchwert entspricht dabei annahmegemäß dem beizulegenden Zeitwert.

Da der Forderung der übernehmenden Gesellschaft eine gleichwertige Verbindlichkeit der übertragenden Gesellschaft gegenüber steht, bleibt die Konfusion bei der Verschmelzung erfolgsneutral. Bei der Berechnung des Goodwill können solche untergehenden Forderungen neben den gewährten Anteilen einen Teil der Gegenleistung darstellen, wobei dann die gleichwertige Verbindlichkeit der übertragenden Gesellschaft bei der Kaufpreisallokation nicht zu berücksichtigen ist.[488] Das gleiche Ergebnis hinsichtlich des Goodwill ergibt sich, wenn die untergehende Forderung bei der Gegenleistung nicht berücksichtigt wird, aber dafür die Verbindlichkeit zunächst beim übernommenen Nettovermögen mindernd angesetzt wird und anschließend mit der Forderung verrechnet wird.

Der Goodwill kann wie folgt in dem Beispiel ermittelt werden:

		in Mio. Euro	in Mio. Euro
	Beizulegender Zeitwert der vereinbarten Gegenleistung	200	200
+	Beizulegender Zeitwert der untergehenden Forderung	60	-
=	Beizulegender Zeitwert der zu berücksichtigenden Gegenleistung für den Unternehmenserwerb	260	200
-	Wertansätze der im Einklang mit IFRS 3 neubewerteten erworbenen Vermögenswerte und übernommenen Schulden	100	40
=	Goodwill	160	160

---

[488] Vgl. Förschle/Hoffmann (2008), K Rn. 42, nach deren Auffassung die im Rahmen der Verschmelzung durch Konfusion untergehenden Forderungen des übernehmenden Rechtsträgers die Anschaffungskosten in Bezug auf die HGB-Bilanzierung erhöhen. Dagegen verringerten untergehende Verbindlichkeiten des übernehmenden Rechtsträgers die Anschaffungskosten.

Die Buchungssätze für die Erfassung der Konfusion und der Übernahmebilanzierung lauten anlässlich der Verschmelzung wie folgt:

Übernommenes Vermögen	100 Mio. Euro		
Goodwill	160 Mio. Euro		
.	an	Eigenkapital	200 Mio. Euro
		(aus Kapitalerhöhung)	
		Untergehende Forderung	60 Mio. Euro

Beispiel 4:

Die A AG weist eine Verbindlichkeit aus einer börsennotierten Anleihe gegenüber der B AG in Höhe von 60 Mio. Euro aus. Die B AG bilanziert diese zum Börsenkurs von 65 Mio. Euro. Durch die Verschmelzung gehen die Forderungen und Verbindlichkeiten unter. Da sich die bilanzierten Beträge nicht entsprechen, muss die A AG anlässlich der Konfusion einen Verlust in Höhe von 5 Mio. Euro erfassen.[489] Der Goodwill ermittelt sich wie folgt:

	in Mio. Euro
Beizulegender Zeitwert der vereinbarten Gegenleistung	200
- Beizulegender Zeitwert der zur Beendigung notwendigen Zahlung	65
= Beizulegender Zeitwert der zu berücksichtigenden Gegenleistung für den Unternehmenserwerb	135
- Wertansätze der im Einklang mit IFRS 3 neubewerteten erworbenen Vermögenswerte und übernommenen Schulden	100
= Goodwill	35

Die Buchungssätze für die Erfassung des Verlusts und der Übernahmebilanzierung lauten anlässlich der Verschmelzung wie folgt:

Aufwand aus Vertragsbeendigung	5 Mio. Euro	
Ausbuchung Verbindlichkeit	60 Mio. Euro	
Übernommenes Vermögen	100 Mio. Euro	
Goodwill	35 Mio. Euro	
	an Eigenkapital	200 Mio. Euro
	(aus Kapitalerhöhung)	

---

[489] Vgl. IAS 39.41.

4.2.4.3 Bewertungsanpassungen an einer bestehenden Minderheitsbeteiligung

Hält der Erwerber unmittelbar vor einem Unternehmenszusammenschluss eine Minderheitsbeteiligung an dem erworbenen Unternehmen, wird von einem sog. sukzessiven Unternehmenszusammenschluss gesprochen.[490] In einem solchen Fall wird zur Ermittlung des Unterschiedsbetrags gem. IFRS 3 der Wert der Gegenleistung um den beizulegenden Zeitwert der zuvor bestehenden Beteiligung erhöht.[491] Etwaige Abweichungen zwischen dem beizulegenden Zeitwert der Beteiligung und dem bisherigen Beteiligungsansatz sind in der GuV zu erfassen.[492] Solche Differenzen können sich z. B. daraus ergeben, dass im Konzernabschluss Beteiligungen an assoziierten Unternehmen nach der Equity-Methode und im IFRS-Einzelabschluss Minderheitsbeteiligungen zu Anschaffungskosten bilanziert wurden.[493] Wurde in Ausübung des Wahlrechts des IAS 27.38 eine durch Verschmelzung untergehende Minderheitsbeteiligung im Einzelabschluss mit dem beizulegenden Zeitwert bilanziert und die laufende Anpassung des beizulegenden Zeitwerts im Einklang mit IAS 39 in der GuV erfasst, ergibt sich anlässlich des Unternehmenszusammenschlusses keine Auswirkung auf die GuV. Wurden hingegen die Wertänderungen in früheren Perioden im sonstigen Ergebnis erfasst, sind diese kumulierten und in der Neubewertungsrücklage erfassten Beträge bei der Verschmelzung in die GuV umzugliedern.[494] Auf das Ergebnis der Gesamtergebnisrechnung hat dies allerdings keine Auswirkungen, da die nunmehr in der GuV erfassten Erträge in der Weiterrechnung bis zum Gesamtergebnis des Jahres wieder abgezogen werden.

Der IASB begründet die GuV-wirksame Erfassung anlässlich eines Unternehmenszusammenschlusses damit, dass durch die Erlangung der Beherrschung und der damit verbundenen Verfügungsgewalt über die hinter der Beteiligung stehenden

---

[490] Vgl. IFRS 3.41.
[491] Vgl. IFRS 3.32.
[492] Vgl. IFRS 3.42 Satz 1.
[493] Vgl. IAS 28.11, IAS 27.38. Gemäß IAS 27.38 Satz 1 besteht für Anteile an Tochterunternehmen, Gemeinschaftsunternehmen und assoziierten Unternehmen das Wahlrecht, diese im Einzelabschluss zu Anschaffungskosten oder nach IAS 39 zum beizulegenden Zeitwert zu bilanzieren. Dieses Wahlrecht muss jedoch für alle Kategorien einheitlich ausgeübt werden. Vgl. zu Ausnahmen bei einer Klassifizierung nach IFRS 5 als zur Veräußerung gehalten IAS 27.38 Satz 2 f. sowie IAS 27.40. Gemäß IAS 39.46 sind im Konzernabschluss Anteile, die keine unternehmerischen Beteiligungen an Tochterunternehmen, Gemeinschaftsunternehmen und assoziierten Unternehmen darstellen, bei einem aktiven Markt zu verlässlicher Bewertbarkeit zum beizulegenden Zeitwert zu bilanzieren. Liegen diese Voraussetzungen nicht vor, erfolgt die Bilanzierung der nichtunternehmerischen Beteiligungen im Konzernabschluss zu Anschaffungskosten. In diesem Kapitel werden nur Minderheitsbeteiligungen der übernehmenden Aktiengesellschaft an der übertragenden Gesellschaft betrachtet. Vgl. zur Bilanzierung von Mehrheitsbeteiligungen Kapitel 5.
[494] Vgl. IFRS 3.42 Satz 2 f. i. V. m. IAS 39.26.

Vermögenswerte und Schulden die Beteiligung einen bedeutenden Wechsel in ihrer Art und ihrer wirtschaftlichen Substanz erfährt.[495] Damit wird ein Unternehmenszusammenschluss in der Ergebnisauswirkung einem Verkauf der Minderheitsbeteiligung gleichgestellt.[496] Im Konzernabschluss schlägt sich dies in der mit Erlangung der Beherrschung beginnenden Bilanzierung der einzelnen Vermögenswerte und Schulden sowie der Erträge und Aufwendungen des beherrschten Unternehmens nieder. Gleiches gilt im Einzelabschluss bei Erlangung der Beherrschung im Wege der Verschmelzung.

Durch die Bewertung sowohl der gewährten Anteile, der übernommenen Vermögenswerte und Schulden als auch der zuvor bestehenden Beteiligungen zum beizulegenden Zeitwert ergibt sich eine konsistente Darstellung der Vermögenslage auf einen einheitlichen Zeitpunkt, nämlich den Zeitpunkt der Erlangung der Beherrschung. Damit wird nicht auf möglicherweise Jahre zurückliegende historische Werte früherer Teilerwerbe zurückgegriffen.[497] Bei einer Verschmelzung sind zudem die Höhe des beizulegenden Zeitwerts der Beteiligung und der in der GuV auszuweisenden Erträge und Aufwendungen hinreichend objektivierbar, da durch die notwendige Zustimmung der Gesellschafter eine Marktbestätigung bei der Festlegung der Wertverhältnisse für den Erwerb von mindestens 50 % des Unternehmens stattgefunden hat.

4.2.4.4 Berücksichtigung negativer Unterschiedsbeträge

a) Sofortiger Ausweis eines Gewinns bei einem günstigen Kauf

Bei der Übernahmebilanzierung kann statt eines positiven Unterschiedsbetrags, der als Goodwill auszuweisen ist, ein negativer Unterschiedsbetrag zu berücksichtigen sein.[498] Ein solcher negativer Unterschiedsbetrag kann z. B. dann entstehen, wenn das nach IFRS 3.18 ff. bilanzierte neubewertete Nettovermögen den Wert der Gegenleistung übersteigt.[499] Resultiert der negative Unterschiedsbetrag aus einem Erwerb zu einem Preis unter dem Marktwert (bargain purchase), hat der Erwerber

---

[495] Vgl. IFRS 3 BC384 ff.

[496] Vgl. IFRS 3.42 Satz 3. Bei einer Verschmelzung wird damit letztlich hinsichtlich der untergehenden Beteiligung ein Tausch mit wirtschaftlicher Substanz von einer Minderheitsbeteiligung in eine andersartige Mehrheitsbeteiligung fingiert.

[497] Vgl. dazu die anderslautenden Regelungen in IAS 22.36 ff. und IFRS 3.58 ff. i. d. F. 2004.

[498] Vgl. Abschn. 4.2.4.1.

[499] Vgl. zur Bilanzierung negativer Unterschiedsbeträge Kasperzak/Lieck (2009), S. 1016 ff.

diesen nach IFRS 3.34 erfolgswirksam in der GuV zu erfassen.[500] Die erfolgswirksame Erfassung eines wirtschaftlichen Gewinns aus einem solchen günstigen Kauf zum Erwerbszeitpunkt ist sachgerecht.[501] Ursache für einen negativen Unterschiedsbetrag können aber auch die in IFRS 3 enthaltenen Ausnahmeregelungen von der Bewertung zum beizulegenden Zeitwert sein.[502] Nach IFRS 3 ist der negative Unterschiedsbetrag damit nicht nur bei einem Kauf zu einem Preis unter dem Marktwert im Erwerbszeitpunkt als Gewinn zu erfassen, sondern auch dann, wenn er aus einer regelkonformen, vom beizulegenden Zeitwert abweichenden Übernahmebilanzierung entfällt.[503] Aufgrund der restriktiven Handhabung dieser Ausnahmen in IFRS 3 und dem Ansatz von Verbindlichkeiten für bedingte Gegenleistungen ist die Wahrscheinlichkeit des Entstehens eines negativen Unterschiedsbetrags jedoch gering.[504]

b) Bedeutung des Reassessment

aa) Anzutreffende Vorgehensweisen in der Praxis

Ein Erwerb zu einem Preis unter dem Marktwert stellt unter ordentlichen Kaufleuten einen Ausnahmefall dar.[505] Daher kann ein negativer Unterschiedsbetrag auf mögliche Ansatz- und Bewertungsfehler hindeuten. Bevor ein Gewinn beim Erwerber erfasst wird, ist deshalb nach IFRS 3.36 ein sog. Reassessment durchzuführen. Dabei sind die der Berechnung des negativen Unterschiedsbetrags zugrunde liegenden Annahmen noch einmal kritisch zu überprüfen. Betroffen davon sind die Identifizierung und die Bewertung der angesetzten Vermögenswerte und Schulden, die Bewertung eines ausgewiesenen Minderheitenanteils und einer zuvor bestehenden Minderheitsbeteiligung sowie die Ermittlung der gewährten Gegenleistung.[506]

---

[500] Vgl. zum Begriff des „bargain purchase" Küting/Harth (1999), S. 490 f. Vgl. zum Begriff eines „lucky buy" Mujkanovic (2000), S. 645.
[501] Vgl. zur Begründung IFRS 3 BC371 f. Vgl. zur Bilanzierung negativer Unterschiedsbeträge nach IFRS 3 a. F. Küting/Wirth (2006), S. 143 ff.; Gros (2005), S. 1954 ff. Vgl. zur Diskussion zum Charakter negativer Unterschiedsbeträge und zu Erfassungsmöglichkeiten Kühnberger (1995), S. 682 f.; Sauthoff (1997), S. 619 ff. m. w. N.
[502] Vgl. IFRS 3.35 Satz 2. Vgl. zu den Ausnahmen von einer Übernahmebilanzierung zum beizulegenden Zeitwert Abschn. 4.2.3.
[503] Vgl. IFRS 3.35. Andere Gründe, die die Erfassung eines negativen Unterschiedsbetrags rechtfertigen sind in IFRS 3 nicht enthalten. Vgl. die mit „Bargain purchases" lautende Überschrift von IFRS 3.34-36 und sowie die Einschränkung der Erfassung eines Ertrags auf einen Ertrag aus einem günstigen Kauf in IFRS 3.5 d).
[504] Vgl. IFRS 3 BC379.
[505] Vgl. IFRS 3 BC371 Satz 2.
[506] Vgl. IFRS 3.36 und BC371 ff.

Neben unbeabsichtigten Fehlern, die durch das Reassessment aufgedeckt werden können, kann der negative Unterschiedsbetrag auch aus absichtlichen Fehlern und einseitig ausgeübten Ermessensspielräumen resultieren.[507] Durch die vom IASB eingeräumte Zulässigkeit der Erfassung eines Ertrags aus einem negativen Unterschiedsbetrag kann eine missbräuchliche Bewertung an Attraktivität gewinnen, die den Ausnahmefall eines Ertrags aus einem günstigen Kauf zur Regel werden lässt.

So kann entsprechend der Principal-Agent-Theorie das Management ein Interesse an einer absichtlichen Herbeiführung von Erträgen aus negativen Unterschiedsbeträgen zur Aufbesserung der Ertragslage haben, wenn z. B. das Vergütungssystem, die Weiterbeschäftigung und das eigene Ansehen an festgelegte kurzfristige Erfolgsziele geknüpft sind.[508] Erträge aus negativen Unterschiedsbeträgen können aus bilanzpolitischen Gründen interessant sein, wenn aus einer Zukaufstrategie weitere Erträge aus negativen Unterschiedsbeträgen erwartet werden. Dies kann dann gegeben sein, wenn die erwarteten Erträge aus negativen Unterschiedsbeträgen die Aufwendungen aus zusätzlichen Abschreibungen von überbewerteten Vermögenswerten oder aus der Erfüllung von unterbewerteten Schulden kurzfristig übersteigen. Gleiches kann gelten, wenn der negative Unterschiedsbetrag aus einer Überbewertung von nicht planmäßig abzuschreibenden immateriellen Vermögenswerten oder der Unterbewertung einer Gegenleistung in Form von Anteilen resultiert.

Sowohl in der Literatur als auch in der Praxis wird die nach IFRS 3 vorgeschriebene Überprüfung teilweise als rein formaler Akt betrachtet, bei der nichts anderes herauskommen könne als bei der vorherigen Betrachtung.[509] Begründet werden wiederkehrende negative Unterschiedsbeträge von der Unternehmensleitung z. T. lediglich damit, dass jeweils gut verhandelt worden sei und es sich bei dem erworbenen Unternehmen um Randaktivitäten der Verkäufer handle, die unbedingt veräußert werden sollten. Eine solche vereinfachte Betrachtungsweise entspricht nicht dem Sinn und Zweck des nach IFRS 3.36 zwingend vorgeschriebenen Reassessment und würde eine solche Vorschrift erübrigen. Da nach IFRS 3.34 ff. ein negativer Unterschiedsbetrag aus einem Erwerb zu einem Preis unter dem Marktwert, einer regelkonformen Abweichung vom beizulegenden Zeitwert des übernommenen Vermögens und aus Ansatz- und Bewertungsfehlern resultieren kann, muss das Reassessment sich mit diesen Punkten intensiv auseinandersetzen.

---

[507] Vgl. zur diesbezüglichen Diskussion des IASB IFRS 3 BC374 ff., wobei der IASB unterstellt, dass das Management i. d. R. kein Interesse an einer absichtlichen Falschbewertung habe.

[508] Vgl. zur Principal-Agent-Theorie Abschn. 3.1.1.

[509] Vgl. Lüdenbach (2009), § 31 Rn. 129 mit Verweis auf Dobler (2005), S. 26; Pellens et al. (2008), S. 716.

bb) Analyse der Ursachen eines Erwerbs zu einem Preis unter dem Marktwert

Ein Erwerb zu einem Preis unter dem Marktwert setzt voraus, dass die Ausgewogenheit von Leistung und Gegenleistung bei einer Transaktion unter sachverständigen fremden Dritten nicht gegeben war. Grundsätzlich ist jedoch davon auszugehen, dass der ordentliche Kaufmann nichts verschenkt und nichts geschenkt bekommt. Dieser Ausgeglichenheitsvermutung steht nicht entgegen, dass sich jeder der beteiligten Parteien aus der Transaktion einen Vorteil verspricht, d. h. subjektiv der erhaltenen Leistung einen höheren Wert als der hingegebenen Leistung beimisst, da anderenfalls die Transaktion nicht zustande kommen würde. Solche subjektiven Einschätzungen rechtfertigen in einer objektivierten Rechnungslegung nicht zu einer Ertragsrealisation im Anschaffungszeitpunkt.[510] Die Ausgeglichenheitsvermutung, die in dem Anschaffungswertprinzip zum Ausdruck kommt und zu einer erfolgsneutralen Erfassung im Erwerbszeitpunkt führt, kann daher nicht ohne Weiteres widerlegt werden.[511] Als Ausnahmefall wird vom IASB jedoch die Möglichkeit eines Erwerbs zu einem Preis unter dem Marktwert als gegeben angesehen, z. B. bei einem Zwangsverkauf anlässlich des Todes eines Firmengründers.[512] Damit ist nach IFRS 3 die Erfassung eines Gewinns aus einem günstigen Kauf, anders als nach IAS 22, bei dem unter bestimmten Bedingungen eine Abstockung der beizulegenden Zeitwerte der erworbenen Vermögenswerte vorzunehmen war, in Ausnahmefällen möglich.[513]

Üblicherweise erlangen bei einem Unternehmenszusammenschluss die beteiligten Parteien durch eine Due-Diligence-Prüfung ein gewisses gemeinsames Verständnis über die Werte der übertragenden Gesellschaft und die Wirkungszusammenhänge der Geschäftstätigkeit des zum Erwerb stehenden Unternehmens.[514] Handelt der Veräußerer nicht unter Zwang, d. h. ohne ausreichende Zeit am Markt mit weiteren potentiellen Erwerbern in Kontakt zu treten, ist nicht von einer Bereitschaft auszugehen, wissentlich unterhalb des beizulegenden Zeitwerts zu verkaufen.[515] Auch

---

[510] Vgl. Abschn. 3.2.2.2.

[511] Vgl. zum erstmaligen Ansatz von Finanzinstrumenten zum beizulegenden Zeitwert IAS 39.43 i. V. m. AG76.

[512] Vgl. IFRS 3.34 f. und BC371 f.

[513] Der durch IFRS 3 ersetzte IAS 22.40 (rev. 1998) enthielt noch die explizite Begrenzung zur Bilanzierung von immateriellen Vermögenswerten, für die kein aktiver Markt besteht, bis zu der Höhe, die keinen negativen Unterschiedsbetrag entstehen lässt oder diesen erhöht. Vgl. Theile/Pawelzik (2003), S. 316 ff.

[514] Vgl. IFRS 3 BC381 Satz 1. Ein solches gemeinsames Verständnis des Managements kommt insbesondere bei einer Verschmelzung z. B. bei der Festlegung der Umtauschverhältnisse im Verschmelzungsbericht und des Verschmelzungsprüfers zur Beurteilung der Angemessenheit des Umtauschverhältnisses im Prüfbericht zum Ausdruck.

[515] Vgl. IFRS 3 BC381 Satz 2.

Erwerbe aus einer Insolvenz heraus können nicht automatisch als Zwangsverkäufe beurteilt werden.[516] Um eine missbräuchliche ergebniswirksame Erfassung von negativen Unterschiedsbeträgen zu vermeiden, sind nach IFRS 3 Anhang B64 Buchst. n die Gründe für den aus der Transaktion entstandenen Gewinn, der Betrag und der Ausweis im Anhang zu beschreiben. Ohne Nachweise für die Gründe eines Erwerbs zu einem Preis unter dem Marktwert bestehen Zweifel an einem zutreffenden Ansatz und einer fehlerfreien Bewertung.[517]

cc) Überprüfung von Ansatz und Bewertung unter der Berücksichtigung des Vorsichtsprinzips

Beim Reassessment ist zunächst zu analysieren, inwieweit der mit IFRS 3 konforme Ansatz des übernommenen Vermögens mit vom Fair Value abweichenden Werten, z. B. aufgrund des Abzinsungsverbots von latenten Steuern,[518] zu einem negativen Unterschiedsbetrag geführt hat. Auch bei künftig erwarteten Verlusten liegt es nahe, einen negativen Unterschiedsbetrag auf das Verbot des Ansatzes von Rückstellungen für Restrukturierungen, zu denen das erworbene Unternehmen noch nicht verpflichtet ist, im Rahmen einer Kaufpreisallokation zurückzuführen.[519] Nach Auffassung des IASB sind jedoch solche erwarteten Verluste oder Restrukturierungskosten wohl im beizulegenden Zeitwert des übernommenen Nettovermögens zu berücksichtigen.[520] So ist kritisch zu hinterfragen, warum der Verkäufer eine Gegenleistung unterhalb des beizulegenden Zeitwerts des Vermögens akzeptieren sollte, den er bei einem Einzelverkauf des Vermögens eines verlustbringenden Unternehmens erzielen könnte. Damit befindet man sich bereits bei der Überprüfung des Ansatzes und der Bewertung des übernommenen Vermögens. Im Mittelpunkt der Betrachtung stehen hierbei insbesondere die ermessensbehaftete Bewertung von immateriellen Vermögenswerten (z. B. Marken, Kundenlisten, Patente)[521] und von Finanzinstrumenten, für die kein aktiver Markt vorhanden ist, sowie der vollständige Ansatz und die zutreffende Bewertung von Eventualschulden sowie von belastenden und ungünstigen Verträgen. Dabei sind die ersten Ergebnisse von Gutachtern zur Bewertung von immateriellen Vermögenswerten oder gebrauchten Anlagen und

---

[516] Vgl. IASB Expert Advisory Panel (2008), Par. 25.
[517] Vgl. IFRS 3 BC372 Satz 4.
[518] Vgl. IAS 12.53.
[519] Vgl. zum Verbot des Ansatzes von Restrukturierungsrückstellungen IFRS 3.11 und BC132 ff.
[520] Vgl. IFRS 3 BC380 f. und BC134 ff.
[521] Vgl. z. B. zur Bewertung von Patenten Kasperzak/Witte (2009), S. 1549 ff.; Ensthaler/Strübbe (2006), S. 113 ff.

Maschinen kritisch zu hinterfragen.[522] Dies gilt insbesondere dann, wenn sich Gutachter bei der Bewertung allein auf die Prognosen des Managements stützen. Zudem ist im Rahmen des Reassessment nochmals auf die zutreffende Ermittlung der gewährten Gegenleistung zu achten. Dies gilt insbesondere für die Bewertung der Gegenleistung, wenn diese in Anteilen des übernehmenden Unternehmens besteht.[523] Bei der Überprüfung der gewährten Gegenleistung ist auch darauf zu achten, dass eine zutreffende Abgrenzung der Vergütung für den Erwerb des Unternehmens und für sonstige Leistungen des Erwerbers gegeben ist. Teile, die nicht den Unternehmenserwerb betreffen, sind separat zu bilanzieren.[524]

Aus der Ausgeglichenheitsvermutung zwischen Leistung und Gegenleistung und der daraus resultierenden expliziten Verpflichtung in IFRS 3.36 zur Durchführung eines Reassessment ist bei einem verbleibenden negativen Unterschiedsbetrag im Rahmen einer ordnungsgemäßen Buchführung eine erhöhte Darlegungs- und Beweislast des bilanzierenden Unternehmens für das Vorliegen eines Erwerbs zu einem Preis unter dem Marktwert und die Angemessenheit der verwendeten Annahmen bei der Bewertung abzuleiten.

Bei dem nach IFRS 3 durchzuführenden Reassessment ist insbesondere die Ausübung von vorhandenen Ermessensspielräumen in Frage zu stellen. Während bei einer Allokation eines positiven Unterschiedsbetrags die Erfolgsneutralität im Erwerbszeitpunkt sichergestellt ist, erlangt das Vorsichtsprinzip bei einem negativen Unterschiedsbetrag eine besondere Bedeutung, um eine missbräuchliche Erfassung nicht realisierter Gewinne durch einen zu stark ausgeprägten Optimismus des Managements bei der erstmaligen Bewertung von erworbenen Vermögenswerten und Schulden zu vermeiden.[525] Andererseits gestattet eine vorsichtige Vorgehensweise nicht, bewusst gegen den Neutralitätsgrundsatz zu verstoßen, um bei der Bewertung von Vermögenswerten stille Reserven zu legen oder Rückstellungen zu hoch zu dotieren und dadurch die Bandbreite vertretbarer Werte zu verlassen.[526] Bei der Ausübung von vorhandenen Ermessensspielräumen im Rahmen eines nach IFRS 3 verpflichtend durchzuführenden Reassessment ist jedoch die Ausgeglichenheitsvermutung von Leistung und Gegenleistung bei Transaktionen unter sachver-

---

[522] Vgl. zur Verwertung der Arbeit von Sachverständigen im Rahmen der Abschlussprüfung IDW (2002), PS 322 Rn. 1 ff.
[523] Vgl. Qin (2005), S. 67 f.
[524] Vgl. IFRS 3.51 f. und Abschn. 4.2.4.2 c). Vgl. anschaulich zur Berücksichtigung des Mehrkomponentenansatzes bei negativen Kaufpreisen und der Abgrenzung des Kaufpreises zu Vergütungen für Leistungen des Erwerbers Lüdenbach (2009), § 31 Rn. 130 f.
[525] Vgl. zur Bedeutung des Vorsichtsprinzips in der internationalen Rechnungslegung Abschn. 3.2.2.4.
[526] Vgl. RK.37 Satz 4.

ständigen Dritten zu beachten. Im Einklang mit dem Vorsichtsprinzip ist daher ein Gewinn aus einem günstigen Kauf erst dann zu erfassen, wenn eine Kalibrierung von Modellannahmen zur Berechnung der beizulegenden Zeitwerte der übernommenen Vermögenswerte und Schulden auf den Kaufpreis erkennen lässt, dass sich die dazu notwendigen Annahmen außerhalb einer vertretbaren Bandbreite befinden. Mit anderen Worten: Die Anwendung des Vorsichtsprinzips im Rahmen eines sachgerecht durchgeführten Reassessment unter der Beachtung der Ausgeglichenheitsvermutung konkretisiert die Ermessensausübung dahingehend, dass aus mehreren möglichen Bewertungen innerhalb einer vertretbaren Bandbreite der geringere Wertansatz bei Vermögenswerten zur Vermeidung eines Gewinnausweises auszuwählen ist, ohne aber dabei den Neutralitätsgrundsatz zu verletzen. Ein höherer Wertansatz für Vermögenswerte innerhalb einer vertretbaren Bandbreite ist nur dann sachgerecht, wenn entgegen der Ausgeglichenheitsvermutung deutlich höhere Wahrscheinlichkeiten für diese Werte eindeutig nachgewiesen werden können. Das Vorsichtprinzip bildet in diesem Sinn eine Entscheidungsregel zur Bilanzierung unter Unsicherheit.[527]

Die beobachtbare unterschiedliche Handhabung der Ausübung von Ermessensspielräumen in der Praxis im Rahmen des Reassessment zeigt, dass ein solches Verständnis nicht bei jedem Bilanzierenden vorhanden ist. Daher ist eine entsprechende Klarstellung des IASB in IFRS 3.36 und der Erhalt des Vorsichtsprinzips im Rahmenkonzept und in IAS 8 zur Ausfüllung von Regelungslücken im Sinne einer verlässlichen Rechnungslegung zu empfehlen.

c) Wesentliche Wertänderungen zwischen dem Bewertungsstichtag und dem Erwerbszeitpunkt

Erfolgt bei Verschmelzungen die Unternehmensbewertung zur Festlegung der Umtauschverhältnisse und Barabfindungen auf den Zeitpunkt der Zustimmung der Gesellschafter zur Verschmelzung, ist zu diesem Zeitpunkt von einer Ausgewogenheit der Leistung und Gegenleistung auszugehen.[528] Anderenfalls wären die Umtauschverhältnisse und das Barabfindungsangebot bewusst unzutreffend ermittelt worden, der Verschmelzungsvertrag fehlerhaft und der Verschmelzungsprüfer seiner Aufgabe nicht nachgekommen. Ist der Bewertungsstichtag zugleich der Erwerbszeitpunkt nach IFRS 3,[529] ist damit ein verbleibender negativer Unterschiedsbetrag nach

---

[527] Vgl. Fülbier/Gassen/Sellhorn (2008), S. 1326; Adler/Düring/Schmaltz (1995 ff.), § 252 HGB Rn. 65 ff.; Selchert (2002), § 252 HGB Rn. 18 f.

[528] Vgl. zum Bewertungsstichtag bei Verschmelzungen Abschn. 2.2.1.2.

[529] Vgl. zum Erwerbszeitpunkt nach IFRS 3 Abschn. 4.2.2.

einem Reassessment aufgrund eines Erwerbs zu einem Preis unter dem Marktwert bei einer Verschmelzung nach dem UmwG nahezu ausgeschlossen.

Fällt jedoch der Erwerbszeitpunkt gem. IFRS 3 nicht mit dem Bewertungsstichtag zur Festlegung der Umtauschverhältnisse zusammen, können sich bis zur Übernahmebilanzierung die Wertverhältnisse durch nicht mit der Verschmelzung im Zusammenhang stehende Ereignisse erheblich ändern. Die Auswirkungen von solchen zwischenzeitlichen Wertänderungen auf die Ermittlung eines positiven oder negativen Unterschiedsbetrags werden im Folgenden anhand von vier Beispielen verdeutlicht.

Beispiel 1:

Die B GmbH wird auf die A AG verschmolzen. Zum Zeitpunkt der Vertragsunterzeichnung und der Zustimmung der Gesellschafter beträgt der Unternehmenswert der B GmbH 200 Mio. Euro und der Wert einer Aktie der A AG 20 Euro bei einem Nennbetrag von 1 Euro je Aktie. Im Verschmelzungsvertrag wird die Gewährung von neuen Aktien der A AG im Wert von 200 Mio. Euro zum Erwerbszeitpunkt an die Gesellschafter der B GmbH vereinbart. Die B GmbH verfügt zum Zeitpunkt des Vertragsabschlusses über ein nach IFRS 3 bilanzierungsfähiges Vermögen ohne Goodwill mit einem beizulegenden Zeitwert von 160 Mio. Euro. Eine noch ausstehende behördliche Genehmigung wird zwei Monate später erteilt. Zu diesem Zeitpunkt, der nach IFRS 3 als Erwerbszeitpunkt qualifiziert, ist der Wert einer Aktie auf 25 Euro gestiegen. Die Wertverhältnisse bei der B GmbH haben sich nicht verändert. Eine Anpassung des Umtauschverhältnisses bei wesentlichen Wertänderungen wurde nicht vereinbart. Daher müssen den Gesellschaftern der B GmbH 8 Mio. neue Aktien der A AG gewährt werden. Damit errechnet sich ein zu bilanzierender Goodwill in Höhe von 40 Mio. Euro (= beizulegender Zeitwert der Gegenleistung 200 Mio. Euro abzgl. zu bilanzierendes Vermögen 160 Mio. Euro). Die Buchungssätze für die Übernahmebilanzierung zum Erwerbszeitpunkt im Einzel- und Konzernabschluss der A AG bei der Verschmelzung lauten daher wie folgt:

Vermögen	160 Mio. Euro		
Goodwill	40 Mio. Euro		
	an	Grundkapital	8 Mio. Euro
		Kapitalrücklage	192 Mio. Euro

Beispiel 2:

Das vorherige Beispiel wird im Folgenden dahingehend abgewandelt, dass der Unternehmenswert der B GmbH zwischen dem Tag der Zustimmung der Gesellschafter und dem Erwerbszeitpunkt aufgrund verbesserter Ertragsausichten von 200 Mio. Euro auf 240 Mio. Euro steigt. Nach IFRS 3 ist die Goodwillberechnung unverändert zum vorherigen Beispiel, sodass der zwischenzeitliche Mehrwert nicht zusätzlich als Goodwill auszuweisen ist. Dies lässt sich damit begründen, dass die Unternehmenswertermittlung und damit der zu bilanzierende Goodwill bei der Beschlussfassung eine Objektivierung erfahren hat, jedoch keine erneute Objektivierung zum späteren Erwerbszeitpunkt aufgrund einer fehlenden Vereinbarung über die Anpassung des Umtauschverhältnisses stattgefunden hat. Eine zwischenzeitliche Goodwillerhöhung kann im Einklang mit RK.34 als nicht hinreichend verlässlich qualifiziert werden. Die Buchungssätze sind dann unverändert zu dem vorherigen Beispiel.

Beispiel 3:

In Abwandlung des Beispiels 1 kann ein negativer Unterschiedsbetrag entstehen, wenn sich der beizulegende Zeitwert des übrigen zu bilanzierenden Vermögens von 160 Mio. Euro auf 220 Mio. Euro zwischenzeitlich erhöht. In diesem Fall ist gem. IFRS 3 der negative Unterschiedsbetrag in Höhe von 20 Mio. Euro (= beizulegender Zeitwert der Gegenleistung 200 Mio. Euro abzgl. zu bilanzierendes Vermögen 220 Mio. Euro) als Gewinn zu erfassen. Folgende Buchungssätze ergeben sich:

Vermögen		220 Mio. Euro	
	an	Grundkapital	8 Mio. Euro
		Kapitalrücklage	192 Mio. Euro
		Gewinn	20 Mio. Euro

Der Gewinn repräsentiert die zwischenzeitliche Wertsteigerung. Vor der Erfassung eines Gewinns hat aber ein Reassessment sicherzustellen, dass der beizulegende Zeitwert der gewährten Gegenleistung zutreffend ermittelt wurde und sich mit den Gründen auseinanderzusetzen, warum eine Anpassung der Umtauschverhältnisse nicht stattfindet und ob intersubjektiv nachprüfbar tatsächlich die beizulegenden Zeitwerte zwischen dem Tag der Zustimmung der Gesellschafter und dem Erwerbszeitpunkt gestiegen sind. Da der Vertragsabschluss eine Marktbestätigung darstellt, bei der zu diesem Zeitpunkt von einer Ausgewogenheit von Leistung und Gegenleistung auszugehen ist, und eine solche Markttransaktion Bestandteil der Definition des beizulegenden Zeitwerts ist, müssen zwischenzeitliche Wertänderungen auf beobachtbaren veränderten Marktbedingungen zurückzuführen sein, um einen höheren beizulegenden Zeitwert und den Ausweis eines Gewinns zu rechtfertigen.[530] Die Erfassung eines Gewinns aus einer zwischenzeitlichen Wertsteigerung des erworbenen Vermögens, bei dem die Gegenleistung in Anteilen besteht, stellt einen Verstoß gegen den Grundsatz der erfolgsneutralen Abbildung von Einlagevorgängen dar. Gerechtfertigt werden könnte diese Vorgehensweise nach einem zutreffend durchgeführten Reassessment damit, dass für einen solchen Ausnahmefall die Erfolgsneutralität zumindest zum Zeitpunkt der Vereinbarung sichergestellt war.

Beispiel 4:

Der Wert der auszugebenden Aktien kann zwischen dem Zeitpunkt des Vertragsabschlusses und dem Erwerbszeitpunkt sinken. In einem solchen Fall verringert sich bei einer fehlenden Anpassung der Gegenleistung der auszuweisende Goodwill. Es kann aber sogar ein negativer Unterschiedsbetrag aus einem solchen Werteverfall der zu gewährenden Aktien entstehen. Um dies zu verdeutlichen, wird der Sachverhalt des Beispiels 1 dahingehend abgewandelt, dass 10 Mio. neue Aktien der A AG an die Gesellschafter der B GmbH ausgegeben werden müssen, der Wert der Aktie der A AG zwischen dem Tag des Vertragsabschlusses und dem Erwerbszeitpunkt von 20 Euro auf 12 Euro sinkt, während der Unternehmenswert der B GmbH unverändert 200 Mio. Euro und das zu bilanzierende Vermögen 160 Mio. Euro beträgt. Daraus errechnet sich ein negativer Unterschiedsbetrag von 40 Mio. Euro (= Wert der Gegenleistung 120 Mio. Euro abzgl. neubewertetes Vermögen 160 Mio. Euro). Bei Anwendung von IFRS 3 lauten die Buchungssätze bei der Übernahmebilanzierung zum Erwerbszeitpunkt folgendermaßen:

Vermögen	160 Mio. Euro		
	an	Grundkapital	10 Mio. Euro
		Kapitalrücklage	110 Mio. Euro
		Gewinn	40 Mio. Euro

Im Erwerbszeitpunkt liegt aus der Perspektive der Altgesellschafter der A AG ein günstiger Kauf vor, da nunmehr zu diesem Zeitpunkt der Wert der zu gewährenden Gegenleistung geringer als der des erworbenen Unternehmens ist. Dieser resultiert jedoch aus dem Werteverfall der ursprünglich vereinbarten zu gewährenden Anteile aufgrund einer schlechten Performance des erwerbenden Unternehmens. Der Ausweis eines Gewinns nach einem Reassessment in der Gesamtergebnisrechnung

---

[530] Vgl. analog IAS 39 AG76 f. Vgl. zur Berücksichtigung von bestehenden Ermessensspielräumen Abschn. 4.2.4.4 c).

mag sachgerecht sein, wenn bereits bei Vertragsabschluss ein günstiger Kauf vorgelegen hat oder zwischen Vertragsabschluss und Erwerbszeitpunkt nachweislich eine Wertsteigerung des erworbenen Vermögens stattgefunden hat. Ob bei dem negativen Unterschiedsbetrag aufgrund der schlechten Performance des Erwerbers in diesem Beispiel aus Sicht des übernehmenden Unternehmens ein ökonomischer Gewinn vorliegt, der als Gewinn erfasst werden sollte, kann hingegen bezweifelt werden.

Nach Ansicht des IASB könne ein solcher Fall in der Praxis nicht auftreten, da stets bei wesentlichen Wertänderungen bis zum Erwerbszeitpunkt Anpassungs- und Vertragsausstiegsklauseln vereinbart seien.[531] Damit geht der IASB von dem Idealfall aus, dass stets auch im Erwerbszeitpunkt der Wert der gewährten Anteile dem Wert der Sacheinlage (Wert des erworbenen Unternehmens) entspricht.[532] Diese Annahme hilft aber bei einer tatsächlichen Diskrepanz nicht weiter. Fallen die Werte auseinander könnte fraglich sein, welche Größe und welcher Zeitpunkt für die Bewertung geeignet sind.

Wird im vorliegenden Beispiel zur Bewertung der Sacheinlage der Börsenkurs der gewährten Aktien des Erwerbers im Erwerbszeitpunkt als Bewertungsobergrenze herangezogen, hätte dies zur Vermeidung des Ausweises eines Gewinns eine Abstockung des beizulegenden Zeitwerts des übernommenen Vermögens zur Folge. IFRS 3 sieht zwar vorsichtige Bewertungen im Rahmen eines Reassessment vor, aber keine Abstockung. Eine solche Bilanzierung würde kein tatsächliches Bild über den Wert des erworbenen Vermögens bereitstellen.

Eine ergebnisneutrale Erfassung wäre im vorliegenden Beispiel nur unter Rückgriff auf einen vorsichtig ermittelten Wert des erworbenen Unternehmens denkbar, bei dem das übernommene Vermögen zum beizulegenden Zeitwert angesetzt und zusätzlich ein Goodwill als Residualgröße erfasst würde. Die Gegenbuchung müsste ausschließlich im Eigenkapital (Grundkapital und Kapitalrücklage) erfolgen. Eine solche Ermittlung eines Goodwill unmittelbar durch eine Unternehmensbewertung ist in IFRS 3 für die Fälle vorgesehen, in denen keine Gegenleistung gewährt wird, wie z. B. bei einem Zusammenschluss von Versicherungsvereinen auf Gegenseitigkeit.[533] Damit wäre der Einsatz von anerkannten Bewertungsmethoden auch im vorliegenden Beispiel vorstellbar. Eine solche Vorgehensweise würde zudem den

---

[531] Vgl. IFRS 3 BC340 ff.
[532] Vgl. IFRS 3 BC331. Diese Annahme des IASB hinsichtlich der Ausgeglichenheit zwischen der hingegebenen und erhaltenen Leistung im Erwerbszeitpunkt kommt auch in IFRS 3.33 zum Ausdruck.
[533] Vgl. IFRS 3.33 Satz 3.

Grundsätzen des IFRS 2 für Sacheinlagen entsprechen, nach denen die erhaltenen Güter, wie Vorräte, Sachanlagen, immaterielle Vermögenswerte u. a. nicht finanzielle Vermögenswerte, direkt mit ihrem beizulegenden Zeitwert am Tag des Erhalts anzusetzen sind.[534] Der Wert der Sacheinlage bei Ansatz eines Goodwill könnte zudem eine obere Begrenzung auf den Wert zum Zeitpunkt des Vertragsabschlusses bzw. des Zustimmungsbeschlusses der Gesellschafter erfahren, da zu diesem Zeitpunkt eine Objektivierung stattgefunden hat. Da eine solche Vorgehensweise derzeit nicht im Einklang mit dem Wortlaut des IFRS 3 steht,[535] wird eine derartige Änderung hier vorgeschlagen.

4.3 Besonderheiten bei einem umgekehrten Unternehmenserwerb

4.3.1 Identifizierung des Erwerbers

Nach der Erwerbsmethode des IFRS 3 ist bei jedem Unternehmenszusammenschluss eines der beteiligten Unternehmen als Erwerber zu identifizieren.[536] Die Ermittlung des Erwerbers ist für die Anwendung der Erwerbsmethode von zentraler Bedeutung, da das erwerbende Unternehmen nicht Objekt des Erwerbs ist und deshalb seine Buchwerte fortführt. Hingegen wird das Vermögen des erworbenen Unternehmens oder Geschäftsbetriebs im Erwerbszeitpunkt zum beizulegenden Zeitwert angesetzt.[537] IFRS 3 stellt jedoch bei der Bestimmung des Erwerbers nicht auf den rechtlichen Erwerber (übernehmenden Rechtsträger), sondern auf ein für Bilanzierungszwecke erwerbendes Unternehmen (bilanziellen Erwerber) ab.[538]

Üblicherweise ist das Unternehmen der Erwerber, das im Rahmen des Unternehmenszusammenschlusses Anteile ausgibt oder Zahlungen leistet. Wird jedoch nicht der rechtliche Erwerber, sondern ein rechtlich erworbenes Unternehmen nach IFRS 3 als Erwerber identifiziert, wird von einem umgekehrten Unternehmenserwerb (reverse acquisition) gesprochen.[539] Ein umgekehrter Unternehmenserwerb im Sinne des IFRS 3 liegt z. B. bei einer Einbringung der Anteile eines großen nicht börsennotierten Unternehmens in ein kleineres börsennotiertes Unternehmen vor. Als Gegenleistung erhalten die Anteilseigner des nicht börsennotierten Unternehmens

---

[534] Vgl. IFRS 2.7 und IFRS 2.10.
[535] Vgl. zur Begründung IFRS 3 BC340 ff.
[536] Vgl. IFRS 3.5 f.
[537] Vgl. Abschn. 4.1.2.
[538] Vgl. zur Unterscheidung zwischen Rechtsträgern und Unternehmen Abschn. 3.3.1 und 4.3.4.1.
[539] Vgl. IFRS 3 Anhang B15.

Ausgewählte externe Umstrukturierungen 115

die Mehrheit der Anteile an dem übernehmenden Rechtsträger.[540] Ebenso kann bei einer Verschmelzung ein umgekehrter Unternehmenserwerb vorliegen.[541]

Als Erwerber gilt nach IFRS 3 bei einem Unternehmenszusammenschluss jenes zuvor bestehende Unternehmen, das die Beherrschung (control) über ein anderes Unternehmen mit einem Geschäftsbetrieb erlangt.[542] IFRS 3 greift damit zur Bestimmung des Erwerbers zunächst auf das Control-Konzept des IAS 27 mit den darin enthaltenen Leitlinien zurück.[543] Soweit der Erwerber nicht anhand der Kriterien des IAS 27 eindeutig ermittelt werden kann, sind die zusätzlichen Leitlinien des IFRS 3 heranzuziehen.[544] Die dort aufgeführten Indikatoren, die im Folgenden dargestellt werden, weisen keine Hierarchie auf, sodass die Gesamtumstände des Einzelfalles bei der Bestimmung des Erwerbers zu berücksichtigen sind.[545] Üblicherweise gilt gem. IFRS 3 das an einem Unternehmenszusammenschluss beteiligte Unternehmen als Erwerber, wenn es

- z. B. gemessen an der Bilanzsumme, an den Umsatzerlösen oder am Gewinn das größere ist;
- bei einer Beteiligung von mehr als zwei Unternehmen den Zusammenschluss initiiert und maßgeblich vorangetrieben hat;
- bei einem Zusammenschluss die Gegenleistung in Form von Zahlungsmitteln und anderen Vermögenswerten, einer Übernahme von Schulden oder in Anteilen gewährt.[546]

Allerdings sind nach IFRS 3 bei der Identifizierung des Erwerbers bei einem Unternehmenszusammenschluss, der wie bei einer Verschmelzung durch Aufnahme primär durch einen Tausch von Unternehmensanteilen geprägt ist, weitere Umstände

---

[540] Vgl. IFRS 3 Anhang B19.

[541] Vgl. Vater (2002), S. 2445 f. Vgl. zu Beispielen von umgekehrten Unternehmenserwerben in Deutschland Seppelfricke/Seppelfricke (2002), S. 365 ff.; Zwirner/Schmidt (2009): S. 5 mit Verweis z. B. auf die Einbringung der Anteile an der KPS Consulting AG in die KPS AG (ehemalige HAITEC AG) im Jahr 2008; die Verschmelzung der BOV AG auf die adesso AG im Jahr 2007, die Einbringung der United MailSolutions GmbH in die ACTIUM AG Beteiligungs AG im Jahr 2007, die Sacheinlage der Praktiker AG durch die Metro AG in die Praktiker Holding AG im Jahr 2007 und die Einbringung der Teraport GmbH in die caatoosee ag im Jahr 2005. Vgl. zu Vor- und Nachteilen eines Börsengangs durch einen umgekehrten Unternehmenserwerb Seppelfricke/Seppelfricke (2001), S. 581 ff.; Bösl (2003), S. 297 ff.; Weiser (2005), S. 489 ff.; Knüppel (2007), S. 56 f.

[542] Vgl. IFRS 3 Anhang A.

[543] Vgl. IFRS 3.7 Satz 1. Nach IAS 27.13 besteht bei Erlangung der Mehrheit der Stimmrechte die nur in Ausnahmefällen widerlegbare Vermutung der Beherrschung. Vgl. zu weiteren Einzelheiten des Control-Konzepts Abschn. 4.3.4.2.

[544] Vgl. IFRS 3.7 Satz 2 und IFRS 3 Anhang B13.

[545] Vgl. IFRS 3 BC97.

[546] Vgl. IFRS 3 Anhang B14 ff.

zu berücksichtigen. Dabei gilt das an dem Zusammenschluss beteiligte zuvor bestehende Unternehmen als Erwerber,

- dessen Gesellschafter als Gruppe den größten Anteil der Stimmrechte an dem zusammengeschlossenen Unternehmen halten;
- dessen alleiniger Gesellschafter oder organisierte Gruppe von Gesellschaftern den größten Minderheitenanteil an den Stimmrechten des zusammengeschlossenen Unternehmens hält;
- dessen Anteilseigner die Möglichkeit besitzen, die Zusammensetzung der Organe des Unternehmens nach dem Unternehmenszusammenschluss zu bestimmen;
- dessen (frühere) Geschäftsleitung auch die Geschäftsleitung des zusammengeschlossenen Unternehmens dominiert;
- das eine Prämie auf den vor dem Zusammenschluss geltenden beizulegenden Zeitwert der Anteile des oder der anderen am Zusammenschluss beteiligten Unternehmen(s) zahlt.[547]

Bei einer Verschmelzung durch Neugründung ist nach IFRS 3 nicht die neu gegründete Gesellschaft, sondern ebenfalls ein zuvor bestehendes Unternehmen als Erwerber anhand der o. g. Kriterien zu identifizieren.[548] Allerdings kann ein neu gegründetes Unternehmen als Erwerber anzusehen sein, wenn es als Gegenleistung für den Unternehmenserwerb Zahlungsmittel oder andere Vermögenswerte gewährt oder Verbindlichkeiten übernimmt.[549]

4.3.2 Grundzüge der umgekehrten Erwerbsmethode

Bei einem umgekehrten Unternehmenserwerb werden in dem vom rechtlichen Erwerber aufgestellten Abschluss in umgekehrter Anwendung der Erwerbsmethode die Buchwerte des rechtlich erworbenen Unternehmens fortgeführt und die stillen Reserven und Lasten des rechtlichen Erwerbers aufgedeckt, d. h. dessen Vermögen zum beizulegenden Zeitwert angesetzt.[550] Daher wird diese Vorgehensweise auch als umgekehrte Erwerbsmethode (reverse acquisition method) bezeichnet.[551] Auf

---

[547] Vgl. IFRS 3 Anhang B15.
[548] Vgl. IFRS 3 Anhang B18 Satz 2. Gleiches gilt für Unternehmenszusammenschlüsse durch Sachgründung einer neuen Gesellschaft.
[549] Vgl. IFRS 3 Anhang B18 Satz 3.
[550] Vgl. IFRS 3 Anhang B22.
[551] Vgl. Busse von Colbe et al. (2006), S. 199.

diese Weise soll z. B. bei einer Verschmelzung der von der rechtlich übernehmenden Gesellschaft aufgestellte Abschluss wirtschaftlich den der untergehenden Gesellschaft darstellen. Dazu sind auch die Vorjahresvergleichszahlen dem Abschluss des rechtlich erworbenen Unternehmens zu entnehmen.[552] Gewöhnlich kommt diese Betrachtung auch in einer Umfirmierung der übernehmenden Gesellschaft zum Ausdruck.

Nach IFRS 3 ist die Sichtweise des umgekehrten Unternehmenserwerbs auch bei der Ermittlung der Gegenleistung zur Berechnung des Goodwill zu berücksichtigen. Dabei basiert der beizulegende Zeitwert der gewährten Gegenleistung des bilanziellen Erwerbers auf der Anzahl der Anteile, die er auszugeben hätte, um den Anteilseignern der rechtlich übernehmenden Gesellschaft den gleichen prozentualen Anteil am Eigenkapital am zusammengeschlossenen Unternehmen zu gewähren, wie er sich nach Durchführung des umgekehrten Unternehmenserwerbs ergeben hat.[553]

Ferner sind in einem solchen Abschluss die unmittelbar vor dem Zusammenschluss bestehenden Gewinnrücklagen und sonstigen Eigenkapitalbestandteile des bilanziellen Erwerbers auszuweisen.[554] Das auszuweisende gezeichnete Kapital ist das der rechtlich übernehmenden Gesellschaft unter Berücksichtigung der im Rahmen einer Einbringung oder Verschmelzung ausgegebenen Anteile. Da jedoch gleichzeitig der zu bilanzierende Wert des ausgegebenen Eigenkapitals durch die Summe des ausgegebenen Eigenkapitals des bilanziellen Erwerbers unmittelbar vor dem Zusammenschluss und dem beizulegenden Zeitwert des rechtlichen Erwerbers zu bestimmen ist, sind entstehende Differenzen in der Kapitalrücklage zu erfassen.[555]

Bei einem umgekehrten Unternehmenserwerb werden die Anteile der Gesellschafter des rechtlich erworbenen Unternehmens, die ihre bisherige Beteiligung nicht aufgeben als Minderheitenanteil im Konzernabschluss ausgewiesen. Begründet wird dies damit, dass sie nur an den Ergebnissen und dem Vermögen des rechtlich erworbenen Unternehmens beteiligt sind. Entsprechend wird der Anteil der Gesellschafter des rechtlichen Erwerbers, d. h. der Anteil des für bilanzielle Zwecke erworbenen Unternehmens, im Konzernabschluss nicht als Minderheitenanteil ausgewiesen.[556] Die Bewertung des Minderheitenanteils erfolgt mit dem anteiligen Buchwert

---

[552] Vgl. IFRS 3 Anhang B21.
[553] Vgl. IFRS 3 B20.
[554] Vgl. IFRS 3 B22 Buchst. c.
[555] Vgl. IFRS 3 Anhang B22 Buchst. d; Adler/Düring/Schmaltz (2007), Abschn. 22 Rn. 153.
[556] Vgl. IFRS 3 Anhang B23.

des rechtlich erworbenen Unternehmens.[557] Bei einer Verschmelzung können aufgrund des Untergangs des übertragenden Rechtsträgers diesbezüglich keine Minderheitsgesellschafter verbleiben.

Bei der Ermittlung des Ergebnisses je Aktie ist zunächst vom Beginn der Berichtsperiode bis zum Erwerbszeitpunkt auf die durchschnittlich gewichtete Zahl der Stammaktien des rechtlich erworbenen Unternehmens multipliziert mit dem Umtauschverhältnis abzustellen. Hinzuaddiert wird die Anzahl der ausstehenden Stammaktien vom Erwerbszeitpunkt bis zum Ende der Berichtsperiode des rechtlichen Erwerbers.[558] Das unverwässerte Ergebnis je Aktie ist für die jeweiligen Vorjahresvergleichsperioden durch einen Rückgriff auf die historische durchschnittlich gewichtete Anzahl der ausstehenden Stammaktien des rechtlich erworbenen Unternehmens durch Multiplikation mit dem Umtauschverhältnis zu ermitteln.[559]

4.3.3 Beispiel eines umgekehrten Unternehmenserwerbs

Die umgekehrte Erwerbsmethode soll anhand des nachfolgenden Beispiels verdeutlicht werden.[560] Zum Ende des Jahres 2009 erhalten die Aktionäre der B AG die Möglichkeit, ihre Anteile gegen neu ausgegebene Aktien der börsennotierten A AG mit Wirkung zum 1. Januar 2010 einzutauschen. Zu diesem Zeitpunkt ergeben sich folgende Werte:

---

[557] Vgl. IFRS 3 Anhang B24.
[558] Vgl. IFRS 3 Anhang B26.
[559] Vgl. IFRS 3 Anhang B27 Buchst. b.
[560] Das Beispiel ist an das Beispiel in IFRS 3 IE1-15 angelehnt. Steuerliche Effekte bleiben aus Vereinfachungsgründen unberücksichtigt. Vgl. zu weiteren Beispielen Zwirner (2009), S. 138 ff.; Ströher (2008), S. 246 ff.; Reichelt/Schmidt (2005) S. 46 ff.; Küting/Müller/Pilhofer (2000), S. 260 ff.; Weiser (2005), S. 494 ff.; Baetge/Hayn/Ströher (2009), IFRS 3 Rn. 372 ff.

Ausgewählte externe Umstrukturierungen 119

	A AG		B AG	
	Buchwerte in Mio. Euro	Zeitwerte in Mio. Euro	Buchwerte in Mio. Euro	Zeitwerte in Mio. Euro
Aktiva				
Goodwill		300		250
Diverse Vermögenswerte	1.100	1.300	2.000	2.150
Bilanzsumme	1.100	1.600	2.000	2.400
Passiva				
Grundkapital	100	100	60	60
Kapitalrücklage	200	200	540	540
Neubewertungsrücklage		500		400
Gewinnrücklage	800	800	1.400	1.400
Bilanzsumme	1.100	1.600	2.000	2.400
Wert je Aktie in Euro		16		40

Das jeweilige Grundkapital besteht aus Aktien mit einem Nennwert von 1 Euro je Aktie. In den Vermögenswerten der A AG sind stille Reserven in Höhe von 200 Mio. Euro und in denen der B AG in Höhe von 150 Mio. Euro enthalten. Der Unternehmenswert der A AG ($UW_{(A\,AG)}$) beträgt 1.600 Mio. Euro. Der Unternehmenswert der B AG ($UW_{(B\,AG)}$) wurde mit 2.400 Mio. Euro ermittelt. Das Umtauschangebot nehmen sämtliche Aktionäre der B AG mit Wirkung zum 1. Januar 2010 an. Anhand der vorhandenen Anteile (a = Anzahl der Aktien der A AG; b = Anzahl der Aktien der B AG) und der Unternehmenswerte wird das Umtauschverhältnis (U) ermittelt:[561]

$$U = \frac{b \cdot UW_{(A\,AG)}}{a \cdot UW_{(B\,AG)}} = \frac{60\ Mio.\ Anteile \cdot 1.600\ Mio.\ Euro}{100\ Mio.\ Anteile \cdot 2.400\ Mio.\ Euro} = \frac{1}{2,5}$$

Danach erhalten die Aktionäre der B AG für einen Anteil 2,5 neue Aktien der A AG. Entsprechend wird das Grundkapital der A AG um 150 Mio. Aktien mit einem Nennwert von 1 Euro im Austausch für die 60 Mio. Anteile der B AG (= 2,5 Aktien/Anteil x 60 Mio. Anteile) erhöht. Durch die Ausgabe von 150 Mio. neuen Aktien an die Altgesellschafter der B AG halten diese nach dem Anteilstausch 60 % an der A AG (= 150 Mio. neue Aktien / [100 Mio. alte Aktien + 150 Mio. neue Aktien]). Die verbleibenden 40 % der Anteile halten die bisherigen Altaktionäre der A AG.

Wäre der Unternehmenszusammenschluss in der Weise durchgeführt worden, dass die B AG Anteile den Aktionären der A AG im Austausch für ihre Aktien gewährt hätte, hätte die B AG 40 Mio. Anteile ausgeben müssen, damit dieser Tausch zu

---

[561] Vgl. zur Ermittlung von Umtauschverhältnissen Bermel/Hannappel (1996), § 5 UmwG Rn. 35 ff; Pfitzer (2007), Abschn. D Rn. 58 ff.

einem gleichen Anteilsverhältnis führen würde (= 100 Mio. Anteile : 2,5 Aktien/Anteil). Dabei würde sich bei einem Anteilswert von 40 Euro eine fiktive Gegenleistung von 1.600 Mio. Euro errechnen (= 40 Mio. neu auszugebende Anteile an der B AG x 40 Euro/Anteil). Der Goodwill wird darauf aufbauend wie folgt ermittelt:

	in Mio. Euro
Fiktiv gewährte Gegenleistung	1.600
Identifizierte und nach IFRS 3 zum beizulegenden Zeitwert anzusetzende Vermögenswerte der A AG (Buchwert 1.100 Mio. Euro + stille Reserven 200 Mio. Euro)	-1.300
Goodwill	300

Die Konzernbilanz zum 1. Januar 2009 stellt sich unmittelbar nach dem Unternehmenszusammenschluss wie folgt dar:

	A AG in Mio. Euro	B AG in Mio. Euro	Summe in Mio. Euro	Konsolidierung in Mio. Euro	Konzernbilanz in Mio. Euro
Aktiva					
Goodwill				300 [2)]	300
Anteile an der B AG	2.400		2.400	-2.400 [1)]	0
Diverse Vermögenswerte	1.100	2.000	3.100	200 [2)]	3.300
Bilanzsumme	3.500	2.000	5.500	-1.900	3.600
Passiva					
Grundkapital	250	60	310	-60 [1)]	250
Kapitalrücklage	2.450	540	2.990	-1.540 [1)] 500 [2)]	1.950
Zwischensumme	2.700	600	3.300	-1.100	2.200
Gewinnrücklage	800	1.400	2.200	-800 [1)]	1.400
Bilanzsumme	3.500	2.000	5.500	-1.900	3.600

Dabei wird davon ausgegangen, dass die A AG in ihrem IFRS-Einzelabschluss gem. IAS 27.38 die eingebrachten Anteile an der B AG mit dem beizulegenden Zeitwert in Höhe von 2.400 Mio. Euro ansetzt, das Grundkapital um 150 Mio. Euro erhöht und die Differenz zum beizulegenden Zeitwert der eingebrachten Anteile in der Kapitalrücklage erfasst. In einer ersten Konsolidierungsbuchung wird der Beteiligungsbuchwert eliminiert. Die Gegenbuchung erfolgt unter Eliminierung der Gewinnrücklage der A AG und des Grundkapitals der B AG unter Erfassung der verbleibenden Differenz in der Kapitalrücklage. In einer zweiten Konsolidierungsbuchung werden die stillen Reserven (200 Mio. Euro) in der A AG aufgedeckt und der Goodwill (300 Mio. Euro) erfasst. Die Gegenbuchung erfolgt wiederum in der Kapitalrücklage (500 Mio. Euro). Auf diese Weise wird letztlich im Konzernabschluss eine Einlage der A AG in die B

AG fingiert (1.600 Mio. Euro = 1.300 Mio. Euro diverse Vermögenswerte + 300 Mio. Euro Goodwill). Diese Einlage schlägt sich unter der notwendigen Einhaltung der Struktur des gesellschaftsrechtlichen Grundkapitals der A AG in einer fiktiven Erhöhung des gezeichneten Kapitals der B AG (+190 Mio. Euro) und in der Kapitalrücklage (+1.410 Mio. Euro) nieder.

Der Unternehmenszusammenschluss kann auch statt durch eine Einbringung der Aktien der B AG in die A AG durch eine unmittelbare Verschmelzung der B AG auf die A AG durchgeführt werden. Der Konzernabschluss der zusammengeschlossenen Unternehmen ist bei Anwendung der umgekehrten Erwerbsmethode in beiden Fällen identisch.

4.3.4 Würdigung der umgekehrten Erwerbsmethode

4.3.4.1 Formalrechtliche und wirtschaftliche Betrachtungsweise eines Unternehmenserwerbs

Fraglich ist, ob die umgekehrte Erwerbsmethode den Abschlusszwecken unter rechtlicher und wirtschaftlicher Betrachtung angemessen Rechnung trägt. In der Rechtswissenschaft wird zwischen einem Unternehmens- oder Rechtsträger, z. B. einem Kaufmann oder einer Kapitalgesellschaft, und dem Unternehmen unterschieden.[562] Im Handelsrecht stellt das Unternehmen eine organisatorische Einheit zur Verfolgung wirtschaftlicher Ziele dar.[563] Das Unternehmen ist ein Rechtsobjekt als Inbegriff von Sachwerten, wie z. B. von Gebäuden, Maschinen, Patenten, Marken, Vorräten, Forderungen und Verbindlichkeiten sowie von Goodwill prägenden Kunden- und Lieferantenbeziehungen, Betriebs- und Geschäftsgeheimnissen, Know how der Mitarbeiter und interner Prozesse.[564] Hingegen ist eine Kapitalgesellschaft als Träger eines Unternehmens das Zuordnungssubjekt von Rechten und Pflichten (Rechtssubjekt).[565]

Die Unterscheidung wird auch deutlich bei den Umwandlungsarten des UmwG. So geht bei einer Verschmelzung der übertragende Rechtsträger unter, während das dabei übertragene Unternehmen als Rechtsobjekt unter einem anderen Rechtsträger

---

[562] Vgl. Schmidt (1999), S. 81 f.; ders. (2002), S. 181.
[563] Vgl. Ensthaler (2007), §§ 1–7 HGB Vorbem. Rn. 10.
[564] Vgl. ebenda.
[565] Vgl. Schmidt (1999), S. 78 ff. Jensen/Meckling (1976), S. 311, bezeichnen als „firm" eine rechtliche Fiktion, die als Nexus für vertragliche Beziehungen diene und durch verteilbare Residualansprüche auf das Vermögen und Cashflows der Organisation charakterisiert werde, die gewöhnlich ohne Erlaubnis anderer Vertragsparteien veräußert werden können.

in einem größeren Verbund fortbestehen kann.[566] Rechtlich kann nur ein Subjekt etwas erwerben, sodass nur eine natürliche oder juristische Person (übernehmender Rechtsträger) und kein Rechtsobjekt (Unternehmen) als Erwerber betrachtet werden kann. An diese juristische Betrachtung knüpfen die Bilanzierungsvorschriften in § 24 UmwG an. So hat in HGB-Abschlüssen der übernehmende Rechtsträger das übernommene Vermögen mit den Anschaffungskosten anzusetzen, sofern nicht die gesetzlich eingeräumte Möglichkeit der Buchwertfortführung gewählt wird.[567] Die umgekehrte Erwerbsmethode wird als nicht mit der Vierten und Siebenten Richtlinie und damit auch nicht mit dem HGB vereinbar angesehen.[568]

Bei einer grundsätzlichen Einigung zwischen den Beteiligten zur Durchführung eines Unternehmenszusammenschlusses mittels Anteilstausch ist die konkrete rechtliche Gestaltung und die damit verbundene Bestimmung der rechtlich übernehmenden Gesellschaft bei Einbringungen und Verschmelzungen primär von rechtlichen Aspekten und bilanzpolitischen Gestaltungsmöglichkeiten bestimmt. Die wirtschaftliche Substanz des zusammengeschlossenen Unternehmens ist unabhängig davon, welche der beteiligten Gesellschaften bei einer Verschmelzung durch Aufnahme als übernehmender Rechtsträger bestimmt wird, ob bei einer Verschmelzung die aufnehmende Gesellschaft neu gegründet wird oder ob der Zusammenschluss durch eine Einbringung sämtlicher Anteile erfolgt. Daher strebt der IASB eine von der rechtlichen Gestaltung losgelöste, wirtschaftliche Betrachtung für Bilanzierungszwecke und damit verbundene Bestimmung des Erwerbers an.[569]

4.3.4.2 Fehlender Einklang der Kriterien des IFRS 3 mit dem Control-Konzept

Nach IFRS 3 ist zur Bestimmung des Erwerbers zunächst auf die Kriterien des IAS 27 zum Control-Konzept zurückzugreifen.[570] Das Control-Konzept stellt nach der Auffassung des IASB auf die Beziehung zwischen zwei Unternehmen ab,[571] ohne aber zu definieren, was ein Unternehmen ist. Mittels des Control-Konzepts des IAS 27 werden Tochterunternehmen von Mutterunternehmen abgegrenzt. Tochterunternehmen sind danach Unternehmen, die von einem anderen Unternehmen beherrscht werden. Das beherrschende Unternehmen wird als Mutterunternehmen bezeich-

---

[566] Bei einem Formwechsel erhält hingegen der Rechtsträger nur eine andere Rechtsform. Vgl. § 190 Abs. 1 UmwG.
[567] Vgl. Abschn. 5.2.1.
[568] Vgl. Busse von Colbe et al. (2006), S. 203.
[569] Vgl. IFRS 3 BC100. Vgl. zum Grundsatz der wirtschaftlichen Betrachtungsweise Abschn. 3.2.2.5.
[570] Vgl. zum Control-Konzept Sürken (1999), S. 149 ff.
[571] Vgl. IFRS 3 BC95.

net.[572] Die Definition von Tochterunternehmen ist zunächst von Bedeutung zur Klärung der Frage, wer einen Konzernabschluss aufzustellen hat. Liegt ein Mutter-Tochterverhältnis vor, hat nach IAS 27.9 das Mutterunternehmen grundsätzlich einen Konzernabschluss aufzustellen.[573] Aber auch der Konsolidierungskreis eines Konzernabschlusses, d. h. die einzubeziehenden Unternehmen zur berichterstattenden Einheit, wird nach dem Control-Konzept bestimmt. Danach sind in den Konzernabschluss das Mutterunternehmen und alle seine Tochterunternehmen dergestalt einzubeziehen, als handle es sich bei ihnen um ein einziges wirtschaftliches Unternehmen.[574]

Die Annahme einer Beherrschung setzt nach dem Control-Konzept neben der Möglichkeit der Bestimmung der Geschäfts- und Finanzpolitik auch eine Nutzenziehung voraus. Dem liegt die Überlegung zugrunde, dass der obersten Konzerngesellschaft durch die Beherrschung unter Berücksichtigung der partizipierenden Minderheitsgesellschafter der Tochterunternehmen der Nutzen zufließt. Als Ausfluss dieses Konzepts wird der Konzernabschluss unter dem Namen des Mutterunternehmens (der Konzernobergesellschaft) aufgestellt.[575] Dabei sind das gezeichnete Kapital und die Rücklagen, die den Eigentümern der Muttergesellschaft zuzuordnen sind, sowie die Anteile der Minderheitsgesellschafter von Tochterunternehmen ebenfalls innerhalb des Eigenkapitals in der Konzernbilanz auszuweisen.[576]

Nach IAS 27.13 wird Beherrschung dann angenommen, wenn ein Unternehmen über die Mehrheit der Stimmrechte über ein anderes Unternehmen verfügt. Bei fehlender Stimmrechtsmehrheit liegt Beherrschung bei Vorhandensein eines Stimmrechtsbindungsvertrags, eines Beherrschungsvertrags oder der Möglichkeit, die Mehrheit der Mitglieder des Geschäftsführungs- und/oder Aufsichtsorgans zu bestimmen vor.[577] Damit ist das Control-Konzept wesentlich durch konkrete Rechte geprägt. Für die Beurteilung der Beherrschung kann allerdings eine wirtschaftliche Betrachtung von Bedeutung sein, z. B. für die wirtschaftliche Zuordnung von Stimmrechten bei Treu-

---

[572] Vgl. IAS 27.4.
[573] Vgl. zu Ausnahmen von der Aufstellungspflicht IAS 27.10.
[574] Vgl. IAS 27.4.
[575] Vgl. zur Aufstellung unter dem Namen des Mutterunternehmens IFRS 3 Anhang B21 Satz 1.
[576] Vgl. IAS 1.54 Buchst. q und r.
[577] Widerlegt werden kann die Vermutung der Beherrschung z. B. bei einer Einschränkung der Stimmrechte durch einen Joint-Venture-Vertrag im Sinne des IAS 31. Vgl. zur Konzeption des Beherrschungsverhältnisses Watrin/Lammert (2008), S. 74 ff. Vgl. zu vorgesehenen Änderungen IASB (2008b), ED 10 S. 15 ff. In diesem Entwurf zur Ersetzung der Konsolidierungsvorschriften des IAS 27 ist ebenfalls das Control-Konzept enthalten. Die Bilanzierungsvorschriften des IAS 27 für Einzelabschlüsse sollen nach einer Neunummerierung unverändert erhalten bleiben. Vgl. IASB (2008b), ED 10 Anhang C9. Vgl. zu den vorgeschlagenen Änderungen Beyhs/Buschhüter/Wagner (2009), S. 61 ff.; Pütz/Ramsauer (2009), S. 867 ff.; Kirsch/Ewelt (2009), S. 1574 ff.

handverhältnissen oder bei der Konsolidierungspflicht von Zweckgesellschaften nach SIC 12, für die die Geschäftstätigkeit im Voraus durch die Gründer vertraglich festgelegt wurde. Aber auch dabei wird nach SIC 12 auf einmalig in der Vergangenheit ausgeübte und nunmehr durch einen „Autopiloten" fortwirkende Rechte abgestellt. Die Kriterien des IAS 27.13, wie z. B. die Ausübung der Stimmrechte, die Bestimmung der Mehrheit der Organe einer Gesellschaft, sind Rechte zur Ausübung der Beherrschung, die nicht von einem „Unternehmen" als Rechtsobjekt, sondern nur von einem Rechtssubjekt, d. h. von natürlichen und juristischen Personen ausgeübt werden können. In dem Eingangsbeispiel verfügt die A AG nach dem mit dem Share Deal verbundenen Anteilstausch über die Mehrheit der Stimmrechte an der B AG, sodass in Einklang mit den Kriterien des IAS 27.13 die A AG als Mutterunternehmen und die B AG als Tochterunternehmen zu bezeichnen ist.[578] Die Annahme der Beherrschung in dem vorherigen Beispiel der im vollständigen Anteilsbesitz der A AG stehenden B AG (Tochterunternehmen) über die A AG (Mutterunternehmen) ist abstrus. Beherrschung kann immer nur von der rechtlichen Obergesellschaft (Mutterunternehmen) bzw. von deren rechtlichen Vertretern und nicht umgekehrt von der untergeordneten Gesellschaft (Tochterunternehmen) ausgeübt werden.[579] Des Weiteren ist ein Nutzenzufluss von einer Obergesellschaft zu einer untergeordneten Gesellschaft mittels Gewinnausschüttungen gesellschaftsrechtlich nicht darstellbar. Auch die in dem Beispiel erlangte Börsennotierung zur weiteren Kapitalbeschaffung durch die A AG stellt keinen Nutzenzufluss bei der fortbestehenden B AG dar, da für die ersparten Kosten des Tochterunternehmens zur Erlangung einer eigenen Börsennotierung bei einer Kapitalbeschaffung durch die A AG grundsätzlich Zinsen für dieses bereitgestellte Kapital zu zahlen sind.

Im Einzelabschluss der B AG kann das Unternehmen der A AG mangels Verfügungsmacht nicht bilanziert werden. Vielmehr hat die A AG die Beteiligung an der B AG als Tochterunternehmen nach IAS 27.38 wahlweise zu Anschaffungskosten oder zum beizulegenden Zeitwert zu bilanzieren. Für die Identifizierung des Erwerbers zur Anwendung der Erwerbsmethode im Konzernabschluss kommt bei strikter Anwendung von IFRS 3.7 Satz 1 mit dem darin vorgeschriebenen Rückgriff auf die Kriterien des IAS 27 nur die A AG als Erwerber in Frage. Da sich anhand der Kriterien des IAS 27 im vorliegenden Beispiel ein Erwerber eindeutig identifizieren

---

[578] Verfügt weder die A AG noch die B AG über andere Tochterunternehmen, begründet dieses im Rahmen der Transaktion zustande gekommene Control-Verhältnis erstmals die Pflicht zur Aufstellung eines Konzernabschlusses.

[579] Vgl. Pawelzik (2003), S. 136.

lässt, bleibt für die weiteren Kriterien des IFRS 3 zur Bestimmung des Erwerbers entsprechend des Wortlauts von IFRS 3.7 Satz 2 kein Raum. Dennoch wird ein solches Beispiel vom IASB als typischer Anwendungsfall eines umgekehrten Unternehmenserwerbs angesehen und unter Verwendung der zusätzlichen Kriterien des IFRS 3 unter Nichtbeachtung des Wortlauts von IFRS 3.7 die umgekehrte Erwerbsmethode zur Anwendung gebracht.[580] Die Inkonsistenz zum juristisch geprägten Control-Konzept besteht darin, dass bei der Bestimmung des bilanziellen Erwerbers nicht allein auf die Beherrschung einer berichterstattenden Gesellschaft über ein erworbenes Reinvermögen abgestellt wird, sondern die Ebene der Anteilseigner und weitere Kriterien bei der Bestimmung des Erwerbers in die Betrachtung einbezogen werden sollen.[581] So wird nach IFRS 3 Anhang B15 Buchst. a gewöhnlich das Unternehmen als Erwerber betrachtet, dessen Anteilseignergruppe nach dem Zusammenschluss die Beherrschung ausüben kann und dem nach der Transaktion der Nutzen aus dem zusammengeschlossenen Unternehmen letztlich zufließt. Damit gilt das Unternehmen als erworben, dessen Anteilseigner die Beherrschung im Zuge der Transaktion verlieren. Entsprechend dieser Logik wäre bei einem alleinigen Abstellen auf die Anteilsverhältnisse bei jedem Erwerb einer Mehrheit von Anteilen an einer Kapitalgesellschaft durch eine natürliche oder juristische Person das Vermögen der Kapitalgesellschaft oder des Konzerns neu zu bewerten.[582]

Der konzeptionelle Bruch zwischen einer rein rechtlichen Betrachtung und einer davon abweichenden Bestimmung eines Erwerbers für bilanzielle Zwecke tritt bei der Anwendung der umgekehrten Erwerbsmethode auch im Abschluss der berichterstattenden Gesellschaft im Ausweis des Eigenkapitals zutage. So wird im Konzernabschluss das gezeichnete Kapital des rechtlichen Erwerbers und nicht des für bilanzielle Zwecke identifizierten Erwerbers ausgewiesen. Auch der ausgewiesene Minderheitenanteil entspricht nicht dem Anteil von Altgesellschaftern des für

---

[580] Vgl. das Beispiel in IFRS 3 IE1-15, an das sich das hier gegebene Beispiel anlehnt.

[581] Der Rückgriff auf die Gesellschafterebene kommt in IFRS 3 Anhang B18 auch bei der Differenzierung zwischen einer Gegenleistung in Form von Zahlungsmitteln und Anteilen einer neu gegründeten eigen- oder fremdfinanzierten Gesellschaft zur Bestimmung des Erwerbers zum Ausdruck. Dem liegt wohl die Überlegung zugrunde, dass bei einer in Zahlungsmitteln bestehenden Gegenleistung andere Gesellschafter als die an den erworbenen Gesellschaften beteiligten Gesellschafter die Geschäfts- und Finanzpolitik der neuen Gesellschaft bestimmen können. Die bisherigen Anteilseigner des erworbenen Unternehmens geben in einem solchen Fall ihre Unternehmensbeteiligung auf, während bei einem Anteilstausch die Altgesellschafter weiterhin an dem zusammengeschlossenen Unternehmen beteiligt sind.

[582] Vgl. zur Unbeachtlichkeit eines Eigentümerwechsels für die Rechnungslegung Taylor (1987), S. 55. Vgl. zu den Anwendungsvoraussetzungen eines Push-down-Accounting nach US-GAAP Abschn. 5.2.2.

bilanzielle Zwecke definierten erworbenen Unternehmens, sondern von Gesellschaftern des rechtlich erworbenen Unternehmens, die ihre Anteile im Zuge der Transaktion nicht aufgegeben haben.[583]

Die bei einem umgekehrten Unternehmenserwerb nach IFRS 3 vorgeschriebene Aufdeckung der stillen Reserven und Lasten des rechtlichen Erwerbers bei Fortführung der Buchwerte des rechtlich erworbenen Unternehmens ist nach dem Control-Konzept vielmehr sachgerecht für einen übergeordneten Konzernabschluss einer Gesellschaft bürgerlichen Rechts (GbR) der Mehrheitsgesellschafter des rechtlich erworbenen Unternehmens, sofern über eine solche GbR die Beherrschung über das zusammengeschlossene Unternehmen ausgeübt wird.[584] Bei einer solchen Betrachtung werden ein konzeptioneller Bruch mit dem Control-Konzept und die fehlende Trennung zwischen Gesellschafts- und Gesellschafterebene vermieden.[585] Durch die Anwendung der umgekehrten Erwerbsmethode wird der Abschluss des rechtlichen Erwerbers als ein Ausschnitt eines übergeordneten Konzernabschlusses der Gesellschafter des rechtlich erworbenen Unternehmens dargestellt, die die Mehrheit an dem rechtlichen Erwerber erlangt haben. Wird ein solcher übergeordneter Konzernabschluss dieser Anteilseignergruppe aufgrund fehlender organisierter Unternehmereigenschaft oder Beherrschungsausübung der Anteilseignergruppe nicht aufgestellt, ist eine solche Ausschnittsbetrachtung lediglich eine Fiktion. Denn insbesondere bei einer börsennotierten Aktiengesellschaft, bei der eine Gesellschaftergruppe i. d. R. nicht auf eine gemeinsame Beherrschungsausübung hin organisiert ist und die Gesellschafterzusammensetzung sich ständig ändern kann, kann die Gesamtheit einzelner Aktionäre eines börsennotierten Unternehmens ohne eine vertragliche Vereinbarung miteinander nicht als eine beherrschende Partei angesehen werden.[586] Die Fiktion einer Ausschnittsbetrachtung aus einem übergeordneten Abschluss einer Gruppe von Aktionären steht im Widerspruch zu der Auffassung, dass der (Teil-)Konzernabschluss einer börsennotierten Aktiengesellschaft immer der einer eigenständigen abgegrenzten berichterstattenden Einheit sein soll.[587]

Bei ökonomischer Betrachtung ist zu konstatieren, dass die wirtschaftliche Bedeutung der bei umgekehrten Erwerben beteiligten Unternehmen sehr unterschiedlich

---

[583] Vgl. Abschn. 4.3.2. Ein Beispiel findet sich in IFRS 3 IE11 ff. Kritisch zu dem Ausweis der Minderheitenanteile äußern sich auch Senger et al. (2006), § 31 Rn. 272; Weiser (2005), S. 496; Küting/Müller/Pilhofer (2000), S. 268.

[584] Vgl. zur GbR in Abgrenzung zu anderen Gesellschaftsstrukturen Ensthaler (2007), §§ 105 ff. HGB Vorbem. Rn. 6 ff.

[585] Vgl. zum gesellschaftsrechtlichen Trennungsprinzip Ensthaler (2010), § 13 GmbHG Rn. 9 ff.

[586] Vgl. IFRS 3 Anhang B2.

[587] Vgl. Abschn. 3.3.4.

sein kann. So kann einerseits eine operative, nicht börsennotierte Gesellschaft auf eine börsennotierte Mantelgesellschaft ohne aktiven Geschäftsbetrieb, zwei annähernd gleich große Unternehmen aufeinander (Merger of Equals) oder, zwischen diesen beiden Extremen, eine größere Gesellschaft auf eine kleinere operativ tätige Gesellschaft verschmolzen werden. Bei einem Merger of Equals erscheint die Aufdeckung der stillen Reserven und Lasten bei einem Unternehmenszusammenschlusses nur eines der beteiligten Unternehmen ohnehin eher willkürlich. Der Anwendung der umgekehrten Erwerbsmethode liefert bei Mergers of Equals daher keine entscheidungsnützlichen Informationen, sodass die Fresh-Start-Methode vorzuziehen ist.[588]

Mantelgesellschaften sind Kapitalgesellschaften, die bisher noch keine Geschäftstätigkeit aufgenommen oder ihre bisherige unternehmerische Tätigkeit eingestellt haben, gleichwohl aber über Vermögenswerte verfügen können.[589] Bei wirtschaftlicher Betrachtung des Konzerns nach einer Verschmelzung einer operativ tätigen Gesellschaft auf eine Mantelgesellschaft ist zu konzedieren, dass die Transaktion häufig allein der Erlangung einer Börsennotierung dient und keine weitere wirtschaftliche Substanz aufweist. Durch die Anwendung der umgekehrten Erwerbsmethode wird eine Bilanzierungsstetigkeit erreicht, durch die die zeitliche Vergleichbarkeit mit den Vorperioden sichergestellt ist. Die Kontinuität des zuvor bestehenden Unternehmens in der Bilanz und der Erfolgsrechnung kann von Interesse sein und eine Anwendung der umgekehrten Erwerbsmethode rechtfertigen. Sie steht auch im Einklang mit den Tauschgrundsätzen, wonach bei einem Tausch ohne wirtschaftliche Substanz eine Buchwertfortführung vorgesehen ist.[590]

---

[588] Vgl. Abschn. 4.1.4.
[589] Vgl. Enstahler (2010), § 15 GmbHG Rn. 5 ff.; Immenga/Immenga (2009), S. 7. Da eine Mantelgesellschaft über keinen aktiven Geschäftsbetrieb im Sinne des IFRS 3 verfügt, ist gem. IFRS 3 Anhang B19 Satz 7 auf eine solche Transaktion die umgekehrte Erwerbsmethode nicht anwendbar. Fraglich könnte sein, ob sich in einem solchen Fall die Bilanzierung beim rechtlichen Erwerber nach IFRS 2 richtet. Aus dem Anwendungsbereich des IFRS 2 sind gem. IFRS 2.5 Unternehmenszusammenschlüsse ausgenommen. Wird auf eine rechtliche Betrachtung beim Erwerber abgestellt, läge mit der Verschmelzung der operativ tätigen Gesellschaft auf die Mantelgesellschaft ein Unternehmenserwerb vor, sodass IFRS 3 anzuwenden wäre. Bei einer Anwendung von IFRS 3 wäre wiederum das operativ tätige Unternehmen als Erwerber anzusehen, sodass sich die Bilanzierung nach IFRS 3.2 Buchst. b richtet. Danach sind die Buchwerte der rechtlich übertragenden Gesellschaft fortzuführen und ggf. vorhandene stille Reserven der Mantelgesellschaft aufzudecken. Ein Goodwill aus der Mantelgesellschaft kann nicht angesetzt werden, da kein Unternehmen im Sinne des IFRS 3 erworben wurde. Im Ergebnis handelt es sich dabei nicht um einen umgekehrten Unternehmenserwerb, sondern um einen umgekehrten Erwerb von Vermögenswerten. Unter der Berücksichtigung des Nichtbilanzierung eines Goodwill und latenter Steuern ist diese Bilanzierung mit der Anwendung der umgekehrten Erwerbsmethode vergleichbar. Daher wird im Folgenden in diesem Zusammenhang verallgemeinernd weiterhin von der Anwendung der umgekehrten Erwerbsmethode gesprochen.
[590] Vgl. zu den Tauschgrundsätzen Abschn. 5.3.1.

Durch den indirekten Börsengang kann aber andererseits ein Informationsinteresse an einer Neubewertung des an die Börse gebrachten Vermögens bestehen. Dieses Informationsbedürfnis würde durch eine Anwendung der Erwerbsmethode auf das formalrechtlich erworbene Vermögen oder umfassender durch die Anwendung der Fresh-Start-Methode erreicht. Aus einem umgekehrten Unternehmenserwerb zur Erlangung einer Börsennotierung können daher unterschiedliche Bilanzierungskonsequenzen gefordert werden. Aus dem übergeordneten Zweck der Abschlüsse lässt sich eine zwingende Anwendung einer der beiden Methoden nicht ableiten.

Auch der Grundsatz der wirtschaftlichen Betrachtungsweise und einer den tatsächlichen Verhältnissen entsprechenden Darstellung steht nicht im Widerspruch zu einer Ausrichtung der Bilanzierung des übertragenen Vermögens nach der rechtlichen Transaktionsgestaltung. Vielmehr ist die umgekehrte Erwerbsmethode von Abschlussadressaten schwer nachzuvollziehen und weist Akzeptanzprobleme auf.[591] Diese können nicht vollumfänglich durch entsprechende Anhangangaben beseitigt werden.

Zusammenfassend ist festzuhalten, dass der in IFRS 3 versuchte Rückgriff auf das Control-Konzept zur Identifizierung eines vom rechtlichen Erwerbers abweichenden Erwerbers für bilanzielle Zwecke zur Rechtfertigung der Fortführung der Buchwerte des wirtschaftlich bedeutenderen Unternehmens konzeptionell misslungen ist. Soll die umgekehrte Erwerbsmethode dennoch Bestand haben, ist der Bruch zwischen den Kriterien des IAS 27 und denen des IFRS 3 im Wortlaut des IFRS 3 zu beseitigen. Vorzuziehen wäre jedoch im Hinblick auf das juristisch geprägte Control-Konzept und das der Rechnungslegung zugrunde liegende Entity Concept, mit der Trennung der Gesellschafterebene und der Ebene der berichterstattenden Einheit, die derzeitige umgekehrte Erwerbsmethode im Konzernabschluss zu verwerfen.[592]

4.3.4.3 Schlussfolgerungen für die Bilanzierung im Einzelabschluss

Fraglich könnte sein, ob die umgekehrte Erwerbsmethode des IFRS 3 bei Verschmelzungen nur im Konzernabschluss oder auch im Einzelabschluss Anwendung findet. Eine explizite Begrenzung des Anwendungsbereichs der umgekehrten Erwerbsmethode auf den Konzernabschluss ist dem Wortlaut des IFRS 3 nicht zu entnehmen. Dies gilt insbesondere für die Vorschriften zur Bestimmung des Erwerbers.[593] In den Anwendungsleitlinien des IFRS 3 im Anhang B wird jedoch nur die

---

[591] Vgl. IFRS 3 BC61 i. d. F. 2004.
[592] Sich für die umgekehrte Erwerbsmethode aussprechend Küting/Müller/Pilhofer (2000), S. 268 f.; Krawitz/Leukel (2001), S. 105.
[593] Vgl. IFRS 3.6 f. und IFRS 3 Anhang B13-19.

Anwendung der umgekehrten Erwerbsmethode im Konzernabschluss dargestellt.[594] Dabei unterstellt der IASB ein fortbestehendes Mutter-Tochterverhältnis zwischen den am Unternehmenszusammenschluss beteiligten Unternehmen.[595] Da die Bilanzierung für Anteile eines Tochterunternehmens im Einzelabschluss des Mutterunternehmens in IAS 27.38 abschließend geregelt ist, erübrigen sich für einen solchen Fall in IFRS 3 entsprechende Ausführungen zu einem umgekehrten Unternehmenserwerb durch einen Share Deal. Auf die Bilanzierung eines umgekehrten Unternehmenserwerbs im Wege eines Asset Deal durch Sacheinbringung oder auf eine Verschmelzung wird in den Anwendungsleitlinien des IFRS 3 nicht eingegangen. Da in diesen Fällen IAS 27.38 mangels eines Beteiligungsverhältnisses zur Bilanzierung von erworbenen Anteilen im Einzelabschluss nicht greift, verbleibt zur Abbildung der Transaktion nur die Erwerbsmethode oder die umgekehrte Erwerbsmethode.[596]

Eine kaum nachvollziehbare Bilanzierung ergibt sich, wenn in dem eingangs dargestellten Beispiel der Sacheinbringung gem. IFRS 3 im Konzernabschluss die umgekehrte Erwerbsmethode angewandt wird, im Einzelabschluss zunächst gem. IAS 27 die 100 %-Beteiligung zum beizulegenden Zeitwert bilanziert wird und in späteren Berichtsperioden eine Upstream-Verschmelzung durchgeführt wird. Bei einer solchen Verschmelzung dürfte dann kaum noch die umgekehrte Erwerbsmethode im Einzelabschluss anzuwenden sein, da der Erwerber unmittelbar die übernehmende Gesellschaft ist.[597] Eine Anwendung der umgekehrten Erwerbsmethode im Konzernabschluss bei gleichzeitiger Anwendung der Erwerbsmethode im Einzelabschluss ließe sich wohl kaum mit der Kompensationsfunktion des Konzernabschlusses bei einem vorherigen externen Erwerb rechtfertigen.[598]

Wird ein größeres Unternehmen auf ein kleineres Unternehmen verschmolzen handelt es sich aus der Perspektive der übernehmenden kleineren Gesellschaft unabhängig von den Größenverhältnissen um einen Erwerbsvorgang. Dies kommt wie dem Beispiel dargestellt bei Sacheinbringung auch in dem Ansatz der eingelegten Anteile zum Ausdruck. Die Anwendung der umgekehrten Erwerbsmethode auf eine wirtschaftlich vergleichbare Transaktion in Form einer Verschmel-

---

[594] Vgl. die Überschrift „Aufstellung und Darstellung von Konzernabschlüssen" von IFRS 3 Anhang B21 f.
[595] Vgl. IFRS 3 Anhang B21 f.
[596] Die Anwendung der umgekehrten Erwerbsmethode in einem IFRS-Einzelabschluss als verpflichtend ansehend Knüppel (2007), S. 60.
[597] Vgl. zur Upstream-Verschmelzung eines im vollständigen Anteilsbesitz befindlichen Tochterunternehmens Abschn. 5.4.1.
[598] Vgl. zur Kompensationsfunktion Abschn. 3.3.3.

zung durch Aufnahme würde den Grundsatz der Vergleichbarkeit verletzen.[599] Zudem würde das rechtlich erworbene Vermögen unvollständig im Einzelabschluss des übernehmenden Rechtsträgers ausgewiesen. Dadurch können bilanzielle Unterpari-Emissionen auftreten, die gegen den Grundsatz der Verständlichkeit und einer glaubwürdigen Darstellung verstoßen.[600] Zudem wird bei einer Anwendung der umgekehrten Erwerbsmethode die Kapitalrücklage in geringerem Maße dotiert, was ein höheres Ausschüttungsvolumen zur Folge hat und der Kapitalerhaltung abträglich ist.

Während die Anwendung der umgekehrten Erwerbsmethode in einem Konzernabschluss als Abschluss einer wirtschaftlichen Einheit ggf. als vertretbar angesehen werden kann, ist aus den vorgenannten Gründen ihre Anwendung in einem IFRS-Einzelabschluss als Abschluss einer zur Berichterstattung verpflichteten Aktiengesellschaft als juristische Person abzulehnen. Eine entsprechende Aussage zum Ausschluss von dem Anwendungsbereich der umgekehrten Erwerbsmethode in einem Einzelabschluss findet sich in IFRS 3 derzeit allerdings nicht. Eine entsprechende eindeutige Regelung hinsichtlich ihres Anwendungsbereichs ist daher im Sinne qualitativ hochwertiger und durchsetzbarer Standards zu fordern. Die Gestaltungsempfehlung geht dahin, die Anwendung der umgekehrten Erwerbsmethode im Einzelabschluss explizit in IFRS 3 zu verbieten.

---

[599] Vgl. zum Grundsatz der Vergleichbarkeit Abschn. 3.2.4.
[600] Vgl. zu diesen Grundsätzen Abschn. 3.2.2 f.

5 Konzerninterne Umstrukturierungen

5.1 Vorbemerkungen

IFRS 3 gilt nicht für die Bilanzierung von Unternehmenszusammenschlüssen unter gemeinsamer Beherrschung (business combinations under common control).[601] Der derzeit geltende Ausschluss aus dem Anwendungsbereich der im Januar 2008 vom IASB veröffentlichten geänderten Fassung des IFRS 3 ist aufgrund des nicht abgeschlossenen Standardsetzungsprozesses erfolgt.[602] Davon betroffen sind die Abbildungen von Unternehmenszusammenschlüssen unter gemeinsamer Beherrschung sowohl im Einzel- als auch im Teilkonzernabschluss.[603]

Bis zu einer Regelung durch den IASB und der Übernahme durch die EU hat das Management selbst eine Bilanzierungsmethode auszuwählen. Die Entscheidung fällt aber nicht in das Belieben des Managements. Vielmehr muss die ausgewählte Bilanzierungsmethode nach IAS 8.10 eine für die Adressaten entscheidungsrelevante und im Hinblick auf die Vermögens-, Finanz- und Ertragslage verlässliche Bilanzierungsmethode sein.[604] Dabei ist der wirtschaftliche Gehalt der Transaktion, das Neutralitätserfordernis und der Grundsatz der Vorsicht und der Vollständigkeit zu beachten.[605]

Bei der Auswahl einer Bilanzierungsmethode hat das Management zunächst bestehende IFRS zu berücksichtigen, die ähnliche Fragen behandeln. Sind solche Leitlinien nicht vorhanden, ist das Rahmenkonzept zu berücksichtigen.[606] Bei der Entscheidungsfindung können gem. IAS 8.12 Verlautbarungen anderer Standard-

---

[601] Vgl. IFRS 3.2 Buchst. c. Während die englische Fassung von „does not apply to" spricht, wurde dies in der deutschen Fassung nicht mit „gilt nicht für", sondern missverständlich mit „nicht anwendbar auf" übersetzt.

[602] Vgl. IFRS 3 BC59 i. d. F. 2008 i. V. m. IFRS 3 BC24 ff. i. d. F. 2004. Allerdings beabsichtigt der IASB in einem Projekt diese Regelungslücke zu schließen.

[603] Vgl. zur Definition von Unternehmenszusammenschlüssen unter gemeinsamer Beherrschung Abschn. 2.2.1.1.

[604] Vgl. zur Behandlung von Regelungslücken innerhalb der IFRS Ruhnke/Nerlich (2004), S. 389 ff. Vgl. zur Auslegung der IFRS im EU-Kontext Nerlich (2007), S. 24 ff.

[605] Vgl. zu diesen Grundsätzen Abschn. 3.2.

[606] Vgl. IAS 8.11. Zwar spricht IAS 8.11 Buchst. a nicht explizit von IFRS/IAS bzw. IFRIC und SIC; dass diese damit gemeint sind ergibt sich allerdings aus IAS 8 BC16. Wären in IAS 8.11 Buchst. a Standards anderer Herausgeber zu berücksichtigen, würde zudem die Formulierung „maybe also consider" in IAS 8.12 keinen Sinn ergeben.

setzer berücksichtigt werden. Auf diese Weise können Anregungen für eine entscheidungsnützliche Bilanzierung gewonnen werden. Die Anwendung von Verlautbarungen anderer Standardsetzer setzt aber immer voraus, dass diese Regelungen nicht im Widerspruch zu dem Rahmenkonzept und den IFRS stehen, die vergleichbare Sachverhalte regeln. Zudem müssen sie relevante und verlässliche Informationen im Sinne des IAS 8.10 liefern. Daraus ist abzuleiten, dass bei mehreren Möglichkeiten zur Bilanzierung das Management sein Ermessen dahingehend auszuüben hat, diejenige Bilanzierungsmethode anzuwenden, die am besten diesen Informationsanspruch erfüllt.[607]

Zur Bereitstellung entscheidungsnützlicher Informationen kommt gem. IAS 8.11 Buchst. a zur Abbildung einer Übernahmebilanzierung bei konzerninternen Verschmelzungen zunächst eine analoge Anwendung des IFRS 3 in Betracht. Der Ausschluss aus dem Anwendungsbereich lässt nicht die Schlussfolgerung zu, dass ein generelles Verbot einer entsprechenden Anwendung des IFRS 3 besteht. Der Ausschluss lässt jedoch erkennen, dass bei solchen Transaktionen Besonderheiten bei der Bilanzierung zu berücksichtigen sind, die einem vergleichbaren Unternehmenszusammenschluss unter fremden Dritten nicht inhärent sind. Dies führt dazu, dass bei der Anwendung des IFRS 3 auf Unternehmenszusammenschlüsse unter gemeinsamer Beherrschung im jeweiligen Einzelfall sorgfältig zu prüfen ist, ob dessen Anwendung auch tatsächlich zu relevanten und verlässlichen Informationen im Sinne des IAS 8.10 führt. Ist dies nicht der Fall, ist insoweit von einer Anwendung des IFRS 3 abzusehen.

Diese Kriterien zur Schließung von Regelungslücken durch das Management sind aber ebenso von Bedeutung zur Schließung von Regelungslücken durch den Standardsetzer zur Fortentwicklung qualitativ hochwertiger, konsistenter, eindeutiger und verständlicher Standards, damit sie von der EU im Rahmen des Endorsementverfahrens übernommen und von Regulatoren und Gerichten durchgesetzt werden können.[608] Daher werden im Folgenden zunächst ausgewählte nationale Regelungen betrachtet. Anschließend werden bestehende Regelungen für vergleichbare Sachverhalte und deren konzeptionelle Grundlagen analysiert, bevor einzelne Umstrukturierungen des UmwG eingehender betrachtet werden.

---

[607] Vgl. Kropff (1997), S. 68 ff. m. w. N., der die in Wirtschaftsprüfer-Kommentaren vertretene Auffassung ablehnt, dass eine Einschränkung von faktischen Wahlrechten zur Erlangung eines erwünschten Bilanzbilds erst bei Willkür vorläge.
[608] Vgl. Abschn. 3.2.

5.2 Überblick über Regelungen anderer Standardsetzer

5.2.1 Gesetzliche Regelungen in Deutschland

Das deutsche UmwG unterscheidet nicht zwischen Umstrukturierungen unter gemeinsamer Beherrschung und solchen zwischen unabhängigen Dritten. Daher besteht für sämtliche Transaktionen nach § 24 UmwG das uneingeschränkte Wahlrecht im HGB-Einzelabschluss des übernehmenden Rechtsträgers das übernommene Vermögen mit den Buchwerten aus der Schlussbilanz des übertragenden Rechtsträgers fortzuführen oder mit den Anschaffungskosten im Sinne des § 253 Abs. 1 HGB anzusetzen.[609] Damit ist eine Bilanzierung des übernommenen Vermögens mit dem Zeitwert möglich.[610] Mit der Verwendung des Begriffs „Anschaffungskosten" qualifiziert der Gesetzgeber die Verschmelzung als einen Anschaffungsvorgang. Durch das Wahlrecht zur Bewertung mit dem Zeitwert kann die Eigenkapitalausstattung der übernehmenden Gesellschaft gestaltet und zusätzliches Grundkapital, z. B. für einen anschließenden Börsengang, geschaffen werden.[611]

Für die Bilanzierung konzerninterner übertragender Umwandlungen im Konzernabschluss bestehen keine expliziten Regelungen im HGB und im UmwG. Durch das BilMoG wurde die Interessenzusammenführungsmethode abgeschafft und in Anlehnung an IFRS 3 die vollständige Bewertung des übernommenen Vermögens zum Zeitwert bei der Erstkonsolidierung verpflichtend vorgeschrieben.[612] Allerdings wurde vom BMJ der DRS 4 „Unternehmenserwerbe im Konzernabschluss" bekannt gemacht, der damit die Vermutung der Grundsätze ordnungsgemäßer Buchführung für den Konzernabschluss innehat.[613] Nach DRS 4 sind abweichend von dem Einheitsgrundsatz des § 297 Abs. 3 Satz 1 HGB, nach dem konzerninterne Vorgänge keine Auswirkungen auf den Konzernabschluss haben, bei der Verschmelzung eines Tochterunternehmens auf das Mutterunternehmen in dessen Konzernabschluss die

---

[609] Aus dem Verweis des § 24 UmwG auf die Definition der Anschaffungskosten in § 253 Abs. 1 HGB ergibt sich, dass § 24 UmwG nur auf Jahresabschlüsse nach den Rechnungslegungsnormen des HGB und nicht auf IFRS-Einzelabschlüsse Anwendung findet. Vgl. Müller (2006), § 24 UmwG Rn. 61. § 24 UmwG steht daher nicht in Konflikt mit den IFRS.
[610] Vgl. zur Zulässigkeit der nicht explizit in § 24 UmwG genannten Neubewertung des übernommenen Vermögens Mujkanovic (1995), S. 1739; IDW (1997), HFA 2/1997 Abschn. 322; Fischer (1995), S. 485 ff.; Knop/Küting (1995), S. 1023 f. Vgl. zu den unterschiedlichen Auffassungen bei der HGB-Bilanzierung Pfitzer (2007a), Abschn. E Rn. 75 ff.
[611] Vgl. Abschn. 2.2.1.2.
[612] Vgl. § 301 HGB und den Wegfall von § 302 HGB a. F.
[613] Vgl. zur GoB-Vermutung der DRS Schruff (2006), Abschn. M Rn. 16.

bereits bilanzierten Vermögenswerte und Schulden entsprechend des hinzukommenen Anteils neu zu bewerten.[614]

5.2.2 Bilanzierung nach US-GAAP

In der im Dezember 2007 veröffentlichten Fassung des SFAS 141 „Business Combinations" sind „business combinations under common control" aus dessen Anwendungsbereich ausgeschlossen.[615] Eine Definition von Unternehmenszusammenschlüssen unter gemeinsamer Beherrschung enthält SFAS 141 nicht. Jedoch werden im dazugehörigen Anhang D8 Beispiele für solche Transaktionen aufgeführt. Dazu zählen:

a) die Gründung eines neuen Tochterunternehmens durch das betrachtete Unternehmen und der anschließende Transfer eines Teils oder des gesamten Vermögens von dem gründenden Unternehmen auf das neu gegründete Tochterunternehmen (Ausgliederung),

b) die Upstream-Verschmelzung eines 100%igen Tochterunternehmens,

c) die Übertragung der Anteile von mehreren nicht im vollständigen Besitz befindlichen Tochterunternehmen in ein neu gegründetes 100%iges Tochterunternehmen,

d) der Tausch von Anteilen an einem 100%igen Tochterunternehmen oder dessen Nettovermögen gegen zusätzliche Anteile eines nicht im vollständigen Besitz befindlichen Tochterunternehmens, wobei die Minderheitsgesellschafter weiterhin unverändert beteiligt bleiben,

e) die Ausgabe neuer Anteile eines nicht im vollständigen Besitz befindlichen Tochterunternehmens an das Mutterunternehmen für den Erhalt der Anteile eines Schwesterunternehmens, wobei an der Transaktion keine Minderheitsgesellschafter teilnehmen und

f) die Gründung einer haftungsbeschränkten Gesellschaft durch den Zusammenschluss von Unternehmen unter common control.

---

[614] Vgl. DRSC (2000 ff.), DRS 4.1 i. V. m. DRS 4.26. Eine Erläuterung der diesbezüglichen Vereinbarkeit des DRS 4 mit dem Einheitsgrundsatz war im Entwurf des DRS 4 Anhang A: Kompatibilität mit dem Gesetz nicht enthalten. Auch im E-DRÄS 4 des DRSC zur Anpassung der DRS infolge der Änderungen durch das BilMoG ist keine entsprechende Anpassung vorgesehen. Vgl. zum Einheitsgrundsatz und der daraus folgenden Bilanzierung von konzerninternen Verschmelzungen Küting/Zündorf (1994) S. 1386 ff.; Schmidbauer (2001) S. 2469 ff.; Förschle/Deubert (2006), § 301 Rn. 191 ff. und Rn. 225 ff.

Trotz des Ausschlusses von Unternehmenszusammenschlüssen unter gemeinsamer Beherrschung aus dem Anwendungsbereich des SFAS 141, d. h. von der Anwendung der Erwerbsmethode, enthält der Anhang D von SFAS 141 Bilanzierungsvorschriften für solche Transaktionen.[616] Danach hat das Unternehmen, das Nettovermögen oder Gesellschaftsanteile erhält, beim erstmaligen Ansatz das erhaltene Vermögen mit den Buchwerten des übertragenden Unternehmens fortzuführen. Weichen die Buchwerte des übertragenden Unternehmens von den Konzernbuchwerten des Mutterunternehmens ab, z. B. weil das Push-down-Accounting nicht angewandt wurde, so sind die Werte des Mutterunternehmens zu übernehmen.[617] Bei einem Unternehmenszusammenschluss unter gemeinsamer Beherrschung ist der Zusammenschluss so darzustellen, als ob diese zu Beginn der frühesten Vergleichsperiode im Abschluss stattgefunden hätte.[618]

Aus der fehlenden Definition von Transaktionen unter gemeinsamer Beherrschung und der aufgeführten, sehr speziellen Beispiele für eine solche Transaktion wird deutlich, dass US-GAAP diesbezüglich über keine prinzipienbasierte Rechnungslegungsvorschriften verfügt. Vielmehr wird versucht, Fälle zu beschreiben, bei denen die Transaktion lediglich eine Änderung der rechtlichen Organisationsstruktur darstellen soll, die bei wirtschaftlicher Betrachtung aufgrund einer fehlenden wirtschaftlichen Substanz nicht als Erwerbsvorgang zu qualifizieren sei. Bei den ausgewählten Beispielen und den dazu getroffenen Regelungen in SFAS 141 betrachtet der FASB den Einzelabschluss als einen Auszug aus dem Konzernabschluss der Konzernobergesellschaft.

---

[615] Vgl. SFAS 141 Par. 2 Buchst. c.

[616] Vgl. das im Dezember 2007 geänderte Statement FAS 141 Appendix D Continuing Authoritative Guidance D8-13, insbesondere D9 mit Verweis auf die ursprüngliche Quelle EITF 90-5. Durch SFAS 141 und SFAS 160 wird EITF 90-5, EITF 90-13 „Accounting for simultaneous common control mergers", APB Opinion No. 16 und FTB 85-5 aufgehoben. Vgl. SFAS 141 Appendix E3, E38, F4.

[617] Vgl. SFAS 141 Appendix D9. Das Push-down-Accounting führt zu einer Durchbrechung der Bilanzstetigkeit im Einzelabschluss eines erworbenen Tochterunternehmens. Die im Rahmen der Erstkonsolidierung im Konzernabschluss angesetzten neubewerteten Vermögenswerte und Schulden sowie der Goodwill werden im Einzelabschluss des Tochterunternehmens übernommen. Durch den Eigentumswechsel wird auf diese Weise eine neue Basis für die Rechnungslegung aufgestellt. Das Push-down-Accounting ist nur für SEC-berichtspflichtige Unternehmen verbindlich anzuwenden. Begrenzt ist es zudem auch nur auf „substantially wholly owned subsidiaries". Nach herrschender Meinung ist dazu eine Mindestbeteiligung von 95 % erforderlich, während ab einem Mehrheitsbesitz von 80 % ein Wahlrecht gesehen wird. Vgl. Staff Accounting Bulletin No. 54 (SAB 54) und Staff Accounting Bulletin No. 73 (SAB 73); EITF 80-9; Hoyle/Schaefer/Doupnik (2009), S. 115 f.; Fischer/Taylor/Cheng (2006), S. 90.; KPMG (2006), S. 219; Epstein, B. J./Nach, R./Bragg, St. (2008), S. 690 ff.; Schildbach (2008), S. 225 f.; Duhr (2006), S. 33 ff.

[618] Vgl. SFAS Appendix D12-13.

5.2.3 Bilanzierungsvorschriften in Australien

In Australien ist der Australian Accounting Standards Board (AASB) verantwortlich für die Herausgabe von Rechnungslegungsvorschriften. Seit 2005 sind dort die in nationales Recht transformierten IFRS anzuwenden. Die Übernahme der IFRS erfolgte in den AASB 1–99, der IAS in den AASB 101-199 und die der Interpretationen entsprechend der Auflistung in den AASB 1048.[619] Entsprechend wurde IFRS 3 in AASB 3 und IAS 27 in AASB 127 transformiert.

In die Fassung des AASB 3 aus dem Jahr 2004 für vor dem 1. Januar 2006 begonnene Geschäftsjahre wurde jedoch abweichend von IFRS 3 der Ausschluss von Unternehmenszusammenschlüssen unter Common Control nicht übernommen. Damit folgte in diesem Punkt AASB 3 (2004) zunächst dem Vorgängerstandard AASB 1015 „Acquisition of Assets", der eine Anwendung der Erwerbsmethode und die damit verbundene Aufdeckung der stillen Reserven und Lasten auch für Unternehmenszusammenschlüsse unter gemeinsamer Beherrschung in der zuletzt gültigen Fassung zwingend vorschrieb. Im Jahr 2005 wurde dann der Anwendungsbereich von AASB 3 an den des IFRS 3 angepasst.

In der Ursprungsfassung des AASB 1015 aus dem Jahr 1999 bestand für definierte „reconstructions within an economic entity" ein Wahlrecht zur Anwendung der Erwerbsmethode oder zur Fortführung der Buchwerte.[620] Zu diesen konzerninternen Umstrukturierungen zählten die Übertragung der Kontrolle über einen Geschäftsbetrieb zwischen zwei Konzernunternehmen oder die Übertragung sämtlicher Anteile an der Konzernobergesellschaft an ein neu gegründetes Unternehmen jeweils gegen Gewährung von Anteilen.[621] Somit gehörten Side-step- und Downstream-Verschmelzungen zu solchen speziellen konzerninternen Umstrukturierungen.[622] Waren jedoch an den von der Transaktion betroffenen Tochterunternehmen Minderheitsgesellschafter beteiligt, erfüllte sie nicht die Definition einer solchen konzerninternen Reorganisation.[623] Damit war für konzerninterne Umstrukturierungen unter der Beteiligung von Minderheitsgesellschaftern zwingend die Erwerbsmethode anzuwenden.

---

[619] Vgl. AASB (2009), S. 1.
[620] Vgl. AASB 1015.6.3. Das Wahlrecht zur Fortführung der Buchwerte wurde im Februar 2000 gestrichen. Vgl. Zeff (2002), 48.
[621] Vgl. AASB 1015.12.1.
[622] Vgl. AASB 1015.12.1.15.
[623] Vgl. AASB 1015.12.1.16.

Für konzerninterne Umstrukturierungen, bei denen ein Geschäftsbetrieb gegen Gewährung einer unverhältnismäßigen monetären Gegenleistung oder ohne Gegenleistung übertragen wurde, war bis zur Einführung der IFRS der Urgent Issues Group (UIG) Abstract 40 „Non-Reciprocal Transfers within an Economic Entity for Monetary or No Consideration" zu beachten. Danach musste das übertragene Vermögen bei einer Gegenleistung, die aufgrund Konzernabhängigkeit nicht einem Drittvergleich standhielt, zum Fair Value beim Erwerber erfasst werden.[624] Die Differenz zwischen dem Fair Value und der gezahlten Gegenleistung war dabei im Eigenkapital zu erfassen, sofern diese als Einlage der Anteilseigner qualifiziert wurde.[625]

5.2.4 Bilanzierungsvorschriften in Neuseeland

Der Accounting Standards Review Board (ASRB) ist in Neuseeland letztlich verantwortlich für die Strategie und das Rahmenkonzept sowie die Übernahme und Freigabe von Rechnungslegungsvorschriften in geltendes Recht. Vorschläge dazu werden vom Financial Reporting Standards Board (FRSB) – einem Gremium des New Zealand Institute of Chartered Accountants (NZICA) – unterbreitet. Dabei wird eine Harmonisierung mit dem australischen Pendant unter der Berücksichtigung nationaler Besonderheiten angestrebt. Entsprechend wurden im Wesentlichen die IFRS für die Geschäftsjahre seit 2007 in nationales Recht, den sog. New Zealand equivalents to International Financial Reporting Standards (NZ IFRS), transformiert.[626] IFRS 3 wurde im Wesentlichen in NZ IFRS 3 übernommen.[627] Eine abweichende Regelung für die Bilanzierung von Unternehmenszusammenschlüssen unter common control ist in den nationalen IFRS nicht enthalten.

Für bestimmte Unternehmen, die nicht zur Anwendung der NZ IFRS verpflichtet sind, ist der im Jahr 2001 verabschiedete Financial Reporting Standard (FRS) No. 36 „Accounting for Acquisitions resulting in Combinations of entities or operations" zu beachten.[628] Nach FRS-36 ist grundsätzlich die Erwerbsmethode anzuwenden. Ausgenommen aus dem Anwendungsbereich des FRS-36 sind allerdings

---

[624] Vgl. UIG Abstract 40.8.
[625] Vgl. UIG Abstract 40.9.
[626] Vgl. ASRB (2009).
[627] Vgl. NZICA (2009).
[628] Vgl. NZICA (2009a). Durch FRS-36 wurde das Statement of Standard Accounting Practice SSAP-8 „Accounting for Business Combinations" aus dem Jahr 1990 ersetzt. Vgl. NZICA (2009b).

Transaktionen die als „intra-group reconstructions" definiert werden.[629] Eine solche gruppeninterne Umstrukturierung ist die Übertragung von Geschäftsbetrieben oder Anteilen zwischen Unternehmen derselben berichterstattenden Einheit. Dabei dürfen sich die Anteilsverhältnisse an dem übertragenden Unternehmen oder der relative Anteil an dem berichterstattenden Unternehmen nicht verändern.[630] Als eine gruppeninterne Umstrukturierung gilt auch die Ersetzung eines berichterstattenden Unternehmens oder eines Teilkonzernmutterunternehmens durch ein neu gegründetes Unternehmen oder die Zwischenschaltung eines neuen Unternehmens zwischen dem bisherigen Mutterunternehmen und den Gesellschaftern oder zwischen dem Mutterunternehmen und den bisherigen Tochtergesellschaften. Dabei dürfen sich die relativen Eigentumsverhältnisse an dem berichterstattenden Unternehmen oder der Konzernobergesellschaft nicht verändern.[631]

Als gruppeninterne Umstrukturierungen gelten damit Transaktionen, bei denen die Eigentumsverhältnisse und die Beherrschung letztlich unverändert bleiben. Die Ausnahme aus dem Anwendungsbereich der Erwerbsmethode kann bei solchen Transaktionen sachgerecht sein, da kein Erwerbsvorgang von Dritten erfolgt.[632] Damit sind konzerninterne Umstrukturierungen unter der Beteiligung von Tochterunternehmen, an denen Minderheitsgesellschafter beteiligt sind, keine „intra-group reconstruction" entsprechend der Definition des FRS-36, es sei denn, die Anteilsverhältnisse der Minderheitsgesellschafter sind identisch an jedem der von der Transaktion betroffenen Tochterunternehmen.[633] Zu den „intra-group reconstructions" gehören daher die Upstream-Verschmelzung eines 100%igen Tochterunternehmens und die Downstream-Verschmelzung auf ein 100%iges Tochterunternehmen.

Die Frage, ob eine „intra-group reconstruction" vorliegt, ist jedoch aus der Perspektive der jeweiligen berichterstattenden Einheit zu beantworten.[634] So ist z. B. eine Side-step-Verschmelzung von zwei 100%igen Tochterunternehmen aus der Perspektive der Konzernobergesellschaft eine „intra-group reconstruction", während aus der Sicht des übernehmenden Tochterunternehmens für dessen Einzel- und Teilkonzernabschluss keine „intra-group reconstruction" und damit ein Erwerbsvorgang vorliegt.[635] Befinden sich die an einer Side-step-Verschmelzung beteiligten Tochter-

---

[629] Vgl. FRS-36.2.1. In SSAP-8 war noch in eng begrenzten Ausnahmefällen statt der Erwerbsmethode die „Pooling of interests"-Methode vorgeschrieben.
[630] Vgl. FRS-36.4.44 Buchst. a.
[631] Vgl. FRS-36.4.44 Buchst. c.
[632] Vgl. FRS-36.4.45.
[633] Vgl. FRS-36.4.47.
[634] Vgl. FRS-36.4.46.
[635] Vgl. FRS-36 Anhang 3, Beispiel 1.

Konzerninterne Umstrukturierungen 139

unternehmen nicht im vollständigen Anteilsbesitz des Mutterunternehmens, liegt aus dessen Sicht ebenfalls im Sinne des FRS-36 keine „intra-group reconstruction" vor, da sich der relative Anteil der Minderheitsgesellschafter durch die Transaktion verändert.[636]

5.2.5 Bilanzierungsvorschriften im Vereinigten Königreich

Während im Vereinigten Königreich Großbritannien und Nordirland entsprechend der IAS-Verordnung die kapitalmarktorientierten Unternehmen die IFRS anzuwenden haben, ist für nicht kapitalmarktorientierte Unternehmen bei der Bilanzierung im Einzel- und Konzernabschluss der im Jahr 1994 vom Accounting Standards Board (ASB) herausgegebene Financial Reporting Standard (FRS) 6 „Acquisitions and Mergers" zu beachten. Nach FRS 6.20 sind Unternehmenszusammenschlüsse nach der Erwerbsmethode zu bilanzieren, sofern nicht die Voraussetzungen zur Fortführung der Buchwerte der übertragenden Unternehmen (sog. merger accounting) erfüllt sind.

Die Buchwertfortführung ist nach FRS 6.5 bei einer Interessenzusammenführung im Rahmen eines Merger of Equals und bei bestimmten sog. „group reconstructions" anzuwenden.[637] Zu den Umstrukturierungen innerhalb einer Gruppe (group reconstructions) zählen gem. FRS 6.2 folgende Transaktionen:

a) die Übertragung von Anteilen eines Tochterunternehmens von einem Konzernunternehmen zu einem anderen;

b) die Zwischenschaltung eines neuen Mutterunternehmens;

c) die Übertragung von Anteilen von Tochterunternehmen eines Konzerns zu einem neuen Unternehmen, das nicht zum Konzern gehört, aber dessen Anteilseigner identisch mit denen des Konzernunternehmens sind;

d) der Zusammenschluss von Unternehmen, die vor dem Zusammenschluss dieselben Anteilseigner hatten.

Die Buchwertfortführung ist jedoch gem. FRS 6.13 bei Umstrukturierungen innerhalb einer Gruppe nur dann zulässig, wenn gesellschaftsrechtliche Regelungen dem nicht

---

[636] Vgl. FRS-36 Anhang 3, Beispiel 4.
[637] Zur Anwendung des „merger accountings" bei Mergers of Equals müssen gem. FRS 6.6-12 folgende fünf Kriterien erfüllt sein: 1. Ein Erwerber kann nicht identifiziert werden; 2. Die neue Managementstruktur muss einvernehmlich festgelegt werden; 3. Die zusammengeschlossenen Unternehmen müssen in etwa die gleiche Größe haben; 4. Die Gegenleistung muss primär in Eigenkapitalanteilen bestehen und 5. Kein Anteilseigner darf nur Ansprüche auf einen bestimmten Teil des zusammengeschlossenen Unternehmens haben.

entgegenstehen, der letztendliche Gesellschafterkreis und deren relative Rechte sich nicht verändern und wenn keine Minderheitsgesellschafter eines Tochterunternehmens von der Transaktion betroffen sind.

5.2.6 Zwischenergebnis

Als Zwischenergebnis ist festzuhalten, dass die jeweiligen nationalen Rechnungslegungsvorschriften zur Abbildung von Unternehmenszusammenschlüssen unter gemeinsamer Beherrschung sehr unterschiedlich ausgestaltet sind. Zu beobachten ist, dass eine Fortführung der Buchwerte der übertragenden Gesellschaft oder von Konzernbuchwerten von Standardsetzern erlaubt wird, wenn keine Minderheitsgesellschafter betroffen sind. Sie kann in Betracht kommen, wenn die relativen Rechte der Anteilseigner durch die Transaktion nicht berührt werden. Eine Neubewertung anlässlich einer solchen Transaktion kann in diesen Fällen aufgrund einer fehlenden Marktbestätigung und aus Kosten- und Nutzenerwägungen nicht zweckdienlich sein. Solche Transaktionen können nicht nur die Verschmelzung von 100%igen Tochterunternehmen innerhalb eines Konzerns betreffen, sondern auch die Zwischenschaltung von neuen Holdinggesellschaften oder Spaltungsvorgängen, bei denen ein separater (Teil-)Konzern geformt wird.

Bei konzerninternen Transaktionen unter der Beteiligung von Minderheitsgesellschaftern wird hingegen von manchen Standardsetzern die Anwendung der Erwerbsmethode verbindlich vorgeschrieben. Diese Bilanzierungsvorschriften stehen im Einklang mit der Feststellung, dass Abschlüsse eines Tochterunternehmens (Einzel- und Teilkonzernabschlüsse) bei vorhandenen Minderheitsgesellschaftern an deren Informationsbedürfnis auszurichten sind und dass diese Abschlüsse Informationsinstrumente und Bemessungsgrundlage eigenständiger berichterstattender Einheiten sind.[638]

Daher sollte entsprechend der Anwendungsbereich des IFRS 3 grundsätzlich auf Unternehmenszusammenschlüsse unter gemeinsamer Beherrschung ausgedehnt werden. Für genau zu definierende Umstrukturierungen, bei denen keine Minderheitsgesellschafter betroffen sind, können Ausnahmen von der Erwerbsmethode zur Berücksichtigung des wirtschaftlichen Gehalts vorgesehen werden. Das undifferenzierte Wahlrecht in Deutschland gem. § 24 UmwG die Buchwerte der übertragenden Gesellschaft fortzuführen oder eine Neubewertung durchzuführen, wird den Informationsinteressen der Minderheitsgesellschafter nicht gerecht und ist damit kein Vorbild für die internationale Rechnungslegung.

5.3 Regelungen für vergleichbare Sachverhalte und deren konzeptionelle Grundlagen

5.3.1 Berücksichtigung des Anschaffungswertprinzips und der Tauschgrundsätze

Anschaffungsvorgänge sind dadurch geprägt, dass die Verfügungsmacht über ein bestehendes Gut von einem Dritten erlangt wird. Auch ein Tausch stellt eine Anschaffung eines Vermögenswertes gegen Gewährung anderer Leistungen als Geld dar. Eine Verschmelzung kann wiederum gesellschaftsrechtlich eine Sacheinlage darstellen, bei der Vermögen gegen neue Anteile der übernehmenden Gesellschaft getauscht wird. Ebenso können bei einer Verschmelzung schon vorhandene Anteile zum Erwerb des Vermögens hingegeben werden. Entsprechend könnten bei konzerninternen Verschmelzungen die Grundsätze für die Bilanzierung eines Tauschs in Betracht kommen. Daher werden im Folgenden das Anschaffungswertprinzip und die in den IFRS verankerten Grundsätze zur Bilanzierung eines Tauschs eingehender betrachtet.

Nach dem Anschaffungswertprinzip werden die erworbenen Vermögenswerte erstmalig mit den getätigten Ausgaben oder dem beizulegenden Zeitwert anderer Gegenleistungen bewertet („Prinzip der Maßgeblichkeit der Gegenleistung"[639]). Bei einem entgeltlichen Erwerb finden die Anschaffungskosten als Bewertungsmaßstab im Zugangszeitpunkt ihre Rechtfertigung darin, dass sie die zwischen sachverständigen fremden Dritten aufgewandten liquiden Mittel aufzeigen und damit einen Markttest zur Objektivierung des Werts erfahren haben.[640] Wurde die gewährte Gegenleistung zuvor zum beizulegenden Zeitwert angesetzt, erfolgt durch Anwendung des Anschaffungswertprinzips eine erfolgsneutrale Abbildung des Anschaffungsvorganges, der damit lediglich eine Vermögensumschichtung darstellt (Prinzip der Erfolgsneutralität des Anschaffungsvorgangs).[641]

---

[638] Vgl. Abschn. 3.3.4.
[639] Wohlgemuth/Radde (2002), B 162 Rn. 6.
[640] Vgl. Adler/Düring/Schmaltz (1995 ff.), § 255 Rn. 5. Vgl. zu den Anschaffungskosten im Sinne der IFRS Wohlgemuth/Radde (2000), S. 903 ff.
[641] Vgl. Moxter (2007), S. 183 f. Eine über die Anschaffungskosten hinausgehende Folgebewertung, z. B. zum beizulegenden Zeitwert nach IAS 40.30 i. V. m. IAS 40.33, oder eine sich nach IAS 36 später herausstellende Wertminderung ist dem Zugangszeitpunkt selbstredend nachgelagert und von der erstmaligen Erfassung unabhängig zu betrachten. Vgl. zur Problematik bei einer Überzahlung im Rahmen eines Unternehmenszusammenschlusses Abschn. 4.2.4.1 m. w. N.

Anders als bei einer Gegenleistung in Zahlungsmitteln, muss bei einem Anschaffungsvorgang durch Tausch ein beizulegender Zeitwert für die erstmalige Bilanzierung des erworbenen Vermögens und zur Ermittlung eines etwaigen Gewinns aus dem Abgang der Gegenleistung ermittelt werden, was mit einem geringeren Objektivierungsgrad verbunden sein kann. Zivilrechtlich ist der Tausch ein schuldrechtlicher Leistungsaustausch, der sich aus zwei Veräußerungsgeschäften zusammensetzt.[642] Damit ist der Tausch ein kombinierter Veräußerungs- und Erwerbsvorgang.[643] Fraglich könnte sein, ob der erworbene Vermögenswert mit dem beizulegenden Zeitwert des erhaltenen oder des hingegebenen Vermögenswerts anzusetzen ist. Der Erwerbscharakter des Tauschs findet seinen bilanziellen Niederschlag darin, dass die Anschaffungskosten des erhaltenen Vermögenswerts grundsätzlich durch den beizulegenden Zeitwert der gewährten Gegenleistung bestimmt werden,[644] da dieser Wert für den Erhalt aufgewendet worden ist. Für den Ansatz mit dem beizulegenden Zeitwert des erhaltenen Vermögenswerts spricht, dass damit der erworbene Vermögenswert zutreffend abgebildet wird. Die Veräußerungskomponente des Tauschs kommt darin zum Ausdruck, dass der Wertsprung zwischen dem bisherigen Bilanzansatz des hingegebenen Vermögenswerts und dem beizulegenden Zeitwert als Ertrag erfasst wird, da dieser außerhalb des Tauschvorgangs hätte realisiert werden können.[645] Dabei müsste konsequenterweise von dem beizulegenden Zeitwert des erhaltenen Vermögenswerts ausgegangen werden, wenn die Veräußerungskomponente den Erwerbsvorgang überlagern sollte. Da aber ein Tausch mit einem wechselseitigen zivilrechtlichen Ankauf- und Verkaufgeschäft vergleichbar ist, bei dem gleichwertige Forderungen aufgerechnet werden,[646] kann bei der Bilanzierung des Tauschs als Erwerbs- und Veräußerungsvorgang nur ein einheitlicher Wertmaßstab herangezogen werden.

In Übereinstimmung mit der rechtlichen Qualifikation des Tauschs als kombinierter Erwerbs- und Veräußerungsvorgang für beide beteiligten Tauschpartner sind auch die Abbildungsregelungen der IFRS ausgestaltet. So sind die Anschaffungskosten von erhaltenen Sachanlagen, Immobilien und immateriellen Vermögenswerten grundsätzlich durch den beizulegenden Zeitwert der gewährten Gegenleistung zu

---

[642] Vgl. Faßbender (2003), S. 71 f.
[643] Vgl. Wohlgemuth/Radde (2002), B 162 Rn. 54.
[644] Vgl. IAS 16.6.
[645] Vgl. zu den entsprechenden Tauschgrundsätzen im HGB Knop/Küting (2003), § 255 Rn. 112.
[646] Vgl. zur Aufrechnung § 387 BGB.

bestimmen.[647] Der beizulegende Zeitwert des erworbenen Vermögenswerts findet hingegen nur Berücksichtigung, wenn dieser eindeutiger ermittelt werden kann.[648] Dieser Rückkoppelung zwischen den beizulegenden Zeitwerten der erhaltenen Leistung und der gewährten Gegenleistung liegt die Annahme zugrunde, dass diese Werte bei Transaktionen unter sachverständigen fremden Dritten übereinstimmen.[649] Bei einem Tausch von marktgängigen Vermögenswerten unter sachverständigen fremden Dritten wird das erhaltene Vermögen damit i. d. R. zu dessen beizulegendem Zeitwert ausgewiesen. Der Ausgewogenheitsvermutung von Leistung und Gegenleistung steht nicht entgegen, dass sich jeder Tauschpartner aus dem Tausch einen geschäftlichen Vorteil verspricht, da ansonsten eine Transaktion mit wirtschaftlichem Gehalt nicht zustande kommen würde.[650]

Wird eine Verschmelzung als Anschaffungs- und Veräußerungsvorgang betrachtet, bei dem Vermögen erworben wird und die Gegenleistung in dem Untergang einer ggf. zuvor bestehenden Beteiligung und der Hingabe eigener oder neuer Anteile besteht,[651] erfolgt nach dem dargestellten Prinzip der Maßgeblichkeit der Gegenleistung bei Anschaffungs- und Tauschvorgängen in den IFRS eine Bilanzierung des erworbenen Vermögens zum beizulegenden Zeitwert. Dieses Prinzip liegt auch der Erwerbsmethode des IFRS 3 zur Abbildung von Unternehmenszusammenschlüssen zugrunde, bei der ausgehend von dem beizulegenden Zeitwert der Gegenleistung eine Allokation des Kaufpreises auf die beizulegenden Zeitwerte des übernommenen Vermögens erfolgt und der Residualbetrag als Goodwill ausgewiesen wird.

Von dem Grundsatz zur Bewertung zum beizulegenden Zeitwert und der damit ggf. verbundenen Gewinnrealisation kann bei einem Tausch nur dann abgewichen werden, wenn weder der beizulegende Zeitwert des erhaltenen Vermögenswerts noch der des hingegebenen Vermögenswerts verlässlich ermittelt werden kann oder wenn es der Transaktion an einer wirtschaftlichen Substanz fehlt. In diesem Fall ergeben sich die Anschaffungskosten aus dem Buchwert des hingegebenen

---

[647] Vgl. IAS 16.6 i. V. m. IAS 16.23 f., IAS 38.8 i. V. m. IAS 38.24, IAS 40.5 i. V. m. IAS 40.20. Bei Finanzinstrumenten erfolgt hingegen der erstmalige Ansatz nach IAS 39.43 mit dem Fair Value des erworbenen Finanzinstruments.

[648] Vgl. IAS 16.26 Satz 2.

[649] Vgl. Leffson (1987), S. 257.

[650] Vgl. Abschn. 4.2.4.4 Buchst. b bb)

[651] Diese umfassende Sichtweise einnehmend IDW (1997), HFA 2/1997 Abschn. 32211. f. Der BFH bezeichnet in seinem Urteil vom 17.9.2003 eine Verschmelzung gegen Gewährung von Gesellschaftsanteilen (Sacheinbringung) als einen „tauschähnlichen Veräußerungs- und Anschaffungsvorgangs". Vgl. zur Rechtsnatur des Verschmelzungsvertrags Lutter/Drygala (2009), § 4 Rn. 1 ff.

Vermögenswerts, und die Transaktion führt damit zu keiner Gewinnrealisation.[652] Einem Tausch kann eine wirtschaftliche Substanz zugesprochen werden, wenn der eingetauschte Vermögenswert aufgrund einer anderen Funktion einen höheren Zahlungsbeitrag erwarten lässt, aufgrund anderer Eigenschaften die bisherige Funktion besser erfüllen kann oder wenn der eingetauschte Vermögenswert eine größere Liquiditätsnähe aufweist.[653]

An einer wirtschaftlichen Substanz einer konzerninternen Verschmelzung kann es z. B. fehlen, wenn die übernehmende Gesellschaft über keine eigene Geschäftstätigkeit verfügt und nach der Verschmelzung die wirtschaftliche Tätigkeit der übernommen Gesellschaft unverändert fortgesetzt wird. Erfolgt jedoch eine Integration des übernommenen Unternehmens zur Nutzung von Synergieeffekten, hat die Verschmelzung eine wirtschaftliche Substanz. Eine wirtschaftliche Substanz der Transaktion kann ebenfalls nicht verneint werden, wenn Minderheitsgesellschafter an den betroffenen Tochterunternehmen beteiligt sind, da die Verschmelzung zu einer Veränderung der Kapitalstruktur bei der übernehmenden Gesellschaft führt.

5.3.2 Bilanzierung von Sacheinlagen

Werden bei einer Verschmelzung als Gegenleistung neue Anteile gewährt, stellt sie eine besondere Ausprägung der Gründung (Verschmelzung durch Neugründung) oder der Kapitalerhöhung gegen Sacheinlage (Verschmelzung durch Aufnahme) dar.[654] Während ein schuldrechtlicher Anschaffungsvorgang üblicherweise ausgabenwirksam ist und bei einem Tausch ein anderer Vermögenswert hingegeben wird, findet bei einer Sacheinlage oder einer Verschmelzung gegen Gewährung neuer Anteile ein Aktivtausch nicht statt. Damit könnte in Abgrenzung zu einem Anschaffungsvorgang eingewandt werden, dass bei einer Sacheinlage das Vermögensopfer nicht von der Gesellschaft, sondern von den bisherigen Gesellschaftern durch eine Verwässerung ihrer Anteile erbracht wird. Dass die übernehmende Gesellschaft nichts aufwendet, um das Vermögen zu erlangen, wird insbesondere bei der Gründung erkennbar. An einem solchen Fall wird aber auch deutlich, dass nicht der Wert der ausgegebenen Anteile den Wert des eingebrachten Vermögens, sondern der Wert des eingelegten Vermögens den Wert der neu geschaffenen Anteile bestimmt.[655]

---

[652] Vgl. IAS 16.24, IAS 38.45.
[653] Vgl. IAS 16.25; Fassbender (2003), S. 85 m. w. N.
[654] Vgl. Hügel (1993), S. 28 f.
[655] Vgl. Ballerstedt (1949), S. 71.

Entsprechend stellt IFRS 2 für die Bestimmung von Anschaffungskosten von Sacheinlagen nicht auf angefallene Ausgaben oder ein anderes Vermögensopfer der Gesellschaft ab. Dem IFRS 2 liegt die Überlegung zugrunde, dass die Gesellschaft in Höhe des Werts der gewährten Aktien auf eine Barkapitalerhöhung im Zusammenhang mit dem Erwerb von nicht finanziellen Vermögenswerten und dem Empfang von Dienstleistungen verzichtet hat. Damit wird bei einer Kapitalerhöhung gegen Sacheinlagen ein abgekürzter Zahlungsweg fingiert. Des Weiteren sind in Abweichung von dem Prinzip der Maßgeblichkeit der Gegenleistung zur Bestimmung der Anschaffungskosten bei Tauschgeschäften[656] bei einer Sacheinlage gem. IFRS 2 die erhaltenen oder erworbenen Güter, wie Vorräte, Sachanlagen, immaterielle Vermögenswerte u. a. nicht finanzielle Vermögenswerte, direkt mit ihrem beizulegenden Zeitwert am Tag des Erhalts anzusetzen.[657] Nur wenn der beizulegende Zeitwert der erhaltenen Güter entgegen der zugrunde liegenden widerlegbaren Vermutung nicht verlässlich geschätzt werden kann, ist gem. IFRS 2.10 der Wert und die entsprechende Erhöhung des Eigenkapitals indirekt unter Bezugnahme auf den beizulegenden Zeitwert der gewährten Aktien zu ermitteln.[658]

Sollen die IFRS künftig einen HGB-Jahresabschluss ersetzen, ist eine Betrachtung der aktienrechtlichen Sacheinlagevorschriften notwendig. Nach dem Gesetzeswortlaut von § 34 Abs. 1 Nr. 2 AktG zur Beurteilung einer ordnungsgemäßen Kapitalaufbringung muss der „Wert der Sacheinlagen" den geringsten Ausgabebetrag der dafür zu gewährenden Aktien erreichen. Was unter dem „Wert der Sacheinlagen" zu verstehen ist, wird dabei nicht explizit erläutert. Im Zusammenhang mit dem Verzicht auf eine Gründungsprüfung stellt § 33a Abs. 1 AktG jedoch auf einen Börsenpreis von Wertpapieren und bei anderen Vermögensgegenständen auf deren nach allgemein anerkannten Bewertungsgrundsätzen ermittelten „beizulegenden Zeitwert" ab.[659] Gemäß § 255 Abs. 4 HGB entspricht der beizulegende Zeitwert bei einem

---

[656] Vgl. IAS 16.6 und IAS 16.26 Satz 2.

[657] Vgl. IAS 16.6 i. V. m. IFRS 2.2 ff., IFRS 2.10 Satz 1, IFRS 2.13 Satz 1, IFRS 2.7 f. Vgl. zum Begriff der Güter IFRS 2.5 f.

[658] Vgl. IFRS 2.13 zur widerlegbaren Vermutung der verlässlichen Bewertbarkeit von erhaltenen Gütern. Dem liegt wohl die Überlegung zugrunde, dass der beizulegende Zeitwert eines erworbenen Vermögenswerts eindeutiger ermittelt werden kann als der Wert der gewährten Anteile. Bei Gütern, die üblicherweise auch gegen Zahlungsmittel erworben werden, ist die Annahme der verlässlicheren Bewertung der Güter als der Anteile offenkundig. Gemäß IFRS 2.11 f. ist aufgrund mangelnder Verlässlichkeit in der eigenständigen Bewertung von Mitarbeiterleistungen hingegen Bezug auf den Wert der gewährten Anteile zu nehmen. Bei erhaltenen Dienstleistungen von Dritten gegen Gewährung von Aktien erfolgt hingegen grundsätzlich eine direkte Bewertung der erhaltenen Leistung. Vgl. zu erhaltenen Vermögenswerten und Dienstleistungen, die nicht als Vermögenswerte angesetzt werden können IFRS 2.8 f.

[659] Vgl. zur Rechtsprechung bei der Bewertung von Sacheinlagen Füller (2010), § 9 GmbHG Rn. 4 f.

aktiven Markt dem Marktpreis. Falls ein solcher nicht besteht, ist der beizulegende Zeitwert ebenfalls nach allgemein anerkannten Bewertungsmethoden zu bestimmen. Ausgehend von dem Zweck der Kapitalschutzvorschriften zum Zweck der Verwertung der eingelegten Vermögensgegenstände zur Befriedigung der Gesellschaftsgläubiger,[660] ist der in den IFRS definierte beizulegende Zeitwert (Fair Value) als der Betrag, zu dem zwischen sachverständigen, vertragswilligen und voneinander unabhängigen Geschäftspartnern unter marktüblichen Bedingungen ein Vermögenswert getauscht werden könnte,[661] ein geeigneter Beurteilungsmaßstab für die Werthaltigkeit. Soll ein Abschluss ein den tatsächlichen Verhältnissen entsprechendes Bild über die reale Kapitalaufbringung bereitstellen, ist der erstmalige Ansatz einer Sacheinlage zum beizulegenden Zeitwert die notwendige Konsequenz.[662] Auf diese Weise werden willkürliche Wertansätze des eingebrachten Vermögens, wie sie sich durch einen Rückgriff auf den Nennbetrag oder einen höheren festgesetzten Ausgabebetrag ergäben, vermieden.[663] Durch eine Bilanzierung zum beizulegenden Zeitwert werden zudem durch eine Sacheinlage keine stille Reserven gelegt, aufgrund derer die Ertragslage durch zu niedrige Abschreibungen oder vermeintlich erzielte Veräußerungsgewinne unzutreffend dargestellt und Scheingewinne ausgeschüttet werden können.[664] Ein den Nennbetrag übersteigender beizulegender Zeitwert der Sacheinlage ist als Agio in die Kapitalrücklage einzustellen,[665] wodurch die Kapitalrücklage auch nach § 272 Abs. 2 Nr. 1 HGB i. V. m. § 150 AktG zutreffend dotiert würde.

Der Anwendungsbereich des IFRS 2 zur Bilanzierung von Sacheinlagen erstreckt sich jedoch nicht auf Vermögenswerte, die im Rahmen eines Unternehmenszusammenschlusses erworben werden, auf den IFRS 3 anzuwenden ist.[666] Wird durch eine Sacheinlage die Kontrolle über ein Unternehmen erlangt, z. B. bei einer

---

[660] Vgl. Bayer (2008a), § 27 AktG Rn. 11.

[661] Vgl. IFRS 3 Anhang A.

[662] Die Bilanzierung einer Sacheinlage in einem HGB-Abschluss richtet sich nach umstrittener Auffassung nach den Zeitwerten, sofern nicht gesetzlich für bestimmte Ausnahmefälle eine Buchwertfortführung erlaubt ist. Vgl. Kropff (1971), S. 116; Rechtsausschuss (1995), BT-Drucks. 10/4268 S. 101. Vgl. zu den widersprüchlichen Auffassungen zur Bilanzierung von Sacheinlagen nach dem HGB bspw. Bayer (2008a), § 27 AktG Rn. 20; Angermayer (1998), S. 145 ff.; Schulze-Osterloh (1993), S. 429 ff.; Moszka (2007), § 24 UmwG Rn. 35 f.; Adler/Düring/Schmaltz (1995 ff.), § 255 HGB Rn. 96 ff.; Knop/Küting (2003), § 255 HGB Rn. 92 ff.

[663] Vgl. Schiller (1991), S. 2408.

[664] Vgl. Ballerstedt (1949), S. 73; Döllerer (1969), S. 335; Angermayer (1998), S. 146; Bula/Schlösser (2002), K Rn. 50; Schulze-Osterloh (1993), S. 430 f. Vgl. auch die Ausführungen zur Interessenzusammenführungsmethode in Abschn. 4.1.3.

[665] Vgl. Adler/Düring/Schmaltz (2007), Abschn. 9 Rn. 70.

[666] Vgl. IFRS 2.5 f.

Verschmelzung durch Aufnahme, finden die spezielleren Vorschriften des IFRS 3 Anwendung. Da Unternehmenszusammenschlüsse unter gemeinsamer Beherrschung aus dem Anwendungsbereich des IFRS 3 ausgenommen sind, fielen nach dem Wortlaut des IFRS 2.5 i. d. F. 2008 solche Zusammenschlüsse in den Anwendungsbereich des IFRS 2, sofern die Gegenleistung in der Gewährung von Aktien bestand. Während des Standardsetzungsprozesses wollte der IASB jedoch keine Entscheidung treffen, ob IFRS 2 auf solche Transaktionen anzuwenden sei. Daher wurde zwischenzeitlich IFRS 2 dahingehend geändert, dass auch Unternehmenszusammenschlüsse unter gemeinsamer Beherrschung aus dem Anwendungsbereich des IFRS 2 ausgenommen wurden.[667]

Zur Schließung der bestehenden Regelungslücke für die Bilanzierung einer Verschmelzung unter gemeinsamer Beherrschung als Sacheinlage ist aus konzeptioneller Sicht zunächst festzuhalten, dass IFRS 2 mit dem Ansatz des eingebrachten Vermögens zum beizulegenden Zeitwert im Einklang mit den Bewertungsvorschriften des IFRS 3 steht. Denn durch die Anwendung der in IFRS 3 vorgeschriebenen Erwerbsmethode werden die im Rahmen eines Unternehmenszusammenschlusses und damit auch im Rahmen einer Verschmelzung erworbenen Vermögenswerte und Schulden wie bei einer Sacheinlage nach IFRS 2 mit ihren beizulegenden Zeitwerten angesetzt. Der Goodwill errechnet sich allerdings nach IFRS 3 als Residualgröße zwischen den beizulegenden Zeitwerten der gewährten Gegenleistung und des angesetzten Vermögens.[668] Da bei einer Kaufpreisbestimmung Grenzpreise maßgeblich sind, kann der Goodwill auch sog. echte Synergieeffekte umfassen, die nur von dem übernehmenden Unternehmen realisiert werden können.[669] Damit handelt es sich nicht um einen Stand-alone Goodwill. Die Aktivierung echter Synergien als Teil des Goodwill wird nicht bei einem entgeltlichen Erwerb beanstandet und entspricht bei der Einlage eines Unternehmens letztlich dem Gedanken des verkürzten Zahlungswegs. Da dieser Teil bei entsprechender Überschreitung des Nennkapitals in der Kapitalrücklage erfasst wird, die nicht für Ausschüttungen zur Verfügung steht, steht einer solchen Vorgehensweise bei einer entsprechenden Werthaltigkeit des Goodwill der Gläubigerschutzgedanke nicht entgegen. IFRS 3 ist daher auch für Zwecke des Gesellschaftsrechts geeignet. Zusätzlicher Bilanzierungsvorschriften im HGB bedarf es daher insoweit nicht.

Zudem ist festzuhalten, dass die Grundsätze des IFRS 2 im Einklang mit dem Rahmenkonzept stehen, wonach Einlagen der Gesellschafter ohne Berührung der

---

[667] Vgl. IFRS 2 BC24A ff.
[668] Vgl. zu Einzelheiten Abschn. 4.2.3 f.
[669] Vgl. IDW (2005a), RS HFA 10 Rn. 5.

GuV unmittelbar im Eigenkapital zu erfassen sind.[670] Da die Neubewertung des übernommenen Vermögens bei Unternehmenszusammenschlüssen nach IFRS 3 jedoch nicht auf die Höhe der Anschaffungskosten (Wert der Gegenleistung) begrenzt ist, kann es zu einer Durchbrechung des Anschaffungswertprinzips kommen. In einem solchen Fall verliert aufgrund der von IFRS 3 geforderten ergebniswirksamen Erfassung des dabei entstehenden negativen Unterschiedsbetrags der Erwerbsvorgang seine Erfolgsneutralität. Vor der Erfassung eines negativen Unterschiedsbetrags ist allerdings nach IFRS 3 eine kritische Überprüfung der getroffenen Bewertungsannahmen erforderlich.[671] Gesellschaftsrechtlich kann zur Kapitalerhaltung die Erfassung eines solchen Gewinns in einer ausschüttungsgesperrten Rücklage vorgeschrieben werden.

5.3.3 Erstmalige Bilanzierung von Anteilen an Unternehmen

IAS 16 und IAS 38 regeln Tauschtransaktionen explizit nur für die Akquisition von Sachanlagen und immateriellen Vermögenswerten sowie IFRS 2 die Sacheinlage nur für nicht finanzielle Vermögenswerte.[672] Für Finanzinstrumente, zu denen auch Anteile an Unternehmen und Optionen auf solche Anteile gehören,[673] enthält IAS 39 eine eigene Vorschrift zur erstmaligen Bilanzierung. So erfolgt nach IAS 39.43 der erstmalige Ansatz der Finanzinstrumente mit ihrem beizulegenden Zeitwert.[674] Dies ist konform mit den Vorschriften des IFRS 2 zur Bilanzierung der Einlage von Gütern. Da nach IAS 39.48 i. V. m. IAS 39 AG76 der gezahlte Preis den besten Nachweis für den beizulegenden Zeitwert bildet, entspricht die Bilanzierung von Finanzinstrumenten bei der erstmaligen Erfassung zum beizulegenden Zeitwert i. d R. auch einer Bilanzierung mit den Anschaffungskosten. IAS 39 ist unmittelbar allerdings grundsätzlich nur auf Beteiligungen anzuwenden, für die IAS 27, 28 oder 31 keine spezielleren Vorschriften enthalten.[675] IAS 39 gilt damit im Einzel- und Konzernabschluss unmittelbar zunächst für Finanzbeteiligungen mit einer Beteiligungsquote unter 20 %.

Im Einzelabschluss kann jedoch für unternehmerische Beteiligungen, bei denen ein beherrschender Einfluss, eine gemeinschaftliche Führung oder ein maßgeblicher Einfluss ausgeübt werden kann, entweder eine Bilanzierung nach IAS 39 zum

---

[670] Vgl. RK.70.
[671] Vgl. ausführlich Abschn. 4.2.4.4.
[672] Vgl. IAS 16.24 ff., IAS 38.45 ff., IFRS 2.2, IFRS 2.5.
[673] Vgl. IAS 32.11, IAS 32 AG13.
[674] Vgl. zur Überarbeitung und zur Ersetzung von IAS 39 IASB (2009e), IFRS 9 S. 1 ff.
[675] Vgl. IAS 39.2 Buchst. a.

beizulegenden Zeitwert oder zu Anschaffungskosten gewählt werden.[676] Bei entsprechender Ausübung des Wahlrechts zur Anwendung des IAS 39 erfolgt der erstmalige Ansatz und damit auch die Einlage einer Beteiligung mit dem beizulegenden Zeitwert. Abgegoltene echte Synergien sind somit bei einer Bilanzierung zum beizulegenden Zeitwert im Beteiligungsansatz nicht zu berücksichtigen.

Fraglich könnte sein, wie die Anschaffungskosten einer eingelegten unternehmerischen Beteiligung zu bestimmen sind, die nach der Einlage auch in Folgeperioden mit ihren Anschaffungskosten bilanziert werden soll. Im Mai 2008 wurde IAS 27 hinsichtlich der Bilanzierung im Einzelabschluss einer neu geschaffenen Holding-Gesellschaft ergänzt, die ihre Beteiligung in Ausübung des vorhandenen Wahlrechts zu Anschaffungskosten bilanziert.[677] Diese Ergänzung des IAS 27 betrifft einzig Umstrukturierungen, bei denen ein Unternehmen zu einem Tochterunternehmen eines neuen Unternehmens durch einen Anteilstausch wird, bei dem die bisherigen Gesellschafter ihre Anteile gegen ausgegebene Anteile der neuen Gesellschaft tauschen.[678] Dabei müssen das Vermögen im Konzern und ebenfalls die Eignerverhältnisse letztlich unverändert bleiben.[679] Unter diesen Voraussetzungen und der Entscheidung des Managements zur Bilanzierung von Beteiligungen im Einzelabschluss der neuen Holding für das Anschaffungswertprinzip bestimmen sich die Anschaffungskosten am Tag der Umstrukturierung nach dem anteiligen Buchwert des Eigenkapitals der eingebrachten Beteiligung. Dieser eng begrenzte Anwendungsbereich der erfolgten Änderung des IAS 27 soll nach dem Willen des IASB keine Indikation darstellen, wie Transaktionen unter gemeinsamer Beherrschung generell abzubilden sind.[680]

Wird die neue Holding als Teil des zuvor bestehenden Konzerns gesehen, mag eine Fortführung der bisherigen Konzernbuchwerte im Konzernabschluss angemessen erscheinen, da sich durch die Umstrukturierung für die Gesellschafter an der wirtschaftlichen Substanz der Beteiligung an dem operativen Unternehmen nichts geändert hat. Sie halten nunmehr statt einer unmittelbaren Beteiligung an dem operativen Unternehmen eine mittelbare Beteiligung. Beim Einzelabschluss steht diese Bestimmung der Anschaffungskosten in konzeptioneller Hinsicht im Widerspruch zu der Sichtweise, dass der Einzelabschluss der neuen Holding den Abschluss einer eigenen rechtlichen berichterstattenden Einheit darstellt. Die

---

[676] Vgl. IAS 27.38, IAS 28.35, IAS 31.46.
[677] Vgl. IAS 27.38B f. Vgl. zu Beispielen Zülch/Hoffmann (2008), S. 237 f.
[678] Vgl. IAS 27.38B Buchst. a.
[679] Vgl. IAS 27.38B Buchst. b und c.
[680] Vgl. IAS 27 BC66Q.

Bestimmung der Anschaffungskosten anhand des anteiligen Eigenkapitals anstatt anhand des beizulegenden Zeitwerts der eingebrachten Beteiligung steht auch im Widerspruch zu den Grundsätzen der Bilanzierung von Sacheinlagen des IFRS 2. Die in IAS 27 vorgeschriebene Bilanzierung ist daher unter Umständen nicht geeignet, das durch die Einbringung geschaffene gesellschaftsrechtliche Grundkapital zutreffend abzubilden.[681] Bei der erfolgten Änderung des IAS 27 werden rechtliche Gegebenheiten vernachlässigt. Denn bei einer solchen Transaktion geht Vermögen von einem Rechtsträger auf einen anderen über. Beim übernehmenden Rechtsträger kommt es dadurch zu einer Anschaffung, für die die allgemeinen Grundsätze zu beachten sind. Gerechtfertigt werden kann die Änderung des IAS 27 allenfalls damit, dass bei unveränderten Gesellschafterverhältnissen der Transaktion ein wirtschaftlicher Gehalt abgesprochen wird. Ein solcher kann jedoch als gegeben angesehen werden, wenn in gesellschaftsrechtlich zulässiger Weise das Grundkapital erhöht wird.

Außerhalb des Anwendungsbereichs zur Zwischenschaltung einer Holding enthalten die IFRS keine expliziten Regelungen zur Bestimmung der Anschaffungskosten bei der Bilanzierung einer eingelegten unternehmerischen Beteiligung. Bei entsprechender Anwendung der Grundsätze von IAS 39.43 und IFRS 2 käme ein Ansatz mit dem beizulegenden Zeitwert in Betracht (Stand-alone-Betrachtung), während bei einer analogen Anwendung von IFRS 3 ausgehend vom beizulegenden Zeitwert der gewährten Anteile auch echte Synergien im Wertansatz zu berücksichtigen wären.

Eine Betrachtung von IFRIC 17 legt die erstmalige Bilanzierung von eingelegten Anteilen zu deren beizulegenden Zeitwerten nahe. Wird z. B. ein Unternehmen aus einer börsennotierten Aktiengesellschaft ausgegliedert und werden anschließend die im Zuge der Transaktion erhaltenen Anteile an die Aktionäre als Sachdividende ausgeschüttet, sind diese Anteile zuvor auf der Ebene der ausschüttenden Gesellschaft GuV-wirksam zum beizulegenden Zeitwert zu bewerten.[682] Dadurch sollen Aktionäre über den Wert der erhaltenen Sachdividende informiert werden.[683] Wenn die ausschüttende Gesellschaft aber die Sachdividende in Form von Anteilen zum beizulegenden Zeitwert bewertet, kann in konsequenter Weise der erstmalige Ansatz dieser (Minderheits-)Anteile bei einem bilanzierungspflichtigen empfangenden Gesellschafter ebenfalls nur mit diesem Wert erfolgen. Gleiches gilt für den erstmaligen Ansatz des ausgegliederten Vermögens einschließlich eines Goodwill bei der aufnehmenden Gesellschaft.

---

[681] Vgl. auch die ablehnende Haltung von Barth und Danjou in IAS 27 DO1 ff.
[682] Vgl. IFRIC 17.11 und 14.

5.3.4 Zwischenergebnis

Zusammenfassend ist festzuhalten, dass die in IFRS 3 vorgeschriebene Erwerbsmethode (Bilanzierung des übernommenen Vermögens bei einem Unternehmenserwerb zum beizulegenden Zeitwert) konzeptionell im Einklang mit dem Anschaffungswertprinzip und den Tauschgrundsätzen von IAS 16 und IAS 18, dem IFRS 2 zur Bilanzierung von Sacheinlagen und mit IAS 39 zur erstmaligen Bilanzierung von nichtunternehmerischen Beteiligungen und Optionen auf Anteile zum beizulegenden Zeitwert steht. Unterschiede zwischen den Bilanzierungsnormen ergeben sich nur hinsichtlich der Berücksichtung von echten Synergien aus einem Unternehmenserwerb.

Sofern Unternehmenszusammenschlüsse von Unternehmen unter gemeinsamer Beherrschung hinsichtlich der Struktur vergleichbar mit den Unternehmenszusammenschlüssen sind, die in den derzeitigen Anwendungsbereich des IFRS 3 fallen, kann bei einer entsprechenden Anwendung von IFRS 3 zunächst davon ausgegangen werden, dass diese Transaktionen relevant und verlässlich abgebildet werden.[684] Daher ist es aus konzeptioneller Sicht naheliegend, die Erwerbsmethode auch bei Unternehmenszusammenschlüssen unter gemeinsamer Beherrschung anzuwenden.

Vor dem Hintergrund der Abschaffung der Interessenzusammenführungsmethode mit der Argumentation des IASB, dass die Bilanzierung zum beizulegenden Zeitwert bei Unternehmenszusammenschlüssen grundsätzlich die entscheidungsnützlicheren Informationen liefere,[685] bedarf es triftiger Gründe, von einer Bilanzierung des übernommenen Vermögens zum beizulegenden Zeitwert bei Transaktionen unter gemeinsamer Beherrschung abzuweichen.

Ausnahmen erscheinen daher nach den allgemeinen Grundsätzen nur für solche konzerninternen Transaktionen gerechtfertigt, denen es an einer wirtschaftlichen Substanz fehlt oder weder der beizulegende Zeitwert des erhaltenen Vermögenswertes noch des hingegebenen Vermögenswertes verlässlich bewertet werden kann.[686] In diesen Fällen könnte entsprechend der Tauschgrundsätze oder aus Wirtschaftlichkeitsüberlegungen eine Fortführung der Buchwerte der übertragenden Gesellschaft oder der Konzernbuchwerte in Betracht kommen. Ob die in IFRS 3 nach der Erwerbsmethode vorgeschriebene Bilanzierung des übernommenen Vermögens

---

[683] Vgl. IFRIC 17 BC30 Satz 2.
[684] Vgl. IAS 8.11.
[685] Vgl. Abschn. 4.1.3; IFRS 3 BC25, BC37 f.
[686] Vgl. IAS 16.24, IAS 38.45.

zum beizulegenden Zeitwert konzeptionell geeignet ist, um auch auf Verschmelzungen außerhalb des Anwendungsbereichs des IFRS 3 übertragen zu werden, soll daher im Folgenden anhand exemplarischer Verschmelzungsgrundtypen eingehender betrachtet werden.

5.4 Abbildung konzerninterner Umstrukturierungen im Einzelabschluss der übernehmenden Gesellschaft

5.4.1 Upstream-Verschmelzung bei vollständigem Anteilsbesitz

5.4.1.1 Vorbemerkungen

Die Verschmelzung eines Tochterunternehmens, das sich vollständig im Besitz des Mutterunternehmens befindet, auf das Mutterunternehmen soll anhand der nachfolgenden Abbildung verdeutlicht werden. Dabei wird die B GmbH als Tochterunternehmen auf die A AG als Mutterunternehmen verschmolzen (upstream merger).

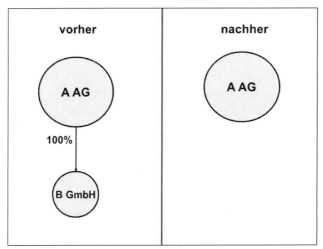

Abbildung 1: Upstream-Verschmelzung bei vollständigem Anteilsbesitz

Im Zuge der Verschmelzung darf die übernehmende A AG eine Grundkapitalerhöhung nicht durchführen, da sie sämtliche Anteile der übertragenden B GmbH innehat.[687] Im Einzelabschluss der A AG treten die einzelnen Vermögenswerte und

---

[687] Vgl. § 68 Abs. 1 Nr. 1 UmwG.

Schulden an die Stelle der sie zuvor repräsentierenden Beteiligung an der B GmbH. In dem Konzernabschluss der A AG wurde hingegen bereits vor der Verschmelzung das Vermögen des Tochterunternehmens ausgewiesen.

Für die Auswahl einer sachgerechten Methode zur Bilanzierung des übernommenen Vermögens im Einzelabschluss der übernehmenden Gesellschaft ist von Bedeutung, ob die Verschmelzung eines 100%igen Tochterunternehmens auf das Mutterunternehmen als ein Erwerbs- oder zumindest als ein tauschähnlicher Anschaffungsvorgang betrachtet werden kann. Dazu müssten die bei der Verschmelzung untergehenden Anteile an dem Tochterunternehmen als Gegenleistung der übernehmenden Gesellschaft für das übernommene Vermögen von dem Tochterunternehmen angesehen werden können.[688] Bei der Verschmelzung eines 100%igen Tochterunternehmens wird die mit den Anteilen verbundene Rechtsposition der Mitgliedschaft am übertragenden Konzernunternehmen gegen den Erhalt der Eigentumsrechte am Vermögen aufgegeben.[689] Ein wirtschaftlicher Austausch zwischen zwei Parteien und ein damit verbundener Realisationsvorgang finden allerdings nicht statt.[690] Die übernehmende Gesellschaft kann sich selbst nicht als alleinige Gesellschafterin entschädigen.[691] Damit ist der Untergang der Anteile keine Gegenleistung, sondern Folge der rein rechtlichen Umgestaltung im Wege der Verschmelzung.[692] Bei der Verschmelzung einer 100%igen Beteiligung auf das Mutterunternehmen ändert sich bei wirtschaftlicher Betrachtung nichts an deren Vermögenslage, da lediglich das Rechtskleid entfällt, das das Vermögen des Tochterunternehmens ummantelt.[693] Die Darstellungsweise im Einzelabschluss ist allerdings eine andere, da nunmehr statt der Anteile unmittelbar das zuvor dahinterstehende Vermögen ausgewiesen wird.

Da es in Bezug auf die zuvor bestehende Beteiligung an einer Einlage durch Gesellschafter fehlt und mangels Gewährung einer Gegenleistung kein Erwerbsvorgang der Gesellschaft vorliegt, können die Bilanzierungsgrundsätze für Sacheinlagen und Unternehmenserwerbe, wie sie in IFRS 2 und IFRS 3 niedergelegt sind, zur Abbildung einer solchen Transaktion nicht ohne Weiteres herangezogen werden.

---

[688] Einen Tauschvorgang sehend IDW (1997), HFA 2/1997 Abschn. 32212. Einen Tauschvorgang ablehnend Hoffmann (1996), S. 11 ff.

[689] Vgl. Oelmann (1993), S. 155. Dies kann mit einer sehr vereinfachten Liquidation verglichen werden, bei der die übertragende Gesellschaft erlischt, die Anteile untergehen und der Anteilsinhaber das Vermögen der Gesellschaft erhält. Vgl. Schulze-Osterloh (1993) S. 438.

[690] Vgl. Bula/Schlösser (2002), K. Rn. 53.

[691] Vgl. Senghaas (1965), S. 47; Fischer (1995), S. 486 f.; Pohl (1995), S. 72.

[692] Vgl. Hügel (1993), S. 562 f.

[693] Vgl. Naumann (1996), S. 693.

Bei der Übernahmebilanzierung treten i. d. R. zwischen dem bisherigen Bilanzansatz der untergehenden Anteile an der übertragenden Gesellschaft und den Wertansätzen des übernommenen Vermögens zu Buchwerten oder zu beizulegenden Zeitwerten ohne Berücksichtigung eines Goodwill sog. Verschmelzungsdifferenzen auf. Bei einer positiven Differenz, tritt diese bei der Übernahmebilanzierung auf der Aktivseite auf, sodass auch von einer aktiven Verschmelzungsdifferenz gesprochen werden kann. Entsprechend kann eine negative Differenz als passive Verschmelzungsdifferenz bezeichnet werden.[694] Die Ermittlung der Verschmelzungsdifferenz bei einer Upstream-Verschmelzung eines 100%igen Tochterunternehmens lässt sich zusammenfassend wie folgt darstellen:

	Bilanzansatz der bei einer Verschmelzung untergehenden Anteile
-	Wertansätze der übernommenen Vermögenswerte und Schulden
=	Positive (aktive) oder negative (passive) Verschmelzungsdifferenz

Bei der Suche nach einer entscheidungsnützlichen Methode zur Berücksichtigung der Verschmelzungsdifferenzen bei der Übernahmebilanzierung ist in IFRS-Einzelabschlüssen zwischen der vorherigen Bilanzierung der Beteiligung zu Anschaffungskosten und zum beizulegenden Zeitwert zu unterscheiden.[695]

5.4.1.2 Bilanzierung der untergehenden Beteiligung zum beizulegenden Zeitwert

a) Auswirkungen auf die Bilanz

Wurde vor der Verschmelzung die Beteiligung mit dem beizulegenden Zeitwert angesetzt, ist auch die Bilanzierung des übernommenen Vermögens zum Fair Value einschließlich eines Goodwill als Residualgröße die zwingende konzeptionelle Konsequenz.[696] Dadurch bleibt der Verschmelzungsvorgang entsprechend der Grundsätze für Transaktionen ohne wirtschaftlichen Gehalt auch ohne Auswirkungen auf die Höhe des ausgewiesenen Eigenkapitals. Eine Notwendigkeit einer Bewertungsanpassung der bestehenden Anteile an dem Tochterunternehmen anlässlich der Verschmelzung zur Abbildung des übernommenen Vermögens mit dem beizulegenden Zeitwert besteht in diesem Fall nicht. Eine positive Verschmelzungs-

---

[694] Vgl. zur Begrifflichkeit von aktiven und passiven Verschmelzungsdifferenzen Thume (2000), S. 61 f. Vgl. zu Beispielen von Verschmelzungsdifferenzen Tichy (1995), S. 12 ff.
[695] Vgl. das diesbezügliche in IAS 27.38 gewährte Wahlrecht.
[696] Vgl. bspw. IAS 40.31, wonach es unwahrscheinlich ist, dass ein Übergang von dem Modell des beizulegenden Zeitwerts auf das Anschaffungskostenmodell zu einer sachgerechteren Darstellung führt.

differenz ist als Goodwill auszuweisen. Überschreiten die ermittelten beizulegenden Zeitwerte des übernommenen Vermögens den ermittelten beizulegenden Zeitwert der Beteiligung und der ausgegebenen Anteile, sind die Bewertungsannahmen in sich nicht konsistent und einer erneuten Überprüfung zu unterziehen.[697] Aufgrund der vorherigen Bilanzierung der Beteiligung zum beizulegenden Zeitwert, bestehen auch hinsichtlich der Verlässlichkeit der Bewertung des übernommenen Vermögens bei einer fehlenden Markttransaktion keine weiteren Bedenken.[698]

Der Übergang zur Bilanzierung mit den Buchwerten der übertragenden Gesellschaft würde zu bedeutenden Verschmelzungsdifferenzen führen und den Einblick in die Vermögens- und Ertragslage verschlechtern. Liegen die Buchwerte der übertragenden Gesellschaft über dem beizulegenden Zeitwert der Beteiligung (passive Verschmelzungsdifferenz), können sich Zweifel an der Angemessenheit der vorherigen Bewertung der Beteiligung ergeben. Denkbar wäre jedoch auch, dass Eventualschulden bestehen, die aufgrund der Ansatzkriterien des IAS 37 nicht bei der übertragenden Gesellschaft angesetzt wurden, gleichwohl aber Einfluss auf den beizulegenden Zeitwert der Beteiligung haben. Angesichts dessen würde die Buchwertfortführung und eine daraus resultierende Erfassung einer passiven Verschmelzungsdifferenz als Gewinn oder unmittelbar im Eigenkapital ein verzerrendes Bild der tatsächlichen Verhältnisse darstellen. Gleiches gilt, wenn die Buchwerte des übernommenen Vermögens unter dem ausgewiesenen beizulegenden Zeitwert der Beteiligung liegen und zum Ausgleich dieser aktiven Verschmelzungsdifferenz ein Verlust in der GuV, ein Ausgleichsposten als Verschmelzungsmehrwert auf der Aktivseite der Bilanz oder ein negativer Ausgleichsposten innerhalb des Eigenkapitals zum Zeitpunkt der Verschmelzung erfasst würde.[699]

Auch eine Übernahme der Konzernbuchwerte der übernehmenden Gesellschaft in deren Einzelabschluss würde zu Verschmelzungsdifferenzen führen und die gleichen Informationsdefizite im Einzelabschluss aufweisen wie bei einer Übernahme der Buchwerte der übertragenden Gesellschaft. Ein solches Push-down-Accounting ist in den IFRS derzeit nicht vorgesehen.[700]

---

[697] Vgl. zum Reassessment Abschn. 4.2.4.4 b).
[698] Vgl. zu den generellen Bedenken gegen eine Kaufpreisallokation Abschn. 4.1.2.
[699] Vgl. zu Erfassungsmöglichkeiten von aktiven Verschmelzungsdifferenzen im Einzelnen Abschn. 5.4.1.3 b).1.
[700] Vgl. Abschn. 5.2.2.

b) Auswirkungen auf die Gewinn- und Verlustrechnung

Wurden die jeweiligen Änderungen des beizulegenden Zeitwerts einer zum Zwecke der Veräußerung gehaltenen Beteiligung bereits in der GuV erfasst,[701] bleibt die Verschmelzung auch ohne Auswirkungen auf diese. Anteile an Tochterunternehmen fallen allerdings i d. R. in die Kategorie als zur Veräußerung verfügbare finanzielle Vermögenswerte. Dabei werden die Änderungen des beizulegenden Zeitwerts außerhalb der GuV in dem sonstigen Ergebnis (other comprehensive income) der Gesamtergebnisrechnung und damit in einer Neubewertungsrücklage innerhalb des Eigenkapitals erfasst.[702] Fraglich ist, welche Auswirkungen eine Verschmelzung auf die Gesamtergebnisrechnung in diesem Regelfall haben sollte. Bedenken gegen die Umgliederung der in der Neubewertungsrücklage erfassten Wertänderungen einer 100%igen Beteiligung anlässlich der Verschmelzung in die GuV ergeben sich daraus, dass sie allein nach dem Willen der übernehmenden Gesellschaft zu einem beliebigen Zeitpunkt durchgeführt werden kann. Eine solche Verschmelzung stellt zudem eine rechtliche Umgestaltung ohne wirtschaftliche Substanz dar. Hierbei treten an die Stelle der zuvor repräsentierenden Beteiligung nunmehr die dahinterstehenden einzelnen Vermögenswerte und Schulden im Einzelabschluss. Ein Realisationsakt im Sinne eines Verkaufs entsprechend der Tauschgrundsätze ist zu verneinen. Der Ausweis eines Ertrags oder Aufwands in der GuV aus den in der Neubewertungsrücklage aufgelaufenen Wertänderungen der Beteiligung anlässlich der Verschmelzung erscheint daher nicht sachgerecht.

Der eigentliche Realisationsvorgang findet vielmehr bei einer Veräußerung der übernommenen Vermögenswerte statt. Dazu ist eine Verteilung der Neubewertungsrücklage der Beteiligung auf die einzelnen übernommenen Vermögenswerte und Schulden unter Berücksichtigung eines Goodwill notwendig. Die Auswirkungen auf die GuV ergeben sich dann entsprechend der jeweiligen IFRS, die für die Folgebewertung der einzelnen Vermögenswerte und Schulden einschlägig sind.

Gegen eine Aufschiebung einer Umgliederung der in der Neubewertungsrücklage erfassten Wertänderung der untergehenden Beteiligung in die GuV anlässlich der Verschmelzung könnte sprechen, dass stille Reserven durch eine Einzelveräußerung von einem Tochterunternehmen an das Mutterunternehmen gehoben werden können und der Veräußerungsgewinn anschließend an das Mutterunternehmen vor der Durchführung der Verschmelzung ausgeschüttet werden kann. Die Erträge aus der Ausschüttung würden im Einzelabschluss des Mutterunternehmens ebenfalls inner-

---

[701] Vgl. zur GuV-wirksamen Erfassung von Anteilen IAS 27.38 i. V. m. IAS 39.9.
[702] Vgl. IAS 27.38 i. V. m. IAS 1.7, IAS 39.9, IAS 39.55.

halb der GuV gezeigt.[703] Dies kann gleichzeitig zu einer ausschüttungsbedingten Minderung des beizulegenden Zeitwerts der Beteiligung führen, die sich bei vorheriger Erhöhung der Neubewertungsrücklage allerdings insoweit nur GuV-neutral im sonstigen Ergebnis der Gesamtergebnisrechnung widerspiegelt.[704] Damit kann letztlich ein Gewinn beim Mutterunternehmen in der GuV ausgewiesen werden. Aufgrund der bestehenden Regelungslücke für Unternehmenserwerbe unter gemeinsamer Beherrschung lassen sich vollständig die stillen Reserven einschließlich eines Goodwill eines Tochterunternehmens durch einen Asset Deal im Einzelabschluss heben. Ein Asset Deal mit anschließender Liquidation der übertragenden Gesellschaft ist als sachverhaltsgestaltende Maßnahme mit der Verschmelzung wirtschaftlich vergleichbar. Wirtschaftlich gleiche Sachverhalte sollten im Abschluss aber auch vergleichbar dargestellt werden können. Daher wäre ebenfalls eine GuV-wirksame Erfassung der bislang im Eigenkapital erfassten Wertänderungen der untergehenden Beteiligung anlässlich der Verschmelzung konzeptionell vertretbar, zumal mit einer Umgliederung eines Bewertungserfolgs aus der Neubewertungsrücklage in die GuV gleichzeitig ein Abzug im sonstigen Ergebnis (other comprehensive income) erfolgt,[705] sodass das Gesamtergebnis der Periode durch eine Verschmelzung unverändert bleibt. Auswirkungen hat eine Erfassung des Umgliederungsbetrags jedoch auf das Ergebnis je Aktie, da zu dessen Berechnung derzeit weiterhin auf das Ergebnis der GuV zurückzugreifen ist.[706]

Die vorgenannten Überlegungen sollen anhand des folgenden Beispiels verdeutlicht werden. Dabei wird die B GmbH als 100%iges Tochterunternehmen auf die A AG als Mutterunternehmen verschmolzen. Dem Beispiel liegen folgende Werte zugrunde:

---

[703] Vgl. IAS 27.38A.
[704] Vgl. IAS 39.67 f., IAS 36.12 Buchst. h.
[705] Vgl. IAS 1.93.
[706] Vgl. IAS 33.9.

	A AG vor Verschmelzung		B GmbH	
	Anschaffungskosten in Mio. Euro	Zeitwerte in Mio. Euro	Anschaffungskosten in Mio. Euro	Zeitwerte in Mio. Euro
Aktiva				
Goodwill				50
Beteiligung an der B GmbH	80	180		
Liquide Mittel			40	40
Sonstige Vermögenswerte	300	300	70	90
Bilanzsumme	380	480	110	180
Passiva				
Gezeichnetes Kapital	380	380	80	80
Neubewertungsrücklage		100		70
Gewinnrücklage	0	0	30	30
Bilanzsumme	380	480	110	180

Die A AG bilanziert im Zeitpunkt der Verschmelzung die zu 80 Mio. Euro erworbene B GmbH in ihrem Einzelabschluss zum beizulegenden Zeitwert in Höhe von 180 Mio. Euro. Die Wertänderungen der Beteiligung wurden mit 100 Mio. Euro GuV-neutral über das sonstige Ergebnis in einer Neubewertungsrücklage im Eigenkapital erfasst. Daher entspricht der beizulegende Zeitwert der Beteiligung dem Bilanzansatz der A AG im Einzelabschluss. Die B GmbH bilanziert in ihrem Einzelabschluss zu fortgeführten Anschaffungskosten. Nachrichtlich werden die entsprechenden beizulegenden Zeitwerte der B GmbH angegeben. Die Buchungen zur Übernahmebilanzierung im Einzelabschluss der A AG lauten wie folgt:

Goodwill	50 Mio Euro.
Kasse	40 Mio. Euro
Diverse Vermögenswerte	90 Mio. Euro
. an Beteiligung B GmbH	180 Mio. Euro

Nach der Verschmelzung der B GmbH auf die A AG stellt sich die Bilanz der A AG bei einer GuV-neutralen Erfassung der Verschmelzung wie folgt dar:

	A AG nach Verschmelzung
	in Mio. Euro
Aktiva	
Goodwill	50
Liquide Mittel	40
Sonstige Vermögenswerte	390
Bilanzsumme	480
Passiva	
Gezeichnetes Kapital	380
Neubewertungsrücklage	100
Gewinnrücklage	0
Bilanzsumme	480

Werden in Abwandlung des Beispiels vor der Verschmelzung im Rahmen eines Asset Deals der Geschäftsbetrieb der B GmbH zum beizulegenden Zeitwert an die A AG veräußert und werden anschließend sämtliche erzielten Gewinne an die A AG ausgeschüttet, sind bei der B GmbH folgende Buchungen vorzunehmen:

Liquide Mittel	140 Mio.		
	an	Vermögenswerte	70 Mio. Euro
		Veräußerungsgewinn	70 Mio. Euro
Gewinnrücklage	30 Mio. Euro		
Jahresüberschuss	70 Mio. Euro		
	an	Liquide Mittel	100 Mio. Euro

Bei der A AG sind zur Abbildung des Asset Deal, der anschließenden Ausschüttung, der Berücksichtigung der ausschüttungsbedingten Wertminderung der B GmbH und einer danach durchgeführten Verschmelzung der B GmbH auf die A AG folgende Buchungen durchzuführen:

Goodwill	50 Mio. Euro		
Sonstige Vermögenswerte	90 Mio. Euro		
	an	Liquide Mittel	140 Mio. Euro
Liquide Mittel (Gewinnausschüttung)	100 Mio. Euro		
	an	Beteiligungsertrag	100 Mio. Euro

Sonstiges Ergebnis 100 Mio. Euro (ausschüttungsbedingte Wertminderung in Höhe der zuvor in der Neubewertungsrücklage erfassten Werterhöhungen)		
	an Beteiligung B GmbH	100 Mio. Euro
Übernahme Liquide Mittel 80 Mio. Euro (Kapitalrückzahlung)		
	an Beteiligung B GmbH	80 Mio. Euro

Nach den Transaktionen stellt sich die Bilanz der A AG wie folgt dar:

	A AG nach Transaktionen in Mio. Euro
Aktiva	
Goodwill	50
Liquide Mittel	40
Sonstige Vermögenswerte	390
Bilanzsumme	480
Passiva	
Gezeichnetes Kapital	380
Neubewertungsrücklage	0
Gewinnrücklage	100
Bilanzsumme	480

Der Einzelabschluss der A AG nach dem Asset Deal und der anschließenden Verschmelzung oder einer Liquidation unterscheidet sich von einer unmittelbaren Verschmelzung nur in der GuV-wirksamen Erfassung des Beteiligungsertrags in Höhe von 100 Mio. Euro, dem ein Abzug in gleicher Höhe im sonstigen Ergebnis gegenübersteht, und der Gewinnrücklage in Höhe von 100 Mio. Euro statt des Ausweises einer entsprechenden Neubewertungsrücklage.

Erfolgt anlässlich der Verschmelzung keine Umgliederung der GuV-neutral erfassten Änderung der Beteiligung an der untergehenden Gesellschaft, richtet sich die Folgebilanzierung der Neubewertungsrücklage nach den für die jeweiligen Vermögenswerte einschlägigen Standards. Gem. IAS 16 ist bei Sachanlagen und gem. IAS 38 bei bestimmten immateriellen Vermögenswerten nach einer Neubewertung der jeweilige beizulegende Zeitwert die neue Abschreibungsbasis.[707] Der darauf berech-

---

[707] Vgl. IAS 16.31, IAS 16.50, IAS 38.75, IAS 38.97. Ein Verstoß gegen das Kongruenzprinzip liegt nur dann vor, wenn dieses Prinzip allein auf die GuV und nicht auf die Gesamtergebnisrechnung

Konzerninterne Umstrukturierungen 161

nete volle Abschreibungsbetrag ist in der GuV zu erfassen.[708] Eine Aufteilung in einen GuV-wirksamen und GuV-neutralen Betrag ist nicht zulässig.[709] Die Auflösung der Neubewertungsrücklage erfolgt vielmehr durch eine unmittelbare GuV-neutrale Umbuchung in die Gewinnrücklage wahlweise zum Zeitpunkt der Ausbuchung des Vermögenswerts oder bereits während der Nutzung in Höhe der Differenz zwischen der Abschreibung auf den neu bewerteten Betrag und der Abschreibung auf Basis historischer Anschaffungs- und Herstellungskosten.[710] Damit wäre das Ergebnis in der GuV bei einer GuV-neutralen Verschmelzung dauerhaft im Vergleich zu einer vorherigen Einzelveräußerung von Vermögenswerten zwischen den Gesellschaften niedriger ausgewiesen. Vermeiden ließe sich dies, sofern keine einmalige GuV-wirksame Erfassung anlässlich der Verschmelzung erfolgen soll, durch eine ratierliche GuV-wirksame Auflösung der Neubewertungsrücklage entsprechend des Abschreibungsverlaufs oder eine einmalige Erfassung in der GuV bei der Ausbuchung. Dazu wären entsprechende Änderungen in IAS 16 und IAS 38 vorzunehmen.

Bei einem zur Veräußerung verfügbaren finanziellen Vermögenswert wird hingegen gem. IAS 39.55 Buchst. b eine in der Neubewertungsrücklage erfasste Änderung des beizulegenden Zeitwerts bei einem Verkauf in die GuV umgegliedert und gleichzeitig z. B. ein Bewertungsgewinn außerhalb der GuV im sonstigen Ergebnis (other comprehensive income) in der Gesamtergebnisrechnung wieder abgezogen.

Bei einer fortgesetzten Bilanzierung von als Finanzinvestitionen gehaltenen Immobilien zum beizulegenden Zeitwert werden gem. IAS 40.35 die fortlaufenden Bewertungsänderungen unmittelbar in der GuV erfasst. Bei einem späteren Verkauf wird die Immobilie aus der Bilanz ausgebucht. Wie ein anlässlich einer Verschmelzung in der Neubewertungsrücklage erfasster Betrag zu behandeln wäre, ist de lege lata nicht geregelt.[711] Bei einer fortgesetzten Bilanzierung von als Finanzinvestitionen gehaltenen Immobilien zum beizulegenden Zeitwert wäre es konsequent einen ggf. anlässlich der Verschmelzung in der Neubewertungsrücklage erfassten unrealisierten (Bewertungs-) Gewinn zum Zeitpunkt der Veräußerung in der GuV zu erfassen. Diesbezüglich müsste IAS 40 ergänzt werden.

---

bezogen wird, da den höheren Abschreibungen auf die aufgedeckten stillen Reserven zuvor eine Erhöhung des sonstigen Ergebnisses aus der Wertänderung der untergehenden Beteiligung gegenüberstand.
[708] Vgl. IAS 16.48.
[709] Vgl. Schmidt/Seidel (2006), S. 598.
[710] Vgl. IAS 16.41, IAS 38.87. Bei einer Verschmelzung einer 100%igen Beteiligung könnte entsprechend auf die Buchwerte der übertragenden Gesellschaft abgestellt werden.
[711] Vgl. IAS 39.55 Buchst. b, IAS 39.26, IAS 1.93, IAS 1.7.

Gesonderte Regelungen zur Bilanzierung bisher GuV-neutral im Eigenkapital erfasster Änderungen des beizulegenden Zeitwerts von Beteiligungen anlässlich einer Verschmelzung sind allerdings nicht notwendig, wenn die konzeptionslosen Regelungen zur Erfassung von Wertänderungen innerhalb der GuV oder außerhalb der GuV im sonstigen Ergebnis zugunsten einer einheitlichen Erfassung innerhalb der GuV abgeschafft würden.[712] Dahingehend lautet die Gestaltungsempfehlung an den IASB.

5.4.1.3 Bilanzierung der untergehenden Beteiligung zu Anschaffungskosten

a) Ansatz von Zwischenwerten zur Wahrung des Anschaffungswertprinzips

In Ausübung des Wahlrechts des IAS 27.38 kann die Bilanzierung von Tochterunternehmen im Einzelabschluss statt zu beizulegenden Zeitwerten auch zu den jeweiligen Anschaffungskosten erfolgen.[713] Bei der Entscheidung des Managements zur Bilanzierung zu Anschaffungskosten entsprechend IAS 27.38 handelt es sich um eine bewusste Auswahl und Anwendung eines Bilanzierungsprinzips. Dabei hat die Ausübung des Wahlrechts zwischen der Bilanzierung nach IAS 39 oder zu Anschaffungskosten für jede Kategorie von Anteilen einheitlich zu erfolgen.[714]

Wird das Anschaffungswertprinzip nicht nur als ein Prinzip für den erstmaligen Ansatz, sondern auch unter Berücksichtigung des Vorsichtsprinzips zur Bestimmung

---

[712] Die Konzeptionslosigkeit der derzeitigen Regelung wird z. B. daran deutlich, dass es keine eindeutigen Abgrenzungskriterien für eine Erfassung von Erträgen und Aufwendungen innerhalb der GuV oder im sonstigen Ergebnis gibt. So werden, wie bereits erwähnt, zwar z. B. nicht realisierte Erträge aus Neubewertungen von Sachanlagen gem. IAS 16.39, von immateriellen Vermögenswerten gem. IAS 38.85 und von als zur Veräußerung verfügbaren finanziellen Vermögenswerte gem. IAS 39.55 im sonstigen Ergebnis erfasst, nicht aber solche aus einer Aufwertung von als Finanzinvestitionen gehaltenen Immobilien gem. IAS 40.35 oder von Finanzinstrumenten, die zu Handelszwecken gem. IAS 39.8 gehalten werden. Auch werden die zunächst GuV-neutral in der Neubewertungsrücklage erfassten Wertänderungen von Sachanlagen und von finanziellen Vermögenswerten in Folgeperioden, wie vorhin dargestellt, uneinheitlich behandelt. Vgl. zu weiteren GuV-neutralen Erfassungen Küting/Reuter (2009), S. 172 ff. Vgl. zur Notwendigkeit der Fortentwicklung der Ergebnisrechnung Hollmann (2003), S. 271 ff.; Antonakopoulos (2007), S. 147 f.

[713] Davon zu unterscheiden ist die Bilanzierung zu Anschaffungskosten von Beteiligungen nach IAS 39.46 Buchst. c, wenn deren beizulegender Zeitwert nicht verlässlich ermittelbar ist. Dies ist der Fall, wenn die Schwankungsbreite vernünftiger Schätzungen des beizulegenden Zeitwerts signifikant ist und die Eintrittswahrscheinlichkeiten der verschiedenen Schätzungen nicht auf angemessene Weise beurteilt werden können. Unter Anwendung von anerkannten Unternehmensbewertungsverfahren ist aufgrund der durch die Beherrschungsmöglichkeit verfügbaren Informationen i. d. R. eine verlässliche Bewertung eines Tochterunternehmens durchführbar.

[714] Vgl. IAS 27.38 Satz 2. Eine Definition von einer Kategorie von Anteilen ist in IAS 27 nicht enthalten. Aus dem Zusammenhang der Vorschrift ergibt sich, dass jeweils die assoziierten Unternehmen, die Gemeinschaftsunternehmen und die Tochterunternehmen eine Kategorie darstellen.

einer Bewertungsobergrenze bei der Folgebewertung verstanden, wie es IAS 27.38 Buchst. a zum Ausdruck bringt, setzt eine Gewinnrealisation nach diesem Prinzip i. d. R. einen Umsatzakt und damit einen Austausch über einen Markt voraus.[715] Wird bei der Upstream-Verschmelzung eines 100%igen Tochterunternehmens ein wirtschaftlicher Anschaffungsvorgang verneint, kommt zur Wahrung des Anschaffungswertprinzips eine Bilanzierung des übernommenen Vermögens mit einem Wert über den Buchwert der Beteiligung streng genommen nicht in Betracht.[716] Die Anschaffungskosten für das übernommene Vermögen entsprechen dem vorherigen Beteiligungsbuchwert. Die Buchwerte der übertragenden Gesellschaft werden jedoch regelmäßig nicht dem zu Anschaffungskosten bilanzierten Beteiligungsansatz entsprechen, sodass Verschmelzungsdifferenzen entstehen.

Unterschreiten die Buchwerte der übertragenden Gesellschaft den Beteiligungsansatz kann die aktive Verschmelzungsdifferenz durch eine Aufdeckung der vorhandenen stillen Reserven bis zur Höhe des Beteiligungsansatzes mittels eines sachgerechten Verfahrens problemlos ausgeglichen werden.[717] Eine verbleibende Differenz wäre als Goodwill zu erfassen. Werden die ermittelten beizulegenden Zeitwerte bei der Aufdeckung der stillen Reserven bis zur Höhe des Beteiligungsansatzes jedoch nicht erreicht, führt eine solche Bilanzierung zu einem schwer zu interpretierenden Zwischenwertansatz der einzelnen Vermögenswerte und Schulden des untergehenden Tochterunternehmens. Für den einzelnen Vermögenswert werden weder dessen historische Anschaffungskosten noch dessen beizulegender Zeitwert gezeigt.

Überschreiten die Buchwerte der übertragenden Gesellschaft den Buchwert der Beteiligung wären in konsequenter Weise zur Einhaltung des Anschaffungswertprinzips auf der Ebene der übernehmenden Gesellschaft Abstockungen der Buchwerte der übertragenen Vermögenswerte und Aufstockungen der Rückstellungen vorzunehmen, die eine passive Verschmelzungsdifferenz egalisieren.[718] Durch eine Abstockung würden unter Umständen die Anschaffungskosten der untergehenden Gesellschaft unterschritten und bei der übernehmenden Gesellschaft weitere stille

---

[715] Vgl. Adler/Düring/Schmaltz (1995 ff.), Vorbem. zu §§ 252-256 HGB Rn. 14.

[716] Vgl. Pohl (1995), S. 86; Kröninger (1997), S. 116; Bula/Schlösser (2002), K Rn. 53.

[717] Vgl. zu möglichen Verteilungsmethoden Adler/Düring/Schmaltz (1995 ff.), § 255 Rn. 104 ff.; Bula/Schlösser (2002), K 74 ff.

[718] Zu denken wäre an eine proportionale Abstockung der nicht-monetären Vermögenswerte. Bei der Abstockung könnten auch die Vermögenswerte mit größerer Unsicherheit bei der Bewertung stärker berücksichtigt werden. Vgl. Adler/Düring/Schmaltz (1995 ff.), § 255 Rn. 107. Gemäß IAS 22.40 (rev. 1998) durften immaterielle Vermögenswerte ohne aktiven Markt nur soweit angesetzt werden, dass kein negativer Unterschiedsbetrag entsteht oder sich erhöht, was einer vorrangigen Abstockung dieser Vermögenswerte bis auf einen Wert von Null gleichkam.

Reserven gelegt.[719] Erfolgt nach den IFRS die Folgebilanzierung der übernommenen Vermögenswerte zum beizulegenden Zeitwert (Derivate oder als Finanzinvestition gehaltene Immobilien), würde bei einer vorherigen Abstockung zur Wahrung der Ergebnisneutralität der Verschmelzung das laufende Ergebnis zudem durch Bewertungsgewinne verzerrt. An eine Grenze stößt die Abstockung zudem dann, wenn von ihr monetäre Vermögenswerte (werthaltige Nominalforderungen und liquide Mittel) betroffen werden.[720] Als Alternative zur Erfassung der Differenz bliebe dann die Passivierung eines negativen Unterschiedsbetrags, wobei Regelungen zu dessen Auflösung notwendig wären.[721]

Aus diesen Unzulänglichkeiten der Auf- und Abstockung ist abzuleiten, dass zur Wahrung der Informationsvermittlungsfunktion des IAS 1.15 die Buchwerte der übertragenden Gesellschaft die konzeptionell angemessene Bewertungsuntergrenze bei der Übernahmebilanzierung auch unter Anwendung des Anschaffungswertprinzips darstellen.[722] Da bei einer solchen Vorgehensweise i. d. R. eine passive Verschmelzungsdifferenz verbleibt, sollte über ein Reassessment sichergestellt werden, dass die vorsichtig ermittelten beizulegenden Zeitwerte der übernommenen Vermögenswerte nicht unterhalb der bisherigen Buchwerte liegen.[723] Da auch bei einer anteiligen Aufstockung der Buchwerte bis zum Beteiligungsansatz unter Berücksichtigung des beizulegenden Zeitwerts als Obergrenze die beizulegenden Zeitwerte ermittelt werden müssen, könnte unter Wirtschaftlichkeitsgesichtspunkten auch eine vollständige Neubewertung anlässlich der Verschmelzung insgesamt den Einblick in die

---

[719] Dies kann anhand des vorherigen Beispiels in Abschn. 5.4.1.2 b) verdeutlicht werden. Bilanziert die A AG die Beteiligung an der B GmbH nicht zum beizulegenden Zeitwert, sondern zu fortgeführten Anschaffungskosten in Höhe von 80 Mio. Euro würde die Übernahme der Buchwerte der B GmbH mit 110 Mio. Euro zu einer passiven Verschmelzungsdifferenz in Höhe von 30 Mio. Euro führen. Zur Wahrung des Anschaffungswertprinzips wäre entsprechend eine Abstockung in Höhe von 30 Mio. Euro bei den sonstigen Vermögenswerten erforderlich, wodurch ein Ansatz unterhalb der historischen Anschaffungskosten der B GmbH bei der Übernahmebilanzierung erfolgen würde.

[720] Vgl. Ellrott/Brendt (2006), § 255 HGB Rn. 516 m. w. N.

[721] Vgl. bzgl. der HGB-Bilanzierung Pusecker/Schruff (1996), S. 735 ff.; Gießler (1996), S. 1759 ff.; Schulze-Osterloh (2006), S. 1955 f.; Mujkanovic (2000), S. 645 f.; Ellrott/Brendt (2006), § 255 Rn. 516; Adler/Düring/Schmaltz (1995 ff.), § 255 Rn. 295; Weilep (1998), S. 2130 ff. m. w. N. Die Auflösungsregelungen könnten sich an den aufgehobenen IAS 22.61 ff. (rev. 1998) anlehnen. Danach war ein negativer Unterschiedsbetrag, der auf erwartete Verluste und Aufwendungen zurückzuführen war, bei Eintritt dieser Verluste und Ausgaben aufzulösen. Ein verbleibender negativer Unterschiedsbetrag war bis zur Höhe der erworbenen nicht-monetären Vermögenswerte über die durchschnittliche gewichtete Restnutzungsdauer der erworbenen abnutzbaren Vermögenswerte aufzulösen. Ein darüber hinaus verbleibender negativer Unterschiedsbetrag war sofort als Ertrag zu erfassen. Bei einer Orientierung an IFRS 3.34 zur sofortigen Erfassung eines negativen Unterschiedsbetrags in der GuV verliert die Transaktion sofort ihre Ergebnisneutralität.

[722] Vgl. bezogen auf die HGB-Bilanzierung Bacmeister (1996), S. 123; Thume (2000), S. 55; Bula/Schlösser (2002), K Rn. 33.

[723] Vgl. zum Reassessment Abschn. 4.2.4.4 Buchst. b.

Vermögenslage erhöhen. Daher werden im Folgenden eine mögliche Buchwertfortführung und die Übernahmebilanzierung zu beizulegenden Zeitwerten eingehender betrachtet.

b) Buchwertfortführung

aa) Bilanzierung von aktiven Verschmelzungsdifferenzen

Wie bereits erwähnt, entstehen aktive Verschmelzungsdifferenzen, wenn die Buchwerte des übernommenen Vermögens den Buchwert der Beteiligung unterschreiten. Eine solche positive Differenz ist auf vorhandene stille Reserven in den Vermögenswerten des Tochterunternehmens zurückzuführen, die häufig bereits beim Erwerb der Beteiligung vorhanden waren.[724] Eine aktive Verschmelzungsdifferenz könnte bei einer Fortführung der Buchwerte der übertragenden Gesellschaft als Verschmelzungsverlust in der GuV berücksichtigt, unmittelbar vom Eigenkapital der übernehmenden Gesellschaft abgezogen oder als Verschmelzungsmehrwert in der Bilanz aktiviert werden.[725]

Ein Verschmelzungsmehrwert könnte unter dem Posten Goodwill erfasst werden.[726] Eine solche Bilanzierung wäre ein Konglomerat aus der unterbliebenen Aufdeckung von stillen Reserven und Lasten der übernommenen Vermögenswerte und Schulden sowie einem Goodwill, der die Ertragskraft der übertragenden Gesellschaft repräsentiert. Eine auf diese Weise ausgewiesene Residualgröße widerspricht dem Einblicksgebot des IAS 1.15 in die Vermögenslage. Schließlich ist es das Ziel des IFRS 3, die Residualgröße Goodwill durch einen umfangreichen Ansatz von bislang nicht aktivierten (immateriellen) Vermögenswerten zu verringern und durch eine über die Ansatzkriterien des IAS 37 hinausgehende Passivierung von Schulden einen verbesserten Einblick in die Vermögenslage zu gewähren.[727] Zudem würde sich bei der Aktivierung eines Verschmelzungsmehrwerts die Frage stellen, ob dieser Posten planmäßig aufzulösen oder lediglich einem Impairment-Test zu unterziehen wäre. Bei einer planmäßigen Abschreibung über einen vom Standardsetzer zu definieren-

---

[724] Vgl. Priester (2009), § 24 UmwG Rn. 69.
[725] So sind nach der Auffassung des IDW (1997), HFA 2/1997 Abschn. 332, in einem HGB-Einzelabschluss bei Verschmelzung ohne Kapitalerhöhung unter Anwendung der Buchwertfortführungsmethode die entstehenden aktiven Verschmelzungsdifferenzen als Verluste und die passiven Verschmelzungsdifferenzen als Gewinne in der GuV zu erfassen. Ebenso Widmann (1997), § 24 UmwG Rn. 336; Förschle/Hoffmann (2008), K Rn. 92. Vgl. zur Möglichkeit der Aktivierung eines Verschmelzungsmehrwerts als Ausgleichsposten einer aktiven Verschmelzungsdifferenz vor Inkrafttreten des UmwG Hense (1993) S. 176 f.
[726] Vgl. Adler/Düring/Schmaltz (1995 ff.), § 255 HGB Rn. 291.
[727] Vgl. IFRS 3 BC101 i. d. F. 2004 und IFRS 3 BC157 ff. i. d. F. 2008.

den Zeitraum würde der Werteverzehr in anderen Perioden in der GuV berücksichtigt, als dies bei einer entsprechenden Allokation auf die einzelnen Vermögenswerte der Fall wäre. Würde statt einer planmäßigen Abschreibung lediglich für den Verschmelzungsmehrwert ein Wertminderungstest durchgeführt, würde möglicherweise nie ein Werteverzehr von übernommenen Vermögenswerten in der GuV erfasst. Damit widerspricht die Aktivierung eines Verschmelzungsmehrwerts als Komponente des Goodwill nicht nur der Konzeption einer Fortführung der Buchwerte der übertragenden Gesellschaft an sich, sondern sie ist auch einer den tatsächlichen Verhältnissen entsprechenden Darstellung der Vermögens- und Ertragslage abträglich.

Der Erfassung eines buchtechnischen Verschmelzungsverlusts steht keine tatsächliche Vermögensminderung bei der aufnehmenden Gesellschaft gegenüber, sodass eine solche Abbildung ein unzutreffendes Bild der Ertragslage liefern würde.[728] Ein solcher Verschmelzungsverlust erfüllt nicht die Definition des Rahmenkonzepts für Aufwendungen hinsichtlich der Abnahme eines wirtschaftlichen Nutzens.[729] Darüber hinaus könnte ein solcher Verlust den laufenden Gewinn der übernehmenden Gesellschaft verzehren und die Gewinn- und Kapitalrücklagen sowie das gezeichnete Kapital angreifen. Bei einer Minderung der Gewinnrücklagen durch einen Verschmelzungsverlust wird das Ausschüttungspotential in einer für die Aktionäre nicht angebrachten Weise beschnitten.[730] Die Eignung eines IFRS-Abschlusses als Ausschüttungsbemessungsgrundlage würde bei einer Erfassung eines Verschmelzungsverlusts eingeschränkt. Dies ist allerdings bei einer Erfassung eines Verschmelzungsverlusts entsprechend der herrschenden Auffassung zur Bilanzierung in einem HGB-Einzelabschluss ebenfalls gegeben.[731]

Das Ausschüttungspotential wird ebenfalls gemindert, wenn ein direkter Abzug einer aktiven Verschmelzungsdifferenz von den Gewinnrücklagen im Eigenkapital der übernehmenden Gesellschaft vorgenommen wird. Hinsichtlich der Informationsfunktion ist anzumerken, dass bei einer Erfassung des Verschmelzungsverlusts

---

[728] Vgl. Fischer (1995), S. 485; Mujkanowic (1995), S. 1736.

[729] Vgl. RK.70 Buchst. b.

[730] Vgl. Hense (1993), S. 180. Eine Zustimmung der Gesellschafter der übernehmenden Gesellschaft zur Verschmelzung ist gem. § 62 Abs. 1 Satz 1 UmwG nicht erforderlich, wenn diese zu mindestens 90 % an der übertragenden Gesellschaft beteiligt ist, sodass die Gesellschafter die Ausschüttungsbegrenzung durch die Verschmelzung nicht verhindern könnten. Vgl. allerdings Naumann (1996), S. 711 ff. und Bula/Schlösser (2002), K Rn. 34 mit dem Verweis auf die „Holzmüller-Entscheidung" des BGH, Urteil vom 25.2.1982 – II ZR 174/80, nach dem „bei schwerwiegenden Eingriffen in die Rechte und Interessen der Aktionäre [...] der Vorstand ausnahmsweise nicht nur berechtigt, sondern auch verpflichtet sein [kann], gem. § 119 Abs. 2 AktG eine Entscheidung der Hauptversammlung herbeizuführen".

[731] Vgl. IDW (1997), HFA 2/1997 Abschn. 332.

unmittelbar in der Gewinnrücklage die bisher erwirtschafteten und noch nicht ausgeschütteten Gewinne nicht zutreffend ausgewiesen werden. Ein in Folgeperioden fortbestehender gesonderter Posten innerhalb des Eigenkapitals wäre schwerlich in sinnvoller Weise nach mehreren Jahren zu interpretieren. Soll dennoch die Buchwertfortführung bei einer Upstream-Verschmelzung eines im vollständigen Anteilsbesitz befindlichen Tochterunternehmens in die IFRS implementiert werden, ist auch die Erfassung von Verschmelzungsdifferenzen zu regeln.

bb) Bilanzierung von passiven Verschmelzungsdifferenzen

Die Buchwerte der übertragenden Gesellschaft können auch den Beteiligungsansatz zu Anschaffungskosten überschreiten. Solche passiven Verschmelzungsdifferenzen können auf thesaurierte Gewinne zwischen dem Anteilserwerb und der Verschmelzung zurückzuführen sein. So können die Anwendung der Neubewertungsmethode bei bestimmten Sachanlagen und immateriellen Vermögenswerten nach IAS 16 und IAS 38, die Bilanzierung zum beizulegenden Zeitwert von als Finanzinvestitionen gehaltenen Immobilien im Einklang mit IAS 40 und von Finanzinstrumenten nach IAS 39 im Einzelabschluss des Tochterunternehmens zu solchen Differenzen beitragen.[732]

Eine Erfassung von passiven Verschmelzungsdifferenzen in der Kapitalrücklage kommt nicht in Betracht, da sich aufgrund der vorherigen Beteiligung das reale Vermögen der übernehmenden Gesellschaft durch die Verschmelzung nicht erhöht und es an einem Einlagevorgang fehlt.[733]

---

[732] An dieser Stelle ist erkennbar, dass in den derzeitigen IFRS eine konzeptionelle Inkonsistenz dahingehend besteht, dass einerseits die Anteile des Tochterunternehmens zu Anschaffungskosten im Einzelabschluss des Mutterunternehmens angesetzt werden können, andererseits im Einzelabschluss des Tochterunternehmens bestimmte Vermögenswerte zum beizulegenden Zeitwert bilanziert werden können und manche Finanzinstrumente (Beteiligungen unter 20 %, Derivate) sogar bilanziert werden müssen. Gefordert werden könnte, dass Gesellschaften, die ihr Tochterunternehmen nach IAS 27 im Einzelabschluss mit den Anschaffungskosten ansetzen, die Neubewertungsmethode nicht anwenden und das Wahlrecht der als Finanzinvestitionen gehaltenen Immobilien mit dem beizulegenden Zeitwert nicht ausüben dürfen. Damit lässt sich zwar eine Differenz zwischen dem Beteiligungsansatz zu Anschaffungskosten und dem Buchwert des Vermögens der übertragenden Gesellschaft verringern, jedoch z. B. aufgrund der zwingenden Bewertung von bestimmten Finanzinstrumenten gem. IAS 39 zum beizulegenden Zeitwert nicht gänzlich vermeiden. Eine solche Vorgehensweise würde zudem zusätzlich die beim Tochterunternehmen zuvor vom IASB zugelassenen Bilanzierungsmethoden konterkarieren. Vermeidbar wären die Differenzen lediglich durch eine generelle Abstockung des Vermögens anlässlich der Verschmelzung, was aber zu einer wenig aussagekräftigen Bilanz führen und nicht im Einklang mit den bestehenden Bilanzierungsvorschriften stehen würde. Als Ausweg bliebe, die Beteiligung an Tochterunternehmen im Einzelabschluss zwingend zum Fair Value zu bilanzieren.

[733] Vgl. Bula/Schlösser (2002), K Rn. 87.

Passive Verschmelzungsdifferenzen bei der Bilanzierung einer untergehenden Beteiligung zu Anschaffungskosten könnten durch eine entsprechende ergebniswirksame Erhöhung des Beteiligungsansatzes bis zur Höhe der Buchwerte der übertragenden Gesellschaft ausgeglichen werden. Dies würde zu einer Ertragserfassung bei einer Transaktion ohne wirtschaftlichen Gehalt führen und dem Anschaffungswertprinzip widersprechen. Gegen die Erfassung eines Verschmelzungsertrags bestehen jedoch insoweit grundsätzlich keine Bedenken, wie sie unter Anwendung der bestehenden Bilanzierungsvorschriften, z. B. der Bewertung von Immobilien zum beizulegenden Zeitwert, beim Tochterunternehmen entstanden sind. Fraglich könnte sein, ob ein solcher Ertrag in der GuV oder im sonstigen Ergebnis auszuweisen ist. Bei einem Ausweis im sonstigen Ergebnis erfolgt eine Erfassung in der Neubewertungsrücklage, was mit dem Übergang von dem Anschaffungskostenmodell auf das Neubewertungsmodell, wenn auch nicht in voller Höhe, vergleichbar ist.[734] Andererseits ist die ergebniswirksame Erfassung von passiven Verschmelzungsdifferenzen anlässlich der Verschmelzung, die auf bislang thesaurierte Gewinne zurückzuführen sind, mit der Erfassung eines Beteiligungsertrags vergleichbar, der in der GuV zu erfassen ist.[735]

Bedenklich kann die Erfassung eines Verschmelzungsgewinns mit Blick auf die Kapitalerhaltung sein, wenn dadurch zuvor für die Ausschüttung durch den Gesetzgeber gesperrte Neubewertungsrücklagen beim Tochterunternehmen nunmehr zur Verfügung gelangen. Dies kann jedoch dadurch vermieden werden, dass der entsprechende Teil des Verschmelzungsgewinns im Eigenkapital des übernehmenden Mutterunternehmens ebenfalls einer ausschüttungsgesperrten Rücklage zuzuführen ist. Allerdings lassen sich solche Ausschüttungsbeschränkungen durch eine vorherige Einzelveräußerung von Vermögenswerten des Tochterunternehmens mit erheblichen stillen Reserven an das Mutterunternehmen umgehen. Eine solche sachverhaltsgestaltende Maßnahme ist gleichsam wie eine Verschmelzung allein vom Willen der übernehmenden Gesellschaft abhängig und kann jederzeit herbeigeführt werden, wodurch der Zeitpunkt des Erfolgsausweises beliebig steuerbar ist. Solche sachverhaltsgestaltenden Maßnahmen lassen sich auch nicht durch eine Verpflichtung zur Anwendung der Buchwertfortführung bei einer Unternehmensveräußerung oder einer Verschmelzung gänzlich im Einzelabschluss vermeiden. Eine solche Vorschrift würde allenfalls hinsichtlich eines nicht bilanzierten originären

---

[734] Vgl. zur Neubewertungsrücklage Abschn. 5.4.1.2. Buchst. b.
[735] Vgl. Oelmann (1993), S. 191; Thume (2000), S. 69. So kann in dem Beispiel des Abschn. 5.4.1.2 Buchst. b die B GmbH vor der Verschmelzung die Gewinnrücklage in Höhe von 30 Mio. Euro an die A AG ausschütten, die dann einen entsprechenden Beteiligungsertrag in der GuV ausweist.

Goodwill des Tochterunternehmens greifen. Die Gewinnrealisation bei Transaktionen zwischen rechtlich unabhängigen Gesellschaften in deren Einzelabschlüssen als Abschlüsse unabhängiger berichterstattender Einheiten muss daher hingenommen werden. Für eine kompensierende Betrachtung ist der Konzernabschluss heranzuziehen.[736]

c) Bilanzierung des übernommenen Vermögens zum beizulegenden Zeitwert

Eine Übernahmebilanzierung des übernommenen Vermögens zum beizulegenden Zeitwert in analoger Anwendung des IFRS 3 erhöht den Einblick in die Vermögenslage und trägt der Funktion der Abschlüsse zur Bereitstellung relevanter Informationen in geeigneter Weise Rechnung, sodass sie der Buchwertfortführung vorzuziehen ist. Unterschreitet der beizulegende Zeitwert des übernommenen Vermögens den zu Anschaffungskosten bewerteten Bilanzansatz der Beteiligung, entsteht eine aktive Verschmelzungsdifferenz. Diese kann durch den Ansatz eines Goodwill bei entsprechender Werthaltigkeit ausgeglichen werden.

Fraglich ist jedoch, ob darüber hinausgehend der Goodwill als Differenz zum beizulegenden Zeitwert der Beteiligung ermittelt und angesetzt werden sollte, wodurch eine passive Verschmelzungsdifferenz entsteht. Eine solche Vorgehensweise würde eine ergebniswirksame Anpassung des Buchwerts der untergehenden Anteile an den beizulegenden Zeitwert in analoger Anwendung des IFRS 3 voraussetzen. Dabei verlöre der Verschmelzungsvorgang unter Durchbrechung des Anschaffungswertprinzips seine Erfolgsneutralität. Für eine solche Vorgehensweise spricht, dass zum Zeitpunkt der Verschmelzung hinsichtlich des Gesamtergebnisses in der Totalperiode eine Vergleichbarkeit zu Abschlüssen anderer Unternehmen, die ihre Tochterunternehmen in Ausübung des Wahlrechts des IAS 27 zum beizulegenden Zeitwert im Einzelabschluss bilanzieren, erreicht wird. Bezogen auf die GuV gilt dies ebenfalls, sofern bei einer vorherigen Bilanzierung der untergehenden Beteiligung zum beizulegenden Zeitwert anlässlich der Verschmelzung eine Umgliederung der in der Neubewertungsrücklage erfassten Wertänderungen in die GuV erfolgt oder de lege ferenda die Unterteilung in ein sonstiges Ergebnis und ein GuV-Ergebnis zugunsten einer einheitlichen Erfassung von Wertänderungen in der GuV aufgegeben wird.[737] Bei einer bisherigen Bilanzierung einer untergehenden Beteiligung zu Anschaffungskosten wurde lediglich die Gewinnrealisation aufgeschoben. Eine

---

[736] Vgl. zur Kompensationsfunktion des Konzernabschlusses Abschn. 3.3.3.
[737] Vgl. Abschn. 5.4.1.2 b).

solche Gewinnrealisation anlässlich einer Verschmelzung wird nach den vorsichtsgeprägten Bilanzierungsvorschriften des HGB als zulässig erachtet.[738] Eine passive Verschmelzungsdifferenz entsteht aber auch bereits dann, wenn mit einer vorsichtigen Bilanzierung des übertragenen Vermögens zum beizulegenden Zeitwert ohne Berücksichtigung eines Goodwill der vorherige Bilanzansatz der Beteiligung zu Anschaffungskosten überschritten wird. Eine diesbezügliche Erfassung der Differenz als Ertrag verstößt ebenfalls gegen den Grundsatz der ergebnisneutralen Abbildung von Transaktionen ohne wirtschaftlichen Gehalt. Eine GuV-Neutralität ließe sich durch eine Erfassung der passiven Verschmelzungsdifferenz im sonstigen Ergebnis und dem Ausweis in einer Neubewertungsrücklage erreichen. Eine solche Bilanzierung könnte damit begründet werden, dass der unmittelbare Vermögensausweis zum beizulegenden Zeitwert anstelle der zu Anschaffungskosten bilanzierten Beteiligung mit dem Übergang von dem Anschaffungskostenmodell auf das Neubewertungsmodell bei Sachanlagen gem. IAS 16 vergleichbar ist.[739] Eine Durchbrechung einer GuV-neutralen Erfassung anlässlich der Verschmelzung ist jedoch gerechtfertigt, soweit Ausschüttungen thesaurierter Gewinne des Tochterunternehmens an das Mutterunternehmen möglich sind, ohne dass eine ausschüttungsbedingte Wertminderung des zu Anschaffungskosten bilanzierten Beteiligungsansatzes damit verbunden wäre. Gleiches gilt für mögliche stille Reserven, die durch eine Einzelveräußerung von Vermögenswerten des Tochterunternehmens an das Mutterunternehmen vor der Verschmelzung gehoben werden könnten und anschließend zur Ausschüttung zur Verfügung stünden.[740]

5.4.1.4 Zwischenergebnis

Für die Übernahmebilanzierung im Einzelabschluss kann eine Fortführung der Buchwerte der übertragenden Gesellschaft, eine Übernahme der Konzernbuchwerte, eine Bilanzierung des übernommenen Vermögens zum beizulegenden Zeitwert oder ggf. Zwischenwerte mit einer Auf- oder Abstockung bis zum vorherigen Beteiligungsansatz in Betracht kommen. Bei der Suche nach einer entscheidungsnützlichen Methode für die Übernahmebilanzierung ist zwischen der vorherigen Bilanzierung der

---

[738] Vgl. IDW (1997), HFA 2/1997 Abschn. 32212; Förschle/Hoffmann (2008), K 59; Priester (2009), § 24 UmwG Rn. 58.

[739] Vgl. zu der damit verbundenen Problematik der Auflösung der Neubewertungsrücklage Abschn. 5.4.1.2 b).

[740] So können in dem Beispiel des Abschn. 5.4.1.2 b) bei einer Bilanzierung der Beteiligung zu Anschaffungskosten 100 Mio. Euro als Beteiligungsertrag bei der A AG erfasst werden, ohne dass eine Wertminderung der zu Anschaffungskosten bilanzierten Beteiligung vorzunehmen ist.

untergehenden Beteiligung zu Anschaffungskosten und zum beizulegenden Zeitwert zu unterscheiden.

Bei einer Bilanzierung der Beteiligung an einem 100%igen Tochterunternehmen im Einzelabschluss des Mutterunternehmens zum beizulegenden Zeitwert, ist bereits de lege lata anlässlich der Upstream-Verschmelzung die Bilanzierung des übernommenen Vermögens zum beizulegenden Zeitwert im Einzelabschluss konzeptionell zwingend. Wurden Änderungen des beizulegenden Zeitwerts der untergehenden Beteiligung vor der Verschmelzung in der GuV erfasst, bleibt die Verschmelzung auch ohne Auswirkungen auf diese. Erfolgte hingegen eine Erfassung der Änderungen des beizulegenden Zeitwerts der Beteiligung außerhalb der GuV im sonstigen Ergebnis und damit innerhalb des Eigenkapitals in einer Neubewertungsrücklage, besteht aufgrund der derzeitigen Regelungslücke für den Bilanzierenden ein faktisches Wahlrecht, einen positiven Betrag aus der Neubewertungsrücklage sofort GuV-wirksam zu erfassen. Alternativ ist eine Auflösung der Neubewertungsrücklage unter der entsprechenden Anwendung von IAS 16, IAS 38 und IAS 39 möglich, was hinsichtlich der aufgedeckten stillen Reserven bei Sachanlagen und immateriellen Vermögenswerten lediglich zu einer GuV-neutralen Umgliederung in die Gewinnrücklage führen würde, während bei bestimmten finanziellen Vermögenswerten eine Umgliederung beim Abgang in die GuV vorgeschrieben ist.

De lege ferenda sollte die derzeitige konzeptionslose Erfassung von Änderungen der beizulegenden Zeitwerte bestimmter Vermögenswerte außerhalb der GuV abgeschafft und eine einheitliche Erfassung sämtlicher Fair-Value-Änderungen von Vermögenswerten und Schulden in der GuV sichergestellt werden. Dabei sollten die nicht realisierten Gewinne gesondert ausgewiesen werden und im Aktienrecht zum Zwecke der Kapitalerhaltung deren Erfassung in einer ausschüttungsgesperrten Rücklage verankert werden.

Bei der Bilanzierung einer 100%igen Beteiligung im Einzelabschluss zu Anschaffungskosten bilden diese nach dem Anschaffungswertprinzip auch den Wertmaßstab für das übernommene Vermögen bei einer Upstream-Verschmelzung. Da üblicherweise weder die beizulegenden Zeitwerte noch die Buchwerte der übertragenden Gesellschaft den Anschaffungskosten der Beteiligung im Zeitpunkt einer Verschmelzung entsprechen, entstehen sog. Verschmelzungsdifferenzen. Zur Wahrung des Anschaffungswertprinzips wären Auf- oder Abstockungen erforderlich. Solche rechnerischen Wertansätze unterhalb der Buchwerte der übertragenden Gesellschaft oder der Werte zwischen den Buchwerten und den beizulegenden Zeitwerten sind kaum in einer relevanten Weise interpretierbar. Dem Einblicksgebot in die Vermögenslage ist daher eine Modifikation des Anschaffungswertprinzips geschuldet, wobei eine einheitliche Buchwertfortführung oder eine Übernahmebilanzierung zum beizulegenden Zeitwert in Frage kommen kann.

Eine einheitliche Buchwertfortführung erfordert Regelungen, wie Differenzen zwischen den Buchwerten und dem Beteiligungsansatz zu erfassen sind. Bei einer Fortführung der Buchwerte der übertragenden Gesellschaft lassen sich lediglich buchungstechnisch bedingte aktive Verschmelzungsdifferenzen, sei es als Verschmelzungsverlust, als Verschmelzungsmehrwert oder als unmittelbarer Abzug im Eigenkapital, nur unzureichend im Hinblick auf die Bereitstellung relevanter Informationen und einer ggf. dabei auftretenden Minderung des Ausschüttungspotentials rechtfertigen. Letztlich käme unter der Beachtung der Definition von Aufwendungen im Rahmenkonzept als Notlösung nur ein unmittelbarer Abzug vom Eigenkapital in Betracht, da eine Abnahme des wirtschaftlichen Nutzens der Beteiligung anlässlich der Verschmelzung nicht festzustellen ist.[741] Passive Verschmelzungsdifferenzen wären bei einer Buchwertfortführung ergebniswirksam zu erfassen, da sie mit der Erfassung eines Beteiligungsertrags vergleichbar sind. Dabei kommt ein Ausweis in der GuV in Betracht.[742] Eine solche Bilanzierung würde allerdings gegen den Grundsatz der erfolgsneutralen Erfassung von Transaktionen ohne wirtschaftlichen Gehalt verstoßen. Im Hinblick auf das Einblicksgebot des IAS 1.15 ist ein wesentlicher Verschmelzungsgewinn gesondert in der Gesamtergebnisrechnung anzugeben und im Anhang zu erläutern.[743]

Aufgrund der bestehenden Regelungslücke in den IFRS ist de lege lata bei einer vorherigen Bilanzierung der Beteiligung zu Anschaffungskosten eine Fortführung der Buchwerte der übertragenden Gesellschaft anlässlich der der Verschmelzung mit Verweis auf eine Beibehaltung eines modifizierten Anschaffungswertprinzips möglich. Die mit der Buchwertfortführung verbundenen Bilanzierungsprobleme hinsichtlich der Erfassung von Verschmelzungsdifferenzen sind aber nicht IFRS-spezifisch, sondern sind auch den derzeitigen HGB-Bilanzierungsregeln inhärent. Damit würde eine Buchwertfortführungsmöglichkeit bei Unternehmenszusammenschlüssen unter gemeinsamer Beherrschung in einem IFRS-Einzelabschluss nicht weniger geeignet sein als die derzeitige HGB-Bilanzierung.

Eine Übernahme der Konzernbuchwerte in den Einzelabschluss des Mutterunternehmens ist anders als nach US-GAAP in den IFRS nicht vorgesehen. Aber

---

[741] Vgl. RK.70 Buchst. b.
[742] Gem. IAS 1.88 sind alle Ertrags- und Aufwandsposten in der GuV zu erfassen, „unless an IFRS requires or permits otherwise", was in der deutschen Fassung mit „es sei denn, ein IFRS schreibt etwas anderes vor" wiedergegeben wird. Vgl. auch IAS 1.7.
[743] Vgl. IAS 1.17 c), IAS 1.85, IAS 1.97 ff., IFRS 3 Anhang B64 n).

auch bei einer Implementierung einer solchen Bilanzierung treten Verschmelzungsdifferenzen zwischen den Konzernbuchwerten und dem Beteiligungsansatz im Einzelabschluss auf.

Aufgrund der bestehenden Regelungslücke ist es de lege lata möglich durch einen Asset Deal zwischen dem Mutterunternehmen und dem Tochterunternehmen mit anschließender Ausschüttung und Liquidation des Tochterunternehmens das Vermögen der untergehenden Gesellschaft im Einzelabschluss des Mutterunternehmens mit dem beizulegenden Zeitwert anzusetzen und Beteiligungserträge zu realisieren. Nach dem Grundsatz der Vergleichbarkeit sind vergleichbare Sachverhalte in unterschiedlicher rechtlicher Gestaltung vergleichbar abzubilden. Daher ist es derzeit ebenso vertretbar, dass bei einer Verschmelzung wie bei einem Asset Deal in analoger Anwendung des IFRS 3 das übernommene Vermögen mit dem beizulegenden Zeitwert angesetzt wird und die Differenz zwischen den Anschaffungskosten und dem beizulegenden Zeitwert der Beteiligung in der GuV erfasst wird.

Durch den unmittelbaren Vermögensausweis anstelle der Beteiligung gewinnt der Einzelabschluss bei einer Upstream-Verschmelzung an Informationsgehalt. Eine generelle Bilanzierung anlässlich der Verschmelzung des übernommenen Vermögens zu beizulegenden Zeitwerten anlässlich der Verschmelzung unter Durchbrechung des Anschaffungswertprinzips ist eine vertretbare Bilanzierungsmöglichkeit. Gegenüber der Buchwertfortführung hat sie einen höheren Informationsgehalt und vermeidet die mit der Buchwertfortführung verbundene Problematik zur Erfassung aktiver Verschmelzungsdifferenzen. Eine einheitliche Bilanzierung des übernommenen Vermögens zum Fair Value in analoger Anwendung von IFRS 3 statt einer Buchwertfortführung hat den Vorteil, dass für sämtliche Verschmelzungen einheitliche Bilanzierungsvorschriften gelten würden, unabhängig davon, ob die untergehende Beteiligung zuvor mit dem beizulegenden Zeitwert oder zu Anschaffungskosten bilanziert wurde oder ob es sich um eine konzerninterne oder externe Verschmelzung handelt. Die Ausnahme aus dem Anwendungsbereich des IFRS 3 zur Bilanzierung der übernommenen Vermögenswerte und Schulden zum beizulegenden Zeitwert ist daher nicht notwendig. Eine solche Vorgehensweise wird nach den vorsichtsgeprägten Bilanzierungsvorschriften des HGB als zulässig erachtet. Die Erfassung eines Gewinns aus einer konzerninternen Transaktion bedarf der Beachtung des Vorsichtsprinzips. Deshalb sollte dieses Prinzip weiterhin im Rahmenkonzept unverändert explizit aufgeführt werden.

5.4.2 Upstream-Verschmelzung bei einer Beteiligungsquote unter 100 %

Die Verschmelzung eines Tochterunternehmens auf das Mutterunternehmen unter der Beteiligung von Minderheitsgesellschaftern soll anhand der nachfolgenden Abbildung 2 verdeutlicht werden. Dabei wird die B AG als Tochterunternehmen auf die A AG als Mutterunternehmen verschmolzen. Die an der B AG beteiligten Minderheitsgesellschafter F und G erhalten für ihre untergehenden Anteile an der B AG neue Aktien der A AG aus einer Kapitalerhöhung.

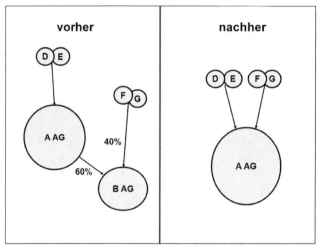

Abbildung 2: Upstream-Verschmelzung bei einer Beteiligungsquote unter 100 %

Bei einer solchen Upstream-Verschmelzung mit einer Beteiligungsquote des Mutterunternehmens zwischen 50 und 100 % an dem übertragenden Tochterunternehmen erhalten die Minderheitsgesellschafter des Tochterunternehmens als Gegenleistung Anteile an dem übernehmenden Mutterunternehmen.[744] Soweit die Anteile des Mehrheitsgesellschafters dabei untergehen, darf keine Grundkapitalerhöhung durchgeführt werden.[745] Dem übernommenen Vermögen stehen damit die untergehende Beteiligung des Mehrheitsgesellschafters und die den Minderheitsgesellschaftern des Tochterunternehmens zu gewährenden neuen Anteile gegenüber.

---

[744] Dabei wird davon ausgegangen, dass die Minderheitsgesellschafter nicht auf die Gewährung von Anteilen verzichten. Vgl. zu den Kapitalerhöhungswahlrechten § 68 Abs. 1 Satz 3 UmwG und Abschn. 2.2.1.2.
[745] Vgl. § 68 Abs. 1 Satz 1 Nr. 1 UmwG.

Bezüglich der Kapitalerhöhung handelt es sich aus Sicht der übernehmenden Gesellschaft als eigenständiger berichterstattender Einheit um eine Sacheinlage und damit um einen tauschähnlichen Anschaffungsvorgang.[746] Nach den Grundsätzen zur Bilanzierung von Sacheinlagen gem. IFRS 2 sowie in analoger Anwendung von IFRS 3 ist der auf die Minderheitsgesellschafter entfallende Anteil des erworbenen Vermögens unter Berücksichtigung eines Goodwill mit dem beizulegenden Zeitwert bei der Übernahmebilanzierung anzusetzen. Die Gegenbuchung erfolgt im Einklang mit RK.70 erfolgsneutral im Eigenkapital unter der Berücksichtigung der Grundkapitalerhöhung und des überschießenden Betrags bei entsprechender Anwendung von § 272 Abs. 2 Nr. 1 HGB in der Kapitalrücklage.[747]

Hinsichtlich der untergehenden Beteiligung ist ein Anschaffungsvorgang zu verneinen. Bezüglich des darauf entfallenden Teils des übernommenen Vermögens gelten die Überlegungen zur Bilanzierung einer Upstream-Verschmelzung eines 100%igen Tochterunternehmens entsprechend.[748] Damit können sich Verschmelzungsdifferenzen bei einer Upstream-Verschmelzung eines Tochterunternehmens mit Minderheitsgesellschaftern wie folgt ergeben:

	Bilanzansatz der bei einer Verschmelzung untergehenden Anteile
+	Beizulegender Zeitwert der auszugebenden Anteile der übernehmenden Gesellschaft
-	Wertansätze der übernommenen Vermögenswerte und Schulden
=	Positive (aktive) oder negative (passive) Verschmelzungsdifferenz

Wurde die untergehende Beteiligung nach IAS 27.38 i. V. m. IAS 39 mit dem beizulegenden Zeitwert angesetzt, ist im Einklang mit den Grundsätzen zur Bilanzierung von Sacheinlagen und von IFRS 3 das übernommene Vermögen einheitlich mit dem beizulegenden Zeitwert anzusetzen.[749]

Bei einer vorherigen Bilanzierung der untergehenden Beteiligung zu Anschaffungskosten und einer anteiligen Fortführung der Buchwerte der übertragenden Gesellschaft bei einer gleichzeitigen Aufdeckung der stillen Reserven und Lasten des auf die Kapitalerhöhung entfallenden Teils des übernommenen Vermögens würde eine Bilanzierung zu Werten erfolgen, die zwischen den historischen Buchwerten der übertragenden Gesellschaft und dem Zeitwert der einzelnen Vermögenswerte und Schulden liegen. Solche rein rechnerischen Zwischenwerte, die keiner einheitlichen Bewertung des übernommenen Vermögens zu fortgeführten Buchwerten der über-

---

[746] Vgl. auch § 69 UmwG.
[747] Vgl. Abschn. 2.2.1.2.
[748] Vgl. Abschn. 5.4.1.1.
[749] Vgl. Abschn. 5.4.1.2 Buchst. a.

tragenen Gesellschaft oder zu beizulegenden Zeitwerten folgen, gewähren keinen relevanten Einblick in die Vermögenslage.

Daher ist fraglich, ob eine einheitliche Bewertung des übernommenen Vermögens mit den Buchwerten der übertragenden Gesellschaft eine Upstream-Verschmelzung mit Kapitalerhöhung relevant abbilden kann. Eine solche Bilanzierung steht nicht mit den Grundsätzen zur Bilanzierung von Sacheinlagen des IFRS 2 und eines (anteiligen) Erwerbsvorgangs entsprechend IFRS 3 im Einklang. Sie bildet die reale Kapitalaufbringung unvollständig ab und verstößt gegen das Einblicksgebot des IAS 1.15 in die Vermögenslage. Auch wenn die Buchwertfortführung nicht zu einer bilanziellen Unterpari-Emission führt,[750] würde bei ihr die geleistete Einlage in der Kapitalrücklage in Anwendung des § 272 Abs. 2 Nr. 1 HGB i. V. m. § 150 AktG mit ihren Verwendungsbeschränkungen in geringerem Umfang als bei einer Bilanzierung zu beizulegenden Zeitwerten dotiert. Darüber hinaus fallen die zur Ausschüttung zur Verfügung stehenden Gewinne bei einer Buchwertfortführung aufgrund geringerer Abschreibungen und aufgrund höherer Erfolgsbeiträge bei Veräußerungen des eingebrachten Vermögens infolge der niedrigeren Buchwerte höher aus. Eine solche Bilanzierung, die bereits bei dem (anteiligen) Erwerb im Wege der Sacheinlage stille Reserven legt, verstößt damit nicht nur gegen das Einblicksgebot des IAS 1.15 in die Vermögens-, sondern auch in die Ertragslage.[751]

Hingegen liefert ein einheitlicher Ansatz des übernommenen Vermögens zum beizulegenden Zeitwert in analoger Anwendung des IFRS 3 relevante Informationen über den tatsächlichen Wert des Vermögens zum Zeitpunkt der erstmaligen Bilanzierung bei der übernehmenden Gesellschaft[752] und führt zugleich zu einer zutreffenden Dotierung der Kapitalrücklage. Eine einheitliche Bewertung des übernommenen Vermögens setzt allerdings eine ergebniswirksame Anpassung der zu Anschaffungskosten bilanzierten untergehenden Beteiligung voraus.[753] Aus diesen Gründen sollte de lege ferenda die einheitliche Übernahmebilanzierung einer Upstream-Verschmelzung unter der Beteiligung von Minderheitsgesellschaftern zum beizulegenden Zeitwert explizit in den IFRS vorgeschrieben werden.

---

[750] Bei einer bilanziellen Unterpari-Emission, d. h. einer fehlenden Deckung des Nennbetrags der neu ausgegebenen Anteile durch den Buchwert des übertragenen Vermögens, entsteht eine aktive Verschmelzungsdifferenz, die dann als Verschmelzungsverlust zu erfassen wäre, das Eigenkapital mindern würde und so die reale Kapitalaufbringung unzutreffend darstellt. Die Buchwertfortführung bei einer Bilanzierung nach dem HGB bei einer bilanziellen Unterpari-Emission, ablehnend Müller (2006), § 24 UmwG Rn. 18; Pohl (1995), S. 128 ff.; a. A. Priester (2009), § 24 UmwG Rn. 88.

[751] Vgl. Abschn. 5.3.2.

[752] Vgl. die Begründung zur Abschaffung der Buchwertmethode zugunsten der Neubewertungsmethode in IFRS 3 BC198 ff.

[753] Vgl. Abschn. 5.4.1.3 Buchst. b cc).

5.4.3 Side-step-Verschmelzung

In der nachfolgenden Abbildung 3 soll die Verschmelzung von zwei Schwestergesellschaften (side-step merger), d. h. von zwei Tochterunternehmen mit dem gleichen Mutterunternehmen, verdeutlicht werden. Dabei wird die B AG auf die A AG verschmolzen. Die Minderheitsgesellschafter E und F der B AG erhalten anstelle ihrer bisherigen Anteile Aktien der A AG. Das Mutterunternehmen (C AG) hält jeweils vor und nach der Transaktion die Mehrheit der Stimmrechte an dem übernehmenden Tochterunternehmen.

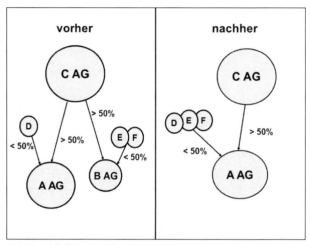

Abbildung 3: Side-step-Verschmelzung

Die Verschmelzung von Schwestergesellschaften ist im UmwG nicht gesondert geregelt. Eine Kapitalerhöhung kann nach § 68 Abs. 1 Satz 3 UmwG bei einer Verschmelzung unterbleiben, soweit die Anteilseigner der übertragenden Gesellschaft auf die Gewährung von Anteilen unter notarieller Beurkundung verzichten.[754] Damit ist z. B. eine Kapitalerhöhung auch bei der Verschmelzung von zwei im vollständigen Anteilsbesitz befindlichen Schwestergesellschaften nicht notwendig, aber möglich. Sind an dem aufnehmenden oder dem übertragenden Tochterunternehmen Minderheitsgesellschafter beteiligt, so ist eine Gewährung von Anteilen zur Abbildung der Beteiligungs- und Wertverhältnisse erforderlich. Das Mutterunternehmen wird als Mehrheitsgesellschafter nicht auf eine Kapitalerhöhung zur Verhinderung eines Vermögensverlusts durch die Verschmelzung bei einer Beteiligung von

---

[754] Vgl. zur diesbezüglichen Änderung des UmwG Roß/Drögemüller (2009), S. 580 ff. Vgl. zur alten Regelung Baumann (1998), S. 2321.

Minderheitsgesellschaftern an dem übernehmenden Tochterunternehmen verzichten. Gleiches gilt für die Minderheitsgesellschafter eines übertragenden Tochterunternehmens, sofern sie sich nicht mit Barzahlungen abfinden lassen möchten.

Erfolgt die Verschmelzung mit Kapitalerhöhung liegt aus Sicht der übernehmenden Tochtergesellschaft als eigenständiger berichterstattender Einheit ein Erwerbsvorgang vor. Zur Bilanzierung der Kapitalerhöhung kann auf die Ausführungen zur Upstream-Verschmelzung einer nicht im vollständigen Anteilsbesitz befindlichen Tochterunternehmens verwiesen werden.[755] So ist bei einer Side-step-Verschmelzung unter der Beteiligung von Minderheitsgesellschaftern und der Beachtung der Informationsfunktion des eigenständigen Einzelabschlusses der übernehmenden kapitalmarktorientierten Gesellschaft eine Bilanzierung des übertragenen Vermögens zum beizulegenden Zeitwert in analoger Anwendung von IFRS 3 und entsprechend den Grundsätzen zur Bilanzierung von Sacheinlagen des IFRS 2 erforderlich. Dies ergibt sich aus der Funktion zur Rechenschaftslegung, über die ermittelten Umtauschverhältnisse, der daraus resultierenden realen Kapitalaufbringung und der damit verbundenen, den tatsächlichen Verhältnissen entsprechenden Darstellung der Vermögens- und Ertragslage.[756] Da das Vermögen in dem Einzelabschluss ebenfalls mit dem beizulegenden Zeitwert anzusetzen wäre, wenn es vor Durchführung der Verschmelzung durch Einzelerwerbe übertragen würde, ist auch nach dem Grundsatz, dass vergleichbare Sachverhalte auch vergleichbar abgebildet werden sollten,[757] eine Bilanzierung zum beizulegenden Zeitwert geboten.

Erfolgt bei der Side-step-Verschmelzung keine Kapitalerhöhung, handelt es sich um eine durch das Gesellschafterverhältnis veranlasste sonstige Vermögensmehrung. Die Gegenbuchung für das übernommene Vermögen erfolgt gem. RK.70 und im Einklang mit § 272 Abs. 2 Nr. 4 HGB bei einer entsprechenden Anwendung de lege ferenda in einem IFRS-Einzelabschluss unmittelbar erfolgsneutral in der Kapitalrücklage.[758] Bei einer Buchwertfortführung wird nicht nur gegen das Einblicksgebot in die erfolgte Vermögensmehrung verstoßen, sondern zudem die Kapitalrücklage nach § 272 Abs. 2 Nr. 4 HGB, die allerdings geringeren Verwendungsbeschränkungen als nach § 272 Abs. 2 Nr. 1 HGB i. V. m. § 150 AktG unterliegt, in niedrigerem Maße als bei einer Bilanzierung zum beizulegenden Zeitwert dotiert. Von Bedeutung für die

---

[755] Vgl. Abschnitt 5.4.2.
[756] Vgl. zur Bilanzierung des erworbenen Vermögens zum beizulegenden Zeitwert auch wenn die Gegenleistung nicht einem Drittvergleich standhält IDW (2008), RS HFA 2 Rn. 40 ff.
[757] Vgl. Abschnitt 3.2.4.
[758] Vgl. zur entsprechenden Bilanzierung in einem HGB-Einzelabschluss IDW (1997), HFA 2/1997 Abschn. 32212; Förschle/Hoffmann (2008), K Rn. 67.

Kapitalerhaltung sind aber auch wieder in einem solchen Fall die geringeren Abschreibungen bei der Buchwertfortführung, die der Kapitalerhaltung abträglich ist.[759]

Nur unter der Vernachlässigung einer möglichen Ausschüttungsbemessungsfunktion kann bei einer Verschmelzung von zwei Schwestergesellschaften ohne eine Beteiligung von Minderheitsgesellschaftern allenfalls unter Kosten- und Nutzenaspekten eine Fortführung der Buchwerte der übertragenden Gesellschaft in Erwägung gezogen werden. Im Sinne einer umfassenderen Kapitalerhaltung und zur Einhaltung des Einblicksgebots ist allerdings eine einheitliche Übernahmebilanzierung zum beizulegenden Zeitwert einer Buchwertfortführung vorzuziehen, und zwar unabhängig von einer Kapitalerhöhung oder einer Beteiligung von Minderheitsgesellschaftern.

5.4.4 Downstream-Verschmelzung

Bei einer Downstream-Verschmelzung wird das (Teilkonzern-)Mutterunternehmen gem. § 2 Nr. 1 UmwG auf ein Tochterunternehmen durch Aufnahme verschmolzen.[760] Eine solche Umstrukturierung soll in der nachfolgenden Abbildung 4 verdeutlicht werden. Die B GmbH wird als Mutterunternehmen auf die A AG als Tochterunternehmen verschmolzen (downstream merger). Der Gesellschafter der B GmbH (hier die Alleingesellschafterin C GmbH) erhält anstelle ihrer Anteile an der B GmbH unmittelbar die Mehrheit der Aktien der A AG.

---

[759] Vgl. Abschnitt 5.3.2.
[760] Vgl. zur Downstream-Verschmelzung Moser (2000), S. 6 ff.; Mertens (2005), S. 785 ff.

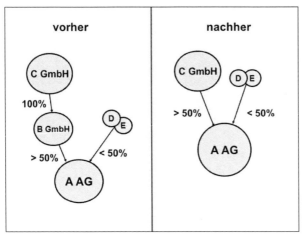

Abbildung 4: Downstream-Verschmelzung

Verfügt die untergehende Muttergesellschaft außer den Anteilen an der Tochtergesellschaft über kein weiteres Vermögen, handelt es sich auf der Ebene der Tochtergesellschaft nicht um einen Erwerbsvorgang, sodass bei der Tochtergesellschaft auch kein Bilanzierungsanlass besteht. Die Tochtergesellschaft erwirbt auch nicht die von der Muttergesellschaft gehaltenen Anteile. Die Muttergesellschaft kehrt vielmehr ihre Anteile an der Tochtergesellschaft unmittelbar an die Gesellschafter aus.[761]

Besitzt die untergehende Muttergesellschaft außer den Anteilen an der Tochtergesellschaft weiteres eigenes Vermögen, ändert sich für die Anteilseigner der übertragenden Muttergesellschaft bei einer Downstream-Verschmelzung auf eine 100%ige Tochtergesellschaft bei wirtschaftlicher Betrachtung nichts. Das Vermögen war lediglich auf zwei unterschiedliche Rechtsträger verteilt.[762] Aus Sicht der übernehmenden Tochtergesellschaft als eigenständiger berichterstattender Einheit handelt es sich bei dem übertragenen Vermögen um eine Einlage der neuen direkten, bisherigen mittelbaren Gesellschafter. Dies gilt unabhängig davon, ob mit der Einlage im Rahmen der Verschmelzung eine Erhöhung des Grundkapitals der übernehmenden Aktiengesellschaft durchgeführt wird oder zulässigerweise unterbleibt.[763]

---

[761] Vgl. § 20 Abs. 1 Nr. 3 UmwG; Müller (2006), § 24 UmwG Rn. 39.
[762] Vgl. Hörtnagl (2009), § 24 UmwG Rn. 48.
[763] Vgl. zu dem Wahlrecht § 68 Abs. 1 UmwG.

Sind hingegen wie in der Abbildung 4 Minderheitsgesellschafter an dem übernehmenden Tochterunternehmen beteiligt, ist eine Kapitalerhöhung bei einer Downstream-Verschmelzung erforderlich. Nur so kann die Beteiligung der bisherigen Gesellschafter des untergehenden Mutterunternehmens an der bei dem Tochterunternehmen eingetretenen Vermögensmehrung sichergestellt werden, sofern die bisherigen Minderheitsgesellschafter im Zuge der Transaktion ihre Beteiligung nicht gegen Barabfindung aufgeben. Bei einer Bewertung zum beizulegenden Zeitwert wird die tatsächliche Vermögensmehrung innerhalb des Eigenkapitals der übernehmenden Gesellschaft als eigenständiger berichterstattender Einheit zutreffend dargestellt.

Durch eine Downstream-Verschmelzung könnte auch eine (Rein-)Vermögensminderung bei der übernehmenden Tochtergesellschaft eintreten, wenn z. B. die übertragende Muttergesellschaft den Erwerb der Anteile an der Tochtergesellschaft fremdfinanziert hat und der daraus resultierenden Kaufpreisverbindlichkeit kein anderweitiges Vermögen gegenübersteht. Im Hinblick auf eine unzulässige Einlagenrückgewähr gem. §§ 57, 62 AktG wird eine Downstream-Verschmelzung bei einem negativen (Rein-)Vermögensübergang auf eine Aktiengesellschaft nach h. M. als unzulässig erachtet.[764] Ein zwingender Ansatz des übertragenen Vermögens zum beizulegenden Zeitwert würde Rechenschaft darüber ablegen, ob ein positiver oder negativer (Rein-)Vermögensübergang stattgefunden hat. Bei einer Buchwertfortführung ist dies nicht ohne Weiteres erkennbar.

Festzuhalten ist damit, dass insbesondere bei einer Beteiligung von Minderheitsgesellschaftern zur Rechenschaftsablegung eine analoge Anwendung des IFRS 3 bei Downstream-Verschmelzungen notwendig ist. Durch die damit verbundene Bilanzierung des übernommenen Vermögens zum beizulegenden Zeitwert werden die dem Umtauschverhältnis zugrunde liegenden Werte unter Berücksichtigung eines Goodwill in der Bilanz entsprechend des Einblicksgebots des IAS 1.15 zutreffend abgebildet.[765]

---

[764] Vgl. Förschle/Hoffmann (2008) K 68; Hörtnagl (2009), § 24 UmwG Rn. 52; Bula/Schlösser (2002), K Rn. 61; Müller (2006), § 24 UmwG Rn. 40 ff.

[765] Hinsichtlich der unterschiedlichen Auswirkungen einer Buchwertfortführung und einer Bilanzierung zum beizulegenden Zeitwert auf die Ausschüttungsbemessungsfunktion kann auf die Ausführungen zur Side-step-Verschmelzung in Abschn. 5.4.3 verwiesen werden. Da bei einer Downstream-Verschmelzung anders als bei einer Upstream-Verschmelzung dem übernommenen Vermögen bei der übernehmenden Gesellschaft keine auszubuchende Beteiligung gegenübersteht und die Gegenbuchung unmittelbar im Eigenkapital (Grundkapital, Kapitalrücklage) erfolgt, entstehen keine weiteren Verschmelzungsdifferenzen, für die Bilanzierungsregeln gefunden werden müssen.

5.4.5 Bereitstellung verlässlicher Informationen und glaubwürdige Darstellung von konzerninternen Verschmelzungen

5.4.5.1 Konzerninterne Verschmelzungen unter der Beteiligung von Minderheitsgesellschaftern

In den vorherigen Abschnitten wurde gezeigt, dass die Übernahmebilanzierung zu beizulegenden Zeitwerten des übertragenen Vermögens relevantere Informationen bereitstellt als eine Fortführung der Buchwerte der übertragenden Gesellschaft. Die Bilanzierung liefert jedoch nur dann nützliche Informationen, wenn sie nicht nur relevant für die wirtschaftlichen Entscheidungsfindungen, sondern auch verlässlich ist.[766]

Aufgrund von möglichen Principal-Agent-Konflikten und der Beherrschungsmöglichkeit des Mutterunternehmens besteht bei konzerninternen Verschmelzungen die Gefahr von Verzerrungen und Manipulationen bei der Ermittlung von Unternehmenswerten zur Festlegung von Umtauschverhältnissen und von angebotenen Barzahlungen.[767] Unternehmensbewertungen sind bei einer Beteiligung von Minderheitsgesellschaftern an Tochterunternehmen notwendig. Aufgrund des Zustimmungserfordernisses der Aktionäre zu einer Verschmelzung mit einer Mehrheit von mindestens drei Vierteln des vertretenen Grundkapitals können Minderheitsgesellschafter bei einer entsprechenden Sperrminorität eine Verschmelzung verhindern.[768] In solchen Fällen können Verschmelzungen nicht allein nach dem Willen des Managements des Mutterunternehmens durchgeführt werden. Durch die notwendigen Gesellschafterbeschlüsse zur Durchführung der Verschmelzung findet eine Marktbestätigung der den Umtauschverhältnissen zugrunde liegenden Unternehmensbewertungen statt.

Verfügt das Mutterunternehmen hingegen über die erforderliche Dreiviertelmehrheit, ist es nicht auf die Zustimmung der Minderheitsgesellschafter der Tochterunternehmen zur Durchführung der Verschmelzung angewiesen. Aber auch in solchen

---

[766] Vgl. zu dem Grundsatz der verlässlichen und glaubwürdigen Darstellung Abschn. 3.2.2.

[767] Vgl. zur Principal-Agent-Theorie Abschn. 3.1.1. Solche Konflikte können aber auch bei konzernfremden Transaktionen auftreten, da der Verschmelzungsvertrag vor der Zustimmung der Gesellschafter zwischen den Vorständen ausgehandelt wird und ein Interessengegensatz zwischen den Vertretern der untergehenden und übernehmenden Gesellschaft z. B. durch Weiterbeschäftigungsgarantien unter Umständen nicht mehr gegeben sein kann.

[768] Vgl. § 65 UmwG. Bei einer GmbH müssen gem. § 50 Abs. 1 UmwG mindestens drei Viertel der abgegebenen Stimmen dem Verschmelzungsvertrag auf der Gesellschafterversammlung zustimmen. Ist eine übernehmende Aktiengesellschaft mit mindestens 90 % an der übertragenden Gesellschaft beteiligt, bedarf es gem. § 62 Abs. 1 UmwG eines Zustimmungsbeschlusses der Aktionäre der übernehmenden Aktiengesellschaft jedoch nicht.

Fällen hat das Mutterunternehmen die Bestimmung der Anzahl der zu gewährenden Anteile durch Unternehmensbewertungen der an der Verschmelzung beteiligten Gesellschaften mittels allgemein anerkannter Grundsätze zu ermitteln. Zur Ablegung der Rechenschaft über die durchgeführte Transaktion sind zudem bei einer ordnungsgemäßen Geschäftsführung nachvollziehbare Dokumentationen der zugrunde liegenden Annahmen erforderlich. Bei einer Beteiligung von Minderheitsgesellschaftern erfolgt durch einen gerichtlich bestellten Verschmelzungsprüfer eine Überprüfung der Angemessenheit der Umtauschverhältnisse und der Barzahlungen.[769] Im Spruchverfahren steht zudem den Minderheitsgesellschaftern eine gerichtliche Überprüfung der Angemessenheit der Umtauschverhältnisse und der Barzahlungen offen.[770]

Durch diese gesetzlichen Schutzrechte hinsichtlich der Überprüfung der Angemessenheit der Umtauschverhältnisse und der Barzahlungen sind die entsprechenden Unternehmenswerte auch für Zwecke der Rechnungslegung hinreichend neutral. Sie erfüllen damit die Kriterien der Nachprüfbarkeit bzw. der hinreichenden Objektivierung als Voraussetzung einer glaubwürdigen Darstellung. Verbleibende Zweifel an der Verlässlichkeit der ermittelten Unternehmenswerte nach einer Verschmelzungsprüfung und einer ggf. erfolgten gerichtlichen Kontrolle rechtfertigen nicht den Verzicht auf die entsprechende Abbildung der realen Umtauschverhältnisse und Unternehmenswerte in der Bilanz. Die Rechenschaftsfunktion der Bilanzierung erfordert vielmehr die den Umtauschverhältnissen und Barzahlungen zugrunde gelegten Unternehmenswerte auch als Ausgangsgröße für eine entsprechende Allokation auf das übernommene Vermögen einschließlich eines Goodwill zu verwenden.

Damit ein Abschluss verlässlich ist, müssen die enthaltenen Informationen unter Beachtung des Wesentlichkeitsgrundsatzes (Entscheidungserheblichkeit) und der Wirtschaftlichkeit (Kosten-/Nutzenabwägung) vollständig sein. Ein Weglassen von Informationen kann eine falsche oder irreführende Darstellung zur Folge haben.[771] Zum Vollständigkeitsgrundsatz gehört, dass sämtliche Vermögenswerte und Schulden angesetzt und alle Geschäftsvorfälle erfasst werden.[772] Der Nichtansatz von erworbenen Vermögenswerten, die vor dem Unternehmenszusammenschluss nicht bilanziert wurden, aber Gegenstand des Erwerbs sind, verstößt gegen diesen Grundsatz.[773] Die Vollständigkeit bezieht sich aber neben der Erfassung der

---

[769] Vgl. §§ 12, 29 UmwG.
[770] Vgl. Abschn. 2.2.1.2.
[771] Vgl. RK.38.
[772] Vgl. Abschn. 3.2.2.3.
[773] Vgl. IFRS 3 BC38.

Geschäftsvorfälle auch auf die in angewandte Bewertungsmodelle einfließenden ökonomischen Faktoren und damit auf die Bewertung von Vermögenswerten und Schulden. Damit steht die Nichtbilanzierung der erworbenen stillen Reserven und Lasten sowie eines Goodwill nicht im Einklang mit dem Vollständigkeitsgrundsatz.

Fraglich könnte sein, ob die Verteilung des ermittelten Unternehmenswerts auf die einzelnen Vermögenswerte und Schulden bei einer konzerninternen Verschmelzung hinreichend verlässlich bzw. nachprüfbar ist.[774] Die aufgrund der Einzelerwerbsfiktion zum Zwecke der Bilanzierung notwendige Allokation ist jedoch keine Besonderheit von konzerninternen Verschmelzungen, sondern Bestandteil eines jeden Unternehmenserwerbs. Sie kann daher nicht generell bei konzerninternen Verschmelzungen als unzureichend nachprüfbar und nicht hinreichend verlässlich qualifiziert werden.

Die Buchwertfortführung kann auch nicht mit den anfallenden Kosten zur Wertermittlung begründet werden, da der Informationsnutzen zur Rechenschaftsablegung die Kosten überwiegt.[775] Gerade bei konzerninternen Umstrukturierungen unter der Beteiligung von Minderheitsgesellschaftern ist ein Verständnis über die beizulegenden Zeitwerte der zu übertragenden Vermögenswerte und Schulden notwendig, um zu Vorstellungen über ein angemessenes Umtauschverhältnis zu gelangen und sicherzustellen, dass die Transaktion einem Drittvergleich standhält.[776]

Ein Verzicht der Bilanzierung des auf Basis einer Unternehmensbewertung eingebrachten Vermögens zum beizulegenden Zeitwert und der entsprechenden Darstellung im Eigenkapital der übernehmenden Gesellschaft aufgrund von Zweifeln an einer verlässlichen Bewertung, würde der Funktion der Abschlüsse zur Rechenschaftsablegung nicht gerecht werden. So wird die Verantwortung des Vorstands für eine den tatsächlichen Verhältnissen entsprechende Darstellung des Erwerbsvorgangs im Abschluss durch den sog. Bilanzeid verdeutlicht.[777] Überprüft werden die Kaufpreisallokation und die zugrunde liegenden Bewertungen durch den Aufsichtsrat und den Abschlussprüfer der übernehmenden Gesellschaft.[778] Bei einer

---

[774] Vgl. Abschn. 4.1.2.
[775] Vgl. IFRS 3 BC46 ff., BC435 ff; FASB (1998), Par. 113 ff.
[776] Vgl. IFRS 3 BC46 i. d. F. 2004. So ermöglicht nach der Auffassung von Zülch/Wünsch (2008), S. 473, eine Pre-Deal-Kaufpreisallokation im Rahmen einer Financial Due Diligence Rückschlüsse auf die Angemessenheit der Bewertungsannahmen zur Bestimmung der Gegenleistung.
[777] Vgl. zum „Bilanzeid" bezüglich des Einzelabschlusses und Lageberichts §§ 264 Abs. 2 Satz 3 und 289 Abs. 1 Satz 5 HGB sowie bezüglich des Konzernabschlusses und Konzernlageberichts §§ 297 Abs. 2 Satz 4 und 315 Abs. 1 Satz 6 HGB.
[778] Vgl. zur eigenständigen Prüfungspflicht des Abschlusses durch den Aufsichtsrat § 171 AktG. Auch wenn der Abschlussprüfer selbst die beizulegenden Zeitwerte nicht einwertig bestimmen kann,

Buchwertfortführung würde der Vorstand, der Aufsichtsrat und der Abschlussprüfer aus der Verantwortung zur Bestätigung der Bilanzierung zum Schutz der Minderheitsgesellschafter in nicht angebrachter Weise entlassen. Damit ist eine hinreichende Sicherheit zum Ausschluss von Verzerrungen und Manipulationen bei der Verschmelzung unter Beteiligung von Minderheitsgesellschaftern der übertragenden Gesellschafter gegeben. Zudem besteht die Möglichkeit, dass unabhängige Regulatoren, wie die Deutsche Prüfstelle für Rechnungslegung e. V., ebenfalls den Abschluss überprüfen.[779]

Ein unangemessenes Umtauschverhältnis führt zu einem Vermögensverlust der betroffenen Gesellschafter. Wird den Gesellschaftern der übertragenden Gesellschaft eine zu hohe Gegenleistung, d. h. zu viele Anteile oder eine zu hohe Barzahlung gewährt, hat dies eine Verwässerung der Anteile der Altaktionäre der übernehmenden Gesellschaft zur Folge. Eine solche Überzahlung an Minderheitsgesellschafter wird ein ordentlicher Kaufmann allerdings auch bei konzerninternen Transaktionen nicht wissentlich leisten. Aufgrund des begrenzten Informationszugangs der Gesellschafter von börsennotierten Aktiengesellschaft basiert ihre Zustimmungsentscheidung und damit die Marktbestätigung allerdings im Wesentlichen auf den Erläuterungen im Verschmelzungsbericht und den Ausführungen des Verschmelzungsprüfers. Vor dem Hintergrund der Principal-Agent-Theorie hat eine Bilanzierung des übernommenen Vermögens zum beizulegenden Zeitwert im Sinne der Rechenschaftsablegung, dass die vereinbarte Gegenleistung auch verdient werden muss, eine disziplinierende Wirkung zur Vereinbarung angemessener Umtauschverhältnisse. Diese Wirkung hat ihre Ursache darin, dass in der Gesamtergebnisrechnung die laufenden Abschreibungen bei einer Bilanzierung des übernommenen Vermögens zu beizulegenden Zeitwerten höher sind als bei einer Buchwertfortführung.[780] Des Weiteren kann ein überhöhter Goodwill über eine Wertminderung in Anwendung des IAS 36 zu einer Aufwandserfassung führen, wenn sich später eine Überzahlung herausstellt.[781] Die Bilanzierung des übernommenen Vermögens zum beizulegenden Zeitwert ist damit nicht nur relevant, sondern kann auch als hinreichend verlässlich angesehen werden.

Ferner ist aufgrund des wirtschaftlichen Gehalts der Transaktion und der Marktbestätigung oder einer gerichtlichen Überprüfung bei einer Beteiligung von Minder-

---

bringt er mit seinem Testat zum Ausdruck, dass nach seiner Beurteilung die angesetzten Werte innerhalb einer normenkonformen Bandbreite liegen. Vgl. Ruhnke/Schmidt (2003), S. 1042 ff.

[779] Vgl. zum Enforcement der Rechnungslegung Scheffler (2009), S. 654 ff.
[780] Vgl. Abschn. 4.1.2 ff.
[781] Vgl. IFRS 3 BC382.

heitsgesellschaftern anlässlich einer Upstream-Verschmelzung eine Umgliederung von in der Neubewertungsrücklage aufgelaufenen Wertänderungen der untergehenden Beteiligung in die GuV vertretbar. Daher ist bei einer Beteiligung von Minderheitsgesellschaftern an den von den konzerninternen Verschmelzungen betroffenen Tochterunternehmen eine Bilanzierung des übernommenen Vermögens durch eine explizite Ausdehnung des Anwendungsbereichs von IFRS 3 zur Rechenschaftsablegung über die Angemessenheit der Umtauschverhältnisse vom IASB zu fordern.

5.4.5.2 Konzerninterne Verschmelzungen ohne eine Beteiligung von Minderheitsgesellschaftern

Bei konzerninternen Verschmelzungen ohne eine Beteiligung von Minderheitsgesellschaftern an den Tochterunternehmen fehlt jeglicher Interessensgegensatz zwischen verschiedenen Parteien. Fraglich könnte daher sein, ob dennoch eine Bilanzierung des übernommenen Vermögens zum beizulegenden Zeitwert unter Ausweis eines Goodwill hinreichend verlässlich ist, da eine Unternehmensbewertung bei einer Verschmelzung ohne Kapitalerhöhung ausschließlich für bilanzielle Zwecke erstellt wird. Soll hingegen im Rahmen einer Verschmelzung das gesellschaftsrechtliche Grundkapital erhöht werden, ist durch eine Bewertung des eingebrachten Unternehmens nach anerkannten Grundsätzen sicherzustellen, dass die Grundkapitalerhöhung durch den Zeitwert gedeckt ist.

Die Abbildung von Unternehmenswerten und deren Allokation auf die beizulegenden Zeitwerte der übertragenen Vermögenswerte und Schulden unter der Berücksichtigung eines Goodwill als Residualgröße in einem Abschluss setzt voraus, dass verschiedene sachverständige unabhängige Dritte ein allgemeines Einvernehmen darüber erhalten können, ob die Wertermittlung frei von wesentlichen Fehlern und Verzerrungen hinsichtlich der sachgerechten Anwendung von Bewertungsmethoden (z. B. Überprüfung der Eingabeparameter in Bewertungsmodellen) ist. Bei der Bewertung von nicht börsennotierten Gesellschaften, beruht die Wertermittlung und damit die Festlegung des Umtauschverhältnisses allein auf den Prognosen der künftigen finanziellen Überschüsse des Managements. Unsicherheit kann dabei hinsichtlich der Höhe und des zeitlichen Anfalls künftiger Cashflows bestehen. Die Verwendung vernünftiger Schätzungen unter Berücksichtigung der zur Verfügung stehenden Informationen und Erfahrungen ist jedoch ein notwendiger Bestandteil der Aufstellung von Abschlüssen, deren Verlässlichkeit dadurch nicht beeinträchtigt wird.[782] Gewissheit besteht letztlich erst dann, wenn Ereignisse schon eingetreten

---

[782] Vgl. IAS 8.33.

sind. Damit Informationen als verlässlich gelten können, ist es entsprechend der Bilanzierungskriterien aber ausreichend, wenn die mit den Werten verbundenen Annahmen und Wahrscheinlichkeiten in einer Bandbreite durch sachverständige Dritte plausibel nachgeprüft werden können.[783] Daher scheidet nach den IFRS aufgrund der in der Realität bestehenden Unsicherheit eine Bilanzierung zu beizulegenden Zeitwerten ohne deren Marktbestätigung nicht von vornherein aus. Dies ist erst dann gegeben, wenn eine vernünftige Schätzung nicht mehr möglich ist. Entsprechend ist die Anwendung des Neubewertungsmodells für Sachanlagen und die fortlaufende Bewertung von als Finanzinvestition gehaltenen Immobilien zu beizulegenden Zeitwerten nur zulässig, soweit der beizulegende Zeitwert verlässlich bestimmt werden kann.[784] Für immaterielle Vermögenswerte darf das Neubewertungsmodell jedoch nur angewandt werden, wenn für sie ein aktiver Markt besteht.[785] Andererseits erlauben die IFRS den Ansatz selbst geschaffener immaterieller Vermögenswerte, sofern bestimmte Voraussetzungen, wie z. B. technische Realisierbarkeit, erfüllt sind.[786] Ein originärer Goodwill darf hingegen nicht aktiviert werden, da er weder separierbar noch aus einem vertraglichen Recht entstanden ist und nach Auffassung des IASB die zur Schaffung eines Goodwill angefallenen Kosten nicht verlässlich bewertet werden könnten.[787] Damit sind die Voraussetzungen für eine Bilanzierung zum beizulegenden Zeitwert von immateriellen Vermögenswerten nach IAS 38 deutlich restriktiver als bei einer Anwendung von IFRS 3.[788] Dies kann unter anderem damit begründet werden, dass IFRS 3 nur eine einmalige Neubewertung vorsieht, während das Neubewertungsmodell eine wiederholende Neubewertung im Abschluss darstellt. Ferner handelt es sich bei dem Anwendungsbereich des IFRS 3 um eine bloße Verteilung einer zwischen fremden Dritten vereinbarten Gegenleistung auf einzelne Vermögenswerte und Schulden, der eine Marktbestätigung vorangegangen ist und damit einen höheren Objektivierungsgrad aufweist als eine rein konzerninterne Transaktion. Auf der anderen Seite wird die Verlässlichkeit der Werthaltigkeit eines derivativen Goodwill aus Transaktionen mit fremden Dritten in Folgeperioden vom IASB nicht in Frage gestellt. Die nach IAS 36 mindestens jährlich durchzuführenden

---

[783] Vgl. zur Bewertung von Eigenkapitalinstrumenten IAS 39 AG80 f. Vgl. zur Relevanz von Börsenkursen IAS 39 AG71, IAS 39 BC96 f.; IDW (2008), RS HFA 2 Rn. 38 f. in Bezug auf IFRS 3.27 i. d. F. 2004; IASB (2009d), ED/2009/5 S. 1 ff.
[784] Vgl. IAS 16.31, IAS 40.53 ff.
[785] Vgl. IAS 38.72 und IAS 38.75.
[786] Vgl. IAS 38.76 i. V. m. IAS 38.57.
[787] Vgl. IAS 38.48 ff.
[788] Vgl. Gille (2006), S. 230 ff.

Wertminderungstests beruhen ebenfalls auf den Annahmen des Managements, ohne dass zwingend ein erneuter Markttest erfolgt.[789] Auch gilt nach IAS 39 die Ermittlung von beizulegenden Zeitwerten für Optionen auf Unternehmensanteile als hinreichend verlässlich.[790]

Da bei konzerninternen Verschmelzungen ohne eine Beteiligung von Minderheitsgesellschaftern ein marktbezogener Interessenausgleich zwischen unabhängigen Vertragsparteien nicht stattfindet, kann die Verlässlichkeit des Ansatzes des übernommenen Vermögens mit dem beizulegenden Zeitwert kritisch gesehen werden. Dies tritt allerdings bei allen Transaktionen zwischen verbundenen Unternehmen auf. Einer entsprechenden Abbildung des vertraglich Vereinbarten und einer Gewinnrealisierung im Einzelabschluss der veräußernden Gesellschaft steht dies aber nicht entgegen, soweit einem Drittvergleich standgehalten wird.[791] Eine mangelnde Verlässlichkeit oder Objektivierbarkeit aufgrund der fehlenden Marktbestätigung kann daher bei einer fehlenden Beteiligung von Minderheitsgesellschaftern nicht als Argument gegen eine Bilanzierung des übernommenen Vermögens zum beizulegenden Zeitwert im Einzelabschluss angeführt werden. Gleiches gilt für die GuV-wirksame Erfassung einer in der Neubewertungsrücklage erfassten Wertänderung der Beteiligung an der untergehenden Gesellschaft bei einer Upstream-Verschmelzung.

Der tatsächliche Wert einer Sacheinlage kann über die Nennkapitalerhöhung hinausgehen und nach § 272 Abs. 2 Nr. 1 HGB i. V. m. § 150 AktG in die Kapitalrücklage einzustellen sein. Dadurch wird sichergestellt, dass über die Kapitalrücklage der gesamte Wert der Einlage in die aktienrechtlichen Schutzvorschriften zur Kapitalerhaltung gelangt. Ist die Sacheinlage unerkannter Weise überbewertet, kann der überhöhte Betrag nicht ausgeschüttet werden, sodass das reale Vermögen der Gesellschaft erhalten bleibt. Die Bilanzierung einer Sacheinlage unterhalb des beizulegenden Zeitwerts ist hingegen diesen Schutzvorschriften abträglich. Eine bilanzielle Unterpari-Emission aufgrund einer Buchwertfortführung, während real das Nennkapital gedeckt ist, führt zu einem Zerrbild der tatsächlichen Verhältnisse.[792]

---

[789] Vgl. IAS 36.30 ff. zur Nutzungswertberechnung. Eine Marktkapitalisierung unterhalb des bilanziellen Eigenkapitals gilt allerdings gem. IAS 36.12 Buchst. d als Anhaltspunkt für eine vorliegende Wertminderung.

[790] Ausgenommen aus dem Anwendungsbereich des IAS 39 und damit einer generellen Bewertung zum beizulegenden Zeitwert sind gem. IAS 39.2 Buchst. g lediglich Verträge, die auf einen Unternehmenszusammenschluss gerichtet sind.

[791] Vgl. Abschn. 5.4.1. Vgl. zur Bilanzierung von Vereinbarungen, die einem Fremdvergleich nicht standhalten, IDW (2008), RS HFA 2 Rn. 40 ff.

[792] Vgl. zur Unzulässigkeit der gesellschaftsrechtlichen Unterpari-Emission § 9 AktG. Vgl. zur Fehlbetragshaftung in Bezug auf eine GmbH bei Umwandlungen Füller (2010), § 9 GmbHG Rn. 2.

Daher ist zur Vermeidung einer bilanziellen Unterpari-Emission bei einer Grundkapitalerhöhung die Bilanzierung des übernommenen Vermögens zum beizulegenden Zeitwert die erforderliche Konsequenz. Für eine glaubwürdige transparente Darstellung der Kapitalaufbringung ist entscheidend, dass der tatsächliche Zeitwert einer Sacheinlage in der Bilanz abgebildet wird. Selbst wenn die Buchwerte der übertragenden Gesellschaft das neu geschaffene Grundkapital überschreiten, bedeutet dies nicht zwangsläufig, dass z. B. aufgrund bislang nicht bilanzierter Eventualschulden auch der reale Wert des eingebrachten Unternehmens die aktienrechtliche Kapitalerhöhung abdeckt. Daher ist bei einer Verschmelzung mit Kapitalerhöhung stets eine Unternehmensbewertung erforderlich, um eine Aussage über den Wert des eingebrachten Vermögens treffen zu können. Zweifel an einer verlässlichen Bewertung sollten daher auch bei konzerninternen Transaktionen hinter die Abbildung der realen Zeitwerte einer Sacheinlage im Interesse der gesellschaftsrechtlichen Kapitalerhaltung zurücktreten.[793]

Zum Vollständigkeitsgrundsatz und Einblicksgebot des IAS 1.15 gehört, dass zum Verständnis der Auswirkungen von einzelnen Geschäftsvorfällen oder Ereignissen notwendige Anhangangaben gemacht werden. So wird in IAS 1.17 Buchst. c die Bereitstellung zusätzlicher Angaben verlangt, wenn die Anforderungen in den IFRS unzureichend sind, damit die Adressaten die Auswirkungen von einzelnen Geschäftsvorfällen oder Ereignissen auf die Vermögens-, Finanz-, und Ertragslage verstehen. Dazu können ergänzende Angaben zu den bei der Unternehmenswertermittlung zugrunde liegenden Annahmen, Unsicherheiten, Sensibilitätsanalysen und bei Transaktionen unter gemeinsamer Beherrschung zur Marktüblichkeit der Transaktionen gehören, wodurch eine glaubwürdige Darstellung erreicht wird. Durch die Offenlegung solcher Angaben sollte der Investor die Plausibilität der bei der Schätzung des Managements verwendeten Annahmen und die daraus resultierenden finanziellen Auswirkungen und damit verbundenen möglichen Risiken und Chancen erkennen können.[794] Insbesondere bei konzerninternen Transaktionen, bei

---

[793] Vgl. zur grundsätzlichen Bilanzierung von Sacheinlagen zum Zeitwert Abschn. 5.3.2.
[794] Vgl. z. B. die Angabepflichten nach IFRS 3.59 ff., IFRS 3 Anhang B64 ff., IAS 36.134 Buchst. d und e. Vgl. zu notwendigen gesonderten Angaben eines wesentlichen Verschmelzungsgewinns in der Gesamtergebnisrechnung auch im Anhang IAS 1.17 Buchst. c, IAS 1.85, IAS 1.97 ff., IFRS 3.59 ff., IFRS 3 Anhang B64 Buchst. n und B67 Buchst. e. Da konzerninterne Transaktionen solche zwischen nahestehenden Unternehmen gem. IAS 24.9 darstellen, sind die Geschäfte gem. IAS 24.17 zu beschreiben. Über die Angemessenheit ist allerdings derzeit keine Aussage notwendig. Vgl. zu den Änderungen des derzeit geltenden IAS 24 i. d. F. 2003 IASB (2009g) IAS 24.1 ff. Nach IFRS 3 Anhang B64 Buchst. q sind die Erlöse sowie der Gewinn oder Verlust des erworbenen Unternehmens seit dem Erwerbszeitpunkt im Erwerbsjahr anzugeben. Zudem sind die Erlöse und der Gewinn oder Verlust des zusammengeschlossenen Unternehmens so anzugeben, als ob der

denen kein Verschmelzungsbericht erstellt wird, sind ausführliche Angaben im Abschluss notwendig. Daher sollten die Angabepflichten zu den wesentlichen Annahmen zu den Unternehmenswertermittlungen in den IFRS konkretisiert werden. Während IFRS 3.67 i. d. F. 2004 noch explizit Angaben zu den wesentlichen Annahmen der Wertermittlung von gewährten Anteilen als Gegenleistung vorschrieb, ist dies i. d. F. 2008 des IFRS 3 nicht mehr explizit der Fall.

Festzuhalten bleibt, wenn bei einer konzerninternen Verschmelzung ohne Beteiligung von Minderheitsgesellschaftern, aber dennoch das Grundkapital bei der aufnehmenden Gesellschaft erhöht wird, eine Bilanzierung des übernommenen Vermögens zum beizulegenden Zeitwert zur Erhöhung des Einblicks in die Vermögenslage und des Schuldendeckungspotentials und zur Vermeidung einer verzerrenden Darstellung einer bilanziellen Unterpari-Emission sowie zum Zwecke einer umfassenderen Kapitalerhaltung eine entsprechende Dotierung der Kapitalrücklage erfolgen sollte. Damit sollte der Anwendungsbereich des IFRS 3 grundsätzlich auf konzerninterne Verschmelzungen durch Aufnahme ausgedehnt werden. Bei einer konzerninternen Verschmelzung durch Neugründung gilt dies entsprechend, sodass hier die Fresh-Start-Methode Anwendung finden sollte.[795]

Die Bilanzierung des übertragenen Vermögens mit dem Zeitwert und die Einlagefähigkeit eines Geschäftsbetriebs unter Ausweis eines Geschäfts- oder Firmenwerts wird selbst vom vorsichtsgeprägten HGB akzeptiert.[796] Damit ein Geschäfts- oder Firmenwert zum Zwecke der Grundkapitalerhöhung als einlagefähig angesehen werden kann, muss das Geschäftsmodell allerdings bereits eine Bestätigung am Markt durch entsprechende Umsätze gefunden haben. Damit kann ein IFRS-Einzelabschluss unter Anwendung von IFRS 3 einen HGB-Abschluss ersetzen.

Eine mit der Buchwertfortführung verbundene Legung von stillen Reserven ist bei Downstream- und Side-Step-Verschmelzungen nicht mit der Sichtweise vereinbar, dass der Einzelabschluss einen eigenständigen Abschluss einer Aktiengesellschaft als berichterstattender Einheit darstellt. Die Vermögensmehrung der Aktiengesellschaft wird unvollständig ausgewiesen. Auch ist die Buchwertfortführung nicht mit dem Neutralitätserfordernis vereinbar, da sie den Erfolg der berichterstattenden Kapitalgesellschaft in späteren Perioden aufgrund geringerer Abschreibungen zu gut darstellt und die tatsächliche Lage verschleiert.

Zusammenschluss zu Beginn des Geschäftsjahres stattgefunden hat. Vgl. zu Angaben zu Vorjahresvergleichszahlen in der HGB-Rechnungslegung Förschle/Hoffmann (2008), K Rn. 96.

[795] Vgl. zur vorgeschlagenen Eliminierung der umgekehrten Erwerbsmethode Abschn. 4.3.4.3 und zur Anwendung der Fresh-Start-Methode Abschn. 4.1.4.

[796] Vgl. Abschn. 5.2.1.

Eine Fortführung der Buchwerte der übertragenden Gesellschaft kann allenfalls aus Kosten- und Nutzenerwägungen für konzerninterne Verschmelzungen eingeräumt werden, bei denen keine Minderheitsgesellschafter beteiligt sind und im Zuge derer keine gesellschaftsrechtliche Kapitalerhöhung durchgeführt wird. Bei konzerninternen Upstream-Verschmelzungen sind allerdings Regelungen notwendig, wie etwaige Verschmelzungsdifferenzen zwischen einer zuvor bestehenden Beteiligung und den übernommenen Buchwerten zu erfassen sind.

5.5 Abbildung von konzerninternen Verschmelzungen im Konzernabschluss

5.5.1 Anwendung des Entity Concepts

Während aus der Sicht der übernehmenden Konzerngesellschaft eine Verschmelzung mit Kapitalerhöhung einen tauschähnlichen Anschaffungsvorgang und ohne Kapitalerhöhung einen Einbringungsvorgang darstellt, ist eine solche Transaktion entsprechend des Entity Concepts aus der Perspektive der wirtschaftlichen Einheit des Konzerns ein konzerninternes Geschäft.[797] Die zuvor bestehende wirtschaftliche Einheit der Konzernunternehmen wird durch konzerninterne Verschmelzungen rechtlich nachvollzogen. Bei wirtschaftlicher Betrachtung hat sich an dem Konzernvermögen durch die konzerninterne Transaktion nichts verändert.

Um der Kompensationsfunktion des Konzernabschlusses gerecht zu werden, sind nach IAS 27.20 im Einklang mit dem Einheitsgrundsatz in IAS 27.4 konzerninterne Geschäftsvorfälle in voller Höhe zu eliminieren. Gemäß IAS 27.30 sind Änderungen in der Beteiligungsquote des Mutterunternehmens an einem Tochterunternehmen, die nicht zu einem Verlust der Beherrschung führen, als Eigenkapitaltransaktionen zu bilanzieren. Dabei ist gem. IAS 27.31 die Differenz zwischen der notwendigen Änderung des ausgewiesenen Anteils der Minderheitsgesellschafter und dem beizulegenden Zeitwert der gezahlten oder erhaltenen Gegenleistung unmittelbar im Eigenkapital zu erfassen und den Eigentümern des Mutterunternehmens zuzuordnen. Daher ist aus einer solchen Transaktion weder ein Verlust noch ein Gewinn zu erfassen. Dies führt nach der Auffassung des IASB auch dazu, dass bei einer Auf- oder Abstockung einer Mehrheitsbeteiligung die Vermögenswerte einschließlich des

---

[797] Vgl. zum Entity Concept Abschn. 3.3.3.1 Buchst. a.

Goodwill und der Schulden des Tochterunternehmens im Konzernabschluss unverändert fortzuführen sind.[798] Entsprechend ist durch verschmelzungsbedingte Konsolidierungsbuchungen sicherzustellen, dass z. B. bei Side-step-Verschmelzungen keine weiteren stillen Reserven oder ein zusätzlicher Goodwill aufgedeckt werden.[799] Allerdings findet die Eliminierung der Auswirkungen von konzerninternen Verschmelzungen ihre Grenze dort, wo dadurch kein den tatsächlichen Verhältnissen entsprechendes Bild mehr gezeichnet würde. Dies betrifft zum einen die im Zuge der Verschmelzung tatsächlich angefallenen Aufwendungen, wie Rechts- und Beratungskosten oder Grunderwerbsteuer sowie zum anderen eine ggf. veränderte Eigenkapitalstruktur des Konzernmutterunternehmens.[800] So wird bei einer Upstream-Verschmelzung eines Tochterunternehmens mit Minderheitsgesellschaftern auf die Konzernmuttergesellschaft in deren Einzelabschluss durch die Anteilsgewährung und die Bilanzierung des übernommenen Vermögens zum beizulegenden Zeitwert zusätzliches Grundkapital geschaffen und die Differenz in die Kapitalrücklage eingestellt. Fraglich könnte sein, wie das Eigenkapital der Muttergesellschaft im Konzernabschluss aufgrund der Fortführung der bisherigen Konzernbuchwerte auszuweisen ist. Die Minderheitsgesellschafter des Tochterunternehmens werden durch die Verschmelzung zu Gesellschaftern der Konzernmuttergesellschaft. Zu einer den tatsächlichen Verhältnissen entsprechenden Darstellung gehört, dass im Konzernabschluss auch das geänderte aktienrechtliche Grundkapital des Mutterunternehmens ausgewiesen wird.[801] Die verbleibende Differenz zwischen dem bisher gesondert ausgewiesenen Minderheitenanteil und der Grundkapitalerhöhung ist entsprechend in der Kapitalrücklage zu erfassen.

5.5.2 Würdigung der Regelungen des IAS 27

Mit der Umsetzung des Entity Concepts in IAS 27 wird eine einfach zu handhabende Bilanzierungsmethode bereitgestellt.[802] Unter Kostengesichtspunkten brauchen damit

---

[798] Vgl. IAS 27 BC41.

[799] Vgl. Ströher (2008), S. 190 ff. Wohl noch auf die alte Fassung von IFRS 3 bezogen sieht das IDW eine anteilige Aufstockung als zulässig an; IDW (2008), RS HFA 2 Rn. 47 ff.

[800] Vgl. dazu Kahling (1999), S. 119 f. in Bezug auf die HGB-Rechnungslegung.

[801] Vgl. das IFRS 3-Beispiel eines umgekehrten Unternehmenserwerbs, bei dem ebenfalls das Grundkapital des rechtlichen Erwerbers auszuweisen ist. In der Literatur wird hingegen von Hannappel/Kneisel (2001), S. 706 f.; Ströher (2008), S. 158 f. die Auffassung vertreten, dass es auch möglich sei, auf die Abbildung einer im Einzelabschluss vorgenommenen gesellschaftsrechtlichen Aufstockung des Grundkapitals im Konzernabschluss zu verzichten, da es sich bei der Bilanzierung des Grundkapitals um eine Bewertungsfrage handle, die im Einzel- und Konzernabschluss zu unterschiedlichen Ergebnissen führen könne.

[802] Vgl. Abschn. 3.3.3.2.

bei Auf- und Abstockungen von Mehrheitsbeteiligungen für die Konzernbilanzierung keine beizulegenden Zeitwerte der Vermögenswerte und Schulden ermittelt werden. Einschränkend ist aber anzumerken, dass dieser Kostenvorteil sich weitgehend verflüchtigt, wenn für Zwecke des Einzelabschlusses oder der Steuerbilanz eine entsprechende Wertermittlung durchgeführt werden muss und zur Festlegung des Umtauschverhältnisses bei Verschmelzungen unter der Beteiligung von Minderheitsgesellschaftern ohnehin Unternehmenswerte ermittelt werden müssen.

Die Umsetzung des auf der Einheitstheorie aufbauenden Entity Concepts ist nicht unumstritten.[803] Insbesondere ist die Annahme der Einheitstheorie, dass die Eigenkapitalgeber des Mutterunternehmens und der Tochterunternehmen im Konzern homogene Informationsinteressen haben, zu bezweifeln. Denn die Minderheitsgesellschafter eines Tochterunternehmens partizipieren nur an den Ergebnissen des jeweiligen Tochterunternehmens und sind zunächst nur dessen Risiken ausgesetzt, die sich von denen des Konzerns unterscheiden können. Da das Informationsinteresse der Minderheitsgesellschafter eines Tochterunternehmens an dem Konzernabschluss begrenzt ist, kann gefordert werden, den Konzernabschluss primär an den Informationsbedürfnissen der Gesellschafter des Mutterunternehmens entsprechend des Parent Company Extension Concepts auszurichten.[804] Dieses Konzept ist in der Gestaltung mit dem Entity Concept vergleichbar, mit der Ausnahme in Bezug auf den Ausweis der Minderheitsanteile und der Behandlung von Anteilskäufen und -verkäufen zwischen dem Mutterunternehmen und den Minderheitsgesellschaftern der Tochterunternehmen.[805] Nach dem Parent Company Extension Concept ist in der Zahlung des Mutterunternehmens für weitere Minderheitenanteile ein Erwerbsvorgang hinsichtlich der seit dem Zeitpunkt der erstmaligen Konsolidierung entstandenen anteiligen stillen Reserven zu sehen.[806] Dies führt nach diesem Konzept zu einer entsprechenden Hinzuaktivierung. Dies gilt auch für den Goodwill, insbesondere dann, wenn dieser bei der erstmaligen Konsolidierung nur anteilig und nicht nach der Full-Goodwill-Methode bilanziert wurde. Durch eine Anwendung des Parent Company Extension Concepts wird den Gesellschaftern des Mutterunternehmens umfassender Rechenschaft über die der Transaktion mit Minderheitsgesellschaftern zugrunde liegenden Wertverhältnisse als mit einer bloßen

---

[803] Vgl. Hinz (2004), S. 285 ff. sowie die Ablehnung der IASB-Mitglieder Danjou, Engström, Garnett, Gélard und Yamada in: IAS 27 BC DO1 ff. bzgl. der in 2008 erfolgten Änderungen des IAS 27 hinsichtlich der Bilanzierung von Auf- und Abstockungen von Mehrheitsbeteiligungen.
[804] Vgl. Abschn. 3.3.3 und 3.3.4.1.
[805] Vgl. Abschn. 3.3.3.2.
[806] Vgl. Abschn. 3.3.3.1 Buchst. c.

Erfassung der Transaktion im Eigenkapital entsprechend des Entity Concepts abgelegt.

Zudem kann in dem Erwerb von Anteilen der Minderheitsgesellschafter eine Marktbestätigung für den beizulegenden Zeitwert des Vermögens des Tochterunternehmens vorliegen. Ist dies der Fall, entfällt einer der Gründe, warum bei konzerninternen Transaktionen eine Gewinnrealisation im Konzernabschluss ausgeschlossen wird. Eine Marktbestätigung kann z. B. dann gegeben sein, wenn eine 51%ige Mehrheitsbeteiligung an einem Tochterunternehmen auf eine 100%ige Beteiligung aufgestockt wird oder wenn eine entsprechende Upstream-Verschmelzung erfolgt. Eine Marktbestätigung durch den Kaufpreis für das gesamte Vermögen eines Tochterunternehmens ist hingegen fraglich, wenn z. B. eine 51%ige Mehrheitsbeteiligung nur auf eine 52%ige Beteiligung erhöht wird.

Eine anteilige Aufdeckung der stillen Reserven und Lasten bei einer Aufstockung der Mehrheitsbeteiligung entsprechend des Parent Company Extension Concepts würde zu einem Mischansatz der einzelnen Vermögenswerte und Schulden zwischen dem aktuellen Zeitwert und dem bei Erlangung der Beherrschung zugrunde gelegten Zeitwerten führen. Eine vereinfachte Erfassung der seit dem Erwerbszeitpunkt entstandenen stillen Reserven als Goodwill kann in Erwägung gezogen werden. Sie führt aber nur bei unwesentlichen Aufstockungen der Mehrheitsbeteiligung zu einer angemessenen Darstellung. Eine eindeutige Überlegenheit des Entity Concepts oder des Parent Company Extension Concepts ist damit nicht festzustellen.

5.6 Abbildung von konzerninternen Verschmelzungen im Teilkonzernabschluss

Wie bereits in Abschn. 3.3.4 dargestellt, kann ein Teilkonzernabschluss als Auszug aus dem Gesamtkonzernabschluss der größeren wirtschaftlichen Einheit oder als eigenständiger, vom Konzernabschluss des übergeordneten Mutterunternehmens losgelöster Abschluss einer abgegrenzten berichterstattenden Einheit (Separate Reporting Entity) gesehen werden. In Abhängigkeit von der Betrachtungsweise wird in der Literatur eine unterschiedliche Bilanzierung von Unternehmenszusammenschlüssen unter gemeinsamer Beherrschung (common control) aufgrund der bestehenden Regelungslücke in einem IFRS-Teilkonzernabschluss für möglich erachtet.[807]

---

[807] Vgl. IDW (2008), RS HFA 2 Rn. 34 ff., Buschhüter/Senger (2009), S. 24 ff.; Andrejewski (2005); S. 1438; Baetge/Hayn/Ströher (2009), IFRS 3 Rn. 46 f. Noch bezogen auf IAS 22 von einer Buchwertfortführung ausgehend Hannappel/Kneisel (2001), S. 708. Den Separate Reporting Entity

Konzerninterne Umstrukturierungen 195

Wird der Teilkonzernabschluss als Ausschnitt aus dem Gesamtkonzernabschluss betrachtet, wird bei einer Side-step-Verschmelzung die Fortführung der Konzernbuchwerte des Mutterunternehmens (predecessor accounting) in Anlehnung an US-GAAP als geeignete Darstellung im Abschluss des übernehmenden Teilkonzerns angesehen.[808] Wird er hingegen als ein eigenständiger Abschluss einer berichterstattenden Einheit (Separate Reporting Entity Approach) betrachtet, wird die Bilanzierung der übernommenen Vermögenswerte und Schulden zum beizulegenden Zeitwert in analoger Anwendung von IFRS 3 befürwortet. Aufgrund der bestehenden Regelungslücke in den IFRS bestehe nach Auffassung des IDW für den Bilanzierenden daher zwischen diesen beiden Methoden ein faktisches Wahlrecht.[809] Eine Fortführung der Buchwerte des untergehenden Tochterunternehmens im Teilkonzernabschluss des übernehmenden Teilkonzernmutterunternehmens ist konzeptionell weder mit dem Separate Reporting Entity Approach, noch mit dem Konzept des Ausschnitts aus dem Gesamtkonzernabschluss vereinbar.

In Abschn. 3.3.4 wurde jedoch gezeigt, dass die Minderheitsgesellschafter die primären Adressaten eines gesetzlich vorgeschriebenen Teilkonzernabschlusses sind und diesen Adressaten nicht das Konzept des Teilkonzernabschlusses als Auszug aus dem Gesamtkonzernabschluss, sondern nur ein eigenständiger Abschluss entscheidungsnützliche Informationen liefern kann.

So stellt eine Side-step-Verschmelzung für das übernehmende Teilkonzernmutterunternehmen und demzufolge für dessen Minderheitsgesellschafter einen realen Erwerbsvorgang dar. Zu einer relevanten Darstellung in der Teilkonzernbilanz gehört, dass erkennbar wird, welche Vermögenswerte und Schulden erworben wurden. Dazu ist es erforderlich, dass sämtliche übernommenen Vermögenswerte und Schulden zum beizulegenden Zeitwert sowie ein entstehender Goodwill in analoger Anwendung von IFRS 3 in der Teilkonzernbilanz ausgewiesen werden. Ist die Gegenleistung für den Unternehmenserwerb zum Nachteil der Minderheitsgesellschafter überhöht, so ist der in der Teilkonzernbilanz als Residualgröße ausgewiesene Goodwill zu hoch angesetzt. Durch einen Wertminderungstest besteht ggf. die Möglichkeit, die Angemessenheit des ausgewiesenen Goodwill und dementsprechend auch der Gegenleistung insgesamt zu verifizieren. Bei einer Fortführung

---

Approach ablehnend Küting/Weber/Wirth (2004), S. 881; insbesondere bei nicht börsennotierten Teilkonzernen ablehnend Küting/Wirth (2007), S. 469.

[808] Vgl. IDW (2008), RS HFA 2 Rn. 43. Vgl. zu den geänderten US-GAAP Abschn. 5.2.2. Vgl. zur Veranschaulichung Abbildung 3 in Abschn. 5.4.3, bei der die A AG als übernehmender Teilkonzern fungiert.

[809] Vgl. IDW (2008), RS HFA 2 Rn. 44. Ebenso Budde (2007), S. 32 ff.; Baetge/Hayn/Ströher (2009), IFRS 3 Rn. 46.

der Buchwerte der übernommenen Vermögensgegenstände und Schulden des Konzernmutterunternehmens erhalten die Minderheitsgesellschafter des Teilkonzerns hingegen unvollständige Informationen über die Vermögensumschichtung. Eine diese Buchwerte übersteigende Gegenleistung wird innerhalb des Eigenkapitals verrechnet. Aufgrund einer fehlenden Kaufpreisallokation wird bei der Fortführung der Konzernbuchwerte nicht deutlich, wofür die Gegenleistung gewährt wurde. Rechenschaft über die Angemessenheit der Gegenleistung kann mittels eines Wertminderungstests aufgrund des Nichtansatzes von erworbenem Goodwill und der in den übernommenen Vermögenswerten enthaltenen stillen Reserven somit nicht abgelegt werden.[810] Bei einer Fortführung der Konzernbuchwerte des Mutterunternehmens sind zudem aufgrund der fehlenden Abschreibung der erworbenen stillen Reserven die im Teilkonzernabschluss ausgewiesenen Abschreibungen geringer als der tatsächliche Werteverzehr. Zudem wird in der Teilkonzern-GuV gekauftes Ergebnis als selbst erwirtschafteter Gewinn ausgewiesen.[811] Dies gilt z. B. dann, wenn im Rahmen der Side-step-Verschmelzung erworbene Vermögenswerte mit stillen Reserven später veräußert werden oder wenn ein erworbener, aber nicht aktivierter Auftragsbestand abgearbeitet wird. Darüber hinaus werden aufgrund des geringeren Eigenkapitals bei der Buchwertfortführung infolge der fehlenden Neubewertung der Vermögenswerte und des Nichtansatzes des Goodwill bei gleichzeitig höherem Ergebnis wichtige Kennzahlen als Indikatoren für die Ertragskraft, wie etwa die Eigenkapitalrendite, zu hoch ausgewiesen. Ebenso sind die Gewinne je Aktie und die Kurs-Gewinn-Verhältnisse bei einer Buchwertfortführung zu gut dargestellt.[812]

Zusammenfassend ist festzuhalten, dass daher bei einer Side-step-Verschmelzung nur die Bilanzierung der erworbenen Vermögenswerte und Schulden in analoger Anwendung von IFRS 3 mit ergänzenden Angaben über die Einflussnahme des übergeordneten Mutterunternehmens sowie die den Wertermittlungen zugrunde liegenden Bewertungsannahmen und Schätzungsrisiken relevante und verlässliche Informationen bzw. eine getreue Darstellung der Transaktion für den Teilkonzern als separate berichterstattende Einheit liefern. Die Betrachtung des Teilkonzernabschlusses als Ausschnitt aus dem Gesamtkonzernabschluss und eine daraus gefolgerte Möglichkeit zur Fortführung der Konzernbuchwerte des Mutterunternehmens (predecessor accounting) in Anlehnung an den US-GAAP verstößt gegen den Sinn und Zweck der in der Siebenten Richtlinie und im IAS 27 geregelten

---

[810] Vgl. in Bezug auf die Eliminierung der Interessenzusammenführungsmethode IFRS 3 BC36 und BC382.
[811] Vgl. in Bezug auf die Interessenzusammenführungsmethode IFRS 3 BC38 und BC203.
[812] Vgl. die Ausführungen zur Interessenzusammenführungsmethode in Abschn. 4.1.3.

Pflicht zur Aufstellung von Teilkonzernabschlüssen.[813] Die Auswahl einer Bilanzierungsmethode, die das Informationsbedürfnis der Minderheitsgesellschafter als primäre Adressaten eines Teilkonzernabschlusses vernachlässigt, ist damit nicht EU-rechtskonform. Aufgrund der bestehenden Regelungslücke besteht daher in der EU für den Bilanzierenden kein faktisches Wahlrecht zur Fortführung der Konzernbuchwerte oder der Bilanzierung der übernommenen Vermögenswerte und Schulden zum beizulegenden Zeitwert.

Neben Side-step-Verschmelzungen sind auch konzerninterne Upstream- und Downstream-Verschmelzungen für die Bilanzierung in einem Teilkonzernabschluss von Bedeutung. Bei einer Upstream-Verschmelzung auf ein Teilkonzernmutterunternehmen sind die Auswirkungen der Verschmelzung im Teilkonzernabschluss entsprechend des in IAS 27 enthaltenen Einheitsgrundsatzes zu eliminieren.[814] Für den umgekehrten Fall einer Downstream-Verschmelzung einer nicht börsennotierten Konzernobergesellschaft auf eine börsennotierte Teilkonzernmuttergesellschaft enthalten IFRS 3 und IAS 27 derzeit keine expliziten Regelungen. Bei einer solchen Downstream-Verschmelzung liegt für den börsennotierten Teilkonzern als eigenständiger berichterstattender Einheit ein Erwerbsvorgang vor. Der wirtschaftliche Gesamtkonzern ändert sich durch eine solche Transaktion allerdings nicht, sodass bei der Betrachtung eines Teilkonzernabschlusses als Auszug aus dem vorherigen Gesamtkonzernabschluss durch die Verschmelzung kein Erwerbsvorgang vorliegt. Bei einer solchen Downstream-Verschmelzung erhalten die Gesellschafter der bisherigen Konzernobergesellschaft unmittelbar die Mehrheit der Stimmrechte an der aufnehmenden börsennotierten Gesellschaft. Die Minderheitsgesellschafter der bisherigen Tochtergesellschaft werden zugleich zu Gesellschaftern der Konzernobergesellschaft. Damit könnte fraglich sein, ob bei einer solchen Verschmelzung die Erwerbsmethode in dem verbleibenden Konzernabschluss Anwendung finden sollte oder ob in Anlehnung an die Überlegungen zur umgekehrten Erwerbsmethode die Buchwerte des bisherigen Gesamtkonzernabschlusses unter dem Namen der bisherigen Teilkonzernmuttergesellschaft fortgeführt werden sollten. Damit entfiele der bisherige Teilkonzernabschluss ersatzlos. In Anlehnung an die Regelungen eines umgekehrten Unternehmenserwerbs wäre das Grundkapital der bisherigen Tochtergesellschaft im Konzernabschluss auszuweisen.[815] Etwaige Differenzen wären in der Kapitalrücklage zu erfassen. Für den Wegfall des bisherigen Teilkonzernabschlusses wäre vorauszusetzen, dass die bisherigen Gesellschafter der untergehenden

---

[813] Vgl. Abschn. 3.3.4.1.
[814] Vgl. IAS 27.4, IAS 7.20 sowie Abschn. 3.3.3.2, 3.3.4.2 und 5.5.1.
[815] Vgl. zur umgekehrten Erwerbsmethode Abschn. 4.3.2.

Konzernobergesellschaft, die durch eine solche Downstream-Verschmelzung die unmittelbare Mehrheit der Stimmrechte an dem bisherigen börsennotierten Teilkonzern erlangen, als neue alleinige primäre Adressaten gesehen werden könnten. Deren Informationsbedürfnissen würde bei einer solchen Abbildung durch eine Bilanzierungskontinuität Rechnung getragen. Dabei würden die bisherigen Minderheitsgesellschafter der börsennotierten (Teil-)Konzernmuttergesellschaft als primäre Adressaten des Teilkonzernabschlusses verdrängt.

Eine solche Betrachtung vernachlässigt allerdings die Rechenschaftsfunktion des Teilkonzernabschlusses für die bisherigen Minderheitsgesellschafter über das Umtauschverhältnis. Wird von einer Mehrheit der Stimmrechte der Anteilseigner nach der Verschmelzung abstrahiert und dadurch die rechtliche Selbständigkeit der bisherigen Teilkonzernmuttergesellschaft und des Teilkonzernabschlusses als eigenständige berichterstattende Einheit hervorgehoben, so wird bei einer Anwendung der Erwerbsmethode des IFRS 3 die tatsächliche rechtliche Verschmelzungsrichtung stärker berücksichtigt. Beiden Gesellschaftergruppen würden umfassendere Informationen über die Vermögenslage und zur Abbildung der Umtauschverhältnisse gegeben, wenn bei einer solchen Downstream-Verschmelzung im (Teil-)Konzernabschluss die Fresh-Start-Methode zur Anwendung gelangen würde.[816]

Dass der Teilkonzernabschluss den Abschluss eines eigenständigen berichterstattenden börsennotierten Teilkonzerns und keinen Auszug aus dem Gesamtkonzernabschluss der Konzernobergesellschaft darstellt, wird auch anhand eines anderen Beispiels deutlich. Erwirbt ein anderes nicht börsennotiertes Unternehmen die Mehrheit der Anteile an einer börsennotierten Teilkonzernmuttergesellschaft und besteht danach die Börsennotierung fort, ändert sich an der Bilanzierung im Teilkonzernabschluss anlässlich des Erwerbsvorgangs nichts. Ein Push-down-Accounting, d. h. eine Übernahme der Konzernbuchwerte der neuen Konzernobergesellschaft in den weiterhin aufzustellenden Teilkonzernabschluss der börsennotierten Aktiengesellschaft, ist in den IFRS nicht vorgesehen.[817] Aufgrund der gem. IFRS 3 im Konzernabschluss der Konzernobergesellschaft vorzunehmenden Neubewertung weichen diese Buchwerte von denen im Teilkonzernabschluss des Teilkonzernmutterunternehmens ab.

Damit wird de lege ferenda für die ungeregelten Bereiche zur Bilanzierung in Teilkonzernabschlüssen vorgeschlagen, dass der Anwendungsbereich des IFRS 3 explizit auf Side-step-Verschmelzungen im Teilkonzernabschluss von börsen-

---

[816] Vgl. zur Fresh-Start-Methode Abschn. 4.1.4.
[817] Vgl. zum Push-down-Accounting Abschn. 5.2.2.

notierten Teilkonzernmutterunternehmen ausgedehnt werden sollte. Gleiches gilt für eine Downstream-Verschmelzung eines nicht börsennotierten Mutterunternehmens auf ein börsennotiertes Teilkonzernmutterunternehmen im Sinne einer konsequenten Umsetzung des Separate Reporting Entity Approach. Bei einer Downstream-Verschmelzung eines nicht börsennotierten Mutterunternehmens auf ein börsennotiertes (Teilkonzern-) Mutterunternehmen könnte zudem die Fresh-Start-Methode als Wahlrecht zugelassen werden.

6 Zusammenfassendes Ergebnis

6.1 Grundsätzliche Eignung von IFRS 3 zur Bilanzierung von konzernexternen Verschmelzungen durch Aufnahme im Einzelabschluss

Konzernexterne Verschmelzungen durch Aufnahme werden durch die Anwendung der Erwerbsmethode des IFRS 3 und die damit verbundene Bilanzierung des erworbenen Vermögens zu beizulegenden Zeitwerten unter Ausweis eines Goodwill entscheidungsrelevant im Einzelabschluss einer übernehmenden börsennotierten Aktiengesellschaft abgebildet. Die Anwendung von IFRS 3 ist bei konzernexternen Verschmelzungen durch das jeweilige Zustimmungserfordernis der Gesellschafter und der damit verbundenen Marktbestätigung der Unternehmenswerte als Ausgangsgröße für die jeweilige Kaufpreisallokation auch hinreichend verlässlich. Gleiches gilt für die nach IFRS 3 vorgeschriebene GuV-wirksame Erfassung des beizulegenden Zeitwerts einer ggf. zuvor bestehenden Minderheitsbeteiligung der übernehmenden Aktiengesellschaft an der übertragenden Gesellschaft. Durch die Bilanzierung zu beizulegenden Zeitwerten wird zudem das im Zuge der Verschmelzung geschaffene Grundkapital in zutreffender Weise ausgewiesen und die Kapitalrücklage angemessen dotiert. Die Schutzfunktion zur Kapitalerhaltung des § 272 Abs. 2 Nr. 1 HGB i. V. m. § 150 AktG bliebe bei einem Rückgriff auf die Bilanzierungsvorschriften des IFRS 3 grundsätzlich gewahrt. Eigenständiger HGB-Bilanzierungsnormen bedarf es insoweit nicht.

Da die Erwerbsmethode in den IFRS zur Abbildung von Verschmelzungen die einzig zulässige Methode ist, werden wirtschaftlich vergleichbare Sachverhalte auch vergleichbar dargestellt. Hingegen besteht gem. § 24 UmwG das uneingeschränkte Wahlrecht bei Verschmelzungen in einem HGB-Einzelabschluss des übernehmenden Rechtsträgers, die Buchwerte des übertragenden Rechtsträgers fortzuführen, statt bei der Übernahmebilanzierung die Anschaffungskosten anzusetzen. Das in § 24 UmwG eingeräumte Wahlrecht ist mit dem Grundsatz der Vergleichbarkeit von Abschlüssen verschiedener Unternehmen nicht vereinbar und kann daher aufgegeben werden.

Bei einer Verschmelzung durch Aufnahme unter der Beteiligung von etwa zwei gleich großen Unternehmen (Merger of Equals) erscheint die in IFRS 3 vorgeschriebene

Neubewertung des Vermögens nur eines der beteiligten Unternehmen eher willkürlich. Die mit einem Merger of Equals häufig verbundene Schaffung eines wirtschaftlich neuen Unternehmens bildet die Fresh-Start-Methode entscheidungsrelevanter ab als die Erwerbsmethode des IFRS 3. Bei einer vollständigen Neubewertung des Vermögens aller an der Verschmelzung beteiligten Unternehmen nach der Fresh-Start-Methode, auf der Basis der den festgelegten Umtauschverhältnissen zugrunde liegenden Unternehmenswerte, wird ein Nebeneinander von fortgeführten Buchwerten und beizulegenden Zeitwerten in einem Abschluss vermieden. Unabhängig von der grundsätzlichen Eignung der Erwerbsmethode zur Bilanzierung von konzernexternen Verschmelzungen durch Aufnahme im Einzelabschluss kann daher bei Mergers of Equals die Einführung der Fresh-Start-Methode in IFRS 3 angestrebt werden. Zur Abgrenzung der beiden Methoden kann die Anwendung der Fresh-Start-Methode an die Kriterien des IAS 22 zur außer Kraft getretenen Interessenzusammenführungsmethode geknüpft werden.

6.2 Notwendige Weiterentwicklung des IFRS 3 zur Bilanzierung von konzernexternen Verschmelzungen durch Neugründung im Einzelabschluss

Bei einer Verschmelzung durch Neugründung ist nach IFRS 3 nicht die neu gegründete Gesellschaft, sondern ein zuvor bestehendes Unternehmen als Erwerber zu identifizieren. Demzufolge sind bei einer Anwendung der Erwerbsmethode des IFRS 3 bei einer Verschmelzung durch Neugründung die Buchwerte der größten untergehenden Gesellschaft in der neu gegründeten Gesellschaft fortzuführen, während gleichzeitig eine Neubewertung des Vermögens der wirtschaftlich weniger bedeutenden untergehenden Gesellschaft vorzunehmen ist.

Damit in einem IFRS-Einzelabschluss das gesellschaftsrechtliche Grundkapital und die für Ausschüttungen gesperrte Kapitalrücklage zutreffend abgebildet werden kann und damit ein solcher Abschluss einen HGB-Einzelabschluss verdrängen kann, ist in IFRS 3 bei einer Verschmelzung durch Neugründung die Zulassung der Fresh-Start-Methode zu fordern. Da die neu gegründete Gesellschaft bei der Fresh-Start-Methode als Erwerber gilt, ist diese Methode eine konsequente Umsetzung der Erwerbsmethode. Daher müsste IFRS 3 lediglich dahingehend geändert werden, dass bei einer Verschmelzung durch Neugründung die neu gegründete Gesellschaft als Erwerber anzusehen ist. Wird eine solche Regelung in IFRS 3 nicht getroffen, können die EU und der deutsche Gesetzgeber eine entsprechende eigenständige Definition des Erwerbers für den Einzelabschluss implementieren.

6.3 Anzustrebende Fortentwicklung des IFRS 3 bei einem negativen Unterschiedsbetrag und Erhalt des Vorsichtsprinzips im Rahmenkonzept

In Ausnahmefällen kann sich bei der Übernahmebilanzierung im Erwerbszeitpunkt als Differenz zwischen den beizulegenden Zeitwerten der gewährten Gegenleistung und dem im Einklang mit IFRS 3 anzusetzenden Vermögen statt eines Goodwill auch ein negativer Unterschiedsbetrag ergeben. Ein negativer Unterschiedsbetrag aus einem Erwerb zu einem Preis unter dem Marktwert ist gem. IFRS 3 im Erwerbszeitpunkt als Gewinn zu erfassen. Damit die Adressaten der Abschlüsse ein zutreffendes Bild der Vermögens-, Finanz- und Ertragslage im Erwerbszeitpunkt erhalten, ist nach IFRS 3 vor der Erfassung eines solchen Gewinns, der häufig mit einer hohen Bewertung der erworbenen immateriellen Vermögenswerte einhergeht, eine gründliche Überprüfung (Reassessment) der ermittelten Ansätze und Werte vorzunehmen. Die Vorschrift in IFRS 3.36 zur Durchführung einer nochmaligen Überprüfung der gewählten Ansätze und Bewertungen ist eine konkrete Ausprägung des Vorsichtsprinzips. Während das Vorsichtsprinzip bislang im Rahmenkonzept der IFRS explizit aufgeführt wird, ist eine entsprechende Berücksichtigung künftig nicht mehr vorgesehen. Am Beispiel des nach IFRS 3 vorzunehmenden Reassessment bei der Erfassung von Gewinnen aus vermeintlich günstigen Erwerben wird die Bedeutung des Vorsichtsprinzips für eine relevante und verlässliche Informationsvermittlung und für die Durchsetzbarkeit der konkreten Rechnungslegungsnormen deutlich. Daher sollte das Vorsichtsprinzip zur Begrenzung eines zu stark ausgeprägten Optimismus des Managements hinsichtlich des Ausweises unrealisierter Gewinne bei einer Bilanzierung oberhalb der Anschaffungskosten in dem neuen Rahmenkonzept für die IFRS erhalten bleiben. Gleichermaßen ist die Eliminierung des Vorsichtsgrundsatzes aus IAS 8.10, der zur Schließung von Regelungslücken heranzuziehen ist, abzulehnen.

Die Wertverhältnisse können sich zwischen dem Tag des Zustimmungsbeschlusses der Gesellschafter zur Verschmelzung und des Erwerbszeitpunkts im Sinne des IFRS 3 durch nicht mit dem Unternehmenszusammenschluss im Zusammenhang stehende Ereignisse erheblich ändern. Die Erfassung eines Gewinns aus zwischenzeitlichen Werterhöhungen des übernommenen Vermögens sollte nur gestattet sein, wenn sich beobachtbare Marktparameter verändert haben. Dazu sind strenge Anforderungen an ein Reassessment zu stellen und die Vorschriften des IFRS 3 im Interesse durchsetzbarer Standards zu konkretisieren. Zum anderen kann der Wert der als Gegenleistung zu gewährenden Aktien aufgrund einer schlechten

Performance der übernehmenden Gesellschaft bis zum Zeitpunkt der Übernahmebilanzierung wesentlich sinken. Ist in einem solchen Fall keine Anpassung der Gegenleistung vereinbart, kann dabei ein negativer Unterschiedsbetrag entstehen. Im Zeitpunkt der Übernahmebilanzierung liegt zwar aus Sicht der Altaktionäre der übernehmenden Gesellschaft ein günstiger Kauf vor. Der nach IFRS 3 daraus resultierende Ausweis eines Gewinns aus dem Werteverfall der zu gewährenden Anteile aufgrund einer eigenen schlechten Leistung der erwerbenden Gesellschaft führt zu einem ökonomisch sinnwidrigen Signal. Vorgeschlagen wird de lege ferenda einen solchen negativen Unterschiedsbetrags nach einem vorsichtsgeprägten Reassessment unmittelbar in der Kapitalrücklage zu erfassen. Wird eine solche Änderung in IFRS 3 nicht vorgenommen, kann die EU und der deutsche Gesetzgeber bei einer Verwendung der IFRS als Ausschüttungsbemessungsgrundlage auch vorschreiben, einen solchen unrealisierten Gewinn in einer ausschüttungsgesperrten Gewinnrücklage zu thesaurieren.

6.4 Explizites Verbot der umgekehrten Erwerbsmethode im Einzelabschluss

Der in IFRS 3 versuchte Rückgriff auf das Control-Konzept des IAS 27 zur Identifizierung eines vom rechtlichen Erwerber abweichenden Erwerbers für bilanzielle Zwecke zur Rechtfertigung der Fortführung der Buchwerte des wirtschaftlich bedeutenderen Unternehmens ist konzeptionell misslungen. Ein solcher Rückgriff scheitert bei einer Einbringung von Anteilen einer größeren Gesellschaft in eine kleinere Gesellschaft bereits daran, dass die Beherrschung nach dem juristisch geprägten Control-Konzept immer von der rechtlichen Obergesellschaft (Mutterunternehmen) bzw. von deren rechtlichen Vertretern und nicht umgekehrt von der untergeordneten Gesellschaft (Tochterunternehmen) ausgeübt werden kann. Zudem ist ein Nutzenzufluss von einer Obergesellschaft zu einer untergeordneten Gesellschaft mittels Gewinnausschüttungen gesellschaftsrechtlich nicht darstellbar. Da bei einer Einbringung anhand des Control-Konzepts des IAS 27 die rechtlich erwerbende Gesellschaft auch als Erwerber für bilanzielle Zwecke eindeutig identifiziert werden kann, bleibt für die weiteren Kriterien des IFRS 3 zur Bestimmung des Erwerbers kein Raum.

Soll die umgekehrte Erwerbsmethode dennoch im Konzernabschluss Bestand haben, ist der Bruch zwischen den Kriterien des IAS 27 und denen des IFRS 3 im Wortlaut des IFRS 3 zu beseitigen. Vorzuziehen wäre jedoch im Hinblick auf das juristisch geprägte Control-Konzept und das der Rechnungslegung zugrunde liegende Entity Concept (mit der Trennung der Gesellschafterebene und der Ebene der berichterstattenden Einheit), die derzeitige umgekehrte Erwerbsmethode im Konzernabschluss zu verwerfen. Bei einer Verschmelzung bildet die umgekehrte Erwerbsmethode den Erwerbsvorgang in einem Einzelabschluss einer zur Berichterstattung verpflichteten börsennotierten Aktiengesellschaft unvollständig ab. Sie verletzt das Einblicksgebot in die reale Kapitalaufbringung. Da bei einer Sacheinlage von Anteilen an einem Unternehmen das bisherige Vermögen des übernehmenden Rechtsträgers zu Buchwerten fortzuführen ist und die eingelegte Beteiligung zu Anschaffungskosten bzw. zum Zeitwert anzusetzen ist, verletzt eine Anwendung der umgekehrten Erwerbsmethode bei einer Verschmelzung durch Aufnahme zudem den Grundsatz der Vergleichbarkeit. Daher ist die Anwendung der umgekehrten Erwerbsmethode in einem IFRS-Einzelabschluss als Abschluss einer zur Berichterstattung verpflichteten Aktiengesellschaft als juristische Person abzulehnen. Eine entsprechende Aussage zum Ausschluss von dem Anwendungsbereich der umgekehrten Erwerbsmethode findet sich in IFRS 3 derzeit allerdings nicht. De lege ferenda sollte die Anwendung der umgekehrten Erwerbsmethode im Einzelabschluss explizit in IFRS 3 verboten werden.

6.5 Explizite Ausdehnung des Anwendungsbereichs von IFRS 3 auf konzerninterne Verschmelzungen im Einzelabschluss

Bei einer Beteiligung von Minderheitsgesellschaftern an einer konzerninternen Verschmelzung liefert die Bilanzierung des übernommenen Vermögens einheitlich zu beizulegenden Zeitwerten in analoger Anwendung von IFRS 3 im Einzelabschluss nicht nur relevante, sondern auch hinreichend verlässliche Informationen. Die hinreichende Verlässlichkeit für die Rechnungslegung ergibt sich aus der notwendigen Verschmelzungsprüfung über die Angemessenheit der Umtauschverhältnisse und der Barzahlungen, ggf. dem Zustimmungserfordernis der Aktionäre zu einer Verschmelzung mit einer Mehrheit von mindestens drei Vierteln des vertretenen Grundkapitals und der möglichen gerichtlichen Überprüfung der Angemessenheit der Umtauschverhältnisse und der Barzahlungen im Spruchverfahren. Die Rechenschaftsfunktion der Abschlüsse erfordert geradezu die den Umtauschverhältnissen und Barzahlungen zugrunde gelegten Unternehmenswerte auch als Ausgangsgröße für eine entsprechende Allokation auf das übernommene Vermögen einschließlich eines Goodwill zu verwenden und die damit verbundene disziplinierende Wirkung zur Vereinbarung angemessener Umtauschverhältnisse zur Geltung zu bringen. Die

Vermögensmehrung der übernehmenden Aktiengesellschaft wird hingegen, z. B. bei einer Side-step-Verschmelzung, bei einer Fortführung der Buchwerte der untergehenden Gesellschaft unvollständig ausgewiesen. Auch ist die Buchwertfortführung nicht mit dem Neutralitätserfordernis vereinbar, da sie den Erfolg der berichterstattenden Kapitalgesellschaft in späteren Perioden aufgrund geringerer Abschreibungen zu gut darstellt und die tatsächliche Lage verschleiert. Bei einer Buchwertfortführung würden der Vorstand, der Aufsichtsrat und der Abschlussprüfer aus der Verantwortung zur Bestätigung der beizulegenden Zeitwerte zum Schutz der Minderheitsgesellschafter in nicht angebrachter Weise entlassen.

Eine Fortführung der Buchwerte der übertragenden Gesellschaften kann allenfalls aus Kosten- und Nutzenerwägungen für konzerninterne Verschmelzungen eingeräumt werden, bei denen keine Minderheitsgesellschafter beteiligt sind und im Zuge derer keine aktienrechtliche Grundkapitalerhöhung durchgeführt wird. Bei konzerninternen Upstream-Verschmelzungen sind dann aber Regelungen notwendig, wie etwaige Verschmelzungsdifferenzen zwischen einer zuvor bestehenden Beteiligung und den übernommenen Buchwerten zu erfassen sind. Im Sinne einer umfassenderen Kapitalerhaltung und zur Einhaltung des Einblicksgebots in die Vermögens- und Ertragslage ist allerdings eine einheitliche Übernahmebilanzierung zum beizulegenden Zeitwert einer Buchwertfortführung vorzuziehen, und zwar unabhängig von einer Kapitalerhöhung oder einer Beteiligung von Minderheitsgesellschaftern.

Daher sollte de lege ferenda der Anwendungsbereich des IFRS 3 grundsätzlich explizit auf konzerninterne Verschmelzungen im Einzelabschluss ausgedehnt werden. Die Bilanzierung des übertragenen Vermögens mit dem Zeitwert unter Ausweis eines Geschäfts- oder Firmenwerts wird selbst vom vorsichtsgeprägten HGB akzeptiert. Das undifferenzierte Wahlrecht in Deutschland gem. § 24 UmwG die Buchwerte der übertragenden Gesellschaft fortzuführen oder eine Neubewertung durchzuführen, wird den berechtigten Informationsinteressen von Minderheitsgesellschaftern nicht gerecht und kann aufgegeben werden. Die bestehenden IFRS, selbst mit ihren Regelungslücken, sind bei sachgerechter Auslegung grundsätzlich geeignet die HGB-Rechnungslegung zur Abbildung konzerninterner Verschmelzungen im Einzelabschluss zu ersetzen.

Am Beispiel von Upstream-Verschmelzungen wird die Konzeptionslosigkeit der IFRS zur Erfassung von Änderungen der beizulegenden Zeitwerte von Vermögenswerten innerhalb und außerhalb der GuV deutlich. De lege ferenda sollte die derzeitige Erfassung von Änderungen des beizulegenden Zeitwerts oberhalb der Anschaffungskosten außerhalb der GuV abgeschafft und eine einheitliche Erfassung sämtlicher Wertänderungen von Vermögenswerten und Schulden in der GuV sichergestellt werden. Dabei sollten die nicht realisierten Gewinne gesondert angegeben werden und im Aktienrecht zur Kapitalerhaltung die Erfassung der unrealisierten Gewinne in einer ausschüttungsgesperrten Rücklage zur Umsetzung des Konzepts „der gläsernen, aber verschlossenen Taschen" verankert werden.

6.6 Zwingende Anwendung von IFRS 3 bei Verschmelzungen unter common control auf einen börsennotierten Teilkonzern

Die primären Adressaten eines Teilkonzernabschlusses einer börsennotierten Aktiengesellschaft sind deren Minderheitsgesellschafter. Die daran anknüpfende Fokussierung auf deren Informationsbedürfnisse hat zur Folge, dass der Teilkonzernabschluss nicht als Ausschnitt aus dem Gesamtkonzern, sondern zwingend als eigenständige berichterstattende Einheit (Separate Reporting Entity Approach) aufzustellen ist. Diese interessentheoretische Herleitung steht nicht im Widerspruch mit der Einheitstheorie, bei der die berichterstattende Einheit im Mittelpunkt der Betrachtung steht und der eigenständige Teilkonzernabschluss selbst wieder nach dem Entity Concept aufgestellt werden kann. Das Entity Concept setzt vielmehr voraus, dass die berichterstattende Einheit bereits vorab abgegrenzt wurde.

Die Sichtweise des Teilkonzernabschlusses einer börsennotierten Aktiengesellschaft als Abschluss einer eigenständigen berichterstattenden Einheit kommt bereits im Bilanzrecht de lege lata zum Ausdruck. So sind zum Schutz der Minderheitsgesellschafter die in der EU geltenden Vorschriften zur Aufstellungspflicht von Teilkonzernabschlüssen in der Siebenten Richtlinie dahingehend ausgestaltet, dass kapitalmarktorientierte Teilkonzernmutterunternehmen stets verpflichtet sind, auf ihrer Stufe einen (Teil-)Konzernabschluss aufzustellen, während für nicht kapitalmarktorientierte Mutterunternehmen Befreiungsmöglichkeiten durch einen übergeordneten Konzernabschluss bestehen. Entsprechende Regelungen zur Aufstellungspflicht von Teilkonzernabschlüssen sind ebenfalls in IAS 27.9 f. enthalten. Zudem ist in IAS 27 eine Eliminierung von Geschäftstransaktionen des Teilkonzernmutterunternehmens mit dem übergeordneten Mutterunternehmen oder den Schwestergesellschaften nicht vorgesehen, wie es bei einer konsequenten Umsetzung des Konzepts eines Teilkonzernabschlusses als Ausschnitt aus dem Gesamtkonzernabschluss erforderlich wäre.

Bei einer Side-step-Verschmelzung sind daher auch ohne eine explizite Regelung derzeit abgeleitet aus der Funktion eines IFRS-Teilkonzernabschlusses eines börsennotierten Teilkonzernmutterunternehmens auf der Basis des Separate Entity Approach die erworbenen Vermögenswerte und übernommenen Schulden in analoger Anwendung von IFRS 3 mit den beizulegenden Zeitwerten unter Berücksichtigung eines Goodwill anzusetzen. Ergänzende Angaben über die Einflussnahme des übergeordneten Mutterunternehmens sowie die den Wertermittlungen zugrunde liegenden Bewertungsannahmen und Schätzungsrisiken können die Verlässlichkeit der Informationen in eine glaubwürdige Darstellung der Transaktion erhöhen. Die Fortführung der Konzernbuchwerte des Mutterunternehmens unter Verrechnung des die Buchwerte übersteigenden Teils des Kaufpreises mit dem Eigenkapital stellt hingegen den Minderheitsgesellschaftern Informationen mit geringerer Entscheidungsnützlichkeit zur Verfügung. De lege ferenda sollte zur Klarstellung der Anwendungsbereich des IFRS 3 explizit auf Side-step-Verschmelzungen im Teilkonzernabschluss von börsennotierten Teilkonzernmutterunternehmen ausgedehnt werden. Entsprechendes gilt für die Downstream-Verschmelzung eines nicht börsennotierten Mutterunternehmens auf ein börsennotiertes Teilkonzernmutterunternehmen im Sinne einer konsequenten Umsetzung des Separate Reporting Entity Approach. Bei einer solchen Downstream-Verschmelzung könnte zudem die Fresh-Start-Methode als Wahlrecht zur Abbildung der Umtauschverhältnisse künftig zugelassen werden.

Literaturverzeichnis

AASB (2009): Pronouncements <http://www.aasb.com.au/Pronouncements.aspx> (Stand: 18. Januar 2010).

ADLER/DÜRING/SCHMALTZ (1995 ff.): Rechnungslegung und Prüfung der Unternehmen, 6. Aufl., Stuttgart.

ADLER/DÜRING/SCHMALTZ (2007): Rechnungslegung nach Internationalen Standards, Loseblattsammlung, Stand: Dezember 2007, Stuttgart.

AMERICAN ACCOUNTING ASSOCIATION (2004): Commentary on the IASB's Exposure Draft on Business Combinations, in: Accounting Horizons, Vol. 18, S. 55-64.

ANDREJEWSKI, Kai C. (2005): Bilanzierung der Zusammenschlüsse von Unternehmen unter gemeinsamer Beherrschung als rein rechtliche Umgestaltung, BB, S. 1436–1438.

ANDREJEWSKI, Kai C./FLADUNG, Hans-Dieter/KÜHN, Sigrid (2006): Abbildung von Unternehmenszusammenschlüssen nach ED IFRS 3, WPg, S. 80–88.

ANDREJEWSKI, Kai C./Kühn, Sigrid (2005): Grundzüge und Anwendungsfragen des IFRS 3, Der Konzern, S. 221–228.

ANGERMAYER, Birgit (1994): Die aktienrechtliche Prüfung von Sacheinlagen, Düsseldorf.

ANGERMAYER, Birgit (1998): Handelsrechtliche Anschaffungskosten von Sacheinlagen, DB, S. 145-151.

ANRADE, Gregor/MITCHELL, Mark/STAFFORD, Erik (2001): New Evidence and Perspectives on Mergers, Journal of Economic Perspectives, Vol. 15, S. 103-120.

ANTHONY, Robert N./REECE, James S. (1983): Accounting Principles, 5. Aufl., Homewood.

ANTONAKOPOULOS, Nadine (2007): Gewinnkonzeptionen und Erfolgsdarstellung nach IFRS, Wiesbaden.

ARBEITSKREIS „Externe und Interne Überwachung der Unternehmung" der Schmalenbach-Gesellschaft für Betriebswirtschaft e. V. (2003): Probleme der Prognoseprüfung, DB, S. 105–111.

ARBEITSKREIS „Externe Unternehmensrechnung" der Schmalenbach-Gesellschaft für Betriebswirtschaft e. V. (2008): Stellungnahme zu dem Referentenentwurf eines Bilanzrechtsmodernisierungsgesetzes, BB, S. 994-997.

ARBEITSKREIS „Externe Unternehmensrechnung" der Schmalenbach-Gesellschaft für Betriebswirtschaft e. V. (2003): International Financial Reporting Standards im Einzel- und Konzernabschluss unter der Prämisse eines Einheitsabschlusses für unter Anderem steuerliche Zwecke, DB, S. 1585-1588.

ARBEITSKREIS DVFA/Schmalenbach-Gesellschaft e. V. (2003): Empfehlungen zur Ermittlung prognosefähiger Ergebnisse, DB, S. 1913–1917.

ASRB (2009): <http://www.asrb.co.nz/documents/StatementofIntentforperiod1July 2009to30J. pdf> (Stand: 18. Januar 2010).

BACMEISTER, Friedrich (1996): § 24 UmwG und die Bindung zwischen Handels- und Steuerbilanz (Maßgeblichkeit) bei der Verschmelzung, DStR, S. 121-128.

BAETGE, Jörg/HAYN, Sven/STRÖHER, Thomas (2009): IFRS 3 Unternehmenszusammenschlüsse, in: Baetge, Jörg/Wollmert, Peter/Kirsch, Hans-Jürgen/ Oser, Peter/Bischof, Stefan (Hrsg.): Rechnungslegung nach IFRS, 2. Aufl., Loseblattsammlung, Stand: Oktober 2009, Stuttgart.

BAETGE, Jörg/KIRSCH, Hans-Jürgen/THIELE, Stefan (2009): Konzernbilanzen, 8. Aufl., Düsseldorf.

BAETGE, Jörg/KIRSCH, Hans-Jürgen/WOLLMERT, Peter/BRÜGGEMANN, Peter (2007): Kapitel II Grundlagen der IFRS-Rechnungslegung, in: Baetge, Jörg/ Wollmert, Peter/Kirsch, Hans-Jürgen/Oser, Peter/Bischof, Stefan (Hrsg.): Rechnungslegung nach IFRS, 2. Aufl., Loseblattsammlung, Stand: Oktober 2009, Stuttgart.

BAETGE, Jörg/MARESCH, Daniela/SCHULZ, Roland (2008): Zur (Un-)Möglichkeit des Zeitvergleichs von Kennzahlen, DB, S. 417-422.

BAETGE, Jörg/WINKELJOHANN, Norbert/HAENELT, Timo (2008): Die Bilanzierung des gesellschaftsrechtlichen Eigenkapitals von Nicht-Kapitalgesellschaften nach der novelierten Kapitalabgrenzung des IAS 32 (rev. 2008), DB, S. 1518-1522.

BALLERSTEDT, Kurt (1949): Kapital, Gewinn und Ausschüttung bei Kapitalgesellschaften, Tübingen.

BALLWIESER, Wolfgang (2002): Informations-GoB – auch im Lichte von IAS und US-GAAP, KoR, S. 115–121.

BALLWIESER, Wolfgang (2003): Rahmenkonzepte der Rechnungslegung: Funktionen, Vergleich, Bedeutung, Der Konzern, S. 337-348.

BALLWIESER, Wolfgang (2006): IFRS-Rechnungslegung, München.

BALLWIESER, Wolfgang (2007): Unternehmensbewertung, 2. Aufl., München.

BALLWIESER, Wolfgang/KÜTING, Karlheinz/SCHILDBACH, Thomas (2004): Fair Value – erstrebenswerter Wertansatz im Rahmen einer Reform der handelsrechtlichen Rechnungslegung?, BFuP, S. 529-549.

BARTH, Mary E./CLINCH, Greg/SHIBANO, Toshi (2003): Market Effects of Recognition and Disclosure, Journal of Accounting Research, S. 581-609.

BARTON, A. D. (1995): Expectations and achievements in income theory, in: Bloom, Robert/Elgers, Pieter T. (Hrsg.): Foundations of accounting theory and policy, Fort Worth u. a., S. 412–440.

BAUMANN, Wolfgang (1998): Kapitalerhöhung zur Durchführung der Verschmelzung von Schwestergesellschaften mbH im Konzern?, BB, S. 2321-2326.

BAXTER, George C./SPINNEY, James C. (1975): A closer look at consolidated financial statement theory, CA magazine, Vol. No. 1, S. 31-36.

BAYER, Walter (2008): Art. 17 SE-VO, in: Lutter, Marcus/Hommelhoff, Peter (Hrsg.): SE-Kommentar, Köln.

BAYER, Walter (2008a): § 27 AktG, in: Lutter, Marcus/Schmidt, Karsten (Hrsg.): Aktiengesetz Kommentar, Bd. I, Köln.

BAYER, Walter/Schmidt, Jessica (2008): Aktuelle Entwicklungen im Europäischen Gesellschaftsrecht (2004-2007), BB, S. 454-460.

BECK, Ralf/KLAR, Michael (2007): Asset Deal versus Share Deal – Eine Gesamtbetrachtung unter expliziter Berücksichtigung des Risikoaspekts, DB, S. 2819-2826.

BEISSE, Heinrich (1981): Die wirtschaftliche Betrachtungsweise bei der Auslegung der Steuergesetze in der neueren deutschen Rechtsprechung, StuW, S. 1-14.

BEISSE, Heinrich (1993): Gläubigerschutz – Grundprinzip des deutschen Bilanzrechts, in: Beisse, Heinrich/Lutter, Marcus/Närger, Heribald (Hrsg.): FS für Karl Beusch zum 68. Geburtstag, Berlin/New York, S. 77–98.

BERMEL, Arno/HANNAPPEL, Hans-Albrecht (1996): § 5 UmwG, in: Goutier, Klaus/ Knopf, Rüdiger/Tulloch, Anthony (Hrsg.): Kommentar zum Umwandlungsrecht, Heidelberg.

BERNDT, Thomas/GUTSCHE, Robert (2009): IFRS 3 Unternehmenszusammenschlüsse, in: Hennrichs, Joachim/Kleindiek, Detlef/Watrin, Christoph (Hrsg.): Münchener Kommentar zum Bilanzrecht, Bd. 1, IFRS, München 2008 ff.

BEYHS, Oliver/BUSCHHÜTER, Michael/WAGNER, Bernadette (2009): Die neuen Vorschläge des IASB zur Abbildung von Tochterunternehmen und Zweckgesellschaften, KoR, S. 61–73.

BEYHS, Oliver/WAGNER, Bernadette (2008): Die neuen Vorschriften des IASB zur Abbildung von Unternehmenszusammenschlüssen, DB, S. 73-83.

BLUMERS, Wolfgang (2008): Europäische Umwandlungen mit Teilbetrieben, BB, S. 2041-2045.

BÖCKING, Hans-Joachim (2002): IAS für Konzern- und Einzelabschluss!, WPg, S. 925-928.

BÖCKING, Hans-Joachim/LOPATTA, Kerstin/RAUSCH, Benjamin (2005): Fair Value-Bewertung versus Anschaffungskostenprinzip, in: Bieg, Hartmut/Heyd, Reinhard (Hrsg.): Fair Value, München, S. 83–105.

BOEMLE, Max (1999): Konsolidierungspflicht in Teilkonzernen, Der Schweizer Treuhänder, S. 283-290.

BORES, Wilhelm (1935): Konsolidierte Erfolgsbilanzen und andere Bilanzierungsmethoden für Konzerne und Kontrollgesellschaften, Leipzig.

BOSCH SOLAR ENERGY AG (2008): Ad-hoc Meldung vom 02.06.2008, Ventizz und Bosch schließen Vertrag über Verkauf der Mehrheitsbeteiligung an ersol, <http://www.bosch-solarenergy.de/investorrelations/adhocmeldungen/adhocmeldung/news/1212358661/?tx_ttnews%5BbackPid%5D=525&cHash=627e9dbf51> (Stand: 29. Dezember 2009).

BÖSL, Konrad (2003): Gestaltungsformen und Grenzen eines indirekten Börsengangs, FB, S. 297-303.

BRAUN, Robert (2009): Die Neuregelung des Firmenwerts nach International Financial Reporting Standards, München.

BREIDERT, Ulrike/MOXTER, Adolf (2009): Zur Bedeutung wirtschaftlicher Betrachtungsweise in jüngeren höchstrichterlichen Bilanzrechtsentscheidungen, WPg, S. 912– 919.

BRINKMANN, Jürgen (2007): Die Informationsfunktion der Rechnungslegung nach IFRS – Anspruch und Wirklichkeit, ZCG, S. 228–232 und 269–275.

BUCHHEIM, Regine (2001): Europäische Aktiengesellschaft und grenzüberschreitende Konzernverschmelzung, Wiesbaden.

BUCHHEIM, Regine/KNORR, Liesel/SCHMIDT, Martin (2008): Anwendung der IFRS in Europa: Das neue Endorsement-Verfahren, KoR, S. 334-341.

BUDDE, Thomas (2007): Bilanzierung von Common-Control-Transaktionen bei erstmaliger Anwendung der IFRS, KoR, S. 29-34.

BUDDE, Wolfgang-Dieter/ZERWAS, Peter (2008): H. Verschmelzungsschlussbilanzen, in: Budde, Dieter/Förschle, Gerhart/Winkeljohann, Norbert (Hrsg.): Sonderbilanzen, 4. Aufl., München.

BULA, Thomas/SCHLÖSSER, Julia (2002): K. Handelsbilanzielle Regelungen, in: Sagasser, Bernd/Bula, Thomas/Brünger, Thomas R. (Hrsg.): Umwandlungen, 3. Aufl., München.

BULLEN, Halsey/CROOK, Kimberley (2005): Revisiting the Concepts, A New Conceptual Framework Project, <http://www.fasb.org/project/commu nications_paper.pdf> (Stand: 29. Dezember 2009).

BULLEN, Halsey/CROOK, Kimberley (2005): Revisiting the Concepts, A New Conceptual Framework Project, <http://www.fasb.org/project/communications_ paper.pdf> (Stand: 29. Dezember 2009).

BUSCHHÜTER, Michael/SENGER, Thomas (2009): Common Control Transactions, Aktuelle Bestandsaufnahme und Ausblick, IRZ, S. 23-28.

BUSSE von Colbe, Walther (1994): Berücksichtigung von Synergien versus Standalone-Prinzip bei der Unternehmensbewertung, ZGR, S. 595-609.

BUSSE von Colbe, Walther (2004): Internationale Entwicklungstendenzen zur Einheitstheorie für den Konzernabschluss, in: Göbel, Stefan/Heni,

Bernhard (Hrsg.): Unternehmensrechnung, FS Scherrer, München, S. 41–63.

BUSSE von Colbe, Walther/ORDELHEIDE, Dieter/GEBHARDT Günther/PELLENS Bernhard (2006): Konzernabschlüsse, 8. Aufl., Wiesbaden.

CELESIO AG (2010): Geschäftsbericht 2009, Stuttgart.

CHOI, Frederick D. S./LEE, Changwoo (1991): Merger Premia an National Differences in Accounting for Goodwill, Journal of International Financial Management and Accounting, Vol. 3, S. 219-241.

CHRISTENSEN, John A./DEMSKI, Joel S. (2003): Accounting Theory, Boston u. a.

CLAUSSEN, Carsten P. (1987): Über das Zusammenwirken von Rechtssystemen - am Beispiel des Rechnungslegungsrechts, in: Lutter, Marcus/Oppenhoff, Walter/Sandrock, Otto/Winkhaus, Hans (Hrsg.): FS für Ernst C. Stiefel zum 80. Geburtstag, München, S. 87–102.

CLEMM, Herrmann/DÜRRSCHMIDT Armin (2000): Überlegungen zu den Sorgfaltspflichten für Vertretungs- und Aufsichtsorgane bei der Verschmelzung von Unternehmen gem. §§ 25 und 27 UmwG, in: Wassermeyer, Franz/ Mayer, Dieter/Rieger, Norbert (Hrsg.): Umwandlungen im Zivil- und Steuerrecht, FS für Siegfried Widmann, Bonn/Berlin, S. 3–21.

COENENBERG, Adolf G. (2003): Strategische Jahresabschlussanalyse – Zwecke und Methoden, KoR, S. 165-176.

COENENBERG, Adolf G./HALLER, Axel/SCHULTZE, Wolfgang (2009): Jahresabschluss und Jahresabschlussanalyse, 21. Aufl., Stuttgart.

COENENBERG, Adolf G./STRAUB, Barbara (2008): Rechenschaft versus Entscheidungsunterstützung: Harmonie oder Disharmonie der Rechnungszwecke?, KoR, S. 17-26.

COLLEY, Ron J./Volkan, Ara G. (1988): Business Combinations: Goodwill and Push-Down Accounting, CPA Journal (August), S. 74 ff.

DAVIDSON, Sidney (1966): The Realization Concept, in: Backer, Morton (Hrsg.): Modern Accounting Theory, Englewood Cliffs, S. 99–116.

DAVIS, Michael L. (1990): Differential Market Reaction to Pooling and Purchase Methods, The Accounting Review, Vol. 65, S. 696-709.

DECHOW, Patricia M. (1994): Accounting earnings and cash flows as measures of firm performance, The role of accounting accruals, Journal of Accounting and Economics, S. 3–42.

DEVINE, Carl (1985): Recognition Requirements – Income Earned and Realized, S. 57–67, aus: Essays in Accounting Theory, Vol. II, abgedruckt in: Wolk, Harry I. (Hrsg. 2009), Accounting Theory, Vol. I, Los Angeles u. a., S. 187–199.

DEWHIRST, John F. (1972): Accounting for Business Combinations – the purchase vs. pooling of interest issue, in: Canadian Chartered Accountant, Vol. 101, Issue 3, September, S. 33-42.

DOBLER, Michael (2005): Folgebewertung des Goodwill nach IFRS 3 und IAS 36, PiR, S. 24-29.

DÖLLERER, Georg (1969): Aktienrecht und Steuerrecht, WPg, S. 333–340.

DÖLLERER, Georg (1979/80): Gedanken zur „Bilanz im Rechtssinne", JbFSt, S. 195-205.

DREGER, Karl-Martin (1969): Der Konzernabschluss, Wiesbaden.

DRINHAUSEN, Florian (2006): Regierungsentwurf eines Zweiten Gesetzes zur Änderung des Umwandlungsgesetzes, BB, S. 2313-2317.

DRINHAUSEN, Florian/KEINATH, Astrid (2006): Referentenentwurf eines Zweiten Gesetzes zur Änderung des Umwandlungsgesetzes, BB, S. 725-732.

DROBECK, Jörg (2001): Die Prognosepublizität im Prospekt über öffentlich angebotene Kapitalanlagen und deren Beurteilung nach IDW S 4, WPg, S. 1223-1234.

DRSC (2000 ff.): Deutsche Rechnungslegungs Standards (DRS), Rechnungslegungs Interpretationen (RIC), Stand: September 2009, Stuttgart.

DRSC (2000): Entwurf Deutscher Rechnungslegungsstandard Nr. 4, <http://www.standardsetter.de/drsc/docs/drafts/4.pdf> (Stand: 29. Januar 2009).

DRSC (2008): Ergebnisse der 32. RIC-Sitzung am 27. November 2008 in Düsseldorf, <http://www.standardsetter.de/drsc/docs/press_releases/32_RIC_Ergebnisbericht_final.pdf> (Stand: 29. Dezember .2009).

DRSC (2009): E-DRÄS 4 Deutscher Rechnungslegungs Änderungsstandard Nr. 4, <http://www.standardsetter.de/drsc/docs/press_releases/090907_E-DRAES_4 .pdf> (Stand: 29. Januar 2009).

DRUEY, Nicolas j. (1994): Das deutsche Konzernrecht aus der Sicht des übrigen Europa, in: Lutter, Marcus (Hrsg.): Konzernrecht im Ausland, ZGR, Sonderheft 11, Berlin/New York, S. 310–374.

DUHR, Andreas (2006): Grundsätze ordnungsmäßiger Geschäftswertbilanzierung, Düsseldorf.

EBELING, Ralf Michael (1995): Die Einheitsfiktion als Grundlage der Konzernrechnungslegung, Stuttgart.

EBELING, Ralf Michael/BAUMANN, Kirsten Friederike (2000): Konsolidierung mehrstufiger Konzerne nach der Methode der integrierten Konsolidierungstechnik, BB, S. 1667-1673.

EBELING, Ralf Michael/GAßMANN, Jeannette/ROTHENSTEIN, Mario (2005): Konsolidierungstechnik beim sukzessiven Unternehmenserwerb nach IFRS 3 und Business-Combinations-Projekt-Phase II, WPg, S. 1027–1040.

EBERT, Sabine (2003): Das anwendbare Konzernrecht der Europäischen Aktiengesellschaft, BB, S. 1854-1859.

EFRAG (2010): The EU endorsement status report, <http://www.efrag.org/images/ Efrag/efrag_endorsement_status_report_7_January_2010.pdf> (Stand: 17. Januar 2010).

EISELE, Wolfgang/KRATZ, Norbert (1997): Der Ausweis von Anteilen außenstehender Gesellschafter im mehrstufigen Konzern, ZfbF, S. 291-310.

EISMAYR, Rainer (2005): Grenzüberschreitende Konzentrationsverschmelzungen, Wien.

v. EITZEN, Bernd von/Dahlke, Jürgen (2008): Bilanzierung von Steuerpositionen nach IFRS, Stuttgart.

v. EITZEN, Bernd/DAHLKE, Jürgen/KROMER, Christoph (2005): Auswirkungen des IFRS 3 auf die Bilanzierung latenter Steuern aus Unternehmenszusammenschlüssen, DB, S. 509–513.

ELLROTT, Helmut/BRENDT, Peter (2006): § 255 Anschaffungs- und Herstellungskosten, Beck'scher Bilanz-Kommentar, 6. Aufl., München.

ENSTHALER, Jürgen (1985): Die Liquidation von Personengesellschaften, Berlin.

ENSTHALER, Jürgen (1989): Rechtsharmonisierung zur Verwirklichung des Binnenmarktes – Warenverkehrsfreiheit, Dienstleistungsfreiheit, Gesellschaftsrecht, in: Ensthaler, Jürgen (Hrsg.): Europäischer Binnenmarkt – Stand und Perspektiven der Rechtsharmonisierung, Berlin, S. 18-48.

ENSTHALER, Jürgen (1995): Auf dem Weg vom Binnenmarkt zur Europäischen Union, in: Ensthaler, Jürgen (Hrsg.): Vom Binnenmarkt zur Europäischen Union, Berlin, S. 9-32.

ENSTHALER, Jürgen (2002): vor §§ 105 ff. HGB, §§ 105-160 HGB, in: Ensthaler, Jürgen/Fahse, Hermann (Hrsg.): OHG - KG - Stille Gesellschaft, München.

ENSTHALER, Jürgen (2007): vor §§ 105 ff. HGB, in: Ensthaler, Jürgen (Hrsg.): Gemeinschaftskommentar zum Handelsgesetzbuch mit UN-Kaufrecht, 7. Aufl., Neuwied.

ENSTHALER, Jürgen (2009): Gewerblicher Rechtsschutz und Urheberrecht, 3. Aufl., Heidelberg u. a.

ENSTHALER, Jürgen (2010): §§ 13-20, Anh. zu § 13, 30-34, 55-59, 66-74, Anh. GmbH-Konzernrecht, in: Ensthaler, Jürgen/Füller, Jens T./Schmidt, Burkhard (Hrsg.): Kommentar zum GmbH-Gesetz, 2. Aufl., Köln.

ENSTHALER, Jürgen/HANNEWALD, Vanessa (2010): §§ 21-29, in: Ensthaler, Jürgen/Füller, Jens T./Schmidt, Burkhard (Hrsg.): Kommentar zum GmbH-Gesetz, 2. Aufl., Köln.

ENSTHALER, Jürgen/STRÜBBE, Kai (2006): Patentbewertung, Berlin u. a.

EPSTEIN, Barry J./JERMAKOWICZ, Eva K. (2008): Wiley IFRS 2008, Hoboken.

EPSTEIN, Barry J./NACH, Ralph/BRAGG, Steven (2008): Wiley GAAP 2009, Hoboken.

ERNST & YOUNG (2009): International GAAP 2009, West Sussex.

ERNST, Christoph (2001): Bilanzrecht: quo vadis?, WPg, S. 1440-1445.

ESSER, Maik (2005): Goodwillbilanzierung nach SFAS 141/142, Frankfurt am Main.

EULER, Roland (2002): Paradigmenwechsel im handelsrechtlichen Einzelabschluss: Von den GoB zu den IAS?, BB, S. 875–892.

EVANS, Thomas G. (2003): Accounting theory, Mason.

EWERT, Ralf/SCHENK, Gerald (1993): Offene Probleme bei der Kapitalkonsolidierung im mehrstufigen Konzern, BB, Beilage 14, S. 1-13.

FASB (1998): Methods of Accounting for Business Combinations: Recommnadations of the G4+1 for Achieving Convergence, Norwalk.

FAßBENDER, Dorothea (2003): Anteilstausch nach Handelsrecht und den IFRS, Lohmar.

FENSKE, Ralf (1997): Besonderheiten der Rechnungslegung übernehmender Kapitalgesellschaften bei Spaltung, BB, S. 1247-1253.

FEY, Gerd/DEUBERT, Michael (2006): Befreiender IFRS-Einzelabschluss nach § 325 Abs. 2a HGB für Zwecke der Offenlegung, KoR, S. 92-101.

FISCHER, Michael (1995): Verschmelzung von GmbH in der Handels- und Steuerbilanz, DB, S. 485-491.

FISCHER, Paul M./TAYLOR, William J./CHENG, Rita H. (2006): Advanced accounting, Mason.

FISCHER-BÖHNLEIN, Karin (2004): Verschmelzungen aus handelsbilanzieller Sicht unter Berücksichtigung betriebswirtschaftlicher und steuerlicher Aspekte, Frankfurt am Main u. a.

FLEISCHMANN, Michael (1998): Der Zusammenschluß der Daimler Benz AG und der Chrysler Corp. zur DaimlerChrysler AG aus steuerlicher Sicht, DB, S. 1883-1886.

FOCKENBROCK, Dieter/HERZ, Carsten (2007): Chrysler verhagelt Daimler die Bilanz, Handelsblatt vom 22.05.2007, <http://www.handelsblatt.com/ unternehmen/industrie/chrysler-verhagelt-daimler-die-bilanz;1271426> (Stand: 29. Dezember 2009).

FÖRSCHLE, Gerhart/DEUBERT, Michael (2006): § 301 Kapitalkonsolidierung, in: Ellrott, Helmut/Förschle, Gerhart/Hoyos, Martin/Winkeljohann, Norbert (Hrsg.): Beck'scher Bilanz-Kommentar, 6. Aufl., München.

FÖRSCHLE, Gerhart/HOFFMANN, Karl (2006): § 272 Eigenkapital und § 307 Anteile anderer Gesellschafter, jeweils in: Ellrott, Helmut/Förschle, Gerhart/ Hoyos, Martin/Winkeljohann, Norbert (Hrsg.): Beck'scher Bilanz-Kommentar, 6. Aufl., München.

FÖRSCHLE, Gerhart/HOFFMANN, Karl (2008): K. Übernahmebilanzierung bei Umwandlungen Rn. 1-109, in: Budde, Dieter/Förschle, Gerhart/Winkeljohann, Norbert (Hrsg.): Sonderbilanzen, 4. Aufl., München.

FRANK, Gert M. (1993): Probleme und Erfolgsfaktoren bei der Übernahme von Unternehmen, in: Frank, Gert M./Stein, Ingo (Hrsg.): Management von Unternehmensakquisitionen, Stuttgart, S. 133-146.

FRANKE, Florian (2009): Synergien in Rechtsprechung und Rechnungslegung, Wiesbaden.

FREEMAN, R. Edward (1984): Strategic Management: A stakeholder approach, Boston u. a.

FRÖHLICH, Christoph (2004): Nochmals: Die Kapitalkonsolidierung bei Erwerb eines Teilkonzerns, WPg, S. 65-70.

FROWEIN, Niels/LÜDENBACH Norbert (2003): Das Sum-of-the-parts-Problem beim Goodwill-Impairment-Test – Marktbewertung als Programm oder Ideologie?, KoR, S. 261-266.

FUCHS, Markus/STIBI, Bernd (2004): Combinations by Contract Alone or Involving Mutual Entities – Exposure Draft einer Änderung des IFRS 3, WPg, S. 1010-1015.

FUCHS, Markus/STIBI, Bernd (2007): Solvenztest als Grundlage der Ausschüttungsbemessung, BB-Special 5, S. 19–24.

FÜLBIER, Rolf Uwe/GASSEN, Joachim (2007): Das Bilanzrechtsmodernisierungsgesetz (BilMoG): Handelsrechtliche GoB vor der Neuinterpretation, DB, S. 2605-2612.

FÜLBIER, Rolf Uwe/GASSEN, Joachim/SELLHORN, Thorsten (2008): Zur theoretischen Erklärung und empirischen Evidenz einer vorsichtigen Rechnungslegung, ZfB, S. 1317–1343.

FÜLBIER, Rolf/MAIER, Friederike/SELLHORN, Thorsten (2009): Internationale Abschlüsse in neuem Gewand – Das Discussion Paper zu „Financial Statement Presentation" (Phase B), WPg, S. 405–410.

FÜLLER, Jens T. (2010): § 1-12 GmbHG, in: Ensthaler, Jürgen/Füller, Jens T./ Schmidt, Burkhard (Hrsg.): Kommentar zum GmbH-Gesetz, 2. Aufl., Köln.

GANSKE, Joachim (1994): Berufsrelevante Regelungen für Wirtschaftsprüfer im neuen Umwandlungsrecht, WPg, , S. 157–162.

GASSEN, Joachim/FISCHKIN, Michael/HILL, Verena (2008): Das Rahmenkonzept-Projekt des IASB und des FASB: Eine normendeskriptive Analyse des aktuellen Stands, WPg, S. 874–882.

GIEßLER, Oliver (1996): Der negative Geschäftswert – Bilanzielle Anerkennung und Behandlung, BB, S. 1759–1765.

GILLE, Michael (2006): Bilanzierung immaterieller Anlagewerte bei Umwandlungen nach HGB und IAS/IFRS, Frankfurt am Main.

GJESDAL, Froystein (1981): Accounting for Stewardship, Journal of Accounting Research, Vol. 19, No. 1, S. 208–231.

GRIESAR, Patrick (1998): Verschmelzung und Konzernabschluß, Düsseldorf.

GROS, Stefan E. (2005): Bilanzierung eines „bargain purchase" nach IFRS 3, DStR, S. 1954–1960.

GROSS, Gerhard (1976): Teilkonzernabschlüsse als Mittel des Minderheitenschutzes?, WPg, S. 214-220.

GRUNDEI, Jens/v. WERDER, Axel (2009): Organisations-Controlling und strategisches Controlling, in: Reimer, Marko/Fiege, Stefanie (Hrsg): Perspektiven des strategischen Controllings, FS für Ulrich Krystek, Wiesbaden, S. 167-180.

GRUNEWALD, Barbara (2009): § 30 UmwG, in: Lutter, Marcus/Winter, Martin (Hrsg.): Umwandlungsgesetz, 4. Aufl., Köln.

GYNTHER, Reginald S. (1967): Accounting Concepts and Behavioral Hypotheses, The Accounting Review, Vol. 42, S. 274-290.

HAAKER, Andreas (2006): Einheitstheorie und Fair Value-Orientierung: Informationsnutzen der full goodwill method nach ED IFRS 3 und mögliche Auswirkungen auf die investitionsorientierte Bilanzanalyse, KoR, S. 451-485.

HAAKER, Andreas (2007): Grundgedanken zur Reform der Bilanzierung immaterieller Vermögenswerte nach IAS 38 und zur zweckadäquaten Ausgestaltung einer „IFRS-Informationsbilanz", KoR, S. 254-262 und 332-341.

HAAKER, Andreas (2008): Das Wahlrecht zur Anwendung der full goodwill method nach IFRS 3 (2008), PiR, S. 188-194.

HAHN, Eva-Maria (2007): Die Full-Goodwill-Methode nach ED IFRS 3 und Auswirkungen auf den Impairmenttest, KoR, S. 408–417.

HANNAPPEL, Hans-Albrecht/KNEISEL, Holger (2001): Bilanzierung einer Verschmelzung unter common control nach HGB, US-GAAP und IAS, WPg, S. 703-709.

HAYN, Benita/HAYN, Sven (2006): Neuausrichtung der Konzernrechnungslegung nach IFRS, IRZ, S. 73–82.

HECKSCHEN, Heribert (1989): Verschmelzung von Kapitalgesellschaften, Stuttgart.

HEIDEMANN, Christian (2005): Die Kaufpreisallokation bei einem Unternehmenszusammenschluss nach IFRS 3, Düsseldorf.

HEINE, Joachim/LECHNER, Florian (2005): Die umwandlungsrechtliche Sachauskehrung durch Spaltung bei börsennotierten Aktiengesellschaften, AG, S. 669-677.

HEINRICH, Thomas (1993): Zusammenschluß von Unternehmen durch Pooling of Interests, München.

HENCKEL, Niels-Frithjof (2005): Rechnungslegung und Prüfung anlässlich einer grenzüberschreitenden Verschmelzung zu einer Societas Europaea (SE), DStR, S. 1785-1792.

HENDLER, Matthias (2002): Abbildung des Erwerbs und der Veräußerung von Anteilen an Tochterunternehmen nach der Interessentheorie und der Einheitstheorie, Lohmar.

HENDLER, Matthias/ZÜLCH, Henning (2005): Anteile anderer Gesellschafter im IFRS-Konzernabschluss, WPg, S. 1155–1166.

HENDLER, Matthias/ZÜLCH, Henning (2008): Unternehmenszusammenschlüsse und Änderung von Beteiligungsverhältnissen bei Tochterunternehmen – die neuen Regelungen des IFRS 3 und IAS 27, WPg, S. 484–493.

HENNRICHS, Joachim (2008): IFRS und Mittelstand – Auswirkungen der GmbH-Reform und Zukunft der Kapitalerhaltung, ZGR, S. 361–380.

HENSE, Burkhard (1993): Die Rechnungslegung im Umwandlungsfall, S. 171–195, in: IDW (Hrsg): Reform des Umwandlungsrechts, Düsseldorf.

HENTZEN, Matthias (2005): IFRS-Werte als Grundlage der Unternehmensbewertung aus Anlass von Umstrukturierungsmaßnahmen, DB, S. 1891-1893.

HERTLEIN, Adolf (1965): Fusion von Unternehmungen, S. 196–199, in: v. Beckerat et al. (Hrsg.): Handwörterbuch der Sozialwissenschaften, Bd. 4, Stuttgart u. a.

HERZIG, Norbert (2000): Gestaltung steuerorientierter Umstrukturierungen im Konzern, DB, S. 2236-2245.

HERZIG, Norbert (2001): Notwendigkeit und Umsetzungsmöglichkeiten eines gespaltenen Rechnungslegungsrechts (Handels- und Steuerbilanz), KoR, S. 154-159.

HERZIG, Norbert (2004): IAS/IFRS und steuerliche Gewinnermittlung, Düsseldorf.

HERZIG, Norbert (2008): Modernisierung des Bilanzrechts und Besteuerung, DB, S. 1-10.

HERZIG, Norbert/BRIESEMEISTER, Simone (2009): Das Ende der Einheitsbilanz, DB, S. 1-11.

HILL, Willhelm (1996): Der Shareholder Value und die Stakeholder, Die Unternehmung, S. 411–420.

HINZ, Michael (2002): Konzernabschluss und Ausschüttungsregelung im Konzern, Hagen.

HINZ, Michael (2003): B 100 Zweck und Inhalt des Jahresabschlusses und Lageberichts, in: Castan, Edgar/Böcking, Hans-Joachim/Heymann, Gerd/ Pfitzer, Norbert/Scheffler, Eberhard (Hrsg.): Beck'sches Handbuch der Rechnungslegung, Loseblattsammlung, Stand: Januar 2009, München.

HINZ, Michael (2004): Einheitstheorie oder Interessentheorie als konzeptionelle Grundlage für die Ausgestaltung der Konzernrechnungslegung als Informationsvermittlungsinstrument, BFuP, S. 280-291.

HIRSCHEY, Mark/RICHARDSON, Vernon J. (2003): Investor Underreaction to Goodwill Write-offs, Financial Analysts Journal, Vol. 58, S. 75-84.

HIRTH, Hans (2003): Transparenz der Rechnungslegung, in: v. Werder, Axel/ Wiedmann, Harald (Hrsg.): Internationalisierung der Rechnungslegung und Corporate Governance, FS für Klaus Pohle, Stuttgart, S. 131-140.

HIRTH, Hans (2008): Grundzüge der Finanzierung und Investition, 2. Aufl., München u. a.

HIRTH, Hans/CALLSEN-BRACKER, Hans-Markus (2009): Investitionscontrolling und Anreizsysteme, in: Reimer, Marko/Fiege, Stefanie (Hrsg): Perspektiven des strategischen Controllings, FS für Ulrich Krystek, Wiesbaden, S. 137-150.

HITZ, Jörg-Markus (2005): Rechnungslegung zum fair value, Frankfurt am Main.

HITZ, Jörg-Markus/Jenniges, Verena (2008): Publizität von Pro-forma-Ergebnisgrößen am deutschen Kapitalmarkt, KoR, S. 236-245;

HITZ, Jörg-Markus/KUHNER, Christoph (2002): Die Neuregelung zur Bilanzierung des derivativen Goodwill nach SFAS 141 und 142 auf dem Prüfstand, WPg, S. 273-287.

Literaturverzeichnis 223

HOFFMANN, Wolf-Dieter (1996): Die Einlagen in Kapitalgesellschaften als Bilanzierungsproblem beim Einlegenden, BB, Beilage 16, S. 1-14.

HOLLMANN, Sebastian (2003): Reporting Performance, Düsseldorf.

HOLMSTRÖM, Bengt (1979): Moral hazard and observability, The Bell Journal of Economics, Vol. 10, S. 74-91.

HOMMEL, Michael (2001): Neue Goodwillbilanzierung – das FASB auf dem Weg zur entobjektivierten Bilanz?, BB, S. 1943-1949.

HOMMELHOFF, Peter (1993): Minderheitenschutz bei Umstrukturierungen, ZGR, S. 452-473.

HORNBACH-BAUMARKT-AG (2009): Geschäftsbericht 2008/2009, Bornheim.

HÖRTNAGL, Robert (2009): § 24 UmwG, in: Schmitt, Joachim/Hörtnagl, Robert/Stratz, Rolf-Christian (Hrsg.): Umwandlungsgesetz, Umwandlungssteuergesetz, 5. Aufl., München.

HOYLE, Joe B./SCHAEFER, Thomas F./DOUPNIK, Timothy S. (2009): Advanced Accounting, 9. Aufl., Boston u. a.

HÜGEL, Hanns F. (1993): Verschmelzung und Einbringung, Köln/Wien.

HULLE, Karel van (1995): „True and Fair View", im Sinne der 4. Richtlinie, S. 313– 26, in: Förschle, Gerhart/Kaiser, Klaus/Moxter, Adolf (Hrsg.): Rechnungslegung im Wandel, FS für Wolfgang Budde, München.

HÜTTEMANN, Rainer (2002): § 264 HGB, in: Ulmer, Peter (Hrsg.): HGB-Bilanzrecht, Bd. 1, Berlin/New York.

HÜTTEMANN, Rainer (2007): Rechtliche Vorgaben für ein Bewertungskonzept, WPg, S. 812–822.

IASB (2003): International Financial Reporting Standards 2003, London.

IASB (2004): International Financial Reporting Standards 2004, London.

IASB (2005): Exposure Draft of Proposed Amendments to IFRS 3 Business Combinations, London.

IASB (2007): IASB Update December 2007, <http://www.iasb.org/NR/rdonlyres/EB87B9C7-AAF1-4107-8E13-125FA5615394/0/Upd0712.pdf> (Stand: 10. Januar 2008).

IASB (2008): Exposure Draft of an improved Conceptual Framework for Financial Reporting: Chapter 1: The Objective of Financial Reporting Chapter 2:

Qualitative Characteristics an Constraints of Decision-useful Financial Reporting Information, London.

IASB (2008a): Discussion Paper Preliminary Views on an improved Conceptual Framework for Financial Reporting: The Reporting Entity, London.

IASB (2008b): Exposure Draft ED 10 Consolidated financial Statements, London.

IASB (2009): IFRSs around the world, <http://www.iasb.org/About+Us/About+the+IASB/IFRSs+around+the+world.htm> (Stand: 29. Dezember 2009).

IASB (2009a): A Guide through IFRS, London.

IASB (2009b): International Financial Reporting Standard for Small and Medium-sized Entities (SMEs), London.

IASB (2009c): Exposure Draft Improvements to IFRSs, London.

IASB (2009d): Exposure Draft ED/2009/5 Fair Value Measurement, London.

IASB (2009e): IFRS 9 Financial Instruments, London.

IASB (2009f): IFRS 9 Financial Instruments Amendments to other IFRSs and guidance, London.

IASB (2009g): IAS 24 Related Party Disclosures, London.

IASB (2010): Exposure Draft ED/2010/1 Measurement of Liabilities in IAS 37, London.

IASB (2010a): Exposure Draft ED/2010/2 Conceptual Framework for Financial Reporting: The Reporting Entity, London.

IASB Expert Advisory Panel (2008): Measuring and disclosing the fair value of financial instruments in markets that are no longer active, <http://www.iasb.org/NR/rdonlyres/0E37D59C-1C74-4D61-A984-8FAC61915010/0/IASB_Expert_Advisory_Panel_October_2008.pdf> (Stand: 29. Dezember 2009).

IDW (1996): HFA-Stellungnahme 1/1996, Zweifelsfragen beim Formwechsel, in: IDW (Hrsg): IDW Prüfungsstandards, IDW Stellungnahmen zur Rechnungslegung, Bd. III, Stand: November 2009, Düsseldorf.

IDW (1997): HFA 2/1997, Zweifelsfragen der Rechnungslegung bei Verschmelzungen, in: IDW (Hrsg.): IDW Prüfungsstandards, IDW Stellungnahmen zur Rechnungslegung, Bd. III, Stand: November 2009, Düsseldorf.

IDW (1998): HFA-Stellungnahme 1/1998, Zweifelsfragen bei Spaltungen, in: IDW (Hrsg): IDW Prüfungsstandards, IDW Stellungnahmen zur Rechnungslegung, Bd. III, Stand: November 2009, Düsseldorf.

IDW (2002): IDW Prüfungsstandard: Verwertung der Arbeit von Sachverständigen (IDW PS 322), in: IDW (Hrsg.): IDW Prüfungsstandards, IDW Stellungnahmen zur Rechnungslegung, Bd. I, Stand: November 2009, Düsseldorf.

IDW (2005): IDW Prüfungsstandard: Die Prüfung von Zeitwerten (IDW PS 315), in: IDW (Hrsg.): IDW Prüfungsstandards, IDW Stellungnahmen zur Rechnungslegung, Bd. I, Stand: November 2009, Düsseldorf.

IDW (2005a): IDW Stellungnahme zur Rechnungslegung: Anwendung der Grundsätze des IDW S 1 bei der Bewertung von Beteiligungen und sonstigen Unternehmensanteilen für Zwecke eines handelsrechtlichen Jahresabschlusses (IDW RS HFA 10), in: IDW (Hrsg.): IDW Prüfungsstandards, IDW Stellungnahmen zur Rechnungslegung, Bd. II, Stand: November 2009, Düsseldorf.

IDW (2005b): RH HFA 1.004 Erstellung von Pro-Forma-Finanzinformationen, in: IDW (Hrsg.): IDW Prüfungsstandards, IDW Stellungnahmen zur Rechnungslegung, Bd. III, Stand: November 2009, Düsseldorf.

IDW (2008): IDW Stellungnahme zur Rechnungslegung: Einzelfragen zur Anwendung von IFRS (IDW RS HFA 2), in: IDW (Hrsg.): IDW Prüfungsstandards IDW Stellungnahmen zur Rechnungslegung, Bd. II, Stand: November 2009, Düsseldorf.

IDW (2008a): IDW Standard: Grundsätze zur Durchführung von Unternehmensbewertungen (IDW S 1 i. d. F. 2008), in: IDW (Hrsg.): IDW Prüfungsstandards IDW Stellungnahmen zur Rechnungslegung, Bd. II, Stand: November 2009, Düsseldorf.

IDW (2009): IDW Prüfungsstandard: Die Prüfung von geschätzten Werten in der Rechnungslegung einschließlich von Zeitwerten (IDW PS 314), in: IDW (Hrsg.): IDW Prüfungsstandards, IDW Stellungnahmen zur Rechnungslegung, Bd. I, Stand: November 2009, Düsseldorf.

IMMENGA, Frank A./IMMENGA, Ulrich (2009): Die fusionskontrollrechtliche Anmeldepflichtigkeit von sog. Mantelgesellschaften, BB, S. 7–10.

JANISCH, Monika (1993): Das strategische Anspruchsgruppenmanagement, Bern u. a.

JANSEN, Stephan A. (2000): Mergers & Acquisitions, 3. Aufl., Wiesbaden.

JENSEN, Michael C./MECKLING, William H. (1976): Theory of the firm: Managerial behavior, agency costs and ownership structure, Journal of Financial Economics, Vol. 3, S. 305–360.

JOHNSON, Todd L./PETRONE, Kimberley R. (1998): Commentary: Is Goodwill an Asset?, Accounting Horizons, Vol. 12, S. 293-303.

JONAS, Martin (2007): Unternehmensbewertung: Methodenkonsistenz bei unvollkommenen Märkten und unvollkommenen Rechtssystemen, WPg, S. 835–843.

JUNGMANN, Carsten (2006): Solvenztest- versus Kapitalschutzregeln, ZGR, S. 638–682.

KAHLE, Holger (2002): Bilanzieller Gläubigerschutz und internationale Rechnungslegungsstandards, ZfB, S. 695–711.

KAHLE, Holger (2003): Zur Zukunft der Rechnungslegung in Deutschland: IAS im Einzel- und Konzernabschluss?, WPg, S. 262-275.

KAHLE, Holger (2006): Harmonisierung der Konzernbesteuerung in der EU, WPg, S. 1401–1409.

KAHLING, Dieter (1999): Bilanzierung bei konzerninternen Verschmelzungen, Düsseldorf.

KALLMEYER, Harald (2006): §§ 17, 54 UmwG, in: Kallmeyer, Harald (Hrsg.): Umwandlungsgesetz, 3. Aufl., Köln.

KAMPMANN, Helga/SCHWEDLER, Kristina (2006): Zum Entwurf eines gemeinsamen Rahmenkonzepts von FASB und IASB, KoR, S. 521–530.

KASPERZAK, Rainer (1997): Aktienkursbildung: Eine handlungstheoretisch fundierte „Erklärung des Prinzips", Berlin.

KASPERZAK, Rainer (2000): Unternehmensbewertung, Kapitalmarktgleichgewichtstheorie und Komplexitätsreduktion, BFuP, S. 466-477.

KASPERZAK, Rainer (2003): Publizität und Unternehmensnetzwerke, Bielefeld.

KASPERZAK, Rainer (2004): Unternehmenspublizität in der Dienstleistungs- und Informationsgesellschaft, in: Brösel, Gerrit/Kasperzak, Rainer (Hrsg.): Internationale Rechnungslegung, Prüfung und Analyse, München, S. 307–317.

KASPERZAK, Rainer/BEIERSDORF, Kati (2007): Diskussionspapier Management Commentary: eine erste Auswertung der Stellungnahmen an das IASB, KoR, S. 121-130.

KASPERZAK, Rainer/BEIERSDORF, Kati (2009): Diskussionspapier Management Commentary, in: Vater, Hendrik/Ernst, Edgar/Knorr, Liesel/Mißler, Peter/Hayn, Sven: IFRS Änderungskommentar, 2. Aufl., Weinheim, S. 543-560.

KASPERZAK, Rainer/KRAG, Joachim/WIEDENHOFER, Marco (2001): Konzepte zur Erfassung und Abbildung von Intellectual Capital, in: DStR, S. 1494-1500.

KASPERZAK, Rainer/LIECK Hans (2008): Die Darstellung von Unternehmenszusammenschlüssen unter gemeinsamer Beherrschung im IFRS-Teilkonzernabschluss einer börsennotierten AG, DB, S. 769-777.

KASPERZAK, Rainer/LIECK, Hans (2009): Nicht jeder vermeintlich günstige Kauf (bargain purchase) ist auch ein sofortiger Gewinn für das Unternehmen, WPg, S. 1015–1021.

KASPERZAK, Rainer/NESTLER, Anke (2007): Zur Berücksichtigung des Tax Amortisation Benefit bei der Fair Value-Ermittlung immaterieller Vermögenswerte, DB, S. 473-478.

KASPERZAK, Rainer/NESTLER, Anke (2010): Bewertung von immateriellem Vermögen, Weinheim.

KASPERZAK, Rainer/WASSERMANN, Holger (2009): Goodwill-Controlling nach IAS 36, in: Reimer, Marko/Fiege, Stefanie (Hrsg): Perspektiven des strategischen Controllings, FS für Ulrich Krystek, Wiesbaden, S. 119-135.

KASPERZAK, Rainer/WITTE, Katja (2009): Monetäre Patentbewertung auf Basis der Lizenz-preisanalogie – Eine kritische Betrachtung unter besonderer Berücksichtigung patentwertspezifischer Eigenschaften, DStR, S. 1549-1555.

KIRCHNER, Christian (1975): Teilkonzernrechnungslegung – eine Regelung mit Funktionsmängeln, BB, S. 1611-1617.

KIRSCH, Hanno (2008): Die Unternehmensperspektive und die berichterstattende Einheit im Conceptual Framework, PiR, S. 253-258.

KIRSCH, Hans-Jürgen (2003): Zur Frage der Umsetzung der Mitgliedstaatenwahlrechte der EU-Verordnung zur Anwendung der IAS/IFRS, WPg, S. 275–278.

KIRSCH, Hans-Jürgen/EWELT, Corinna (2009): ED 10 „Neuabgrenzung des Konsolidierungskreises": ein kleiner Schritt in die richtige Richtung, BB, S. 1574-1578.

KLEIN, Günther (1989): Zwecke des Konzernabschlusses, in: Küting, Karlheinz/Weber, Claus-Peter (Hrsg.): Handbuch der Konzernrechnungslegung, Stuttgart, S. 413-427.

KLEINERT, Jörn/KLODT, Henning (2000): Megafusionen, Tübingen.

KNOP, Wolfgang/KÜTING, Karlheinz (1995): Anschaffungskosten im Umwandlungsrecht, BB, S. 1023-1030.

KNOP, Wolfgang/KÜTING, Karlheinz (2003): § 255 HGB, in: Küting, Karlheinz/Weber, Claus-Peter (Hrsg.): Handbuch der Rechnungslegung, Stand: September 2009.

KNORR, Liesel/BUCHHEIM, Regine/SCHMIDT, Martin (2005): Konzernrechnungslegungspflicht und Konsolidierungskreis, BB, S. 2399-2403.

KNÜPPEL, Mark (2007): Bilanzierung von Verschmelzungen nach Handelsrecht, Steuerrecht und IFRS, Berlin.

KOCH, Christian/HOFACKER, Karsten (2000): Merger of Equals – eine neue Form von Unternehmenszusammenschlüssen?, FB, S. 541-545.

KÖHLER, Annette/MARTEN, Kai-Uwe/SCHLERETH, Dieter (2007): Gläubigerschutz durch bilanzielle Kapitalerhaltung, DB, S. 2729-2732.

KORTH, Michael/KASPERZAK, Rainer (1999): Konzernrechnungslegung nach HGB unter Berücksichtigung der Konzernöffnungsklausel und der Bilanzierung nach IAS, Bielefeld.

KÖSTER, Oliver/MIßLER, Peter (2008): IFRS 3 Unternehmenszusammenschlüsse, in: Thiele, Stefan/von Keitz, Isabel/Brücks, Michael (Hrsg.): Internationales Bilanzrecht, Bonn.

KPMG (2006): US-GAAP, 4. Aufl., Berlin.

KPMG (2006a): Eigenkapital versus Fremdkapital, Stuttgart.

KPMG (2008): Feasibility study on an alternative to the capital maintenance regime established by the Second Company Law Directive 77/91/EEC of 13 December 1976 and an examination of the impact on profit distribution of the new EU-accounting regime – Main Report, o. O.

KPMG (2008a): Insights into IFRS, 5. Aufl., o. O.

KRAFT, Ernst T. (2008): Die Abgrenzung von Eigen- und Fremdkapital nach IFRS, ZGR, S. 324–356.

KRAG, Joachim/KASPERZAK, Rainer (2000): Grundzüge der Unternehmensbewertung, München.

KRAG, Joachim/MÜLLER, Herbert (1985): Zur Zweckmäßigkeit von Teilkonzernabschlüssen der 7. EG-Richtlinie für Minderheitsgesellschafter, BB, S. 307-312.

KRAWITZ, Norbert/KLOTZBACH, Daniela (2000): Anwendungsvoraussetzungen und Aussagefähigkeit der Fresh-Start-Methode bei der Bilanzierung von Unternehmenszusammenschlüssen, WPg, S. 1164–1180.

KRAWITZ, Norbert/LEUKEL, Stefan (2001): Die Abbildung von Unternehmensfusionen in der Rechnungslegung, KoR, S. 91–106.

KRÖNINGER, Monika Theresa (1997): Das Anschaffungswertprinzip bei Verschmelzung durch Aufnahme, Weiden.

KRONSTEIN Heinrich/CLAUSSEN, Carsten P. (1960): Publizität und Gewinnverteilung im neuen Aktienrecht, in: Coing, Helmut/Kronstein, Heinrich/Schlockauer, Hans-Jürgen (Hrsg.): Schriften des Instituts für ausländisches und internationales Wirtschaftsrecht, Bd. 13, Frankfurt am Main.

KROPFF, Bruno (1965): Aktiengesetz, Düsseldorf.

KROPFF, Bruno (1997): Vorsichtsprinzip und Wahlrechte, in: Fischer, Thomas R./ Hömberg, Reinhold (Hrsg.): Jahresabschluß und Jahresabschlußprüfung, FS zum 60. Geburtstag von Jörg Baetge, Düsseldorf, S. 65-95.

KRYSTEK, Ulrich/MOLDENHAUER, Ralf (2007): Handbuch Krisen- und Restrukturierungsmanagement, Stuttgart.

KÜBLER, Friedrich (1995): Vorsichtsprinzip versus Kapitalmarktinformationen, in: Förschle, Gerhart/Kaiser, Klaus/Moxter, Adolf (Hrsg.), Rechnungslegung im Wandel, FS für Wolfgang Budde, München, S. 361–375.

KUHLMANN, Jens/AHNIS, Erik (2007): Konzern- und Umwandlungsrecht, 2. Aufl., Heidelberg.

KÜHNBERGER, Manfred (2005): Firmenwerte in Bilanz, GuV und Kapitalflussrechnung nach HGB, IFRS und US-GAAP, DB, S. 677–683.

KUHNER, Christoph (2005): Die Zielsetzungen von IFRS, US-GAAP und HGB und deren Konsequenzen für die Abbildung von Unternehmenskäufen, in:

Ballwieser, Wolfgang/Beyer, Sven/Zelger, Hansjörg, (Hrsg.): Unternehmenskauf nach IFRS und US-GAAP, Stuttgart, S. 1–30.

KUHNER, Christoph (2005a): Zur Zukunft der Kapitalerhaltung durch bilanzielle Ausschüttungssperren, ZGR, S. 751–787.

KUHNER, Christoph (2007): Unternehmensbewertung: Tatsachenfrage oder Rechtsfrage?, WPg, S. 825–834.

KÜTING, Karheinz/WIRTH, Johannes (2004): Bilanzierung von Unternehmenszusammenschlüssen von IFRS 3, KoR, S. 167–177.

KÜTING, Karlheinz (2006): Auf der Suche nach dem richtigen Gewinn – Gewinnkonzeptionen von HGB und IFRS im Vergleich, DB, S. 1441-1450.

KÜTING, Karlheinz (2009): Der Geschäfts- oder Firmenwert in der deutschen Konsolidierungspraxis 2008, DStR, S. 1863–1870.

KÜTING, Karlheinz/ELPRANA, Kai/Wirth, Johannes (2003): Sukzessive Anteilserwerbe in der Konzernrechnungslegung nach IAS 22/ED 3 und dem Business Combinations Project (Phase II), KoR, S. 477-490.

KÜTING, Karlheinz/HARTH, Hans-Jörg (1999): Die Behandlung einer negativen Aufrechnungsdifferenz im Rahmen der Purchase-Methode nach ABP 16 und nach IAS 22, WPg, S. 489-500.

KÜTING, Karlheinz/LEINEN, Markus (2002): Die Kapitalkonsolidierung bei Erwerb eines Teilkonzerns, WPg, S. 1201-1217.

KÜTING, Karlheinz/LEINEN, Markus (2004): Die Kapitalkonsolidierung bei Erwerb eines Teilkonzerns, WPg, S. 70 ff.

KÜTING, Karlheinz/MÜLLER, Wolfgang/PILHOFEr, Jochen (2000): „Reverse Acquisitions" als Anwendungsfall einer „Reverse Consolidation" bei Erstellung von Konzernabschlüssen nach US-GAAP und IAS, WPg, S. 257-269.

KÜTING, Karlheinz/WEBER, Claus-Peter (2006): Die Bilanzanalyse, 8. Aufl., Stuttgart.

KÜTING, Karlheinz/WEBER, Claus-Peter (2008): Der Konzernabschluss, 11. Aufl., Stuttgart.

KÜTING, Karlheinz/WEBER, Claus-Peter/GATTUNG, Andreas (2003): Nahe stehende Personen (related parties) nach nationalem und internationalem Recht, KoR, S. 53-66.

KÜTING, Karlheinz/WEBER, Claus-Peter/WIRTH, Johannes (2001): Die neue Goodwillbilanzierung nach SFAS 142 – Ist der Weg frei für eine neue Akquisitionswelle?, KoR, S. 185-198.

KÜTING, Karlheinz/WEBER, Claus-Peter/WIRTH, Johannes (2004): Bilanzierung von Anteilsverkäufen an bislang vollkonsolidierten Tochterunternehmen nach IFRS, DStR, S. 876-884.

KÜTING, Karlheinz/WEBER, Claus-Peter/WIRTH, Johannes (2008): Die Goodwillbilanzierung im finalisierten Business Combinations Project Phase II, KoR, S. 139–152.

KÜTING, Karlheinz/WIRTH, Johannes (2005): Implikationen von IAS 36 (rev. 2004) auf die Firmenwertberücksichtigung bei einer teilweisen Endkonsolidierung ohne Wechsel der Konsolidierungsmethode, KoR, S. 415-434.

KÜTING, Karlheinz/WIRTH, Johannes (2006): Bilanzierung eines negativen Unterschiedsbetrags nach IFRS 3 und die Bedeutung der Erfassung von Eventualschulden in der Kaufpreisallokation, IRZ, S. 143–151.

KÜTING, Karlheinz/WIRTH, Johannes (2007): Goodwillbilanzierung im neuen Near Final Draft zu Business Combinations Phase II, KoR, S. 460–469.

KÜTING, Karlheinz/ZÜNDORF, Horst (1994): Die konzerninterne Verschmelzung und ihre Abbildung im konsolidierten Abschluß, BB, S. 1383-1390.

KÜTING, Karlheiz/REUTER, Michael (2009): Neubewertungsrücklagen als Konsequenz einer (erfolgsneutralen) Fair Value-Bewertung, KoR, S. 172–181.

LACHNIT, Laurenz./AMMANN, H./MÜLLER, Stefan/WULF, I. (1999): Geschäfts- und Firmenwert als Problem der Konzernabschlußanalyse, WPg, S. 677-688.

LACHNIT, Laurenz/MÜLLER, Stefan (2003): Bilanzanalytische Behandlung von Geschäfts- oder Firmenwerten, KoR, S. 540-550.

LANFERMANN, Georg/RICHARD, Marc (2008): Ausschüttungen auf Basis von IFRS, DB, S. 1925–1932.

LANFERMANN, Georg/RICHARD, Marc (2008): Kapitalschutz der Europäischen Privatgesellschaft, BB, S. 1610–1613.

LANFERMANN, Georg/RÖHRICHT, Victoria (2007): Stand der europäischen Diskussion zur Kapitalerhaltung, BB-Special, S. 8–24.

LEE, Changwoo/CHOI, Frederick D. S. (1992): Effects of Alternative Goodwill Treatments on Merger Premia - Further Empirical Evidence, Journal of International Financial Management and Accounting, Vol. 4, S. 220-236.

LEFFSON, Ulrich (1987): Die Grundsätze ordnungsmäßiger Buchführung, 7. Aufl., Düsseldorf.

LEV, Baruch (1992): Information Disclosure Strategy, California Management Review, S. 9–32.

LEVITT, Arthur (1998): The "Numbers Game", <http://www.sec.gov/news/speech/speecharchive/1998/spch220.txt> (Stand: 29. Dezember 2009).

LI, David H. (1963): Alternative Accounting Procedures and the Entity Concept, The Accounting Review, S. 52-55.

LIECK, Hans (2009): Aus Sicht der DPR: Impairment vor dem Hintergrund der Finanzmarktkrise, S:R, S. 61 f.

LIECK, Hans (2009a): Immobilienspezifische Auftragsfertigung (IAS 11), in: Weber, Ernst/Baumunk, Henrik/Pelz, Jürgen (Hrsg.): IFRS Immobilien, 2. Aufl., Köln, S. 213–232.

LIENAU, Achim (2008): Gläubigerschutz durch Solvency Tests auf der Basis eines IFRS-Abschlusses, KoR, S. 79–88.

LINDEMANN, Jens (2006): Kapitalmarktrelevanz der Rechnungslegung - Konzepte, Methodik und Ergebnisse empirischer Forschung, ZfB, S. 967–1003.

LINßEN, Thomas (2002): Die Bilanzierung einer Ausgliederung im Einzel- und Konzern-abschluß, Düsseldorf.

LORSON, Peter/GATTUNG, Andreas (2007): Die Forderung nach einer „Faithful Representation", KoR, S. 657–665.

LORSON, Peter/GATTUNG, Andreas (2008): Die Forderung nach einer „faithful representation", KoR, S. 556–565.

LÜDENBACH, Norbert (2009): § 31 Unternehmenszusammenschlüsse, in: Lüdenbach, Norbert/Hoffmann, Wolf-Dieter (Hrsg.), IFRS-Kommentar, 7. Aufl., Haufe Verlag, Freiburg.

LÜDENBACH, Norbert (2009a): § 32 Tochterunternehmen im Konzern- und Einzelabschluss, in: Lüdenbach, Norbert/Hoffmann, Wolf-Dieter (Hrsg.), IFRS Kommentar, 7. Aufl., Haufe Verlag, Freiburg.

LÜDENBACH, Norbert/HOFFMANN, Wolf-Dieter (2002): Enron und die Umkehrung der Kausalität der Rechnungslegung, DB, S. 1169-1175.

LÜDENBACH, Norbert/HOFFMANN, Wolf-Dieter (2003): Vom Principle-based zum Objektive-oriented Accounting, KoR, S. 387 - 398.

LÜDENBACH, Norbert/HOFFMANN, Wolf-Dieter (2005): Übergangskonsolidierung und Auf- oder Abstockung von Mehrheitsbeteiligungen nach ED IAS 27 und ED IFRS 3, DB, S. 1805–1811.

LÜDENBACH, Norbert/SCHULZ, Roland (2002): Unternehmensbewertung für Bilanzierungszwecke – Neue Herausforderungen für den Berufsstand durch den Impairment-Ansatz von FAS 142?, WPg, S. 489-499.

LÜHRMANN, Volker/SCHRUFF, Lothar (1996): Negative Minderheitenanteile im Konzernabschluß eines mehrstufigen Konzerns, WPg, S. 261-269.

LUTTER, Marcus (2009): Einleitung I, in: Lutter, Marcus/Winter, Martin (Hrsg.): Umwandlungsgesetz, 4. Aufl., Köln.

LUTTER, Marcus/DRYGALA, Tim (2009): §§ 1 bis 13 UmwG, in: Lutter, Marcus/Winter, Martin (Hrsg.): Umwandlungsgesetz, 4. Aufl., Köln.

MANDL, Gerwald/KÖNIGSMAIER, Heinz (1997): Kapitalkonsolidierung nach der Erwerbsmethode und die Behandlung von Minderheitenanteilen im mehrstufigen Konzern, in: Fischer, Thomas R./Hömberg, Reinhold (Hrsg.): Jahresabschluß und Jahresabschlußprüfung, FS zum 60. Geburtstag von Jörg Baetge, Düsseldorf, S. 239–277.

MATENA, Sonja (2004): Bilanzielle Vermögenszurechnung nach IFRS, Düsseldorf.

MAUL, Silja/TEICHMANN, Christoph/WENZ, Martin (2003): Der Richtlinienvorschlag zur grenzüberschreitenden Verschmelzung von Kapitalgesellschaften, BB, S. 2633-2641.

MAYER, Dieter/WEILER, Simon (2007): Neuregelungen durch das Zweite Gesetz zur Änderung des Umwandlungsgesetzes, DB, S. 1235-1241 und 1291-1295.

MAYER, Stefan (2009): Übergang des wirtschaftlichen Eigentums an Kapitalgesellschaftsanteilen, DStR, S. 674–677.

MERTENS, Kai (2005), Aktuelle Fragen zur Verschmelzung von Mutter- auf Tochtergesellschaften - down stream merger, AG, S. 785-792.

METRO AG (2010): Geschäftsbericht 2009, Düsseldorf.

MÖLLS, Sascha H./ STRAUß, Michael (2007): Bewertungsrelevanz der Rechnungslegung - Stand und Implikationen der empirischen Forschung für Aktionäre und Regulierer, ZfB, S. 955-995.

MOSER, Michaela (2000): Bilanzielle und steuerliche Behandlung eines downstream mergers, Lohmar/Köln.

MOSZKA, Frank (2007): § 24 UmwG, in: Semler, Johannes/Stengel, Arndt (Hrsg): Umwandlungsgesetz, 2. Aufl., München.

MOXTER, Adolf (1983): Grundsätze ordnungsgemäßer Unternehmensbewertung, 2. Aufl., Wiesbaden.

MOXTER, Adolf (1989): Zur wirtschaftlichen Betrachtung im Bilanzrecht, StuW, S. 232-241.

MOXTER, Adolf (1995): Zur Überlegenheit des deutschen Rechnungslegungsrecht, in: Peemöller, Volker/Uecker, Peter (Hrsg.): Standort Deutschland, Grundsatzfragen und aktuelle Perspektiven für die Besteuerung, die Prüfung und das Controlling, FS für Anton Heigl, Berlin, S. 31-41.

MOXTER, Adolf (1996): Zur Prüfung des „true and fair view", in: Baetge, Jörg/Börner, Dietrich/Forster, Karl-Heinz/Schruff, Lothar (Hrsg.): Rechnungslegung, Prüfung und Beratung, FS zum 70. Geburtstag von Rainer Ludewig, Düsseldorf, S. 671-682.

MOXTER, Adolf (1997): Fehlentwicklungen im Rechnungslegungsrecht, in: Forster, Karl-Heinz/Grunewald, Barbara/Lutter, Marcus/Semler, Johannes (Hrsg.): Aktien- und Bilanzrecht, FS für Bruno Kropff, Düsseldorf, S. 507-515.

MOXTER, Adolf (1997a): Zur Interpretation des True-and-fair-view-Gebots der Jahresabschlußrichtlinie, in: Fischer, Thomas R./Hömberg, Reinhold (Hrsg.): Jahresabschluß und Jahresabschlußprüfung, FS zum 60. Geburtstag von Jörg Baetge, Düsseldorf, S. 97-116.

MOXTER, Adolf (2000): Rechnungslegungsmythen, BB, S. 2143-2149.

MOXTER, Adolf (2003): Grundsätze ordnungsgemäßer Rechnungslegung, Düsseldorf.

MOXTER, Adolf (2007): Bilanzrechtsprechung, 6. Aufl., Tübingen.

MOXTER, Adolf (2009): IFRS als Auslegungshilfe für handelsrechtliche GoB?, WPg, S. 7-12.

MUFF, Marc (2002): Kapitalkonsolidierung nach der Fresh-Start-Methode, Aachen.

MÜHLBERGER, Melanie (2001): Die zweckadäquate Bilanzierung von Minderheitsanteilen im ein- und mehrstufigen Konzern nach HGB, IAS und US-GAAP, WPg, S. 1312-1325.

MUJKANOVIC, Robin (1995): Zur Bewertung bei Verschmelzung am Beispiel von AG und GmbH, BB, S. 1735-1740.

MUJKANOVIC, Robin (1999): Die Zukunft der Kapitalkonsolidierung – Das Ende der Pooling-of-Interests Methode?, WPg, S. 533-540.

MUJKANOVIC, Robin (2000): Die Vorschläge des Deutschen Standardisierungsrates zur Abbildung von Unternehmenserwerben im Konzernabschluss – Zwei Schritte vor, ein Schritt zurück?, WPg, S. 637-647.

MUJKANOVIC, Robin (2002): Fair Value im Financial Statement nach International Accounting Standards, Stuttgart.

MÜLLER, Eberhard (1977): Konzernrechnungslegung deutscher Unternehmungen auf der Basis der 7. EG-Richtlinie, DBW, S. 53-65.

MÜLLER, Welf (2006): §§ 5, 9, 24 UmwG, in: Kallmeyer, Harald (Hrsg.): Umwandlungsgesetz, 3. Aufl., Köln.

NAUMANN, Klaus-Peter (1996): Zur Anwendung von § 24 UmwG in Verschmelzungsfällen, in: Baetge, Jörg/Börner, Dietrich/Forster, Karl-Heinz/Schruff, Lothar (Hrsg.), Rechnungslegung, Prüfung und Beratung, FS zum 70. Geburtstag von Rainer Ludewig, Düsseldorf, S. 683–723.

NEHRLICH, Christoph (2007): Entwicklung einer Auslegungsmethodik für IFRS im EU-Kontext, Düsseldorf.

NEYE, Hans-Werner (2007): BB-Gesetzgebungsreport: Bundestag beschließt neues Umwandlungsrecht, BB, S. 389 f.

NEYE, Hans-Werner/TIMM, Birte (2006): Die geplante Umsetzung der Richtlinie zur grenzüberschreitenden Verschmelzung von Kapitalgesellschaften im Umwandlungsgesetz, DB, S. 488-492.

NIEHUES, Michael (2001): EU-Rechnungslegungstrategie und Gläubigerschutz, WPg, S. 1209-1222.

NIEHUS, Rudolf J. (1983): Die 7. EG-Richtlinie und die „Pooling-of-Interests"-Methode einer konsolidierten Rechnungslegung, WPg S. 437-446.

NIEHUS, Rudolf J. (2008): Das BilMoG – International für den Mittelstand eine gleichwertige Alternative?, DStR, S. 1451-1459.

NZICA (2009): <http://www.nzica.com/AM/Template.cfm?Section=NZEIFRS_2009_ Volume_files&Template=/CM/ContentDisplay.cfm&ContentID=15684> (Stand: 29.12.2009).

NZICA (2009a): <http://www.nzica.com/AM/Template.cfm?Section=Financial_ Repor ting_Standards_FRS_&Template=/CM/HTMLDisplay.cfm&ContentID= 15239> (Stand: 29.12.2009).

NZICA (2009b): <http://www.nzica.com/AM/Template.cfm?Section=Financial_ Repor ting_Standards_files&Template=/CM/ContentDisplay.cfm&ContentID= 13475> (Stand: 29.12.2009).

OELMANN, Hermann-Josef (1993): Handels- und steuerrechtliche Bilanzierungsprobleme bei Verschmelzungen, Bergisch Gladbach/Köln.

OGAN, Pekin/ZIEBART, David A. (1991): Corporate Reporting and the Accounting Profession: An Interpretive Paradigm, Jornal of Accounting, Auditing and Finance, S. 387-406.

ORDELHEIDE, Dieter (1986): Anschaffungskostenprinzip im Rahmen der Erstkonsolidierung gem. § 301 HGB, DB, S. 493-499.

ORDELHEIDE, Dieter (1988): Kaufmännischer Periodengewinn als ökonomischer Gewinn, in: Domsch, Michel E./Eisenführ, Franz/Ordelheide, Dieter (Hrsg.): Unternehmenserfolg, Planung, Ermittlung, Kontrolle: Walther Busse von Colbe FS zum 60. Geburtstag, Wiesbaden, S. 275–302.

ORDELHEIDE, Dieter (1997): Kapitalmarktorientierte Bilanzierungsregeln für den Geschäftswert – HGB, IAS und US-GAAP, in: Forster, Karl-Heinz/ Grunewald, Barbara/Lutter, Marcus/Semler, Johannes (Hrsg.): Aktien- und Bilanzrecht, FS für Bruno Kropff, Düsseldorf, S. 569–589.

ORDELHEIDE, Dieter (1998): Bedeutung und Wahrung des Kongruenzprinzips („clean surplus") im internationalen Rechnungswesen, in: Matschke, Manfred J./Schildbach, Thomas (Hrsg.): Unternehmensberatung und Wirtschaftsprüfung, FS für Günter Sieben zum 65. Geburtstag, Stuttgart, S. 515–530.

PAEFGEN, Walter (2004), Umwandlung, europäische Grundfreiheiten und Kollisionsrecht, GmbHR, S. 463-476.

PAPROTTKA, Stephan (1996): Unternehmenszusammenschlüsse, Wiesbaden.

PARKER, William M. (1966): Business Combinations and Accounting Valuation, Journal of Accounting Research, Vol. 4, No. 2, S. 149-154.

PAWELZIK, Kai Udo (2003): Die Prüfung des Konzerneigenkapitals, Düsseldorf.

PAWELZIK, Kai Udo (2004): Die Konsolidierung von Minderheiten nach IAS/IFRS der Phase II („business combinations"), WPg, S. 677-694.

PEFFEKOVEN, Frank P. (2001): Geht die Reform der Kapitalkonsolidierung in eine falsche Richtung?, WPg, S. 187–204.

PELGER, Christoph (2009): Entscheidungsnützlichkeit in neuem Gewand: Der Exposure Draft zur Phase A des Conceptual Framework-Projekts, KoR, S. 156–162.

PELLENS, Bernhard (1994): Aktionärsschutz im Konzern, Wiesbaden.

PELLENS, Bernhard/BASCHE, Kerstin/SELLHORN, Thorsten (2003): Full Goodwill Method - Renaissance der reinen Einheitstheorie in der Konzernbilanzierung?, KoR, S. 1-4.

PELLENS, Bernhard/FÜLBIER, Rolf Uwe/GASSEN, Joachim/SELLHORN, Thorsten (2008): Internationale Rechnungslegung, 7. Aufl., Stuttgart.

PELLENS, Bernhard/JÖDICKE, Dirk/RICHARD, Marc (2005): Solvenztests als Alternative zur bilanziellen Kapitalerhaltung?, DB, S. 1393-1401.

PELLENS, Bernhard/SELLHORN, Thorsten (1999): Kapitalkonsolidierung nach der Fresh-Start-Methode, BB, S. 2125-2132.

PELLENS, Bernhard/SELLHORN, Thorsten (2001): Goodwill-Bilanzierung nach SFAS 141 und 142 für deutsche Unternehmen, DB, S. 1681-1689.

PELLENS, Bernhard/SELLHORN, Thorsten/AMSHOFF, Holger (2005): Reform der Konzernbilanzierung - Neufassung von IFRS 3 Business Combinations, DB, S. 1749-1755.

PETERSEN, Karl/ZWIRNER, Christian (2008): IAS 32 (rev. 2008) – Endlich (mehr) Eigenkapital nach IFRS?, DStR, S. 1060-1066.

PETERSEN, Karl/ZWIRNER, Christian (2008a): Unternehmensbegriff, Unternehmenseigenschaft und Unternehmensformen, DB, S. 481-487.

PETERSEN, Karl/ZWIRNER, Christian (2008b): Konzernrechnungslegungspflicht natürlicher Personen, BB, S. 1777-1782.

PFAFF, Dieter (1989): Gewinnverwendungsregeln als Instrument zur Lösung von Agency-Problemen, Frankfurt am Main u. a.

PFEIL, Oliver P./VATER, Hendrik J. (2002): „Die kleine Unternehmensbewertung" oder die neuen Vorschriften zur Goodwill- und Intangible-Bilanzierung nach SFAS No. 141 und SFAS No. 142, KoR, S. 66–81.

PFITZER, Norbert (2007): D. Prüfung in Umwandlungsfällen, in: IDW (Hrsg.): WP Handbuch 2008, Bd. II, Düsseldorf.

PFITZER, Norbert (2007a): E. Rechnungslegung in Umwandlungsfällen, in: IDW (Hrsg.): WP Handbuch 2008, Bd. II, Düsseldorf.

PHILLIPS, Robert (2003): Stakeholder theory and organizational ethics, San Francisco.

PICOT, Gerhard (2004): Vertragsrecht, in: Picot, Gerhard (Hrsg.): Unternehmenskauf und Restrukturierung, 3. Aufl., München, S. 1–246.

PICOT, Gerhard (2008): Vertragliche Gestaltung des Unternehmenskaufs, in: Picot, Gerhard (Hrsg.): Handbuch Mergers & Acquisitions, 4. Aufl., Stuttgart, S. 206–269.

POHL, Herbert (1995): Handelsbilanzen bei der Verschmelzung von Kapitalgesellschaften, Düsseldorf.

PRIESTER, Hans-Joachim (2009): § 24 UmwG, in: Lutter, Marcus/Winter, Martin (Hrsg.): Umwandlungsgesetz, 4. Aufl., Köln.

PUSECKER, Dagmar/SCHRUFF, Lothar (1996): Anschaffungswertprinzip und „negativer Geschäftswert", BB, S. 735–742.

PÜTZ, Timmo/RAMSAUER, Jürgen (2009): ED 10 Consolidated Financial Statements – eine Verbesserung gegenüber den aktuellen Regelungen des IAS 27 und SIC-12?, WPg, S. 867–878.

PwC (2008): Understanding new IFRSs for 2009, Surrey.

PwC (2008a): IFRS Manual of Accounting 2009, London.

QIN, Sigang (2005): Bilanzierung des Excess nach IFRS 3, Düsseldorf.

RAMMERT, Stefan (1999): Pooling of interests – Die Entdeckung eines Auslaufmodells durch deutsche Konzerne? DBW, S. 620-632.

RAMMERT, Stefan (2008): Der Solvenztest – eine unausgereifte Alternative zur Kapitalerhaltung, in: Ballwieser, Wolfgang/Grewe, Wolfgang (Hrsg.): Wirtschaftsprüfung im Wandel, München, S. 429–450.

REICHELT, Dirk/SCHMIDT, Matthias (2005): Notwendigkeit zur konzeptionsgerechten Fortentwicklung der Konzernrechnungslegung - das Beispiel sog. „umgekehrter" Unternehmenserwerbe, ZfB, S. 43-70.

RICHARD, Jörg/WEINHEIMER, Stefan (1999): Der Weg zurück: Going Private, BB, S. 1613-1620.

RICHARD, Marc (2007): Kapitalschutz der Aktiengesellschaft, Frankfurt am Main u. a.

RICHTER, Michael (2004): Die Bewertung des Goodwill nach SFAS No. 141 und SFAS No. 142, Düsseldorf.

RICHTER, Rudolf/FURUBOTN, Eirik G. (2003): Neue Institutionenökonomik, 3. Aufl., Tübingen.

RÖDDER, Thomas/SCHUMACHER, Andreas (2007): Das SEStEG – Überblick über die endgültige Fassung und die Änderungen gegenüber dem Regierungsentwurf, DStR, S. 369-377.

RÖMGENS, Thorsten (2005): Behandlung des auf die Minderheiten entfallenden Goodwills im mehrstufigen Konzern, BB-Special 10, S. 19-22.

RONEN, Joshua/YAARI, Varda (2008): Earnings management, New York.

ROß, Norbert/DRÖGEMÜLLER, Steffen (2009): Verschmelzungen und Abspaltungen bei Schwestergesellschaften nach Reform des UmwG, DB, S. 580-583.

RUHNKE, Klaus/NERLICH, Christoph (2004): Behandlung von Regelungslücken innerhalb der IFRS, DB, S. 389-395.

RUHNKE, Klaus/SCHMIDT, Martin (2003): Überlegungen zur Überprüfung von beizulegenden Zeitwerten, WPg, S. 1037–1051.

SAGASSER, Bernd (2002): C. Grundsätzliche Ziele des Umwandlungsrechts, in: Sagasser, Bernd/Bula, Thomas/Brünger, Thomas R. (Hrsg.), Umwandlungen, 3. Aufl., München.

SAGASSER, Bernd/KÖDDERITZSCH, Lorenz (2002): J. Umwandlungsrechtliche Regelungen, in: Sagasser, Bernd/Bula, Thomas/Brünger, Thomas R. (Hrsg.), Umwandlungen, 3. Aufl., München.

SAUTHOFF, Jan-Philipp (1997): Zum bilanziellen Charakter negativer Firmenwerte im Konzernabschluß, BB, S. 619–623.

SCHEFFLER, Eberhard (2005): Konzernmanagement, 2. Aufl., München.

SCHEFFLER, Eberhard (2009): Enforcement der Rechnungslegung, in: Hommelhoff, Peter/Hopt, Klaus J./v. Werder, Axel (Hrsg.): Handbuch Corporate Governance, S. 653-681.

SCHILDBACH, Thomas (2006): Fair Value – Wunsch und Wirklichkeit, in: Küting, Karlheinz/Pfitzer, Norbert/Weber, Claus-Peter (Hrsg.): Internationale Rechnungslegung, Stuttgart, S. 7–32.

SCHILDBACH, Thomas (2007): IFRS – Irreführendes Rechnungslegungssystem, IRZ, S. 9–16 und 91–97.

SCHILDBACH, Thomas (2008): Der Konzernabschluss nach HGB, IAS und US-GAAP, 7. Aufl., München.

SCHILDBACH, Thomas (2009): Fair value-Statik und Information des Kapitalmarktes, BFuP, S. 581-598.

SCHMIDBAUER, Rainer (2001): Bilanzierung der konzerninternen Verschmelzung voll konsolidierter Unternehmen im Konzernabschluss, BB, S. 2466–2472.

SCHMIDSBERGER, Gerald (2002): Kapitalmarktrechtliche Aspekte bei Fusionen, in: Pernsteiner, Helmut/Mittermair, Klaus (Hrsg.): Handbuch Fusionen, Wien, S. 665–692.

SCHMIDT, Burkhard (2010): § 35-52 GmbHG, in: Ensthaler, Jürgen/Füller, Jens T./ Schmidt, Burkhard (Hrsg.): Kommentar zum GmbH-Gesetz, 2. Aufl., Köln.

SCHMIDT, Ingo M. (2007): Ansätze für eine umfassende Rechnungslegung zur Zahlungsbemessung und Informationsvermittlung, Wiesbaden.

SCHMIDT, Karsten (1999): Handelsrecht, 5. Aufl, Köln u. a.

SCHMIDT, Karsten (2002): Gesellschaftsrecht, 4. Aufl., Köln u. a.

SCHMIDT, Martin (2008): IAS 32 (rev. 2008): Ergebnis- statt Prinzipienorientierung, BB, S. 434–439.

SCHMIDT, Martin/SEIDEL, Thorsten (2006): Planmäßige Abschreibungen im Rahmen der Neubewertung des Sachanlagevermögens gemäß IAS 16, BB, S. 596–601.

SCHÖN, Wolfgang (1997): Entwicklung und Perspektiven des Handelsbilanzrechts: vom ADHGB zum IASC, ZHR, S. 133–159.

SCHÖN, Wolfgang (2001): Internationalisierung der Rechnungslegung und Gläubigerschutz, WPg Sonderheft, S. 74–79.

SCHROEDER, Richard G./CLARK, Myrtle W./CATHEY, Jack M. (2009): Financial accounting theory and analysis, 9. Aufl., Hoboken.

SCHRÖER, Henning (2007): § 5 UmwG, in: Semler, Johannes/Stengel, Arndt (Hrsg): Umwandlungsgesetz, 2. Aufl., München.

SCHRUFF, Wienand (2006): M. Erläuterungen zur Rechnungslegung und Prüfung im Konzern nach dem Handelsgesetzbuch, in: IDW (Hrsg.): WP Handbuch 2006, Bd. I, Düsseldorf.

SCHRUFF, Wienand (2006a): O. Erläuterungen zur Rechnungslegung und Prüfung im Konzern nach dem Publizitätsgesetz, in: IDW (Hrsg.): WP Handbuch 2006, Bd. I, Düsseldorf.

SCHULTZE, Wolfgang/KAFADAR, Kalina/THIERICKE, Sandra (2008): Die Kaufpreisallokation bei Unternehmenszusammenschlüssen nach IFRS 3 (a. F.) und IFRS 3 (rev. 2008), DStR, S. 1348–1354.

SCHULZE ZUR WIESCHE, Dieter (2007): Das neue Umwandlungssteuerrecht nach SEStG, WPg, S. 162-171.

SCHULZE-OSTERLOH, Joachim (1993): Bilanzierung nach dem Referentenentwurf eines Gesetzes zur Bereinigung des Umwandlungsrechts, ZGR, S. 420-451.

SCHULZE-OSTERLOH, Joachim (2003): Internationale Rechnungslegung für den Einzelabschluß und für Unternehmen, die den öffentlichen Kapitalmarkt nicht in Anspruch nehmen, ZIP, S. 93-101.

SCHULZE-OSTERLOH, Joachim (2006): Passiver Ausgleichsposten beim Erwerb von Anteilen an einer Kapitalgesellschaft gegen Zuzahlung des Verkäufers, BB, S. 1955–1556.

SCHURBOHM-EBNETH, Anne/LIECK, Hans (2003): Konsolidierungskreis und Konsolidierungsmethoden, S. 235–281, in: Löw, Edgar (Hrsg.): Rechnungslegung für Banken nach IAS, Wiesbaden.

SCHWARZ, Hans-Detlef (1994): Das neue Umwandlungsrecht, DStR, S. 1694-1702.

SCHWEDLER, Kristina (2006): IASB-Projekt „Business Combinations": Überblick und aktuelle Bestandsaufnahme, KoR, S. 410-415.

SCHWEDLER, Kristina (2008): Business Combinations Phase II: Die neuen Vorschriften zur Bilanzierung von Unternehmenszusammenschlüssen, KoR, S. 125-138.

SCOTT, William R. (2009): Financial accounting theory, 5. Aufl., Toronto.

SEIBT, Christoph H./REINHARD, Thorsten (2005): Umwandlung der Aktiengesellschaft in die Europäische Gesellschaft (Societas Europea), Der Konzern, S. 407-424.

SELCHERT, Wilhelm (2002), § 252 HGB, in: Küting, Karlheinz/Weber, Claus-Peter (Hrsg.): Handbuch der Rechnungslegung, 5. Aufl., Loseblattsammlung, Stand: August 2008, Stuttgart.

SENGER, Thomas/BRUNE, Jens W./ELPRANA, Kai/PRENGEL, André/DIERSCH, Ulrich (2006): § 33 Vollkonsolidierung, in: Bohl, Werner/Riese, Joachim/ Schlüter, Jörg (Hrsg.): Beck'sches IFRS-Handbuch, München u. a.

SENGHAAS, Gerhard (1965): Die Handels- und steuerrechtliche Behandlung der stillen Reserven bei der unechten Fusion und der echten Fusion von Mutter- und Tochtergesellschaft, München.

SEPPELFRICKE, Peter/SEPPELFRICKE, Jürgen (2001): Reverse Merger am Neuen Markt, FB 2001, S. 581-592.

SEPPELFRICKE, Peter/SEPPELFRICKE, Jürgen (2002): Going Public im Rahmen eines Reverse Mergers, BB, S. 365-320.

SIEGEL, Theodor (1997): Mangelnde Ernsthaftigkeit des Gläubigerschutzes als offene Flanke der deutschen Rechnungslegungsvorschriften, in: Fischer, Thomas R./Hömberg, Reinhold (Hrsg.): Jahresabschluß und Jahresabschlußprüfung, FS zum 60. Geburtstag von Jörg Baetge, Düsseldorf, S. 117–149.

SIEGEL, Theodor (2004): Der Zeitwertansatz, in: Göbel, Stefan/Heni, Bernhard (Hrsg.): Unternehmensrechnung, FS Scherrer, München, S. 309–329.

SIGLOCH, Jochen (2004): Steuerbilanz und Rechnungslegung nach internationalen Standards, in: Göbel, Stefan/Heni, Bernhard (Hrsg.): Unternehmensrechnung, FS Scherrer, München, S. 331–353.

SIMON, Stephan (2009): § 5 UmwG, in: Dauner-Lieb, Barbara/Simon, Stefan (Hrsg.): Kölner Kommentar zum UmwG, Köln.

SIMON, Stephan (1997): Pooling und Verschmelzung - Harmonisierung der Rechnungslegung durch IAS 22 „Business Combinations", Bern u. a.

SMIGIC, Milovan (2006): Business Combinations im Konzernabschluss, Wiesbaden.

STANKE, Cornelia (2003): Entscheidungskonsequenzen der Rechnungslegung bei Unternehmenszusammenschlüssen, Frankfurt am Main.

STIGLITZ, Joseph (2000): The Contributions of the Economics of Information to Twentieth Century Economics, in: The Quarterly Journal of Economics, Vol. 115, S. 1441–1478.

STRATZ, Rolf-Christian (2009): § 15 UmwG, in: Schmitt, Joachim/Hörtnagl, Robert/ Stratz, Rolf-Christian (Hrsg.): Umwandlungsgesetz, Umwandlungssteuergesetz, 5. Aufl., München.

STREIM, Hannes/BIEKER, Marcus/HACKENBERGER, Jens/LENZ, Thomas (2007): Ökonomische Analyse der gegenwärtigen und geplanten Regelungen zur Goodwill-Bilanzierung nach IFRS, IRZ, S. 17–27.

STRÖHER, Thomas (2008): Die Bilanzierung von Unternehmenszusammenschlüssen unter Common Control nach IFRS, Düsseldorf.

SUNDER, Shyam (1997): Theory of accounting and control, Cincinnati.

SÜRKEN, Silke (1999): Die Abgrenzung der wirtschaftlichen Einheit nach US-GAAP, Frankfurt am Main u. a.

TAKKT AG (2010): Geschäftsbericht 2009, Stuttgart.

TAUCHERT-NOSKO, Martina (1999): Verschmelzung und Spaltung von Kapitalgesellschaften in Deutschland und Frankreich, Frankfurt am Main u. a.

TAYLOR, Paul A. (1987): Consolidated financial statements: concepts, issues and techniques, London.

TEICHE, Andreas (2008): Maßgeblichkeit bei Umwandlungen – trotz SEStEG?, DStR, S. 1757–1763.

TELKAMP, Heinz-Jürgen/BRUNS, Carsten (2000): Pooling-of-interest-Methode versus Fresh-Start-Methode, WPg, S. 744-749.

THEILE, Carsten/PAWELZIK, Kai Udo (2003): Erfolgswirksamkeit des Anschaffungsvorgangs nach ED 3 beim Unternehmenserwerb im Konzern, WPg, S. 316–324.

THIEL, Jochen (2005), Europäisierung des Umwandlungssteuerrechts: Grundprobleme der Verschmelzung, DB, S. 2316-2321.

THUME, Alexander (2000): Die Darstellung konzerninterner Verschmelzungen im Konzernabschluß, Frankfurt am Main.

TICHY, Maximilian G. (1995): Verschmelzungsdifferenzen, Wien.

TISCHER, Frank (1996): Der Übergang des wirtschaftlichen Eigentums bei schwebender Verschmelzung, WPg, S. 745-751.

VATER, Hendrik (2002): Bilanzielle und steuerliche Aspekte des Reverse IPO, DB, S. 2445-2450.

WALDEN, Daniel/MEYER-LANDRUT, Andreas (2005): Die grenzüberschreitende Verschmelzung zu einer Europäischen Gesellschaft, DB, S. 2619-2623.

WARMBOLD, Siegfried (1995): Die Endkonsolidierung vollkonsolidierter Tochterunternehmen in der handelsrechtlichen Konzernrechnungslegung unter Berücksichtigung der konzeptionellen Grundlagen und der Generalnorm, Frankfurt am Main u. a.

WATRIN, Christoph/LAMMERT, Joachim (2008): Konzeption des Beherrschungsverhältnisses nach IFRS, KoR, S. 74–79.

WATRIN, Christoph/STROHM, Christiane/STRUFFERT, Ralf (2004): Aktuelle Entwicklungen der Bilanzierung von Unternehmenszusammenschlüssen nach IFRS, WPg, S. 1450-1461.

WATTS, Ross L. (2003): Conservatism in Accounting Part I: Explanations and Implications, Accounting Horizons, Vol. 17, S. 207–221.

WATTS, Ross L. (2003): Conservatism in Accounting Part II: Evidence and Research Opportunities, Accounting Horizons, Vol. 17, S. 287–301.

WEILEP, Volker (1998): „bad will" bei Verschmelzungen - alle Zweifelsfragen geklärt?, DB, S. 2130 ff.

WEISER, Felix (2005): Die bilanzielle Abbildung von umgekehrten Unternehmenserwerben nach IFRS, KoR, S. 487–498.

WENTLAND, Norbert (1979): Die Konzernbilanz als Bilanz der wirtschaftlichen Einheit Konzern, Frankfurt am Main u. a.

v. WERDER, Axel (2009): Ökonomische Grundfragen der Corporate Governance, in: Hommelhoff, Peter/Hopt, Klaus J./v. Werder, Axel (Hrsg.): Handbuch Corporate Governance, S. 3-37.

WIDMANN, Siegfried (1997): § 24 UmwG, in: Widmann, Siegfried/Mayer, Dieter (Hrsg.), Umwandlungsrecht, 3. Aufl., Loseblattsammlung, Stand: Februar 2008, Bonn.

WINKELJOHANN, Norbert/MORICH, Sven (2009): IFRS für den Mittelstand: Inhalte und Akzeptanzaussichten des neuen Standards, BB, S. 1630-1634.

WIRTH, Johannes (2005): Firmenwertbilanzierung nach IFRS, Stuttgart.

WÖHE, Günter (1997): Bilanzierung und Bilanzpolitik, 9. Aufl., München.

WÖHE, Günter/Döring, Ulrich (2008): Einführung in die Allgemeine Betriebswirtschaftslehre, 23. Aufl., München.

WOHLGEMUTH, Michael (1999): Abt. I/9 Die Anschaffungskosten in der Handels- und Steuerbilanz, in: v. Wysoki, Klaus/Schulze-Osterloh, Joachim/ Hennrichs, Joachim/Kuhner, Christoph (Hrsg.): HdJ, Loseblattsammlung, Stand: September 2009, Köln.

WOHLGEMUTH, Michael/RADDE, Jens (2000): Der Bewertungsmaßstab „Anschaffungskosten" nach HGB und IAS, WPg, S. 903–911.

WOHLGEMUTH, Michael/RADDE, Jens (2002): B 162 Anschaffungskosten, in: Castan, Edgar/Böcking, Hans-Joachim/Heymann, Gerd/Pfitzer, Norbert/ Scheffler, Eberhard (Hrsg.): Beck'sches Handbuch der Rechnungslegung, Loseblattsammlung, Stand: Januar 2009, München.

WURM, Felix (1997): Die Nutzung von Holdingstrukturen, in: Herzig, Norbert (Hrsg.): Steuerorientierte Umstrukturierung von Unternehmen, Stuttgart, S. 72–111.

WÜSTEMANN, Jens/BISCHOF, Jannis/KIERZEK, Sonja (2007): „Internationale Gläubigerschutzkonzeptionen", BB-Special 5, S. 13-19.

WÜSTEMANN, Jens/DUHR, Andreas (2003): Geschäftswertbilanzierung nach dem Exposure Draft ED 3 des IASB – Entobjektivierung auf den Spuren des FASB?, BB, S. 247-253.

WÜSTEMANN, Jens/KIERZEK, Sonja (2005): Ertragsvereinnahmung im neuen Referenzrahmen von IASB und FASB, BB, S. 427-434 und 2799-2802.

WYATT, Arthur R. (1963): A critical study of accounting for business combinations (AICPA Accounting Research Study No. 5), New York.

ZABEL, Martin (2002): IAS zwingend für Konzern- und Einzelabschluss?, WPg, S. 919-924.

ZEFF, Stephen A. (2002): „Political" Lobbying on Proposed Standards: A Chellenge to the IASB, Accounting Horizons, Vol. 16, S. 43-54.

ZEITLER, Franz-Christoph (2003): Rechnungslegung und Rechtsstaat – Übernahme der IAS oder Reform des HGB?, DB, S. 1529-1534.

ZIMMERMANN, Jochen/PROKOP, Jörg (2003): Rechnungswesenorientierte Unternehmensbewertung und Clean Surplus Accounting, KoR, S. 134-142.

ZÜLCH, Henning/HOFFMANN, Sebastian (2008): IFRS-Erstanwendung und Aufstellung separater Einzelabschlüsse: Änderungen in IFRS 1 und IAS 27, PiR, S. 237-239.

ZÜLCH, Henning/WÜNSCH, Martin (2008): Aufgaben und Methoden der indikativen Kaufpreisallokation (Pre-Deal-Purchase Price Allocation) bei der Bilanzierung von Business Combinations nach IFRS 3, KoR, S. 466- 474.

ZWIRNER, Christian (2009): Reverse Acquisition nach IFRS, KoR, S. 138-144.

ZWIRNER, Christian/SCHMIDT, Jürgen (2009): Reverse Acquisition nach IFRS, IRZ, S. 5-7.

Rechtsquellenverzeichnis

Gesetze

AktG Aktiengesetz vom 6. September 1965 (BGBl. I S. 1089), zuletzt geändert durch Gesetz vom 31. Juli 2009 (BGBl. I S. 2509).

BGB Bürgerliches Gesetzbuch vom 18. August (RGBl. S. 195) i. d. F. der Bekanntmachung vom 2. Januar 2002 (BGBl. I S. 42), berichtigt am 2. Mai. 2003 (BGBl. I S. 738), zuletzt geändert durch Gesetz vom 28. September 2009 (BGBl. I S. 3161).

BilMoG Gesetz zur Modernisierung des Bilanzrechts (Bilanzrechtsmodernisierungsgesetz) vom 25. Mai 2009 (BGBl. I Nr. 27) ausgegeben am 28. Mai 2009, S. 1102–1137. (Gesetzesbeschluss des Deutschen Bundestages, abgedruckt in BR-Drucks. 270/09 vom 27. März 2009.)

GmbHG Gesetz betreffend die Gesellschaften mit beschränkter Haftung vom 20. April 1892 (RGBl. S. 477) i. d. F. der Bekanntmachung vom 20. Mai 1898 (RGBl. S. 846), zuletzt geändert durch Gesetz vom 31. Juli 2009 (BGBl. I S. 2509).

HGB Handelsgesetzbuch vom 10. Mai 1897 in der im BGBl. III 4100-1, veröffentlichten bereinigten Fassung, zuletzt geändert durch Gesetz vom 31. Juli 2009 (BGBl. I S. 2512).

KonBefrV Verordnung über befreiende Konzernabschlüsse und Konzernlageberichte von Mutterunternehmen mit Sitz in einem Drittstaat (Konzernabschlussbefreiungsverordnung) vom 15. November 1991 (BGBl. I S. 2122), zuletzt geändert durch Gesetz vom 25. Mai 2009 (BGBl. I S. 1102).

PublG Gesetz über die Rechnungslegung von bestimmten Unternehmen und Konzernen (Publizitätsgesetz) vom 15. August 1969 (BGBl. I S. 1189; BGBl. 1970 I S. 1113), zuletzt geändert durch Gesetz vom 25. Mai 2009 (BGBl. I S. 1102).

SCEAG Gesetz zur Ausführung der Verordnung (EG) Nr. 1435/2003 des Rates vom 22. Juli 2003 über das Statut der Europäischen Genossenschaft

	(SCE) (SCE-Ausführungsgesetz) vom 14. August 2006 (BGBl. I S. 1911), zuletzt geändert durch Gesetz vom 30. Juli 2009 (BGBl. I S. 2479).
SEAG	Gesetz zur Ausführung der Verordnung (EG) Nr. 2157/2001 des Rates vom 8. Oktober 2001 über das Statut der Europäischen Gesellschaft (SE) SE-Ausführungsgesetz vom 22. Dezember 2004 (BGBl. I S. 3675), zuletzt geändert durch Gesetz vom 30. Juli 2009 (BGBl. I S. 2479).
SEEG	Gesetz zur Einführung der Europäischen Gesellschaft (BGBl. 2004 I Nr. 73), ausgegeben zu Bonn am 28. Dezember 2004, S. 3675.
SEStEG	Gesetz über steuerliche Begleitmaßnahmen zur Einführung der Europäischen Gesellschaft und zur Änderung weiterer steuerrechtlicher Vorschriften vom 7. Dezember 2006 (BGBl. I Nr. 57 S. 2782.)
SpruchG	Gesetz über das gesellschaftsrechtliche Spruchverfahren (Spruchverfahrensgesetz) vom 12. Juni 2003 (BGBl. I S. 838), zuletzt geändert durch Gesetz vom 17. Dezember 2008 (BGBl. I S. 2586).
UmwG	Umwandlungsgesetz vom 28. Oktober 1994 (BGBl. I S. 3210; Ber. 1995 S. 428), zuletzt geändert durch Gesetz vom 24. September 2009 (BGBl. I S. 3145).
UmwStG	Umwandlungssteuergesetz vom 7. Dezember 2006 (BGBl. I S. 2782, 2791), zuletzt geändert durch Gesetz vom 22. Dezember 2009 (BGBl. I S. 3950).

EU-Verträge, Verordnungen und Richtlinien

Vertrag über die Europäische Union und Vertrag zur Gründung der Europäischen Gemeinschaft (konsolidierte Fassungen) (ABl. C 321 vom 29.12.2006 S. E/1).

Vertrag über die Europäische Union und Vertrag über die Arbeitsweise der Europäischen Union (konsolidierte Fassungen) (ABl. C 115 vom 9.5.2008 S. 1).

Verordnung (EG) Nr. 2157/2001 des Rates vom 8. Oktober 2001 über das Statut der Europäischen Gesellschaft (SE) (ABl. L 294 vom 10.11.2001 S. 1), zuletzt geändert durch Verordnung (EG) Nr. 1791/2006 des Rates vom 20. November 2006 (ABl. L 363 vom 20.12.2006 S. 1).

Verordnung (EG) Nr. 1606/2002 des Europäischen Parlaments und des Rates vom 19. Juli 2002 betreffend die Anwendung internationaler Rechnungslegungsstandards (ABl. L 243 vom 11.9.2002 S. 1), zuletzt geändert durch Verordnung (EG) Nr. 297/2008 vom 11. März 2008 (ABl. L 97 vom 9.4.2008 S. 62), zitiert als IAS-Verordnung.

Verordnung (EG) Nr. 1435/2003 des Rates vom 22. Juli 2003 über das Statut der Europäischen Genossenschaft (SCE) (ABl. L 207 vom 18.8.2003 S. 1).

Verordnung (EG) Nr. 1126/2008 der Kommission vom 3. November 2008 zur Übernahme bestimmter internationaler Rechnungslegungsstandards gemäß der Verordnung (EG) Nr. 1606/2002 des Europäischen Parlaments und des Rates (ABl. L 320 vom 29.11.2008 S. 1), zuletzt geändert durch Verordnung (EU) Nr. 1293/2009 der Kommission vom 23. Dezember 2009 zur Änderung der Verordnung (EG) Nr. 1126/2008 zur Übernahme bestimmter internationaler Rechnungslegungsstandards gemäß der Verordnung (EG) Nr. 1606/2002 des Europäischen Parlaments und des Rates im Hinblick auf International Accounting Standard (IAS) 32 (ABl. L 347 vom 24.12.2009, S. 23).

Zweite Richtlinie 77/91/EWG des Rates vom 13. Dezember 1976 zur Koordinierung der Schutzbestimmungen, die in den Mitgliedstaaten den Gesellschaften im Sinne des Artikels 58 Absatz 2 des Vertrages im Interesse der Gesellschafter sowie Dritter für die Gründung der Aktiengesellschaft sowie für die Erhaltung und Änderung ihres Kapitals vorgeschrieben sind, um diese Bestimmungen gleichwertig zu gestalten (ABl. L 26 vom 31.1.1977 S. 1), zuletzt geändert durch Richtlinie 2009/109/EG vom 16. September 2009 (ABl. L 259 vom 2.10.2009 S. 14).

Dritte Richtlinie 78/855/EWG des Rates vom 9. Oktober 1978 betreffend die Verschmelzung von Aktiengesellschaften (ABl. L 295 vom 20.10.1978 S. 36), zuletzt geändert durch Richtlinie 2009/109/EG vom 16. September 2009 (ABl. L 259 vom 2.10.2009 S. 14).

Vierte Richtlinie 78/660/EWG des Rates vom 25. Juli 1978 über den Jahresabschluss von Gesellschaften bestimmter Rechtsformen (ABl. L 222 vom 14.8.1978 S.11), zuletzt geändert durch die Richtlinie 2009/49/EG vom 18. Juni 2009 (ABl. L 164 vom 26.6.2009 S. 42).

Sechste Richtlinie 82/891/EWG des Rates vom 17. Dezember 1982 betreffend die Spaltung von Aktiengesellschaften (ABl. L 378 vom 31.12.1982 S. 47), zuletzt geändert durch Richtlinie 2009/109/EG vom 16. September 2009 (ABl. L 259 vom 2.10.2009 S. 14).

Siebente Richtlinie 83/349/EWG des Rates vom 13. Juni 1983 über den konsolidierten Abschluss (ABl. L 193 vom 18.7.1983 S. 1), zuletzt geändert durch die Richtlinie 2009/49/EG vom 18. Juni 2009 (ABl. L 164 vom 26.6.2009 S. 42).

Zehnte Richtlinie 2005/56/EG des Europäischen Parlaments und des Rates vom 26. Oktober 2005 über die Verschmelzung von Kapitalgesellschaften aus verschiedenen Mitgliedstaaten (ABl. L 310 vom 25.11.2005 S. 1) zuletzt geändert durch Richtlinie 2009/109/EG vom 16. September 2009 (ABl. L 259 vom 2.10.2009 S. 14).

Richtlinie 90/434/EWG des Rates vom 23. Juli 1990 über das gemeinsame Steuersystem für Fusionen, Spaltungen, die Einbringung von Unternehmensteilen und den Austausch von Anteilen, die Gesellschaften verschiedener Mitgliedstaaten betreffen (ABl. Nr. L 225 vom 20.8.1990 S. 1), zitiert als Fusionsrichtlinie, zuletzt geändert durch Richtlinie 2006/98/EG des Rates vom 20. November 2006 (ABl. L 363 vom 20.12.2006 S. 129), aufgehoben durch Richtlinie 2009/133/EG vom 19. Oktober 2009 (ABl. L 310 vom 25.11.2009 S. 34).

Richtlinie 2009/133/EG des Rates vom 19. Oktober 2009 über das gemeinsame Steuersystem für Fusionen, Spaltungen, Abspaltungen, die Einbringung von Unternehmensteilen und den Austausch von Anteilen, die Gesellschaften verschiedener Mitgliedstaaten betreffen, sowie für die Verlegung des Sitzes einer Europäischen Gesellschaft oder einer Europäischen Genossenschaft von einem Mitgliedstaat in einen anderen Mitgliedstaat (ABl. L 310 vom 25.11.2009 S. 34).

Richtlinie 2003/72/EG des Rates vom 22. Juli 2003 zur Ergänzung des Statuts der Europäischen Genossenschaft hinsichtlich der Beteiligung der Arbeitnehmer (ABl. L 207 vom 18.8.2003 S. 25).

Richtlinie 2001/86/EG des Rates vom 8. Oktober 2001 zur Ergänzung des Statuts der Europäischen Gesellschaft hinsichtlich der Beteiligung der Arbeitnehmer (ABl. L 294 vom 10.11.2001 S. 22).

Richtlinie 2009/101/EG des Europäischen Parlaments und des Rates vom 16. September 2009 zur Koordinierung der Schutzbestimmungen, die in den Mitgliedstaaten den Gesellschaften im Sinne des Artikels 48 Absatz 2 des Vertrags im Interesse der Gesellschafter sowie Dritter vorgeschrieben sind, um diese Bestimmungen gleichwertig zu gestalten (ABl. L 258 vom 1.10.2009 S. 11).

Gesetzesmaterialien

Kommission der Europäischen Gemeinschaften (2003): Kommentare zu bestimmten Artikeln der Verordnung (EG) Nr. 1606/2002 des Europäischen Parlaments und des Rates vom 19. Juli 2002 betreffend die Anwendung internationaler Rechnungslegungsstandards und zur Vierten Richtlinie 78/660/EWG des Rates vom 25. Juli 1978 sowie zur Siebenten Richtlinie 83/349/EWG des Rates vom 13. Juni 1983 über Rechnungslegung, <http://ec.europa.eu/internal_market/accounting/docs/ias/2003 11-comments/ias-200311-comments_de.pdf> (Stand: 6. Juni 2007).

Rechtsausschuss (1985): Deutscher Bundestag, BT-Drucks. 10/4268 vom 18.11.1985, Beschlußempfehlung und Bericht des Rechtsausschusses (6. Ausschuß) zu dem von der Bundesregierung eingebrachten Entwurf eines Gesetzes zur Durchführung der Vierten Richtlinie des Rates der Europäischen Gemeinschaften zur Koordinierung des Gesellschaftsrechts (Bilanzrichtlinie-Gesetz).

Regierungsbegründung (1994): Bundesrat, BR-Drucks. 75/94 vom 4.2.1994, Gesetzentwurf der Bundesregierung, Entwurf eines Gesetzes zur Bereinigung des Umwandlungsrechts (UmwBerG), abgedruckt in: Ganske, Joachim (Hrsg.): Umwandlungsrecht, Düsseldorf 1995.

Regierungsbegründung (2006): Deutscher Bundestag, BT-Drucks. 16/2919 vom 12.10.2006, Gesetzentwurf der Bundesregierung, Entwurf eines Zweiten Gesetzes zur Änderung des Umwandlungsgesetzes.

Rechtsprechung

BFH, Urteil vom 17.9.2003 – I R 97/02, BStBl. II 2004 S. 686.

BGH, Urteil vom 25.2.1982 – II ZR 174/80, NJW 1982, S. 1703.

BGH, Urteil vom 13.4.1994 – II ZR 16/93, BB 1994, S. 1095.

Stichwortverzeichnis

A

Abspaltung 8, 18 f.
Accounting conservatism 42
Accrual accounting 31
Acquisition method 70, 116
Adressaten 24 ff., 48 ff., 60 ff., 194 ff., 203
Agio 30, 146
Anhangangaben 23, 40, 41, 65, 90, 107, 128, 172, 189 f.
Anschaffungswertprinzip 31, 80 f., 106, 141 ff., 162 ff.
Maßgeblichkeit der Gegenleistung 141, 143, 145
Anteilstausch 73, 78, 79, 94, 122, 149
Arm's length Siehe Drittvergleich
Asset Deal **9**, 45, 70, 129, 157 ff., 173
Asset-liability approach 35
Aufgeld 17
Aufsichtsrat 14, 27, 41, 45, 184 f., 206
Aufspaltung 8, 18 f.
Ausgabebetrag 16 f., 145 f.
Ausgliederung 7 f., 18 f., 134
Ausschüttungsbemessung **28** ff., 43, 46, 53, 166, 179, 204
Ausschüttungssperren 32 f.

B

Bargain purchase 103 f.
Beherrschung 2 ff., 10 f., 51 ff., 82 ff., 102 f., 115, 123 ff., 131 ff., 204
Beizulegender Zeitwert 36, **39 f.**, 94, 107 ff., **145 f.**
Berichterstattende Einheit **48 ff.**, 60, 63, **65 ff.**, 74, **123 ff.**, 138, 149, **194 ff.**, 169, 205, **207**
Beurteilungskriterien 33 ff.
Bid premium 76
Bilanzierungsmethode 60, 69, 131 f., 192
Bilanztheorie
 - dynamische 35
 - statisch 35
Börsenkurs 13, 93 f., 113, 187
Buchwertfortführung 73, 76 f., 89, 122, 127, 139, 146, 155, 165 ff., 206
Business 8 f., 82 f.
Business Combinations 82, 131

C

Cash accounting 31
Clean surplus concept 37
Common control 3, **10 f.**, 82, **131 ff.**, 194, 207

Control Siehe Beherrschung

D

Dirty surplus concept 37

Downstream merger 179

Drittvergleich 57, 137, 178, 184, 188

E

Economies of scale 6

Eigenkapitalgeber 25 ff., 48, 54, 65, 193

Einbringung 74, 114, 129, 143, 150, 191, 204

Einheitsgrundsatz 59, 66, 133 f., 191, 197

Einheitstheorie 24, 53 ff., 65 ff., 193, 207

Einzelabschluss

- Aufstellungspflicht 1
- Informationsfunktion 50
- Offenlegung 1

Einzelrechtsnachfolge 6

Entity Concept **54 ff.**, 67, 128, **191 ff.**, 205, 207

Entity theory Siehe Einheitstheorie

Entscheidungsnützlichkeit 38, 46, **48**, 208

Ermessensspielräume 37 f., 42, 47 f., 72, 79, 105, 108 f.

Erwerber 8 f., 44 f., 70 ff., **114 ff.**, 202, 204

Erwerbsmethode 59, 70, **71 ff.**, **114 ff.**, 151, 197 f., 201 ff.

Erwerbszeitpunkt 18, 71, **83 ff.**, 109 ff., 203

F

Fair Value Siehe beizulegender Zeitwert

Faithful representation 38

Firmenwert Siehe Goodwill

Formwechsel 21

Fremdkapitalgeber 26 f.,48, 62

Fresh-Start-Methode 70, **78 ff**, 127 f., 190, 198 f., 202, 208

Full-Goodwill-Methode 91, 193

Fusion 3, 6, **9**

G

Gegenleistung

- Ausgegebene Anteile und Barzahlungen 93 ff.
- Ermittlung 93 ff.

Gemeine Wert 89

Gemeinsame Beherrschung 3, **10 f.**, 51, 82, 126, **131 ff.**, 194, 207

Gesamtergebnisrechnung 23

Gesamtkonzernabschluss 51, 60 ff., 194 ff., 207

Gesamtrechtsnachfolge 6, 9, 12

Geschäftswert Siehe Goodwill

Gläubigerschutz 32, 147

Stichwortverzeichnis

Glaubwürdige Darstellung 38 ff., 189, 208

Goodwill 36 f., 55 ff., 77 ff., **90 ff.**, 165, 169 f., 186 f.

Grundsatz der sachlichen und zeitlichen Abgrenzung 31

I

IAS-Verordnung 1, 5, 30, 33 f.

Immaterielle Vermögenswerte 37, 72, 76, 86 f., 187

Impairment only approach 72

Imparitätsprinzip 31

Informationsfunktion 24 ff., 48 f., 50 ff., 166, 178, 194

Interessenzusammenführungsmethode 70, **73 ff.**, 133, 151, 202

K

Kapitalerhaltung 16, 29, 31, 130, 148, 168, 171, 179, 188 ff., 201, 206 f.

Kapitalmarktorientiert 1

Kapitalkonsolidierung 70, 73

Kapitalrücklage **17**, 76, 113, 117, 130, **146 f.**, 176, 178, 188, 190, 192, 197, 201 f., 204

Kaufpreisallokation 47, **86 ff.**, 97, 107, 184, 196, 201

Konfusion 97 ff.

Konsolidierungskonzepte 53 ff.

Konzept der gläsernen, aber verschlossenen Taschen 32, 207

Konzern
- faktischer 3, 52
- Vertragskonzern 52

Konzernabschluss
- Aufstellungspflicht 1, 48 f., 61 f., 123 f., 197, 207
- Kompensationsfunktion 51 ff., 129, 169, 191

Konzernrechnungslegung 58

Konzerntheorien 53 ff.

L

Lucky buy 104

M

Matching principle 31

Merger 9
- Merger accounting 139
- Merger of equals 11, 77 ff., 82, 127, 139, 201 f.
- Side-step merger 177
- Upstream merger 152

Minderheitsgesellschafter 50 ff., 60 ff., 91, 182 ff., 186 ff., 194 ff., 205 ff.

N

Nachgründungsprüfung 17

Nachprüfbarkeit 39

Nahestehende Unternehmen 29

Negativer Unterschiedsbetrag 92, **103 ff.**, 163 f., 203 f.

Neubewertung 16, 23, 31, **37**, 78 ff., 128, 140, 148, 162, 167 f., 187

Neubewertungsrücklage 102, 156 ff, 186, 188

Neugründung 9, 17 ff., 78 ff., 116, 144, 190, 202

Neutralität 34, **39**, 42, **108 f.**, 206

P

Parent Company Concept 56

Parent Company Extension Concept 57

Predecessor accounting 195 f.

Principal-Agent 24 f., 36 f., 41, 105, 182, 185

Proprietary Concept 55

Prudence 42

Push-down-Accounting 125, **135**, 155, 198

R

Rahmenkonzept 25, 34, 42, 45, 109, 131 f., 173, 203

Realisationsprinzip 31, 44

Rechnungswesen
- Funktionen 23

Regelungslücke 2 f., **34**, 58, 109, **131 f.**, 157, 171 ff., 194 ff., 203

Relevanz 35

Revenue-expense approach 35

Reverse acquisition 114

S

Sacheinlage 16, 81, 113 ff., 141, **144 ff.**, 176, 178, 188 f., 205
- Bilanzierung 144 ff.

Sachgründung 116

Sachverhaltsgestaltende Maßnahmen 31, 61, 77

Schuldendeckungspotential 26, 190

Schwestergesellschaften 10, 51, 64 f,, 177 ff., 207

Separate Reporting Entity Approach 64, 194 f., 199, 207 f.

Share Deal 9 f., 70, 82, 124, 129

Shareholder Value 24, 77

Singularsukzession 6

Spaltung 5 ff., 18 ff., 140

Spruchverfahren 13, 95, 183, 205

Stakeholder 26, 28 f.

Standardsetzer 48, 131 f., **133 ff.**

Stille Reserven 39, 42, 60, 74, 80, 100, 146, 156, 163 ff., 170 f.

Substanzerhaltung 31

Synergien 6 f., 14, 36, 76 ff., 86, 92, 144, 147 ff.

T

Tauschähnlicher Anschaffungsvorgang 74, 153

Tauschgrundsätze 141 ff., 151, 156

Teilkonzern 3, 49, **60 ff.**, 91, 131, 138, 140, **194 ff.**, 207

True and fair view 34, 38, 42

U

Übernahmebilanzierung 2, 70, 73, 86 ff., 103 ff., 154, 203 ff.

Überpari-Emission 17

Umgekehrte Erwerbsmethode 116 ff., 204 f.

Umstrukturierungen
- konzernexterne 6, 69 ff.
- konzerninterne 7, 131 ff.

Ungünstiger Vertrag 97, 99

Universalsukzession 6

Unrealisierte Gewinne 31 ff., 103 ff., 203

Unternehmenszusammenschluss 9, 69 ff., 82 ff., 132 ff.

Unterpari-Emission 82, 130, 176, 188 ff.

V

Vergleichbarkeit 45

Verlässlichkeit 34, 38 ff., 182 ff.

Vermögensübertragung 20

Verschmelzung
- Bilanzierungsmethoden 69, 133
- durch Aufnahme 9, 16, 201, 205
- durch Neugründung 9, 17, 78 ff., 116, 144, 190, 202
- downstream 10, 179 ff., 197 ff., 208
- grenzüberschreitende 5, 12
- konzernexterne 69 ff.
- konzerninterne 131 ff.
- side-step 10, 138, 177 ff., 190 ff., 206 f.
- upstream 10, 16, 129, 152 ff., 174 ff., 206

Verschmelzungsbericht 14, 116, 185

Verschmelzungsrichtlinie 5

Verschmelzungsdifferenzen 154 ff., 165 ff., 206

Verschmelzungsgewinn 168, 172, 189

Verschmelzungsverlust 165 f., 172, 176

Verschmelzungsplan 12, 15

Verschmelzungsstichtag 12, 18, 84

Verschmelzungsprüfung 15 f., 95, 106, 109, 183, 185, 205

Verschmelzungsvertrag 12 ff., 84 f., 95 f., 182

Verständlichkeit 34, 45

Vollständigkeit 41

Vorsichtsprinzip 30 f., 39 f., **42 f.**, 92, **107 ff.**, 162, 173, **203**

W

Wesentlichkeit 35, 41, 183

Willkür 132

Wirtschaftliche Betrachtungsweise 43 f., 121 f.

Wirtschaftlichkeit 41, 151, 164, 183

Z

Zeitwert Siehe Beizulegender Zeitwert